IMPRESSUM

Einbandgestaltung: Patricia Braun

Bildnachweis: Autor, sowie Steve Kaufmann/ESOX: (9), Pure Fishing (16), Fishing Tackle Max (2), Korda (1), Marco Mariani (13), Rolf Schwarzer/ANGELWOCHE (2), Balzer (1), Shimano (1), Patrick Scupin (3), André Pawlitzki/BLINKER (5), John Chowns (5), Stefan Dast (1), Frank Schlichting/ANGELWOCHE (4), Markus Müller (1), Frank Weissert (27), Jan Pusch (2), Google (1), Benny Oltersdorf (8), Bettina und Florian Hühnken (17), Nick Bremer/ANGELWOCHE (3), Thomas Fassbender (3), Johannes Radtke/BLINKER (3), Michael Zammataro (1), Lars Berding/BLINKER (1), iStockphoto.com/jaminwell: S. 26, 35, 54, 57, 77, 93, 98/99, 108, 112, 118, 121, 125, 129, 141, 152, 156, 161, 172, 175, 179, 188, 192, 193, 197, 200, 201, 206, 207, 209, 219, 224, 227, kab-vision/Fotolia.com: S. 8

Eine frühere Ausgabe dieses Buches ist unter der ISBN 978-3-275-02062-1 erschienen.

ISBN 978-3-275-02189-5

1. Auflage 2020

Du findest uns im Internet unter www.mueller-rueschlikon-verlag.de

Gesamtleitung: Claudia König

Lektorat: Frank Weissert, www.angelbuch.de
Korrektur: Eva Rüger, www.agrivision.de

Innengestaltung: Patricia Braun

Druck und Bindung: Graspo CZ, 76302 Zlin
Printed in Czech Republic

HINWEIS: *Das Töten wild lebender Tiere ist vom Gesetzgeber streng reglementiert. Der tierschutzgerechte Umgang mit Fischen wird dir bei den Vorbereitungskursen zur staatlichen Fischerprüfung vermittelt. Schone und schütze alle Lebewesen, die du nicht zum Essen benötigst. Sei dir immer deiner Verantwortung bewusst, die dir mit dem hier beschriebenen Wissen anvertraut wird.*

WIDMUNG

Ich widme dieses Buch allen Männern, die ihre Freizeit in der Natur und am Wasser verbringen. Ob auf Raubfisch oder Friedfisch, am Fluss, am See oder auf dem Meer – ihr seid moderne Abenteurer und echte Kerle!

Euer Gregor Bradler.

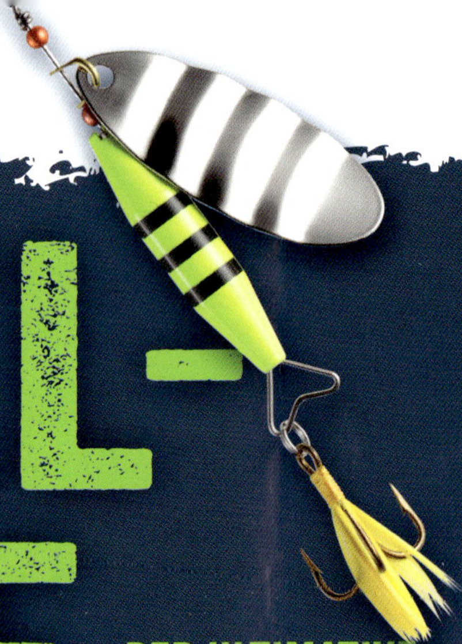

ANGEL-GUIDE

DER ULTIMATIVE RATGEBER VON GREGOR BRADLER

FÜR ECHTE KERLE.

Müller Rüschlikon

INHALTSVERZEICHNIS

ANGELN – EINE BESONDERE LEIDENSCHAFT

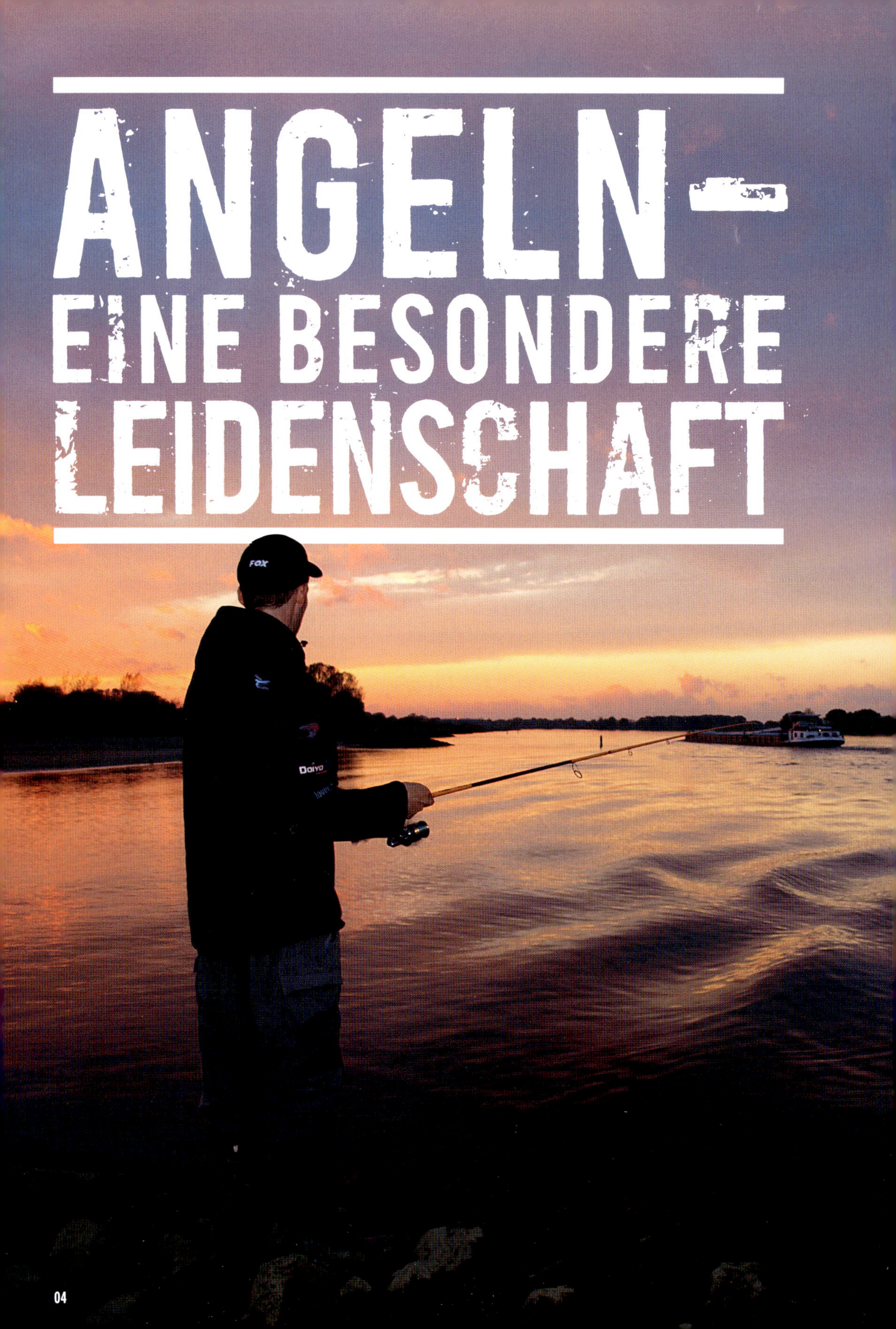

Wenn ich Nichtanglern von meiner Leidenschaft berichte, reicht die Bandbreite der Kommentare meiner Gesprächspartner von Schwärmerei über die absolute Ruhe und Entspannung, die man am Gewässer genießen kann, bis hin zu Ablehnung, weil Angeln ja so ziemlich das Langweiligste sei, was man in seiner Freizeit unternehmen könne. Diese Ansichten sind zwar weit verbreitet, entsprechen aber nicht der Realität.

»Sie brauchen Entspannung. Gehen Sie angeln«, diesen Rat mag mancher Arzt einem stressgeplagten Patienten geben. Sicherlich blendet man am Wasser den Alltagsstress aus. Aber das bedeutet nicht, dass der Angler am Wasser komplett abschaltet und die Stunden einfach verstreichen lässt.

Wer angelt, lässt sich auf die Natur ein – und das ist zwar **entspannend, aber keineswegs langweilig**. Angeln ist also Entspannung, aber auch Spannung zugleich. Beispiel gefällig?

Das Oberflächenangeln auf Karpfen gehört für mich zu den spannendsten Angeltechniken überhaupt. Wie ein Indianer schleiche ich jede Deckung nutzend am Ufer des Sees entlang und halte Ausschau nach Karpfen, die an der Oberfläche umherschwimmen. Plötzlich erkenne ich mehrere Schatten – der erste Adrenalinschub rauscht durch meinen Körper. Jetzt bloß keinen Fehler machen, sonst suchen die Karpfen verschreckt das Weite.

Langsam pirsche ich mich weiter heran. Aber Vorsicht, mein Schatten darf nicht aufs Wasser fallen, sonst riechen die Fische Lunte. Dann wird der Köder, ein Stück Brot an freier Leine, ausgeworfen. Aber bloß nicht die Fische direkt anwerfen, sonst werden sie vom aufklatschenden Brotstück in Panik versetzt. Das Brot landet ein Stück hinter den Fischen – genauso muss es sein. Dann ziehe ich den schwimmenden Köder langsam in den Bereich, in dem sich die Karpfen aufhalten. Die Spannung steigt: Werden die Fische Interesse für das Brot zeigen oder lassen sie meinen Köder links liegen?

Plötzlich nimmt ein Karpfen Kurs auf das Brot, Zeit für den nächsten Adrenalinstoß beim Angler. Immer näher kommt der Karpfen dem Köder, öffnet sein Maul, ein Schwall an der Wasseroberfläche – aber nichts passiert. Der Karpfen hat das Brot verfehlt und ist abgetaucht. Jetzt dümpelt die Brotkruste an der Wasseroberfläche und ich weiß nicht, wohin mit dem ganzen Adrenalin in meinem Körper. Aber es ist noch nicht vorbei.

UND ZUGRIFF!

Einige Augenblicke später taucht der Karpfen erneut auf und schwimmt auf das Brot zu. Wieder ein Schwall an der Wasseroberfläche, ich warte eine Sekunde und setze den Anhieb. Jawohl, der hängt! Die Rute biegt sich bis ins Handteil, die Rollenbremse gibt kreischend Schnur frei. Zunächst kann ich meinen Kontrahenten nicht stoppen. Mir bleibt nichts anderes übrig als zuzuschauen, wie er Leine von der Rolle reißt. Allzu viel Spielraum darf ich ihm aber auch nicht lassen, sonst kann er sich in einem versunkenen Baum festsetzen.

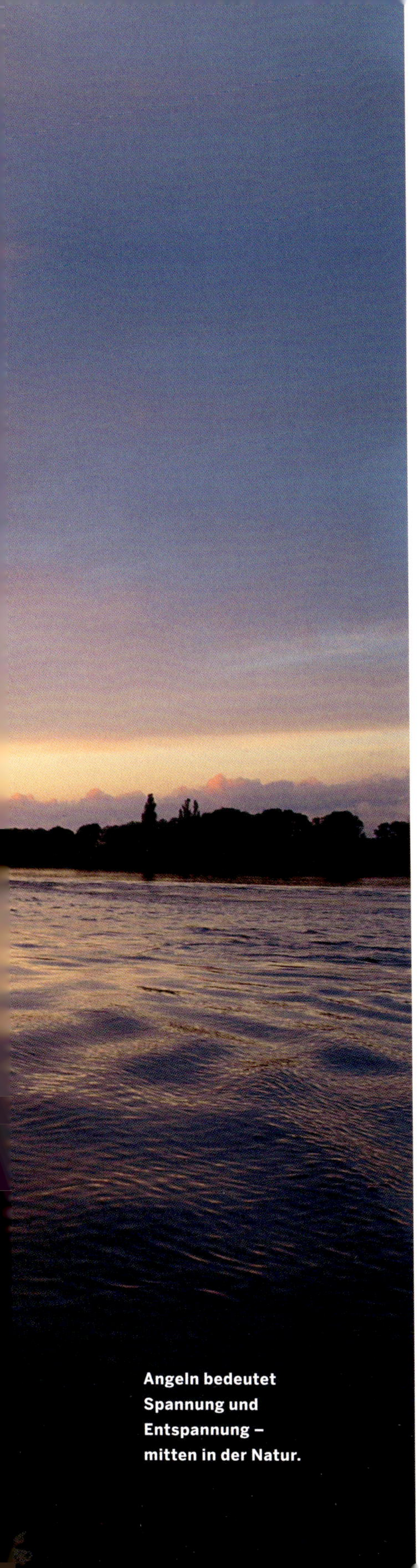

Angeln bedeutet Spannung und Entspannung – mitten in der Natur.

Ich drehe die Rollenbremse weiter zu und hoffe, dass sich der gehakte Karpfen davon beeindrucken und zur Umkehr bewegen lässt. Mein Stoßgebet wird scheinbar erhört und kurz vor dem gefährlichen Baum ändert der Karpfen seine Richtung. Nun kann ich ihn im Freiwasser drillen, was aber nicht bedeutet, dass ich das Duell schon zu meinen Gunsten entschieden hätte. Schließlich kann der Haken immer noch ausschlitzen. Nach einigen Minuten, die mir wie Stunden vorkommen, habe ich den Karpfen vor dem Kescher. Aber auch hier gibt er sich noch nicht geschlagen. Mehrmals taucht er ab und zieht Schnur von der Rolle, die ich nur mühsam zurückgewinnen kann. Aber schließlich kann ich meinen ermüdeten Kontrahenten ins Netz dirigieren. Mit zittrigen Händen löse ich den Haken und präsentiere den Schuppenkarpfen für ein Erinnerungsfoto.

Erinnerst du dich noch, was ich weiter oben von Entspannung oder sogar Langeweile geschrieben habe? Von Langeweile kann hier nun wirklich keine Rede sein – eher von Hochspannung pur, besser als jedes Adventure Game und jeder TV-Thriller. Und vor allem: Alles ist real und spielt sich nicht auf irgendeinem Fernseh- oder Computer-Bildschirm ab.

DER ANGLER – ABENTEURER STATT WEICHEI

So oder so ähnlich sieht die Vorstellung vieler Leute aus, wenn sie an einen Angler denken: Ein gemütlicher Herr, der morgens sein Rutenfutteral, seine Tasche und seinen Campingstuhl ans Wasser trägt, dort für viele Stunden hinter Ruten sitzt und abends wieder nach Hause geht. Zwischendurch wird gelegentlich die Montage eingekurbelt und eventuell sogar ein Fisch gefangen. Aber meistens passiert wenig bis gar nichts und die Hauptbeschäftigung des Mannes hinter den Ruten besteht darin, zu warten und ein Nickerchen zu halten.

Es entsteht somit der Eindruck, der Angler wäre ein **Couch-Potato – nur in freier Wildbahn**. Seine Couch ist der Angelstuhl, der Fernseher ist ersetzt durch die Spitze der Angelruten oder die Pose, auf die er ununterbrochen starrt. Der Angler als gemütliches Weichei – so wird er häufig wahrgenommen. Und wieder muss ich konstatieren, dass dieses Bild überhaupt nicht der Realität entspricht. Ganz im Gegenteil: Der Angler ist ein Abenteurer und erlebt etwas. Kleine und große Abenteuer, die der zivilisierte Großstadtmensch nicht erleben wird und von denen er keine Vorstellungen hat.

Ich kann in meiner Angler-Karriere bereits auf viele spannende, unvergessliche und kuriose Momente zurückblicken, die unmittelbar mit der Fischerei verbunden sind. Als Jugendlicher befischte ich einen in der Nähe meines Elternhauses gelegenen Bach. Um eine besonders aussichtsreiche Stelle für den Fang großer Döbel zu erreichen, musste ich eine umzäunte Viehweide überqueren.

ANGELN – REINE NERVENSACHE

Meist standen keine Tiere auf der Weide, und wenn, dann waren es meist Milchkühe, die sich dort am satten Grün gütlich taten. Die einzige Gefahr bestand darin, in einen Kuhfladen zu treten und mir Ärger mit meiner Mutter einzuhandeln. Als ich sah, dass an diesem Tag eine Kuh auf der Weide graste, dachte ich mir nichts dabei und kletterte über den Zaun. Die Döbel-Stelle und die Abkürzung über die Weide lockten mich.

Auch als sich die Kuh auf mich zubewegte, wurde ich nicht misstrauisch. Schließlich ist das Milchvieh an Menschen gewöhnt und bisweilen auch recht neugierig. Aber plötzlich beschleunigte die Kuh zu einer Art Galopp. Seltsam, dachte ich mir, das gab es so noch nicht. Und dann fiel es mir wie Schuppen von den Augen: stämmige Statur und der charakteristische Ring in der Nase – das war keine Kuh, sondern ein Bulle. Und der Bursche hatte augenscheinlich keine Lust auf einen Eindringling in seinem Revier.

WENN ACTION AM WASSER NICHT REICHT ...

Jetzt gab es nur eins: Beine in die Hand nehmen und Land gewinnen. Das Rutenfutteral schlug gegen meine Beine, die Dose mit den für die Döbel vorgesehenen Tauwürmern fiel aus der Tasche. Umkehren, um die Würmer zu retten? Keine Chance, die Gefahr zu groß, der Bulle machte beständig Boden gut. Ich gab die Würmer verloren und hastete auf den rettenden Zaun zu. Dort angekommen, warf ich keuchend Futteral und Tasche über den Stacheldraht und zwängte mich buchstäblich im letzten Moment durch den Zaun. Dabei bohrten sich die Stacheln des Zauns in meine

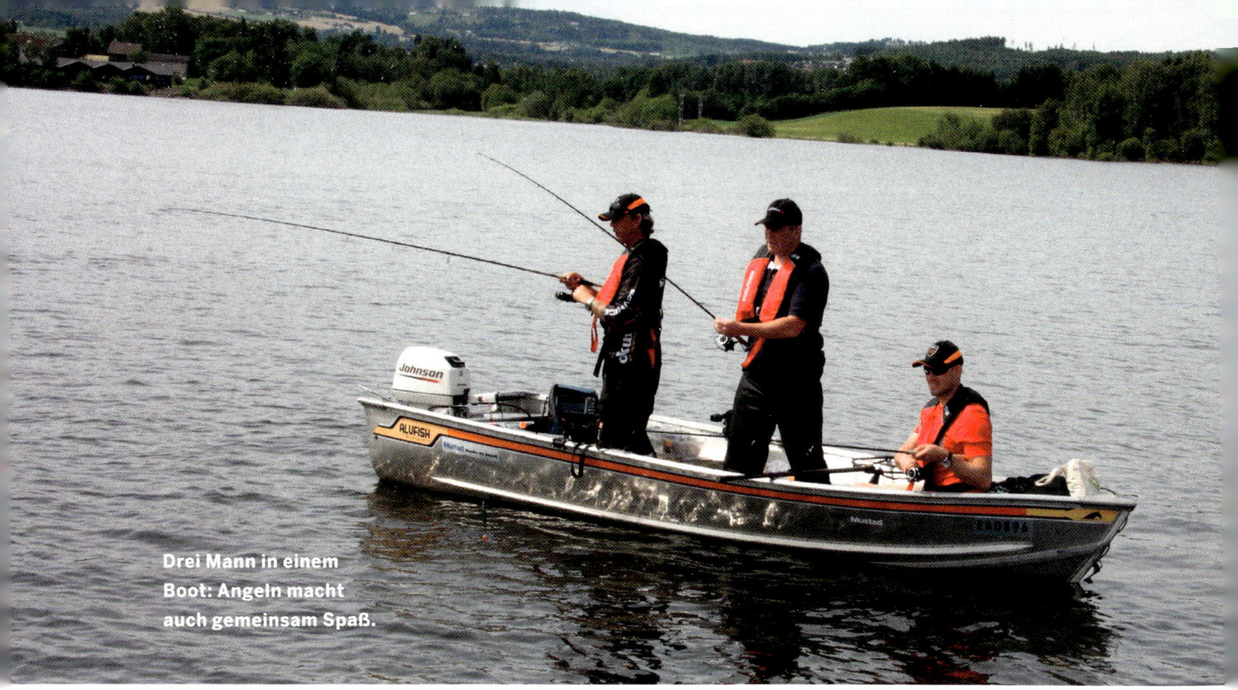

Drei Mann in einem Boot: Angeln macht auch gemeinsam Spaß.

Hose und sorgten für unübersehbare Risse. Aber ich hatte es geschafft. Der Bulle stand schnaubend hinter dem Zaun und ich war auf sicherem Terrain.

Ein bisschen fühlte ich mich wie Indiana Jones, der auf seiner Jagd nach dem verlorenen Schatz im letzten Moment den Fallen im einstürzenden Tempel entkommen war. Den Schatz in Form eines dicken Döbels konnte ich übrigens an diesem Tag auch noch heben. Ich fing ihn auf einen Teig, den ich in Ermangelung von Ködern aus meinem Butterbrot herstellte. Die Tauwurmdose lag schließlich noch auf der Weide und eine zweite Konfrontation mit dem Bullen wollte ich auf gar keinen Fall riskieren. Solche Erlebnisse gehören zum Angeln einfach dazu und entsprechen so gar nicht dem Bild vom angelnden Couch-Potato.

Ein weiteres Abenteuer ist das **Nachtangeln**. Wenn man Aale oder Karpfen fangen möchte, reicht es eben nicht, tagsüber bei Sonnenschein seine Köder auszulegen. Kapitale Schlängler und vorsichtige Rüssler gehen lieber im Schutze der Nacht auf Nahrungssuche. Und genau dann muss man am Wasser sein, um Fangerfolge verbuchen zu können. Nachts reagiert der Mensch sensibler auf seine Umwelt.

Gerade war man noch voll konzentriert auf die Knicklichtpose oder hatte den Blick auf die mit einer Glocke ausgestattete Rutenspitze gerichtet. Dann lässt ein Rascheln in den Büschen den Angler zusammenzucken. Was war das? Nochmal raschelt es im Grünzeug, was dazu führt, dass einem ein Schauer über den Rücken läuft. Meist entpuppt sich das vor dem geistigen Anglerauge ausgemalte Monster dann doch als Maus, Kaninchen oder Fuchs, aber beim Nachtangeln ist der Adrenalin-Kick vorprogrammiert. Und manchmal bleibt es auch nicht bei kleinen, harmlosen Tieren, die nächtliche Ruhe stören.

Gut kann ich mich an einen Karpfen-Ansitz an einem Baggersee erinnern, der in einem großen Naturschutzgebiet lag. Ich war nach Mitternacht gerade auf meiner Liege im Schirmzelt eingenickt, als ich ein gewaltiges Knacken im Unterholz hörte. Grunzende Laute drangen durch die dünne Stoffwand ins Zelt und ich hörte, wie die mit Boilies gefüllte und etwas abseits an einem Ast aufgehängte Tüte heruntergerissen wurde. **»Wildschweine!«, schoss es mir durch den Kopf.** Das Schwarzwild kann schon beeindruckende Ausmaße erreichen und ist je nach Jahreszeit auch mit Vorsicht zu genießen.

So leise wie möglich zog ich die Reißverschlüsse der Zelttür bis ganz nach unten, lag regungslos auf der Liege und wagte kaum zu atmen. Jetzt bloß kein Biss, kein piepsender Bissanzeiger, der die Wildschweine auf mich aufmerksam machen könnte. Mein Angelkollege im Zelt nebenan schien den gleichen Plan zu verfolgen. Auch von ihm war kein Ton zu vernehmen. Nach einiger Zeit hatten die Schweine das Boilie-Buffet geplündert und die Rotte zog weiter.

Ich lauschte noch einige Zeit nach verdächtigen Geräuschen und wagte es schließlich, die Tür des Zeltes zu öffnen. Erleichtert stellte ich fest, dass die Luft rein war. Mein Angelkollege und ich beschlossen, unsere Köder zukünftig nicht mehr auf dem Silbertablett zu servieren. Im Morgengrauen fingen wir noch zwei schöne Karpfen, die diesen Ansitz abrundeten und ihn unvergesslich machen. Fast jeder Angler wird sich an ähnliche Erlebnisse erinnern. Das zeigt: Angeln ist bei weitem kein Zeitvertreib für Weicheier, sondern eine Leidenschaft für echte Kerle.

DAS VOLLE PROGRAMM UND MEHR

Wer sich intensiver mit dem Angeln beschäftigt, wird feststellen, dass dieses Hobby extrem abwechslungsreich ist. Vom Fliegenfischen auf Forellen, Posenangeln auf Rotaugen, Brassen oder Döbel am kleinen Fluss, über das Grundangeln auf Karpfen, das Spinnfischen auf Barsch, Hecht oder Zander, bis hin zum Meeresangeln auf Dorsch oder Makrele in Nord- und Ostsee – Angeln hat viele Facetten. Es gibt viele unterschiedliche Köder und Methoden, mit denen sich unsere heimischen Fischarten beangeln lassen. Und regelmäßig werden neue Angelmethoden und Erfolgsköder erfunden. Auf eine Fischart spezialisieren oder Allrounder sein, Ansitzangeln oder aktiv fischen – der Angler hat die freie Wahl. Im Gegensatz zu anderen Hobbys kann man das Angeln ganzjährig betreiben. Friedfisch geht eigentlich fast immer, Raubfische fängt man besonders gut im Frühsommer und Herbst. Im Sommer laufen Aal und Wels. Und die Hartgesottenen wagen sich bei passenden Bedingungen sogar aufs Eis.

Auch wer wenig Zeit hat und den Fischen nur ein paar Stunden nachstellen kann, muss nicht leer ausgehen. Mittlerweile gibt es viele gepflegte Forellen- oder Angelseen, in denen man auch mit knappem Zeitbudget einen leckeren Fisch fangen kann. **Wer vom Angeln in Deutschland nicht genug bekommt, dem steht die Welt offen.** Ob gewaltige Welse in Spanien, Frankreich oder Italien, große Dorsche und Heilbutt in Norwegen oder Thunfisch und Marlin in tropischen Gefilden – es gibt so viel zu entdecken, da reicht ein Anglerleben nicht aus.

Ein weiterer Reiz besteht darin, dass man seinen Fang auch verspeisen kann. Kein Tiefkühlfisch aus der Truhe im Supermarkt. Der Angler hat selbst gefangenen und frischen Fisch – mit absolut sicherem Herkunftsnachweis. Es gibt nichts schöneres, als eine selbst gefangene Forelle oder einen Zander im Kreise der Familie zu genießen. Die Möglichkeiten sind vielfältig: In der Pfanne, im Backofen, auf dem Grill oder selbst geräuchert. Da ist dem erfolgreichen Angler das Lob der Ehefrau sicher. Und man wird wahrscheinlich aufgefordert, doch häufiger mal ans Wasser zu gehen. So gibt es beim Angeln eine Win-Win-Situation.

Natürlich sollte man bei der Entnahme von Fischen Maß halten: Wer exzessiv Fisch mitnimmt, schadet dem Gewässer und damit sich und den Mitanglern. Nachhaltigkeit lautet die Erfolgsformel für einen gesunden Fischbe-

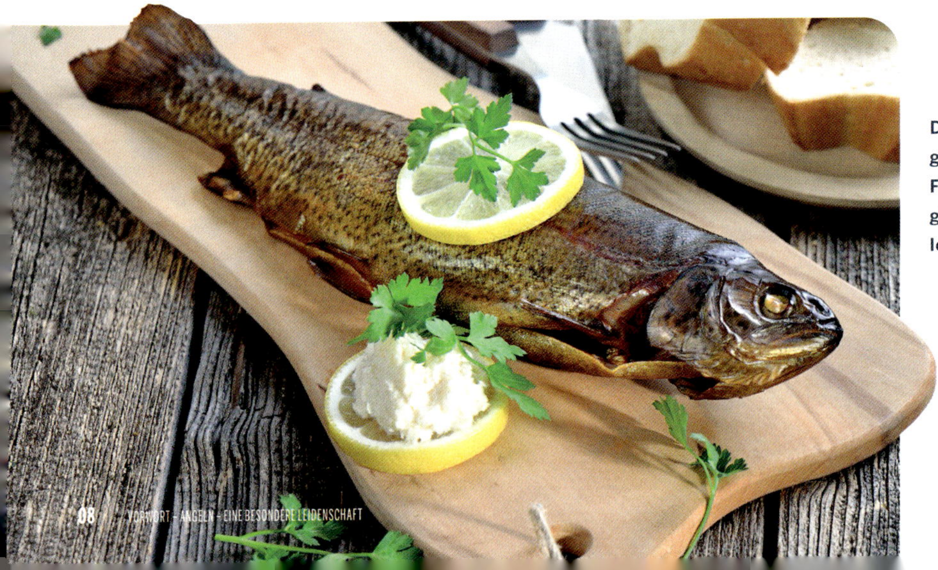

Der selbst gefangene Fisch schmeckt gleich doppelt lecker.

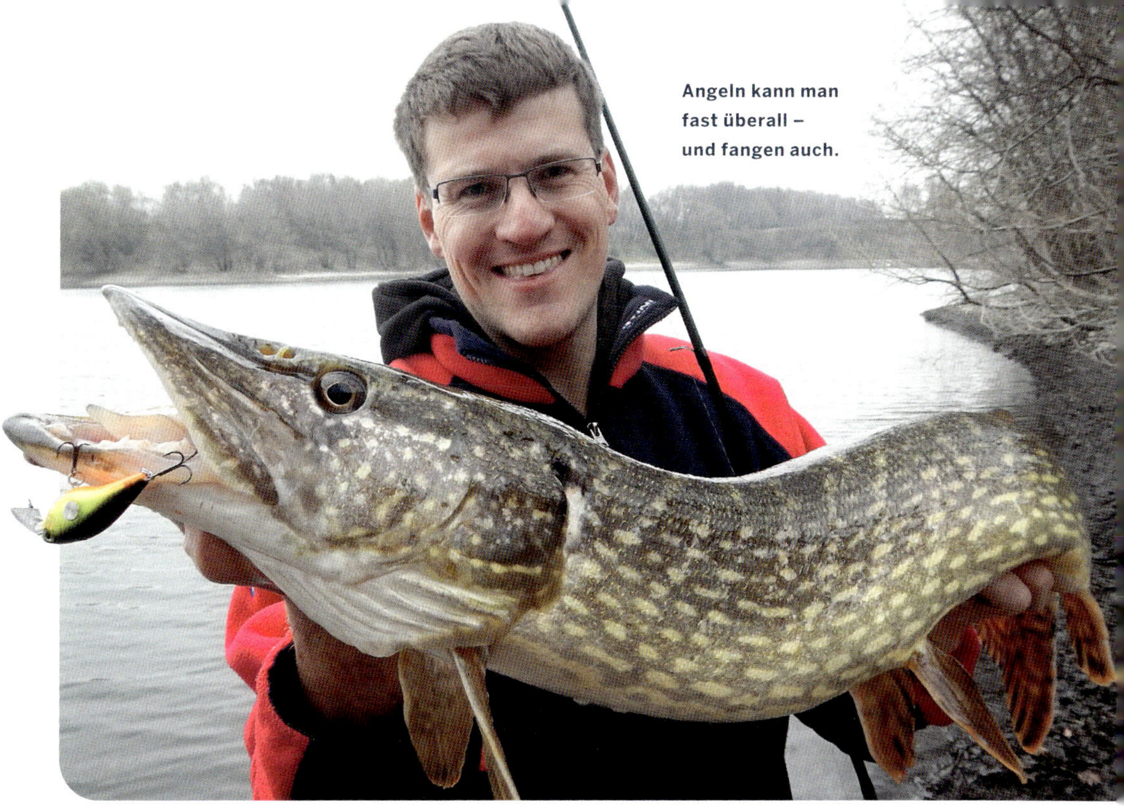

Angeln kann man fast überall – und fangen auch.

stand und dauerhaften Angelspaß. Man sollte sich unbedingt an Fangbegrenzungen und Schonmaße halten und gerade nach dem Fang eines großen Fisches bedenken, dass es sich um einen Laichfisch handelt, der für die Arterhaltung von Bedeutung ist. Hinzu kommt, dass die großen und älteren Tiere an der Angel ordentlich Spaß bereiten, aber eben nicht auf dem Teller.

EIN HOBBY FÜR JEDERMANN

Angeln ist die Jagd des kleinen Mannes, dieses Sprichwort hört man häufig. Da ist sicher etwas Wahres dran. Aber ich würde es etwas anderes formulieren: Angeln ist ein Hobby für jedermann. Wie der Jäger geht auch der Angler auf die Jagd – seine Beute ist der Fisch. Jagen und Fischen gehören zu den Ur-Instinkten des Menschen. Aber im Gegensatz zur Jagd ist das Angeln unkomplizierter und vor allem kostengünstiger. Wer sich schon einmal mit dem Thema Jagdschein beschäftigt hat, weiß, was damit gemeint ist. Die Prüfung für den Jagdschein wird auch als »grünes Abitur« bezeichnet. Das sagt schon alles: Wer sie bestehen will, muss ordentlich büffeln. Im Vergleich dazu ist die Prüfung zur Erlangung des Fischereischeins nahezu ein Kinderspiel. Ein Revier für die Jagd zu erhalten oder in eine Pachtgemeinschaft für ein Jagdrevier einzutreten, ist nicht selten mit hohen Kosten und langen Wartezeiten verbunden. Angeln zu gehen, ist deutlich einfacher und günstiger: Die meisten **Angelvereine** haben Gewässer gepachtet und nehmen problemlos neue Mitglieder auf.

WERDE ZUM ABENTEURER!

Um große Gewässer wie etwa Rhein, Elbe sowie Stau- und Naturseen befischen zu dürfen, muss man nicht einmal Mitglied in einem Angelverein sein. Einfach eine **Jahreskarte im Angelladen** kaufen und schon kann man nach Herzenslust fischen. In Deutschland gibt es sogar Regionen, in denen man mit einer einzigen Verbandskarte eine Vielzahl unterschiedlicher Gewässer befischen darf. Und in manchen Bundesländern gibt es sogar die Möglichkeit, ganz ohne Angelprüfung und völlig legal zu angeln: Dort werden sogenannte Touristenfischereischeine ausgegeben, die für einen bestimmten Zeitraum gültig sind. Diese Regelung ist ideal für Anfänger, die ins Angeln hineinschnuppern möchten. **Schnapp' dir also eine Angelrute, geh' ans Wasser und werde zum Abenteurer!**

Rute, Rolle, Schnur – die grundsätzliche Angelausrüstung erscheint simpel. Wirklich? Wer näher hinschaut, sieht schnell, dass die Bandbreite der Größen und Ausführungen riesig ist. Dabei gilt es, im Angelladen zu berücksichtigen, dass erst die richtige Ausrüstung die Chancen von der technischen Seite aus entsprechend optimiert. Und nur einwandfreies Material stellt sicher, dass sich auch der ganz große Kämpfer sicher landen lässt. Wer hier die Auswahl versiebt und an der Qualität spart, sieht vielleicht schon bald ganz blass aus.

KAPITEL 1

RUTE, ROLLE, SCHNUR & CO. – OHNE GEHT'S NICHT

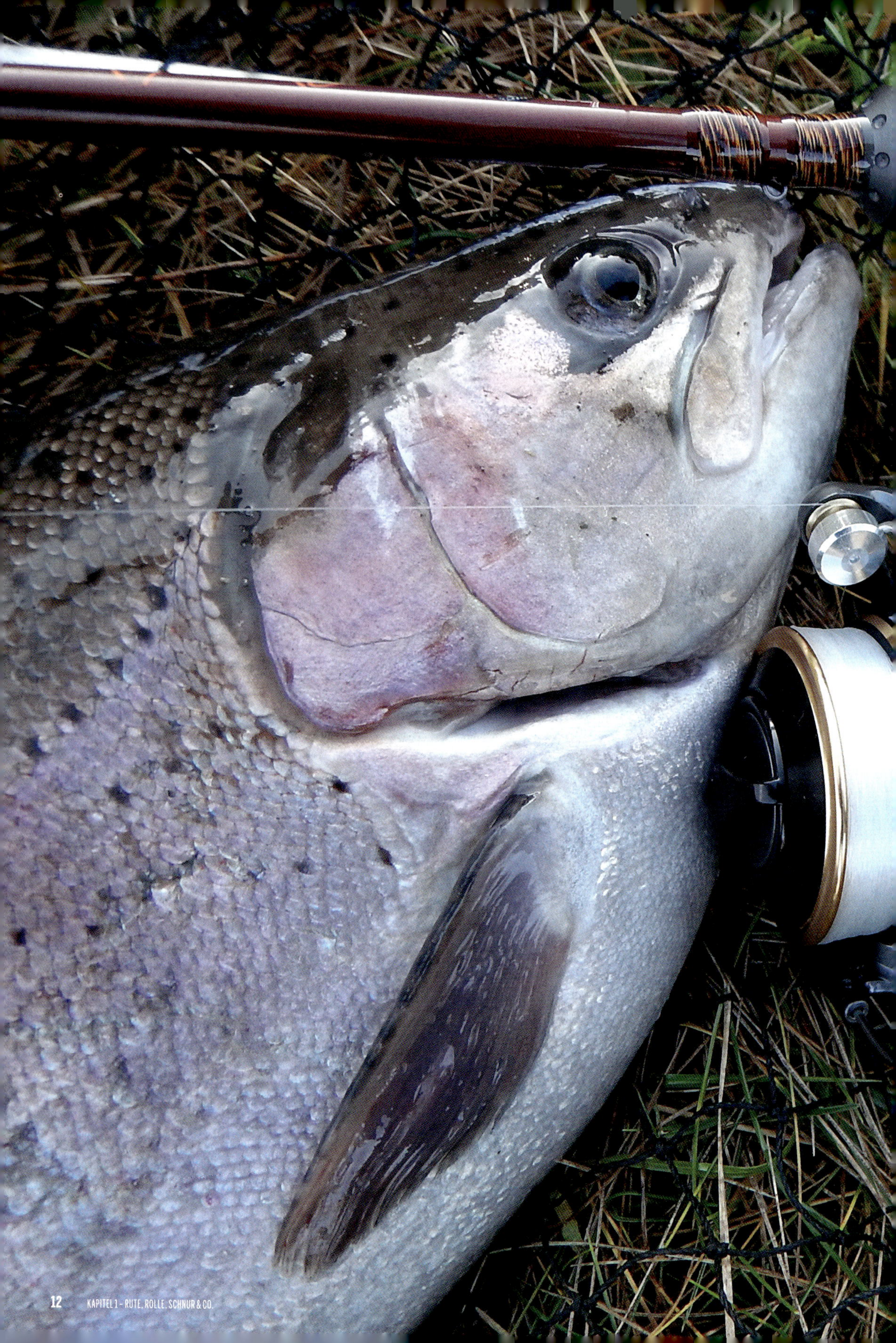

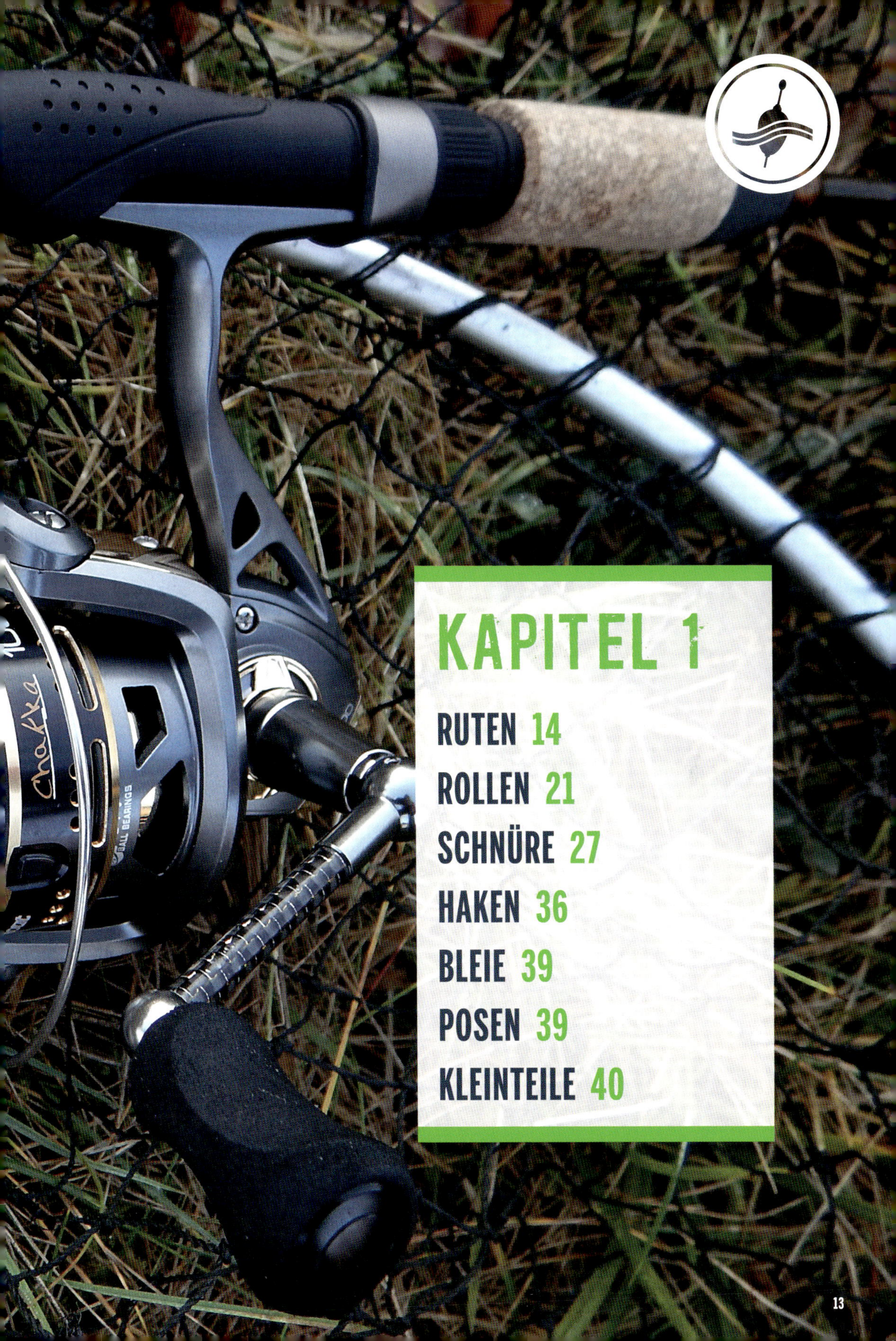

KAPITEL 1

DIE AUSRÜSTUNG

Die Zeiten, in denen man ein Stück Schnur mit einem Haken an einen Stock knüpfte und damit zum Angeln ging, sind schon lange vorbei. Angeln ist eine moderne Leidenschaft und auch die Ausrüstung, mit der man den Fischen auf die Schuppen rückt, ist auf dem neuesten Stand der Technik. Ruten, Rollen, Schnüre, Haken und Köder sind aber nicht nur modern, sondern auch vielfältig. Davon kann man sich beim Besuch eines größeren Angelladens überzeugen: **Man muss aufpassen, sich im dichten Rutenwald nicht zu verirren.**

Ausziehbare oder zusammensteckbare Ruten, Modelle, die gerade mal so lang sind wie der Angler groß ist, oder eine Rute ohne Ringe, die auf Gestelle gelegt werden muss, weil sie sonst an der schon hohen Decke des Fachgeschäftes Schaden nehmen würde. Es gibt unterschiedliche Rutengriffe und manche Modelle haben sogar gleich mehrere farbige Spitzen.

Ähnlich sieht es bei den Rollen aus: Verschiedene Größen und Farben, mit einer oder einer doppelten Kurbel. Und wer auf die Produktbeschreibungen schaut, sieht sich mit Begriffen wie Kugellager, Übersetzung, Kampfbremse oder Freilauffunktion konfrontiert. Und auch angesichts langer Regalreihen mit Ködern aus Metall, hartem Plastik oder weichem Gummi sowie in Tüten verpacktes Pulverfutter und bunter Teigkugeln fragt man sich, was denn nun an den Haken soll, um einen Fisch zu überlisten.

Aber keine Angst, **das Angebot ist nur auf den ersten Blick unsystematisch und unübersichtlich**. Angelgerät ist meist für den Fang einer bestimmten Fischart oder für das Beangeln einer bestimmten Gruppe von Fischen ausgelegt. Räuberische Hechte müssen anders befischt werden als friedliche Karpfen. Eine Rute und Rolle, mit der man jede Fischart optimal beangeln kann – von diesem Gedanken muss man sich verabschieden, zu unterschiedlich sind die Ansprüche, die Angeltechnik, Köder und Verhalten der Fische ans Gerät stellen. Aber es gibt durchaus Ruten, Rollen und Köder, mit denen man als Anfänger auch mehrere Fischarten befischen kann. Entdeckt der Anfänger oder Allrounder eine Vorliebe für eine bestimmt Angeltechnik, wird er sich spezialisieren und auch entsprechend spezialisiertes Angelgerät kaufen. Denn optimiertes Angelgerät verbessert die Fangchancen und erhöht den Angelspaß.

RUTEN

Grundsätzlich lassen sich Ruten in zwei Typen unterteilen: **Teleskopruten und Steckruten.** Teleskopruten sind ausfahrbar und bieten gegenüber Steckruten den Vorteil eines kleinen Transportmaßes. Diese Ruten lassen sich, wie der Name schon aussagt, ein- und ausfahren. Dadurch kann man sie problemlos in einem kurzen Futteral oder auch in einem kleinen Kofferraum verstauen. Gerade zu Beginn meiner Angelkarriere habe ich häufig mit Teleskopruten geangelt, weil sie auch auf dem Fahrrad praktisch zu transportieren und meist auch ziemlich günstig waren.

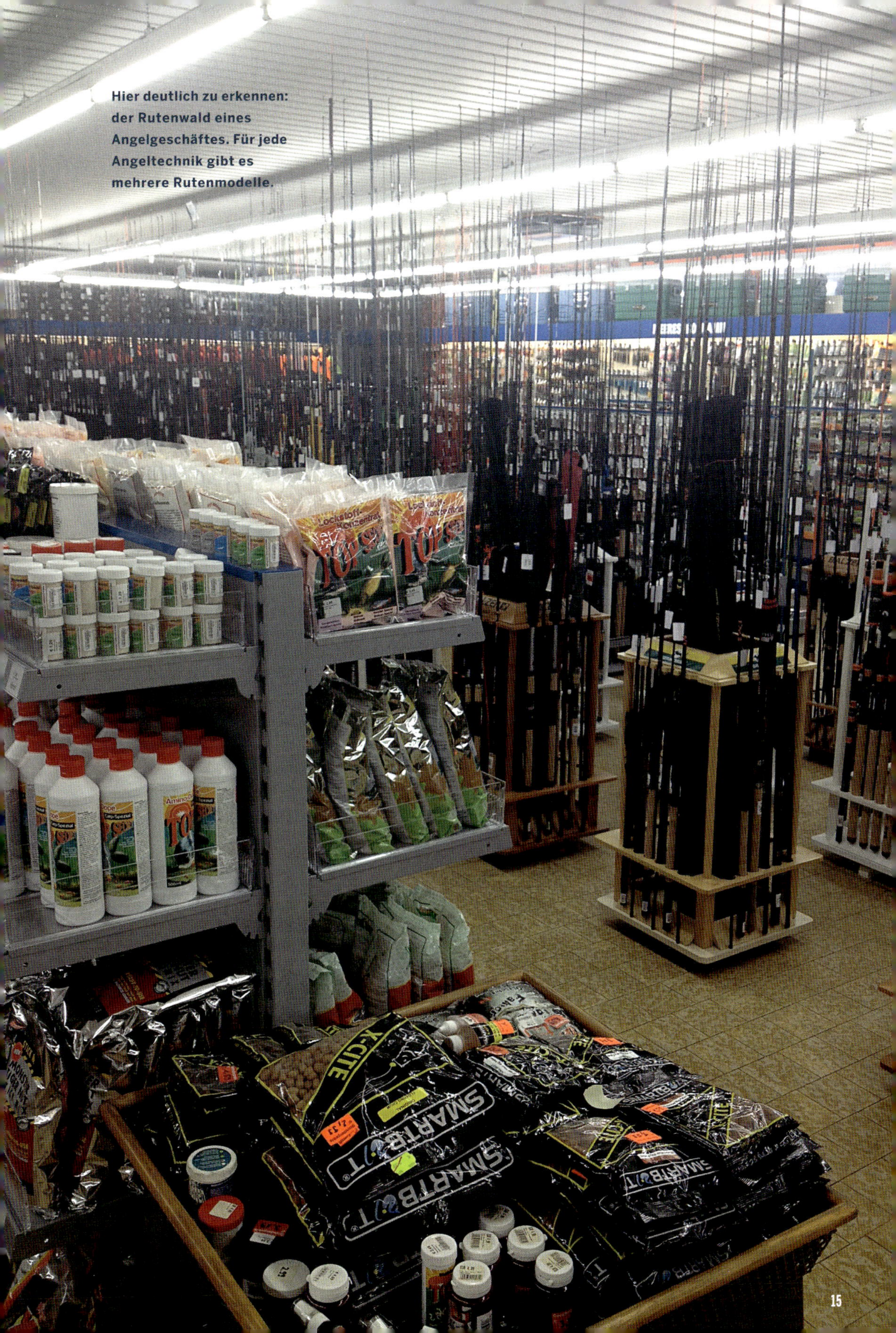

Hier deutlich zu erkennen: der Rutenwald eines Angelgeschäftes. Für jede Angeltechnik gibt es mehrere Rutenmodelle.

Allerdings haftet **Teleskopruten** der Ruf an, den Steckruten technisch unterlegen zu sein. Und das nicht zu Unrecht: Denn die ausziehbaren Modelle verfügen meist über einen relativ dicken Blank und liegen recht klobig in der Hand. Darunter leiden das Gefühl für den Köder und die Bisserkennung.

Bei den meisten **Steckruten** ist aufgrund ihrer Konstruktion der Blank schlanker und sensibler, außerdem werden hochwertigere Ringe und Rollenhalter verbaut. Dafür sind Steckruten deutlich schwieriger zu verstauen, denn sie bestehen zumeist aus zwei oder drei Teilen. So haben zweiteilige Karpfenruten eine Transportlänge von über 1,80 Meter. Dafür braucht man schon ein spezielles Futteral. Auf dem Fahrrad lassen sich diese sperrigen Stöcke höchstens an die Querstange gebunden transportieren und auch die Kofferräume der meisten Autos sind dafür zu klein. Da muss man schon die Rute der Länge nach durch den Innenraum des Wagens schieben.

Da ist eine Teleskoprute deutlich praktischer. Zudem hat sich die Qualität von Teleskopruten in den letzten Jahren deutlich verbessert. In bestimmten Angeldisziplinen haben leichte und filigrane Teleskopruten den Steckruten mittlerweile sogar den Rang abgelaufen. Ob nun Teleskop- oder Steckrute – für welches Modell man sich entscheidet, hängt von den Vorlieben des Anglers ab, oder welche Prioritäten er setzt.

AUGEN AUF BEIM RUTENKAUF!

Mindestens genauso wichtig wie die Wahl des Rutentyps ist, **dass man ein Modell aussucht, das auch zur Angeltechnik passt** beziehungsweise auf die jeweiligen Ansprüche ausgelegt ist. Denn mit einer Rute, die fürs Auswerfen von 100 oder 200 Gramm schweren Bleien beim Meeresangeln ausgelegt ist, kann man eine leichte und sensible Posenmontage nicht adäquat an den gewünschte Platz befördern, geschweige denn sie fängig führen. Und mit einer 2,10 Meter langen Spinnrute auf Grund zu angeln, ist alles andere als optimal.

Darüber hinaus hat die Rute die wichtige Aufgabe, die Fluchten und Kopfstöße eines gehakten Fisches abzufedern. Sie wirkt als Puffer und verhindert, dass die Schnur reißt oder der Haken sich aus dem Maul löst. Dazu sollte die Rute nicht zu steif sein, sonst ist diese Funktion nicht gegeben.

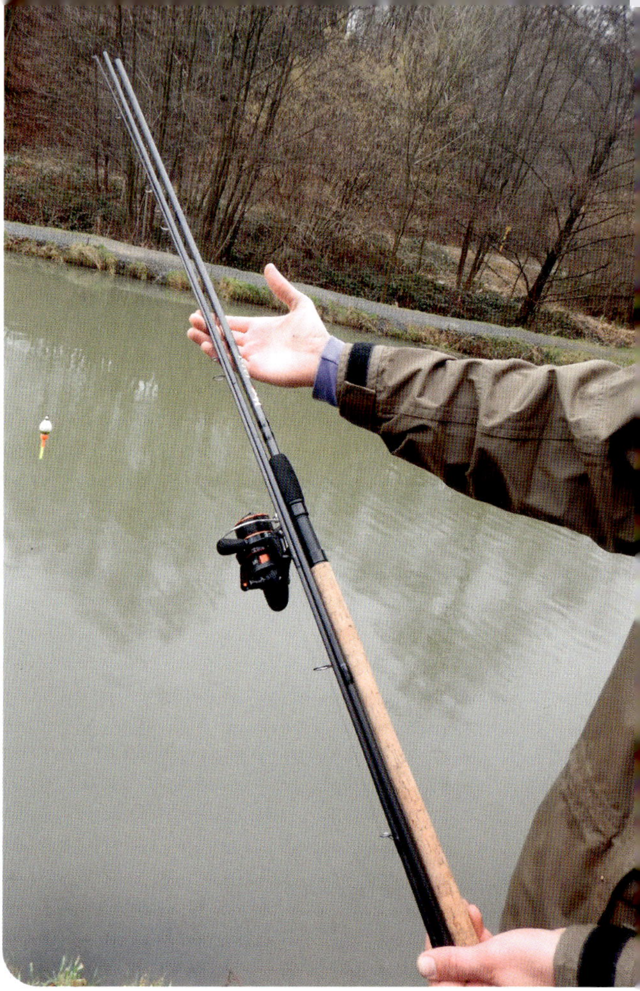

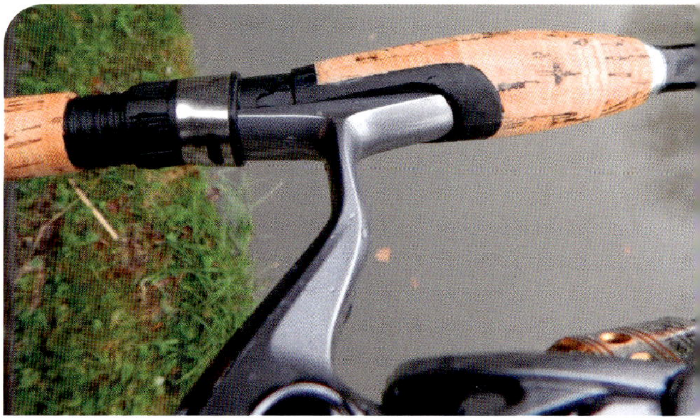

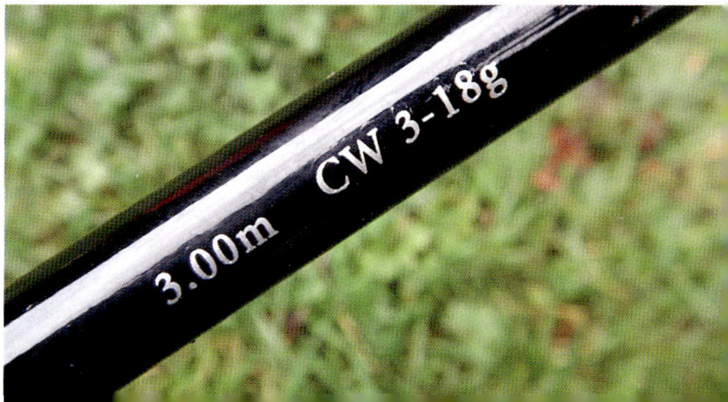

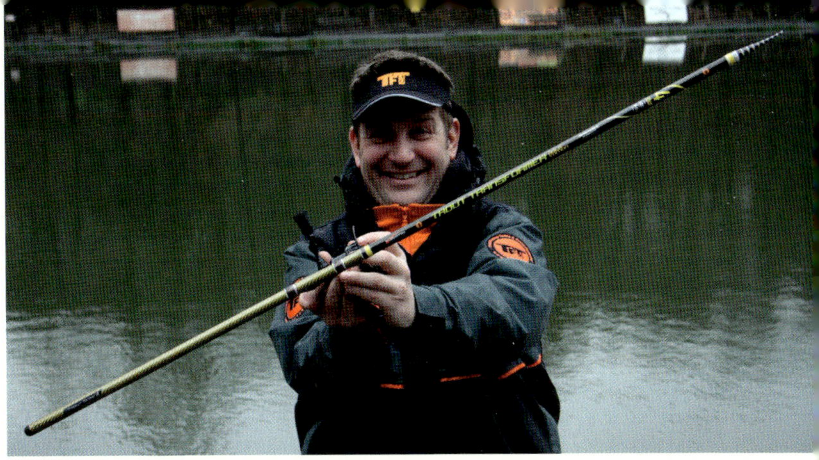

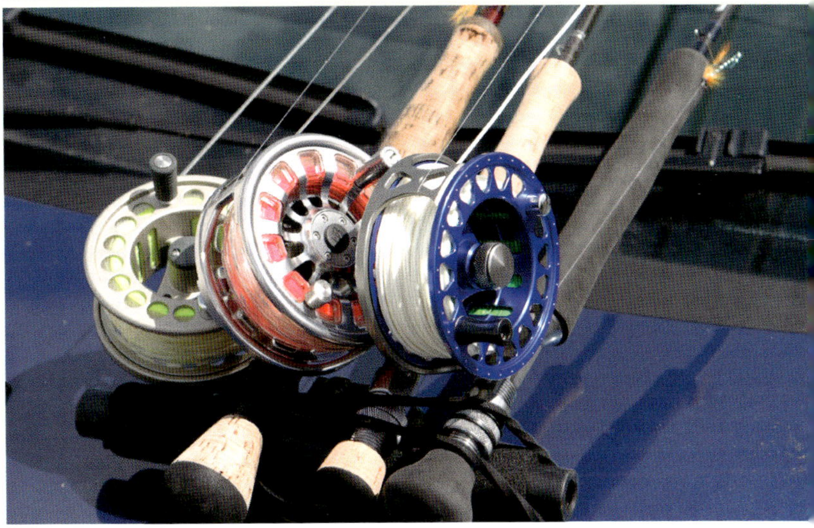

Steckruten sind meist zwei- oder dreigeteilt.

OBEN: *Moderne Teleskopruten sind auf dem neuesten Stand der Technik – filigran und äußerst sensibel.*

UNTEN: *Eine Rute für das Fliegenfischen ist auf den ersten Blick daran zu erkennen, dass sich der Rollenhalter und damit auch die Rolle ganz am unteren Ende der Rute befinden.*

EINE FÜR ALLES?

Man kann bestimmte Rutenmodelle auch interdisziplinär nutzen, etwa eine Posenrute auch fürs leichte Grundangeln oder eine schwere Spinnrute auch fürs leichte Pilkangeln auf der Ostsee. **Neben der Rutenlänge ist vor allem das Wurfgewicht von entscheidender Bedeutung für den Einsatzbereich einer Rute.** Die Angabe des Wurfgewichtes wird meist auf den Rutenblank gedruckt. Darauf kann man ablesen, welches Gewicht man mit der Rute gut auswerfen kann. Meist wird ein Wurfgewichtsspektrum angegeben (von – bis).

OBEN: *Der Rollenhalter sollte stabil sein und die Rolle kompromisslos fixieren.*

UNTEN: *Auf den Rutenblank sind Länge und Wurfgewicht gedruckt. Aus diesen Angaben lässt sich ablesen, für welchen Einsatzbereich und welche Angeltechnik sie sich eignet.*

Posenmontagen für das Angeln in langsam strömenden Flüssen oder in stehenden Gewässern fallen meist relativ leicht aus. Deshalb bietet sich eine Rute mit einem Wurfgewicht von 5 bis 20 Gramm an. Hat das Modell dann noch eine Länge um 3 Meter, lässt sich die Montage sehr gut auswerfen und fängig präsentieren. Und auch eine leichte Grundblei-Montage kann mit dieser Rute fischen. Aber mit einem 80 oder 100 Gramm schweren Pilker fürs Meeresangeln wäre diese Rute einfach überfordert.

Mittlerweile gibt es für jede Angeltechnik abgestimmt Rutenmodelle. Der Angler sollte sich also darüber Gedanken machen, mit welcher Methode er die meiste Zeit angeln möchte und danach die Rutenwahl treffen. Wenn Länge und Wurfgewicht auch zu den Anforderungen einer anderen Angeltechnik passt, lässt sich das Modell auch dafür einsetzen.

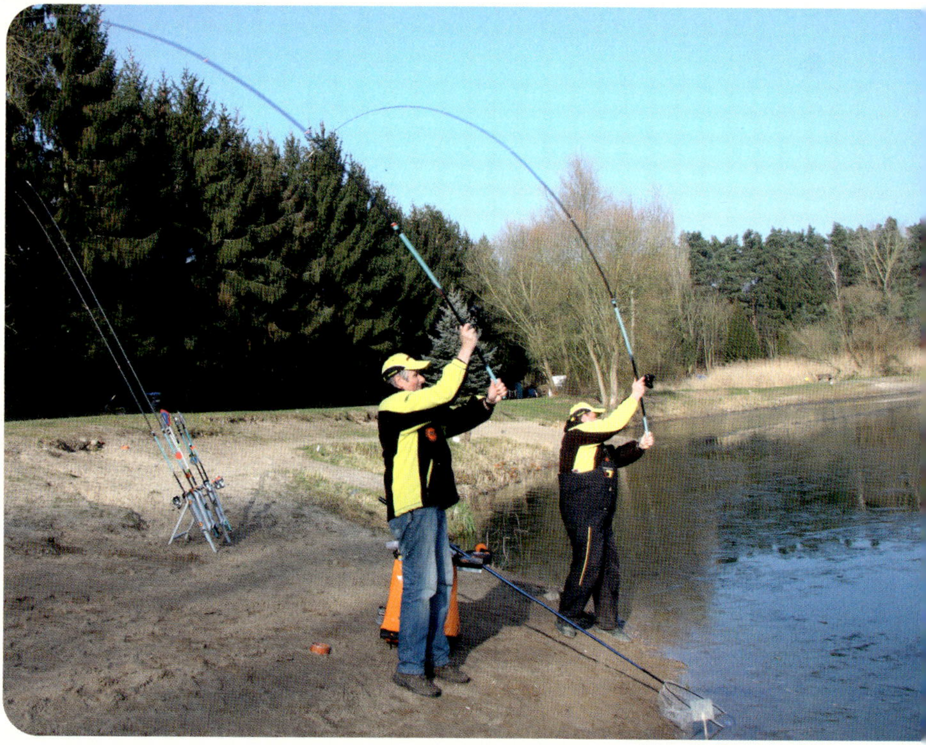

Die Montage wird an den Platz befördert. Damit man weit und zielgenau auswerfen kann, braucht man eine auf die Angelmethode abgestimmte Rute.

Da ist einer dran! Die Rute hat die Aufgabe, die Fluchten des gehakten Fisches abzufedern.

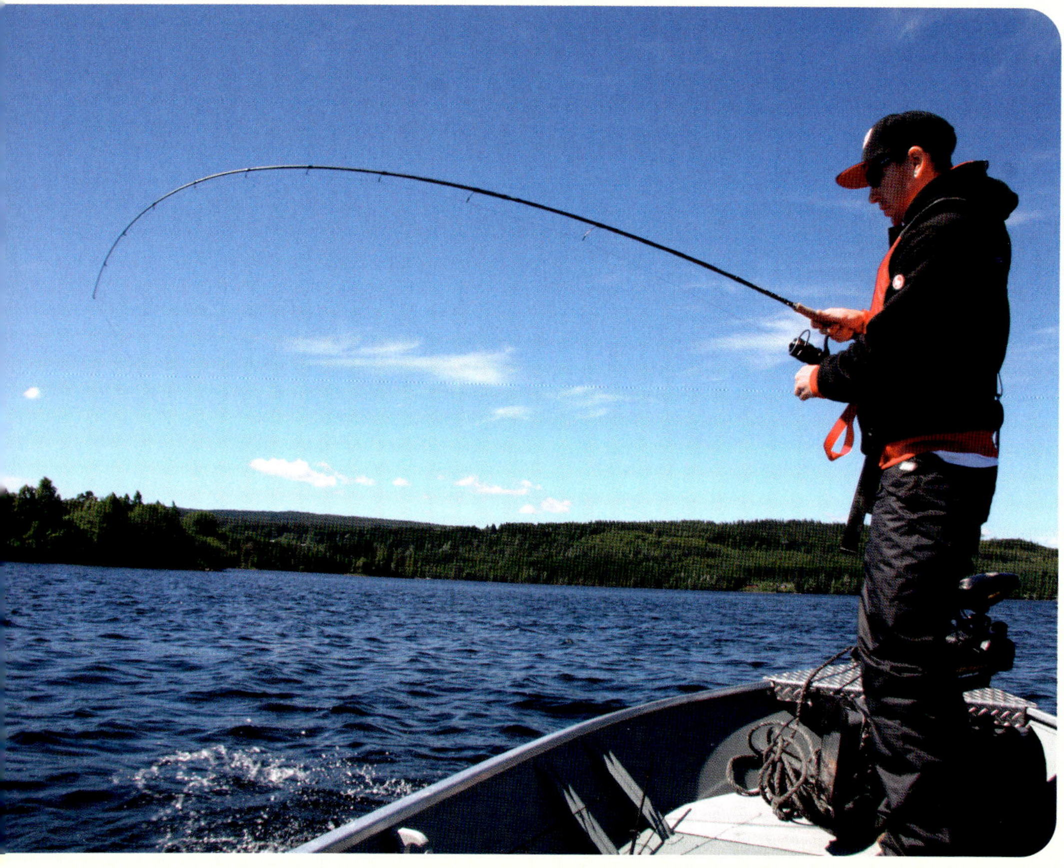

VON DER INSEL

Auf manchen Ruten findet man keine geläufige Wurfgewichts- oder Längenangabe, sondern eine Angabe der Testkurve in »lb« oder »lbs« sowie eine Angabe der Rutenlänge in »ft«. Beide Maßeinheiten stammen aus England und sind dort sehr gebräuchlich. Aber keine Angst, diese Angaben lassen sich relativ leicht umrechnen. Die Abkürzung lb kommt aus dem Lateinischen (libra = Pfund). **1 lb bedeutet ein Wurfgewicht von etwa 30 Gramm.** Steht auf der Rute etwa »2 lb«, liegt das maximale Wurfgewicht der Rute bei etwa 60 Gramm. 1 ft (engl. feet = Fuß) entsprechen einer Länge von 30 Zentimetern. Eine 10-ft-Rute ist also 3,00 Meter lang.

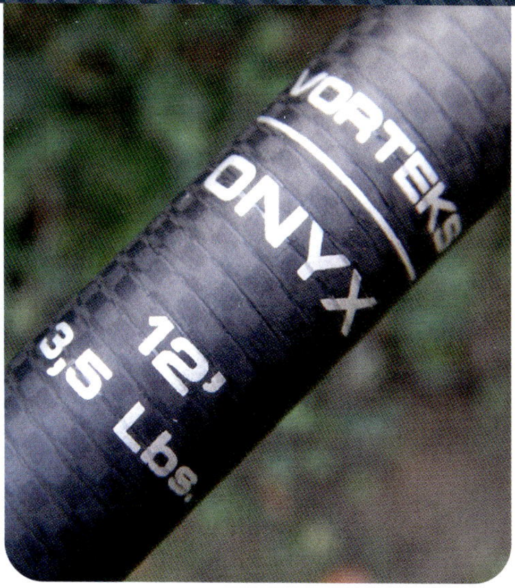

Manche Ruten sind mit englischen Maßeinheiten versehen. Diese Werte kann man umrechnen und so Rückschlüsse auf Länge und Wurfgewicht ziehen.

DAFÜR EIGNET SICH DIE RUTE

Hier ein Überblick, für welche Angeltechniken sich Ruten aufgrund ihrer Länge und ihrem Wurfgewicht eignen. Die Angaben dienen allerdings nur als grobe Orientierungshilfe, weil das Spektrum an Ruten mittlerweile sehr stark ausdifferenziert ist und es bei vielen Angeltechniken Unterdisziplinen mit speziell darauf abgestimmten Rutenmodellen gibt.

Angeltechnik	Rutenlänge	Wurfgewicht
Leichtes Posenangeln	2,70 bis 5 Meter	3 bis 20 Gramm
Schweres Posenangeln	2,70 bis 6 Meter	10 bis 60 Gramm
Leichtes Grundangeln	2,70 bis 4,20 Meter	10 bis 40 Gramm
Schweres Grundangeln	2,70 bis 4,20 Meter	30 bis 100 Gramm
Spinnfischen mit leichten bis mittelschweren Kunstködern (Wobbler, Spinner, Blinker, Gummiköder)	1,80 bis 2,40 Meter	3 bis 40 Gramm
Spinnfischen mit schweren Kunstködern	2,40 bis 3 Meter	20 bis 60 Gramm
Brandungsangeln (Küste)	3,60 bis 4,50 Meter	100 bis 200 Gramm
Meeres- / Pilkangeln	1,80 bis 2,70 Meter	100 bis 250 Gramm
Schweres Meeres- / Pilkangeln (etwa in Norwegen)	1,80 bis 2,40 Meter	200 bis 1000 Gramm

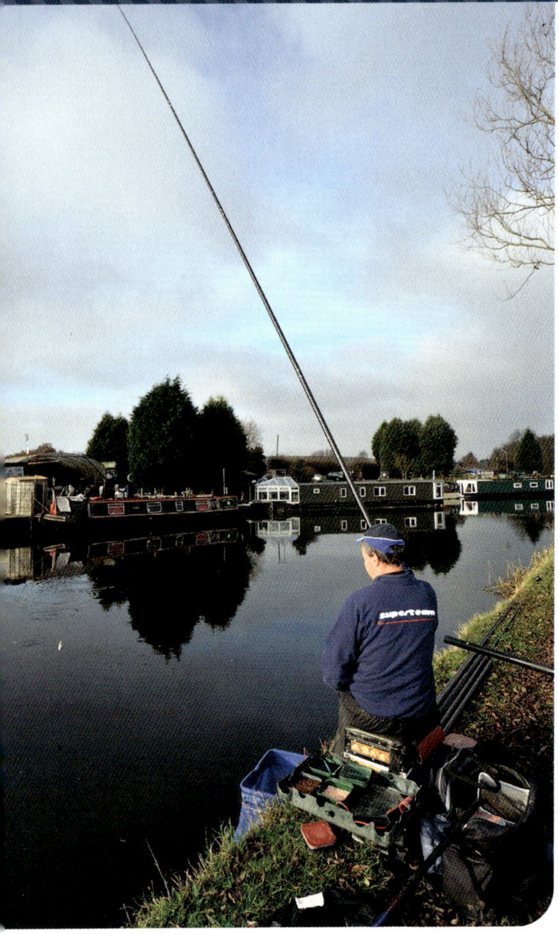

▲ *Lange Ruten ohne Ringe und ohne Rolle werden beim Friedfischangeln eingesetzt. Sie sind aufgrund ihrer recht komplizierten Handhabung für Anfänger nicht geeignet.*

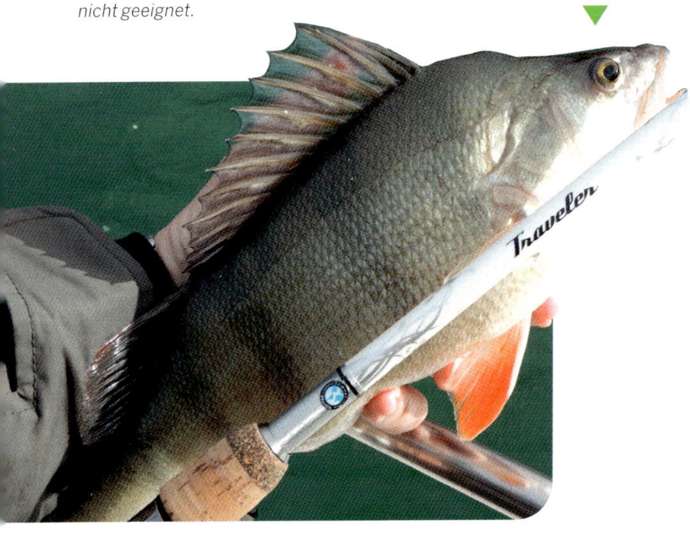

LANG UND OHNE RINGE

Manchmal kann man Angler beobachten, die mit einer (meist langen) Rute ohne Ringe und Rolle fischen. Dabei handelt es sich um eine unberingte Stipprute, auch Kopfrute genannt. **Die Schnur wird am Spitzenteil der Rute befestigt.** Diese Rutenmodelle kommen beim spezialisierten Friedfischangeln zum Einsatz. Besonders lange Kopfruten sind nicht einfach zu handhaben, weil beim Aufbau und beim Drill eines Fisches die einzelnen Rutenelemente auf- beziehungsweise abgesteckt werden müssen. Für Anfänger sind diese Ruten daher weniger geeignet.

ANGELN IM URLAUB

Wer auch im Urlaub gerne angelt und mit dem Flugzeug verreist, sollte sich eine so genannte Reiserute zulegen. Diese Ruten sind mehrfach geteilt und lassen sich dank ihres geringen Transportmaßes auch im Koffer verstauen.

▶ *Reiseruten bestehen aus mehr als nur zwei oder drei Teilen und lassen sich daher auch in einem Koffer unterbringen.*

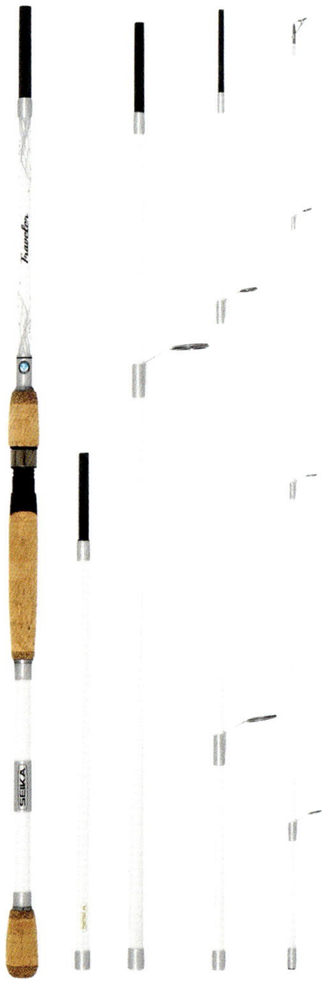

Die praktische Reiserute hat einen schönen Barsch ins Boot gebracht. ▼

ROLLEN

Abgesehen vom Angeln mit der unberingten Stipprute gehört an jede Angelrute eine Rolle. Auf der Spule befindet sich die Angelschnur.

Die Rolle hilft dabei, Schnur und Montage auszuwerfen und die Leine wieder einzuholen. Auch wenn das Angebot an unterschiedlichen Rollenmodellen noch weiter reicht, so haben sich doch für die meisten Angeldisziplinen die Stationär und die Multirolle durchgesetzt.

STATIONÄRROLLE

Die Stationärrolle ist der am weitesten verbreitete Rollentyp. Sie lässt sich abgesehen vom Fliegenfischen für alle Techniken einsetzen, vom leichten Friedfischangeln bis hin zum Angeln auf dem Meer. Bei diesem Rollentyp befindet sich die Spule auf einer Achse, die parallel zum Rutengriff steht. Betätigt man die Rollenkurbel, dreht sich der Rollenbügel mit dem Schnurlaufröllchen um die sich vor- und zurückbewegende Spule. Dadurch wird die Schnur auf der Rolle verlegt.

Um die Montage auszuwerfen, muss der Rollenbügel aufgeklappt und dadurch die Schnur freigegeben werden. Die **Bremse** ist ein besonders wichtiges Ausstattungsmerkmal der Rolle. Denn sie hilft dabei, den Fisch zu ermüden. Öffnet man die Bremse, kann der

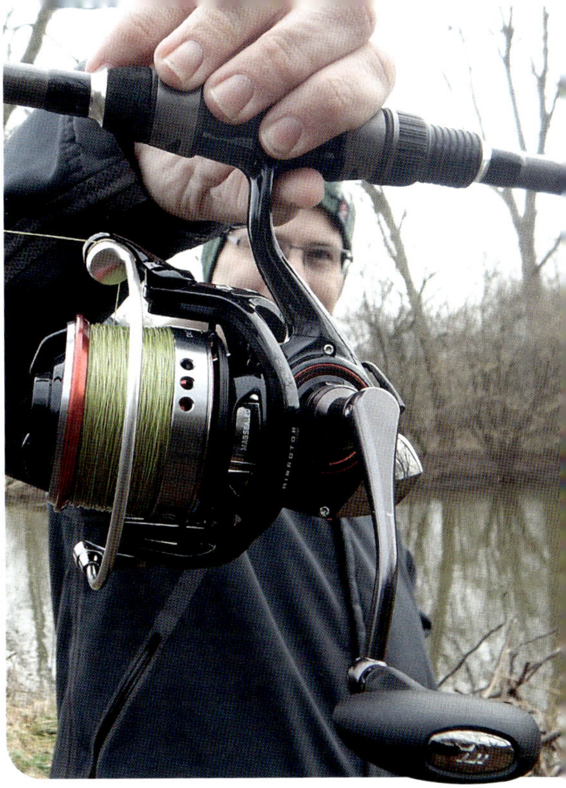

Die Stationärrolle ist der am häufigsten eingesetzte Rollentyp.

Für den Fang größerer Fische benötigt man auch ein größeres Rollenmodell.

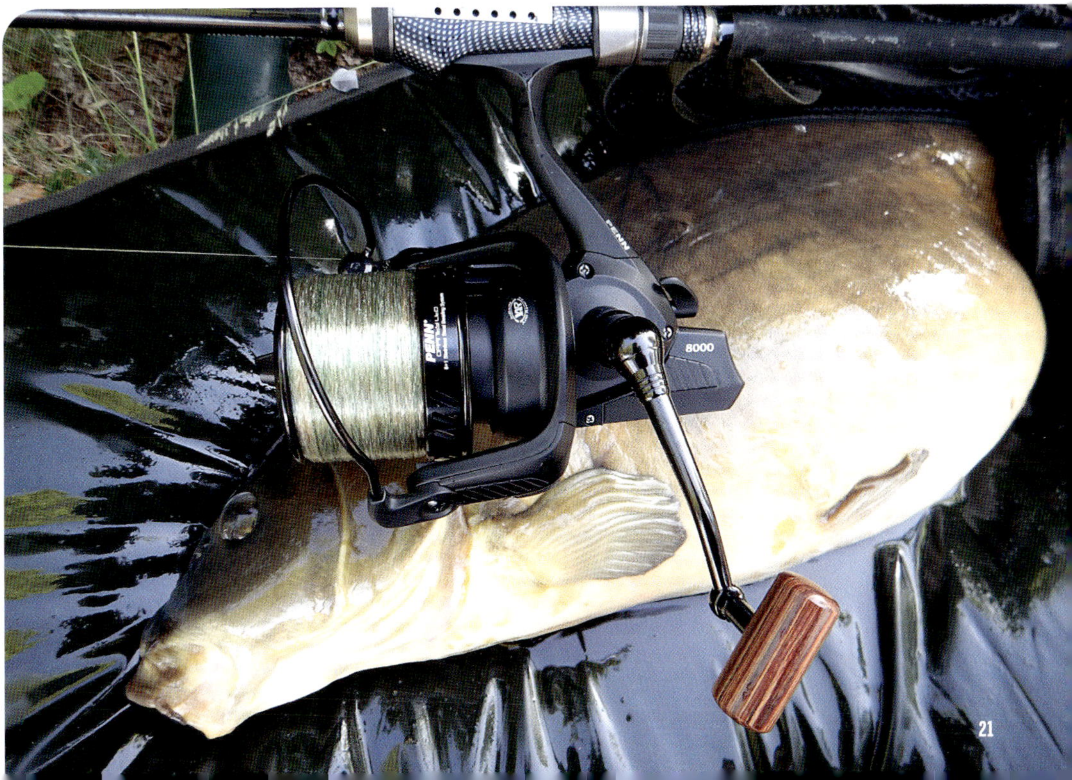

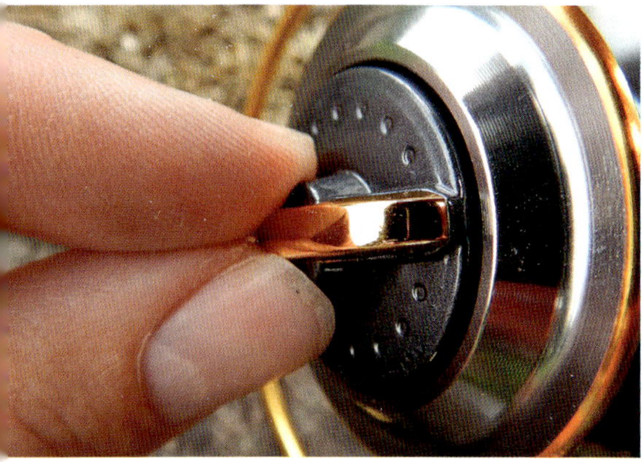

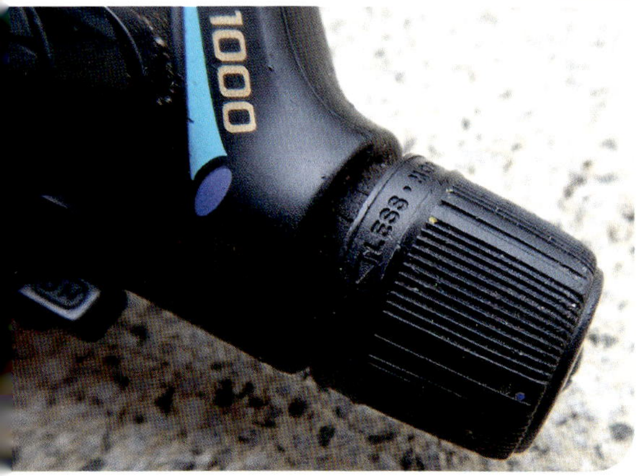

OBEN: *Bei Rollen mit Kopfbremse befindet sich der Drehknopf zur Einstellung der Bremskraft im vorderen Bereich der Spule.*

UNTEN: *Hat man eine Rolle mit Heckbremse, wird die Bremskraft hinten justiert.*

Fisch Schnur abziehen. So verhindert man, dass die Schnur reißt. Man kann die Bremse weiter zudrehen, wodurch sich der Abzugswiderstand erhöht. Der Fisch muss gegen diesen Widerstand ankämpfen und wird nach und nach ermüdet.

Bei Stationärrollen befindet sich die Bremse entweder vorne an der Spule (Kopfbremse) oder am hinteren Ende der Rolle (Heckbremse). **Ob man sich eine Rolle mit Front- oder Heckbremse zulegt, ist Geschmacksache. Wichtig ist allerdings, dass die Bremse ruckfrei läuft und nicht hakt.** Vor dem Kauf sollte man im Fachgeschäft daher unbedingt die Bremsfunktion ausprobieren.

GUTE ROLLE, SCHLECHTE ROLLE?

Ferner ist darauf zu achten, dass die Kurbel sich leicht drehen lässt. Denn gerade bei aktiven Angeltechniken wie etwa dem Spinnfischen kann einem schnell die Lust vergehen, wenn man permanent relativ viel Kraft aufbringen muss, damit die Kurbel in Bewegung bleibt. Mit einer Kurbel, die sich schon nach leichtem Antippen in Bewegung setzt, macht das Angeln deutlich mehr Spaß.

Als Indikator für eine gute oder schlechte Rolle wird auch häufig die Anzahl der **Kugellager** angesehen. Grundsätzlich gilt: Mehrere Kugellager verbessern den Lauf der Rolle und erhöhen den Angelkomfort. Aber man sollte eine Rolle nicht nur nach der Anzahl der Kugellager auswählen. Es gibt Modelle mit drei Kugellagern, die besser laufen als Rollen mit fünf oder sechs Lagern. Auch hier gilt: Selbst ausprobieren und verschiedene Modelle von unterschiedlichen Marken in die Hand nehmen.

Letztes wichtiges Merkmal einer guten Rolle ist die **Schnurwicklung**. Die Leine sollte gleichmäßig und sauber auf der Spule verlegt werden. Schnurberge und -täler verringern die Wurfweite und die Wurfgenauigkeit. Welche

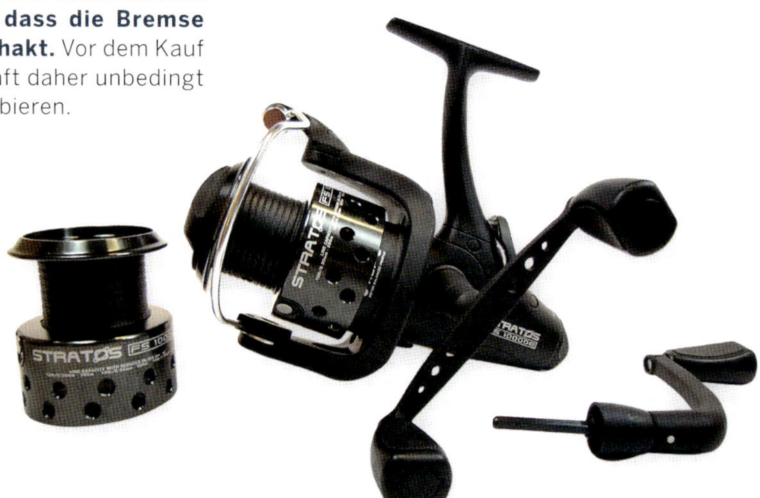

Es gibt auch Rollen mit einer Doppelkurbel. Sie soll für einen besonders ruhigen und ausgewogenen Lauf sorgen.

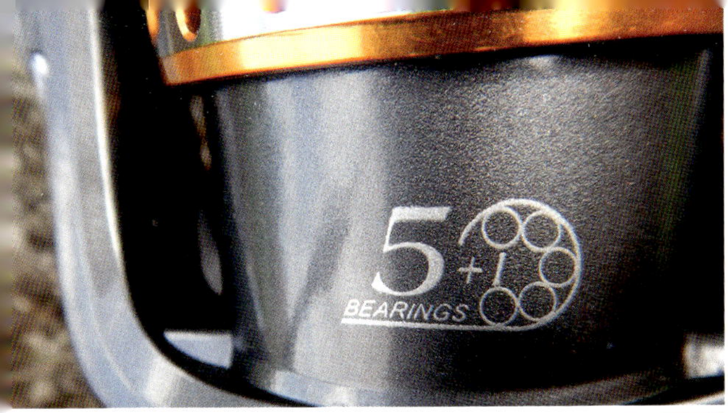

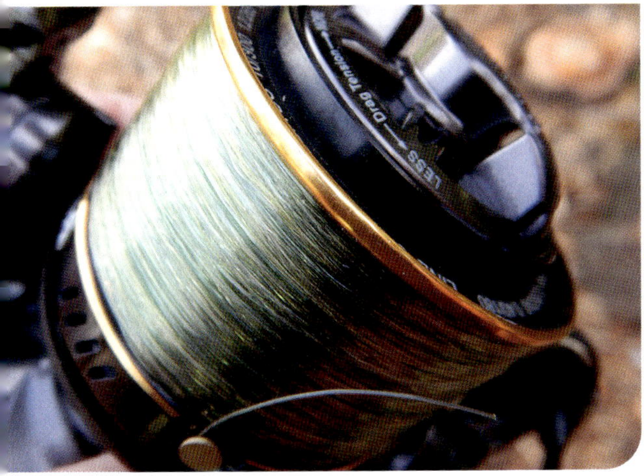

OBEN: *Eine hohe Anzahl an Kugellagern ist nicht zwangsläufig ein Anzeichen für Qualität, weshalb dieser Wert nicht das einzige Kaufargument sein sollte.*

UNTEN: *So sollte es aussehen: Die Schnur wird sauber auf der Spule verlegt.*

Rollengröße man wählt, hängt von der Angeltechnik ab. Feine Angeltechniken mit dünneren Schnüren, wie das leichte Posenangeln oder Spinnfischen, verlangen ein kleines Rollenmodell. Angelt man mit schwererem Gerät auf große Fische, sollte auch eine größere, robustere Rolle mit höherer Schnurfassung eingesetzt werden.

MULTIROLLE

Ein weiterer Rollentyp, der allerdings bei weitem nicht so häufig eingesetzt wird wie die Stationärrolle, ist die Multiplikatorrolle, auch kurz Multirolle genannt. Im Gegensatz zur Stationärrolle wird bei der Multirolle die Schnur nicht umgelenkt und auf einer fixierten Spule verlegt. Die Leine wird statt dessen auf eine sich drehende Spule gewickelt. Damit die Leine gleichmäßig auf der Spule verlegt wird, besitzen viele Multirollen eine Schurführung, die sich beim Kurbeln auf der Spule hin und her bewegt.

Wie Stationärrollen verfügen auch Multirollen über eine Bremse. Vorteil der Multirolle gegenüber der Stationärrolle ist ihre **höhere Belastbarkeit und längere Lebensdauer**. Deshalb werden Multirollen vorrangig beim Angeln auf große, kampfstarke Fische eingesetzt, wie beim Ansitzangeln auf Welse oder beim schweren Bootsangeln auf dem Meer.

FREIER LAUF

Beim Grundangeln ist eine Freilaufrolle von Vorteil. Der Freilauf ist eine zweite einstellbare Bremse und kann über einen Hebel am Heck zu- und ausgeschaltet werden. Nach dem Auswerfen aktiviert man den Freilauf und der Fisch kann beim Biss ungehindert Schnur abziehen. Nun nimmt man die Rute auf, deaktiviert den Freilauf und kann mit der voreingestellten Bremseinstellung der »Hauptbremse« den Drill beginnen.

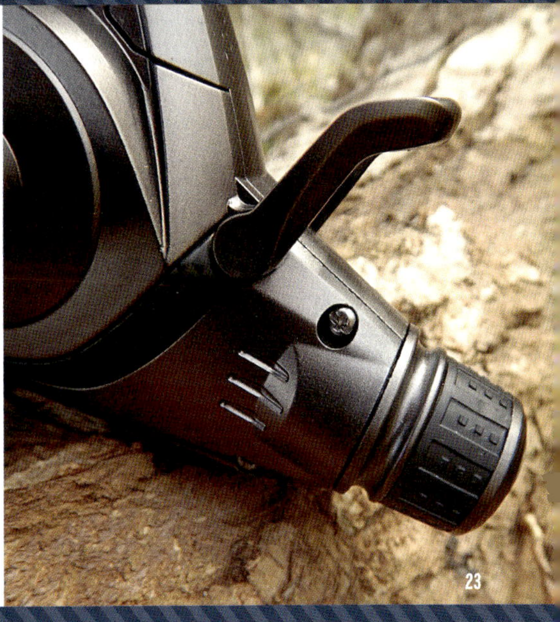

Der Hebel am Heck der Rolle zeigt an, dass es sich um eine Freilaufrolle handelt, die sich besonders fürs Grundangeln eignet.

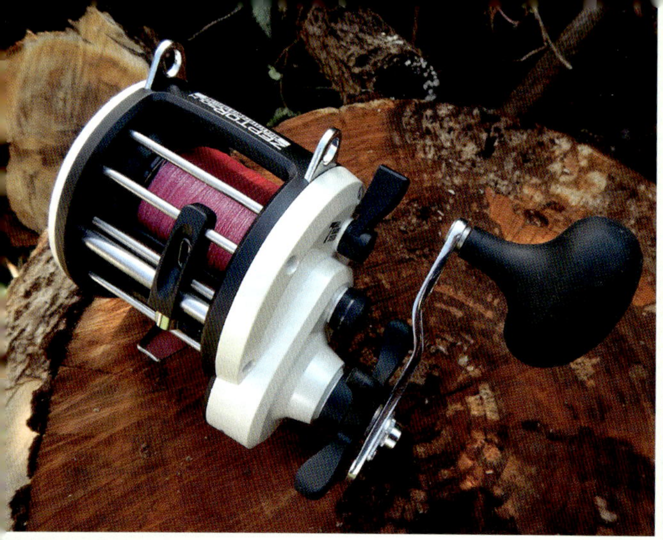

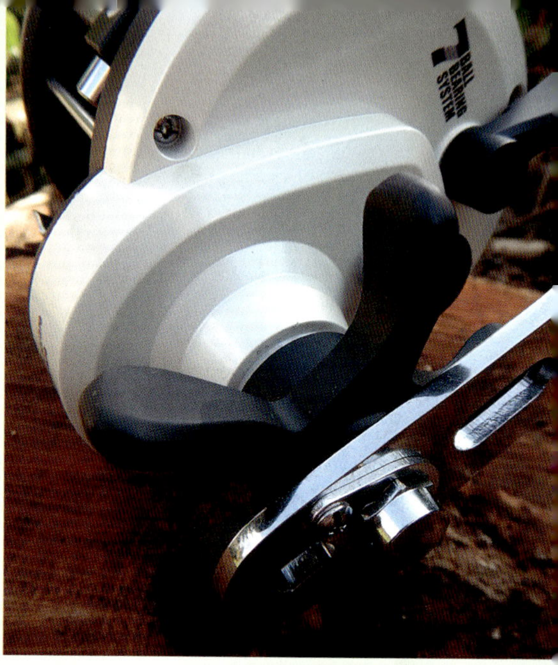

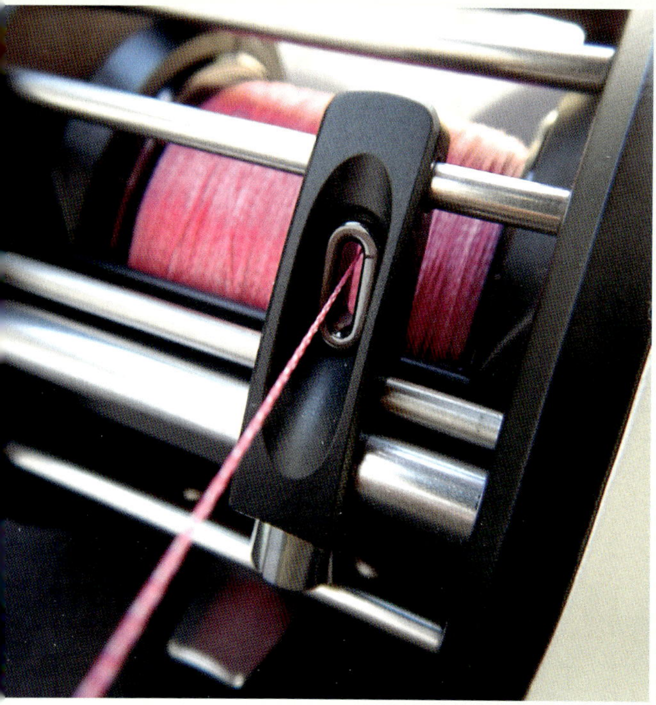

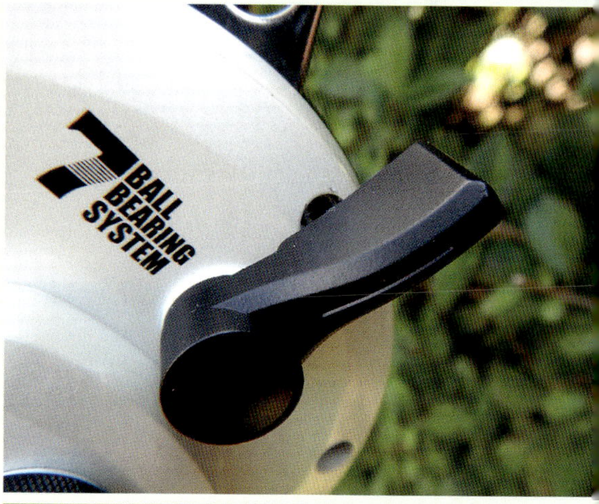

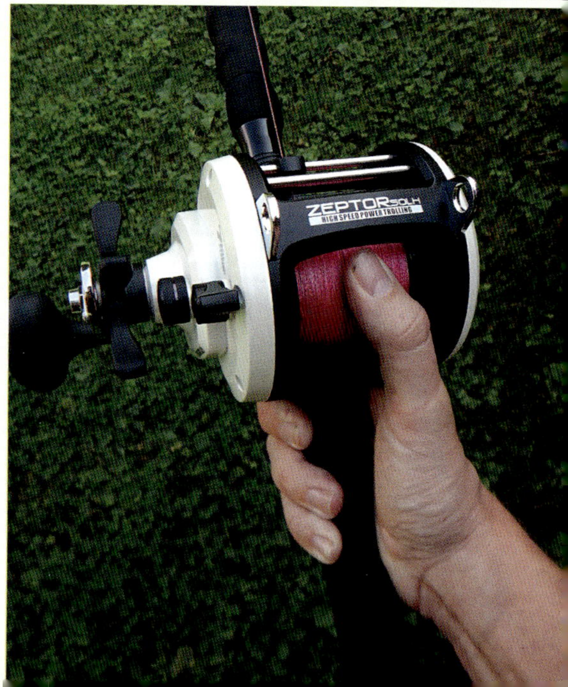

▲

OBEN: *Die Multirolle, hier ein Modell fürs Meeresangeln, ist nicht so gebräuchlich wie die Stationärrolle.*

UNTEN: *Die Schnurführung sorgt dafür, dass die Schnur sauber auf der Spule verlegt wird.*

▶

OBEN: *Die Bremse einer Multirolle wird aufgrund der Form des Bedienelements auch Sternbremse genannt. Sie befindet sich im Bereich der Kurbel.*

MITTE: *Durch Betätigen des Freilaufhebels wird die Schnur fürs Auswerfen oder Ablassen der Montage freigegeben. Aber Vorsicht: Das Auswerfen mit der Multirolle ist nicht ganz einfach.*

UNTEN: *Beim Angeln mit der Stationärrolle befindet sich die Rolle unter der Rute. Fischt man mit der Multirolle, sitzt die Rolle oben.*

Nachteil der Multirolle ist ihre im Vergleich zur Stationärrolle deutlich **kompliziertere Handhabung:** Leichte Posenmontagen kann man mit einer Multirolle kaum auswerfen. Und auch das Auswerfen einer Grundblei- oder einer Kunstködermontage ist für den mit diesem Rollentyp ungeübten Angler nicht leicht.

Weil sich die Spule beim Auswerfen dreht, kann es gerade in der letzten Phase des Wurfes, wenn sich der Flug der Montage verlangsamt, passieren, dass die Spule überdreht. Unlösbare und nervige Schnurperücken auf der Spule sind die Folge. Zwar sind viele moderne Multirollenmodelle mit einer speziellen Wurfbremse ausgestattet, die solche Szenarien verhindern soll, aber komplett gefeit ist man gegen solche Verhedderungen nie.

MULTIROLLE: FÜR DIE GANZ GROSSEN RAUBFISCHE

Beim Pilken vom Boot, wo der Köder lediglich abgelassen und selten ausgeworfen werden muss oder beim Ansitzangeln auf große Raubfische, wo man den Köder mit Hilfe eines Bootes ausbringt, punktet die Multirolle. **In allen anderen Situationen rate ich besonders Anfängern zur Stationärrolle.**

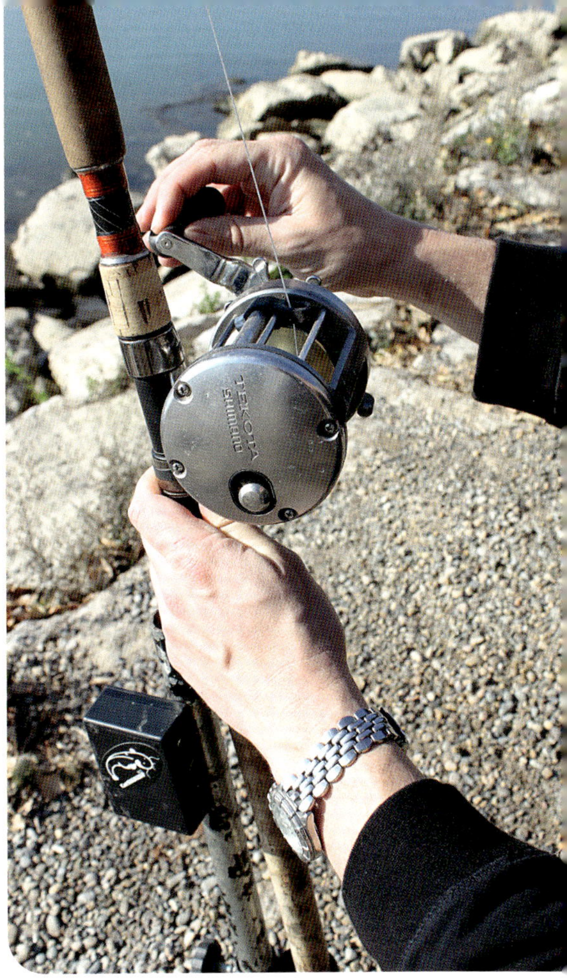

Ansitzangeln auf große Welse – dafür eignet sich die robuste Multirolle.

FÜR KUNSTKÖDER-FREAKS

Baitcaster sind kleine, stylische Multirollen, die besonders in den USA und in Asien für das aktive Angeln (Spinnfischen) auf Raubfische eingesetzt werden. Auch in Europa hat das Fischen mit der Baitcaster eine wachsende Fangemeinde, weil man mit diesen Rollen gefühlvoll angeln kann. Für Anfänger und Gelegenheitsangler sind diese Rollen allerdings nicht zu empfehlen.

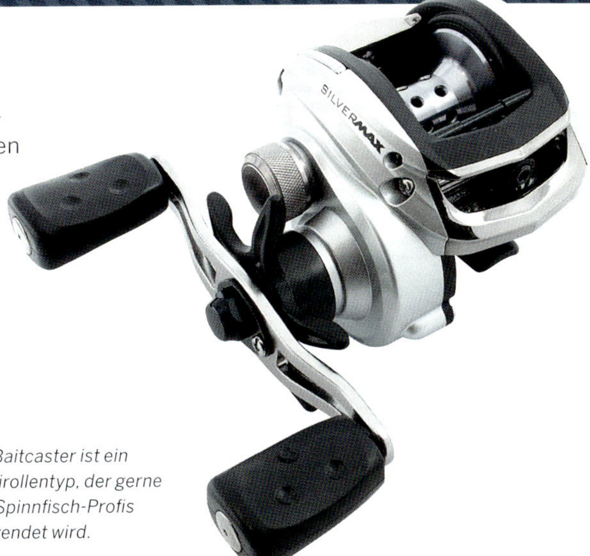

Die Baitcaster ist ein Multirollentyp, der gerne von Spinnfisch-Profis verwendet wird.

STECKBRIEF: FRIEDFISCHE

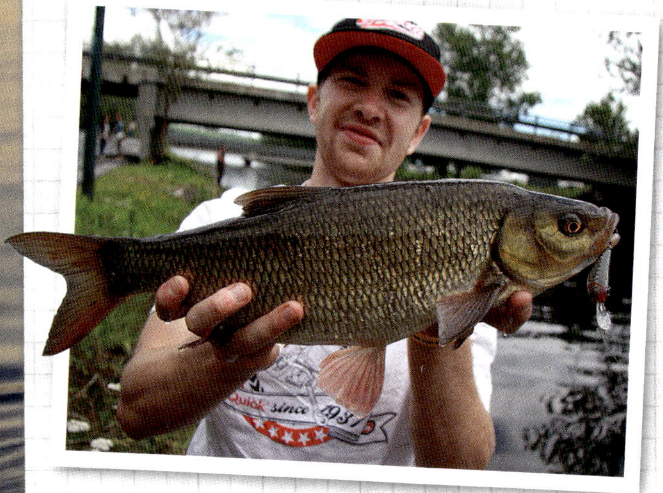

ALAND

(Idus idus)

Der Aland ist unberechenbar. Am einen Tag weist er selbst den einzelnen Rotwurm zurück, während er am nächsten den eigentlich viel zu großen, zwölf Gramm schweren Blinker oder die für Meerforellen gedachte Fliege packt. Allgemein zählt der Aland jedoch zu den recht vorsichtigen Fischen. Er lässt sich am besten mit einer leichten, feststehenden Pose, Schwimmbrot oder mit einer Trockenfliege überlisten. Der Köder sollte unverdächtig auf die Fische zutreiben – dann wird's spannend ...

MERKMALE

Gestreckter Körper, leicht hochrückig, seitlich abgeflacht, endständiges Maul, leicht nach oben gerichtet, Schuppen etwas kleiner als beim Döbel, rötliche Bauch- und Afterflossen, Länge bis 80 Zentimeter

LEBENSRAUM

Fließgewässer und Seen

LEBENSWEISE

Besonders in den wärmeren Monaten oberflächennah zu finden, Nahrung: Würmer, Schnecken, Muscheln, Insektenlarven

ANGELTECHNIKEN

Grund- und Posenangeln mit Naturködern, aber auch Spinn- (kleine Kunstköder) und Fliegenfischen

SCHNÜRE

Die Hauptschnur ist die Verbindung zwischen Angler und Fisch. Deshalb sollte man darauf achten, die richtige Schnurausführung und -stärke zu verwenden. Ist die Schnur zu dünn, also zu schwach, besteht die Gefahr, dass die Leine den Belastungen im Drill nicht gewachsen ist und reißt. Dann macht sich der Fisch davon und lässt den Angler frustriert am Ufer oder im Boot zurück.

Fällt die Schnur zu dick aus, ist sie zu auffällig und der Köder lässt sich nicht fängig präsentieren. Dann besteht die Gefahr, dass der Fisch Verdacht schöpft oder der Köder unattraktiv ist. Aber nicht nur auf den richtigen Durchmesser und die passende Tragkraft kommt es an, sondern auch auf den Schnurtyp. **Man unterscheidet zwischen Monofil- und Geflechtschnüren.** Beide Schnurtypen haben ihre Vor- und Nachteile sowie Einsatzbereiche, für die sie sich besonders gut eignen.

NICHT NUR DER DURCHMESSER ZÄHLT

MONOFILSCHNUR

Monofilschnüre bestehen aus einem Strang und werden aus Polyamid-Granulat hergestellt. Dieser Schnurtyp dominierte in den letzten Jahren das Angebot an Angelschnüren. Erhältlich sind sie in unterschiedlichen Durchmessern, vom dem die Tragkraft der Leine mit abhängt. **Der Durchmesser wird in Millimeter angegeben, die Tragkraft in Kilogramm**. Je größer der Durchmesser, desto höher die Tragkraft. Beide Werte sind zumeist auf der Spule abgedruckt, auf der man die Schnur kauft.

Das Spektrum an Durchmessern ist breit, es reicht im normalen Bereich grob gesagt von 0,08 Millimetern (Tragkraft je nach Hersteller und Fabrikat etwa 1 Kilo) bis hin zu 0,50 Millimeter (Tragkraft etwa 17 Kilo). Welche Schnur man wählt, hängt von der Fischart ab, auf die man es abgesehen hat sowie von der Angeltechnik. Angelt man mit einer leichten Rute und einer sensiblen Posenmontage auf Rotaugen oder Brassen, bietet sich ein relativ dünner Durchmesser (0,14 bis 0,18 Millimeter) an. Denn mit solch einer Leine kann man

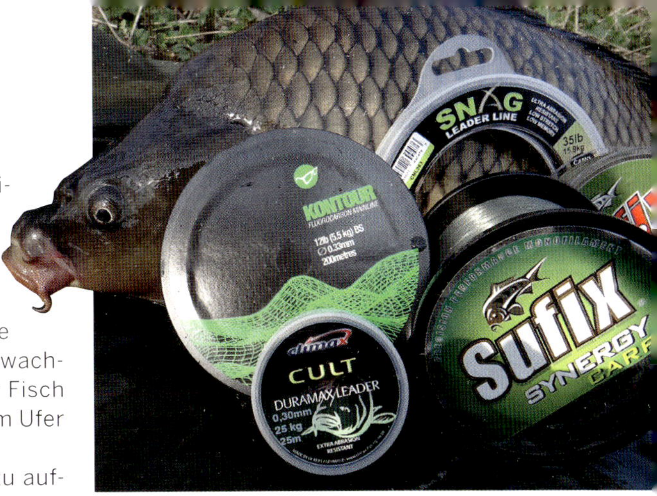

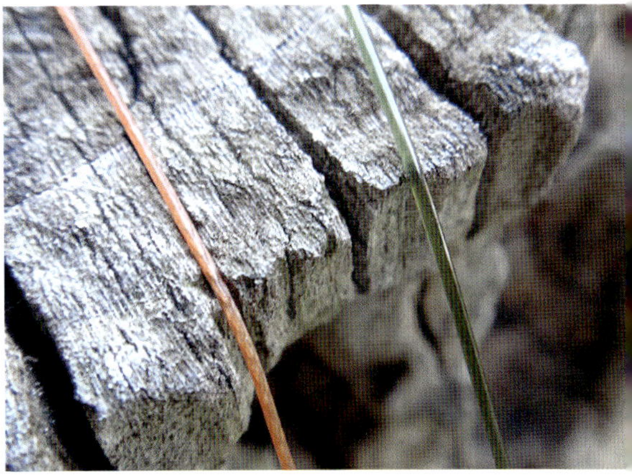

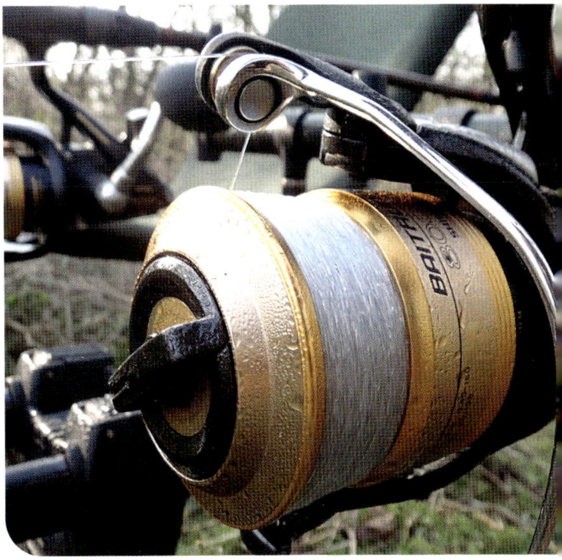

OBEN: *Die Auswahl an Schnüren ist groß. Da fragt man sich: Wann kommt welche Leine zum Einsatz?*

MITTE: *Monofilament (rechts) ist deutlich glatter als Geflechtschnur.*

UNTEN: *Monofilschnur findet man besonders häufig auf Angelrollen.*

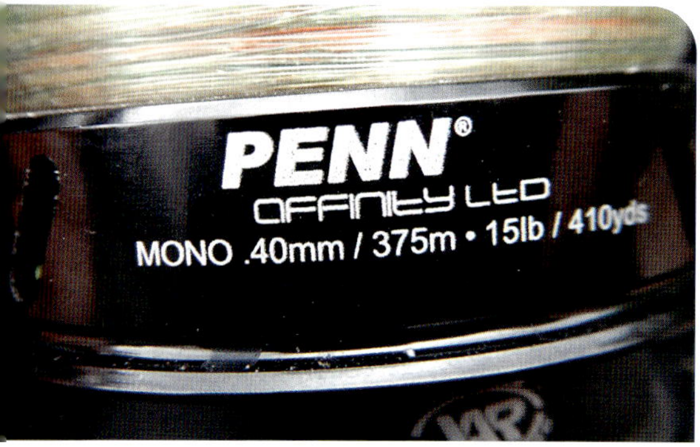

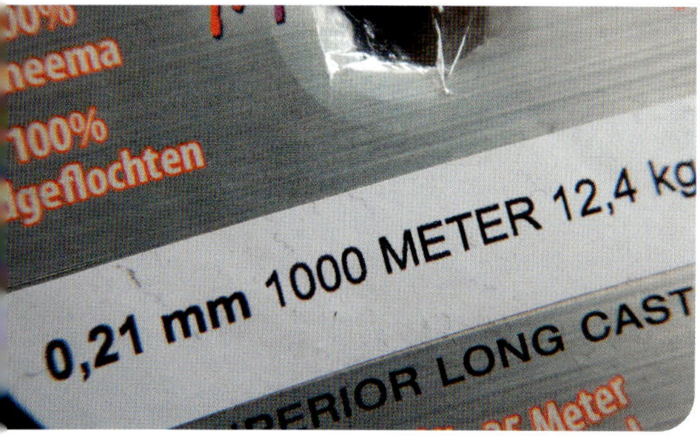

OBEN: *Wie viel Schnur auf die Rolle passt, steht meist auf der Spule.*

UNTEN: *Ob Monofilament oder Geflechtschnur: Auf der Spule sind gewöhnlich Durchmesser, Tragkraft und die Länge angegeben.*

die feine Montage gut auswerfen und führen. Da die zu erwartenden Fische auch nicht so groß werden, würde man bei der Verwendung einer dicken Schnur mit Kanonen auf Spatzen schießen.

Beim Grundangeln mit relativ schwerem Gerät auf Karpfen jenseits der 10-Kilo-Marke hingegen darf eine 0,35 Milimeter starke Schnur mit einer Tragkraft von rund 8 Kilogramm auf die Rolle. Charakteristisch für eine Monofilschnur ist ihre Dehnfähigkeit. Durch die Dehnung werden die Fluchten eines gehakten Fisches abgefedert. Das verhindert, dass die Schnur reißt oder der Haken aus dem Fischmaul ausschlitzt.

FARBEN-LEHRE

Wer sich im Angelgeschäft das Angebot an Monofilschnüren anschaut, wird feststellen, dass die Leinen in unterschiedlichen Farben erhältlich sind: vom unauffälligen Braun bis hin zum knalligen Gelb oder Orange. Eine dunkelgrüne oder braune Schnur ist beim Angeln im trüben Wasser sehr unauffällig und lässt die Fische keinen Verdacht schöpfen. Allerdings ist so eine Leine auch für den Angler schwierig zu erkennen, was gerade bei aktiven Angeltechniken von Nachteil sein kann. Denn bei diesen Methoden muss der Angler einen Biss häufig über die Schnur erkennen, die bei Fischkontakt zuckt. Dann ist man mit einer farblich auffälligen Schnur in Orange oder Rot besser beraten. Ähnlich ist es beim Meeresangeln vom Kutter. Dann stehen mehrere Angler nebeneinander. Eine farbige Schnur macht es dem Angler leichter, »seine« Leine zu erkennen und Verhedderungen mit den Nebenleuten zu vermeiden. Bei der Wahl der Schnurfarbe ist es wie auch sonst im Leben: Man muss Prioritäten setzen und Kompromisse eingehen.

BUNT & GÜNSTIG

Ein Nachteil von Monofilschnüren besteht darin, dass sie zu **Drall** neigen. Gerade beim Angeln mit rotierenden Kunstködern, wie Spinnern, verkringelt sich die Leine nach einer gewissen Zeit. In der Fachsprache wird das als **»Memory-Effekt«** bezeichnet. Dann kann es passieren, dass sie sich ungewollt um die Rutenspitze wickelt oder an der Rolle verhängt. Dieser unerwünschte Effekt lässt sich zwar durch Zwischenschalten eines besonderen Wirbels verringern, aber nie ganz ausschließen.

Darüber hinaus kann die Schnur bei Kontakt mit scharfkanigen Steinen, Muscheln und so weiter beschädigt werden, was die Tragkraft verringert und im schlimmsten Fall zum Schnurbruch führen kann. Aus diesen Gründen und weil Monofilschnur **anfällig gegen UV-Strahlung und Hitze** ist, sollte man die Leine auf Beschädigungen prüfen und regelmäßig wechseln, bei regelmäßiger Beanspruchung etwa nach 12 Monaten. Dann heißt es: Alte Leine runter von der Rolle und neue Schnur drauf. Am einfachsten ist es, die Spule mit zum Fachhändler zu nehmen und sich dort gleich die neue Schnur aufspulen zu lassen. Wer seine Rollen zu Hause bespult, sollte darauf achten, dass er die Leine ohne Drall auf die Spule bekommt. Eine probate Technik besteht darin, die Spule in einen mit Wasser gefüllten Eimer zu legen und sie dann aufzuwickeln. Die Schnur sollte nicht zu locker aufgespult werden.

Monofilschnur passt für nahezu jede Angeltechnik, außerdem ist sie im Vergleich zur Geflechtschnur ziemlich günstig.

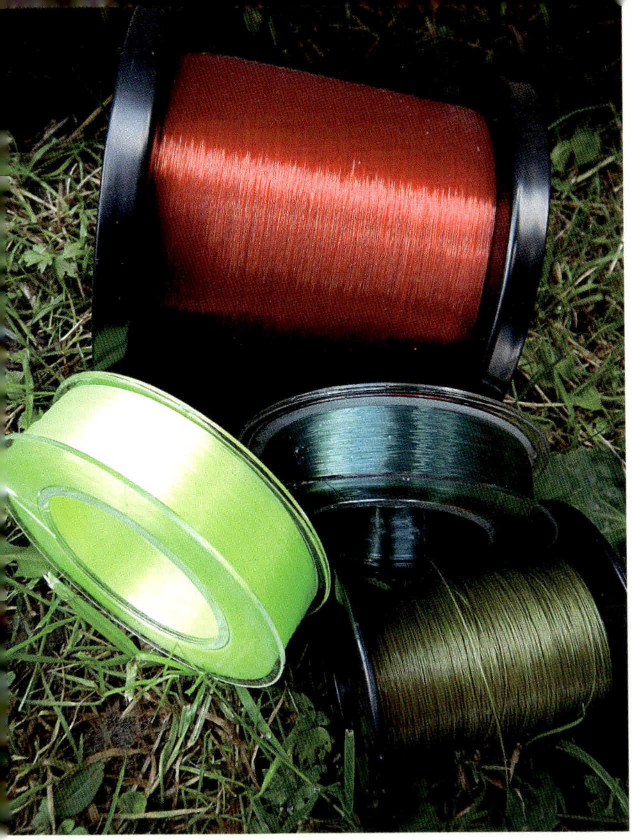

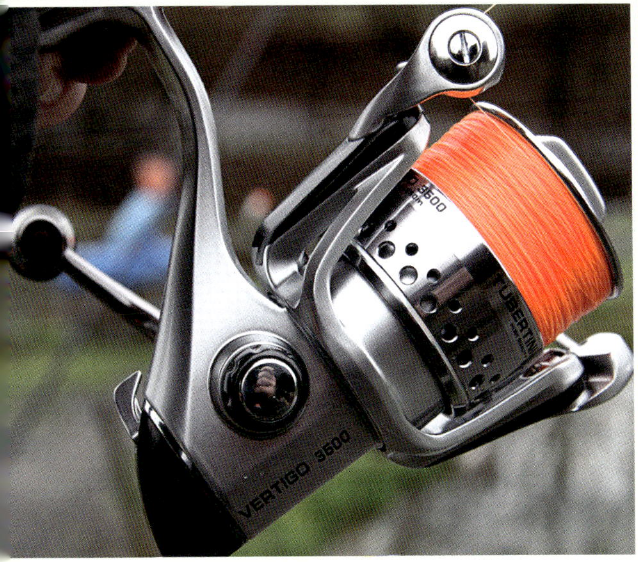

OBEN: *Die Leinen sind in unterschiedlichen Farben erhältlich – von unauffällig bis knallig bunt.*

UNTEN: *Wer so eine Schnur auf der Rolle hat, kann Bisse besser wahrnehmen.*

OBEN: *Sehr dickes Monofilament kommt häufig als Schlagschnur zum Einsatz. Es wird als Puffer für kraftvolle Würfe und als Schutz gegen Hindernisse am Gewässergrund zwischen Hauptschnur und Montage geschaltet.*

UNTEN: *Kauft man Monofilschnur auf einer Großspule wird's günstiger.*

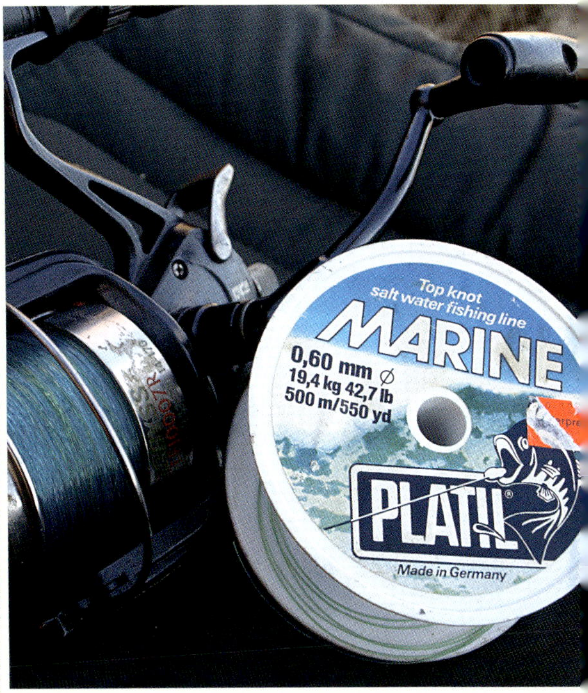

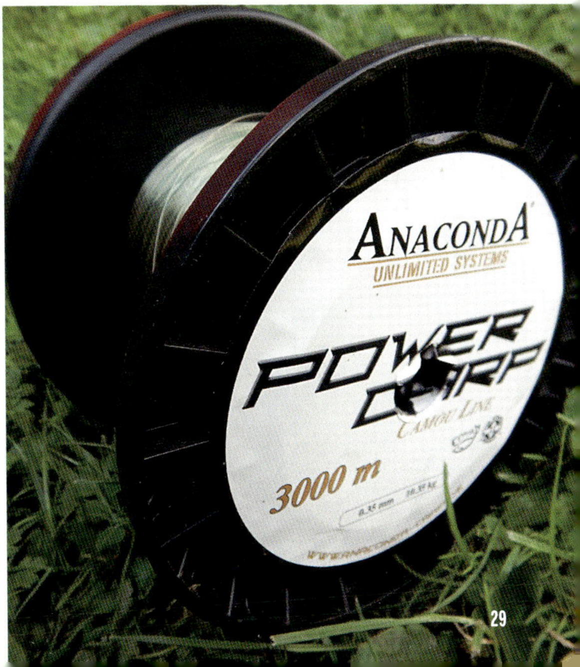

VORTEILE MONOFIL

- >>**Lässt sich aufgrund ihrer glatten Oberfläche gut auswerfen**
- >>**Durch die Dehnung werden Fluchten eines Fisches abgefedert**
- >>**Für nahezu alle Angeltechniken geeignet**
- >>**Günstiger Preis**

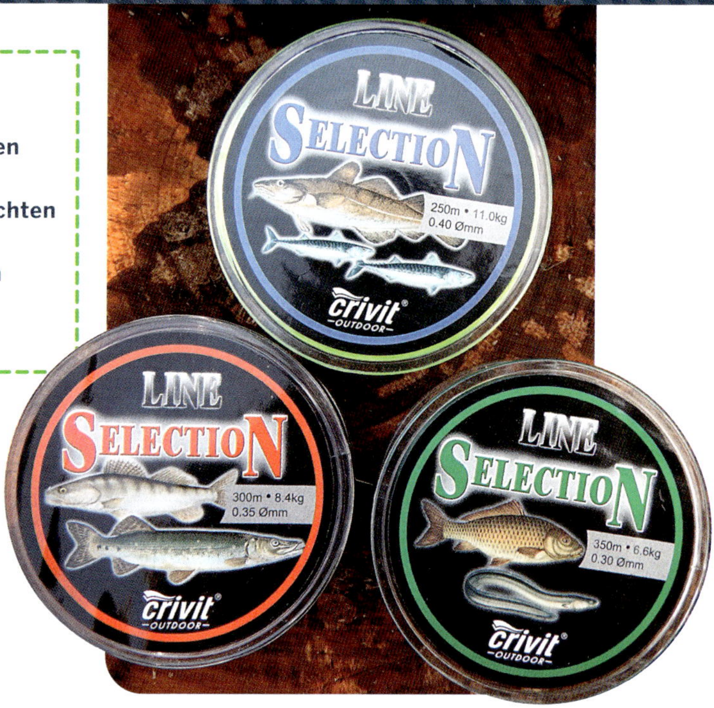

Auf eine Fischart abgestimmte Schnüre erleichtern dem Angler die Leinenwahl.

PASSEND ZUM FISCH

Im Angelladen werden so genannte »Zielfisch«-Schnüre angeboten, deren Durchmesser, Tragkräfte und Farben auf die jeweilige(n) Fischart(en) abgestimmt sind. So weiß der Angler genau, dass er sich die richtige Leine auf die Rolle spult.

UNSICHTBARE LEINE

Ein noch recht neues Monofilament ist Fluorocarbon. Dieses Material weist nahezu den gleichen Lichtbrechungsfaktor wie Wasser auf und **ist für den Fisch fast unsichtbar**. Fluorocarbon erfreut sich besonders bei Spinnfischern wachsender Beliebtheit, die ein Stück dieses Materials zwischen Hauptschnur und Köder schalten. So können sie den Köder präsentieren, ohne dass die Räuber Verdacht schöpfen. Fluorocarbon kommt aber auch als Hauptschnur zum Einsatz. Allerdings hat das Material auch Nachteile: Es ist weniger geschmeidig als normales Monofilament, verfügt über eine geringere Knotenfestigkeit und ist relativ teuer.

GEDÄCHTNISSTÜTZE

Wer mehrere Rollen besitzt, verliert leicht den Überblick. Als Gedächtnisstütze, welche Leine man auf die Rolle gespult hat, dient ein Aufkleber in der Spule. So weiß man, welcher Durchmesser aufgespult wurde. Schreibt man das Aufspul-Datum dazu, ist man auch darüber informiert, wann es Zeit ist, die Leine auszuwechseln.

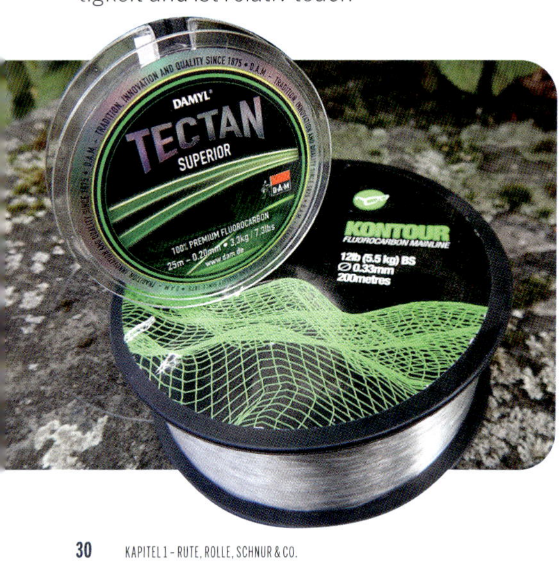

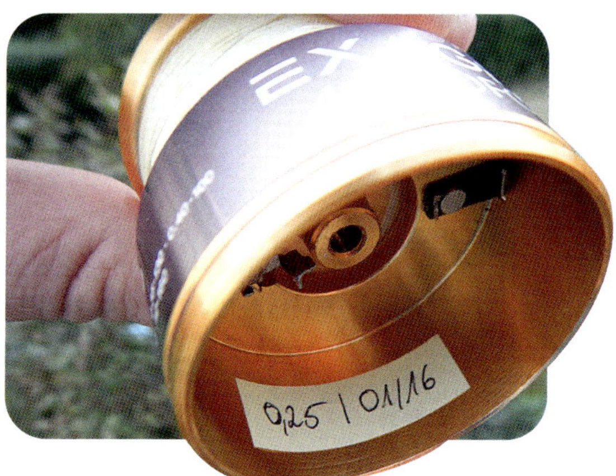

Schnüre aus Fluorocarbon sind im Wasser kaum zu erkennen.

GEFLECHTSCHNUR

Im Gegensatz zu Monofilament besteht eine Geflechtschnur aus mehreren Fasern. Bis zu 16 Fasern werden maschinell zu einer Leine verflochten. **Daraus resultiert eine im Vergleich zur Monofilschnur deutlich höhere Tragkraft bei gleichem Durchmesser.** So hat beispielsweise eine Geflechtschnur mit einem Durchmesser von 0,20 Millimeter etwa die gleiche Tragkraft wie Monofilament in der Stärke 0,40 Millimeter. Darüber hinaus weist Geflecht im Gegensatz zu Monofilament keine Dehnung auf.

Die Vorteile der Geflechtschnur liegen auf der Hand: Man kann dünnere Durchmesser verwenden und gefühlvoller angeln. Besonders unter Spinnfischern, die ihre Wobbler und Gummifische möglichst natürlich und attraktiv präsentieren müssen, um Bisse zu provozieren, hat das Geflecht dem Monofilament mittlerweile den Rang abgelaufen. Und auch Meeresangler, die in großer Tiefe fischen, verwenden gerne geflochtene Leinen. Fischt man Tiefen über 80 oder 100 Metern würde eine Monofilschnur aufgrund der Dehnung einen Biss gar nicht an den Angler übertragen. Beim Geflecht hingegen kommt aufgrund der fehlenden Dehnung jede Aktion beim Angler an.

DER DIREKTE DRAHT

Aufgrund der hohen Tragkraft können richtig große Fische bezwungen werden, und außerdem bietet die Geflechtschnur aufgrund ihres geringen Durchmessers der Strömung **wenig Widerstand**, so dass der Köder nicht so schnell verdriftet wird. Auch Angler, die **weit auswerfen** müssen, verwenden vorzugsweise Geflechtschnüre, weil die dünne Leine weniger Luftwiderstand bietet. So kann man den Köder weiter hinaus befördern als mit einer Monofilschnur.

Der Vorteil der fehlenden Dehnung kann allerdings auch zum Nachteil werden. Denn aufgrund der nicht vorhandenen Dehnung bleibt auch die bereits angesprochene **Puffer-Wirkung** im Drill aus. Das kann dazu führen, dass gerade in der letzten Phase des Drills, wenn sich der Fisch förmlich unter der Rutenspitze befindet, der Haken ausschlitzt. Verwendet man eine geflochtene Schnur, sollte man in diesen entscheidenden Sekunden besonders aufmerksam sein und die Rollenbremse etwas lockern, damit der Fisch bei einer plötzlichen Flucht Schnur von der Rolle ziehen kann.

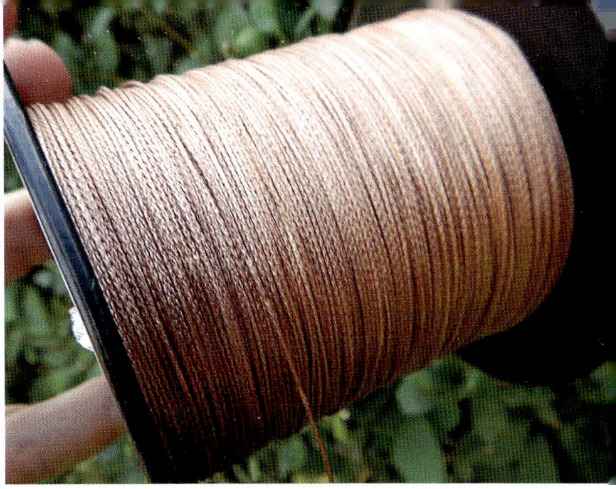

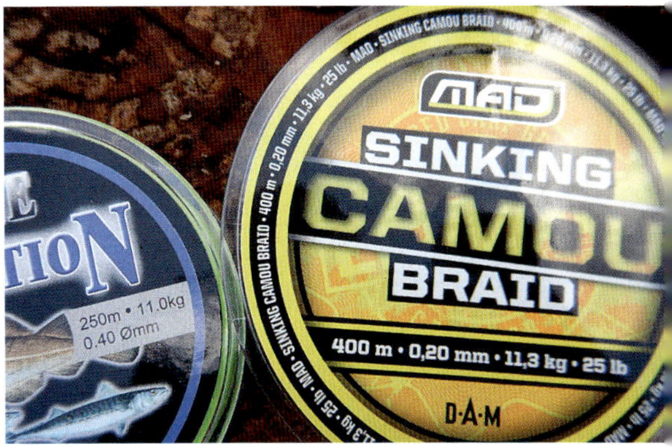

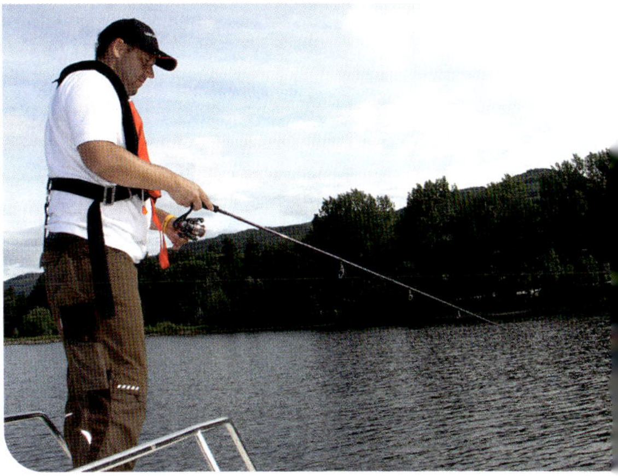

OBEN: *Eine Geflechtschnur besteht aus mehreren Fasern.*

MITTE: *Geflecht hat gemessen am Durchmesser der Monofilschnur eine deutlich höhere Tragkraft.*

UNTEN: *Spinnfischer schwören wegen des besseren Kontaktes zu Köder und Fisch auf Geflecht.*

Wer eine geflochtene Schnur einsetzen möchte, sollte sich darauf gefasst machen, deutlich mehr zu bezahlen als beim Kauf einer Monofilschnur. Dafür ist das Geflecht aber langlebiger als das günstige Monofilament.

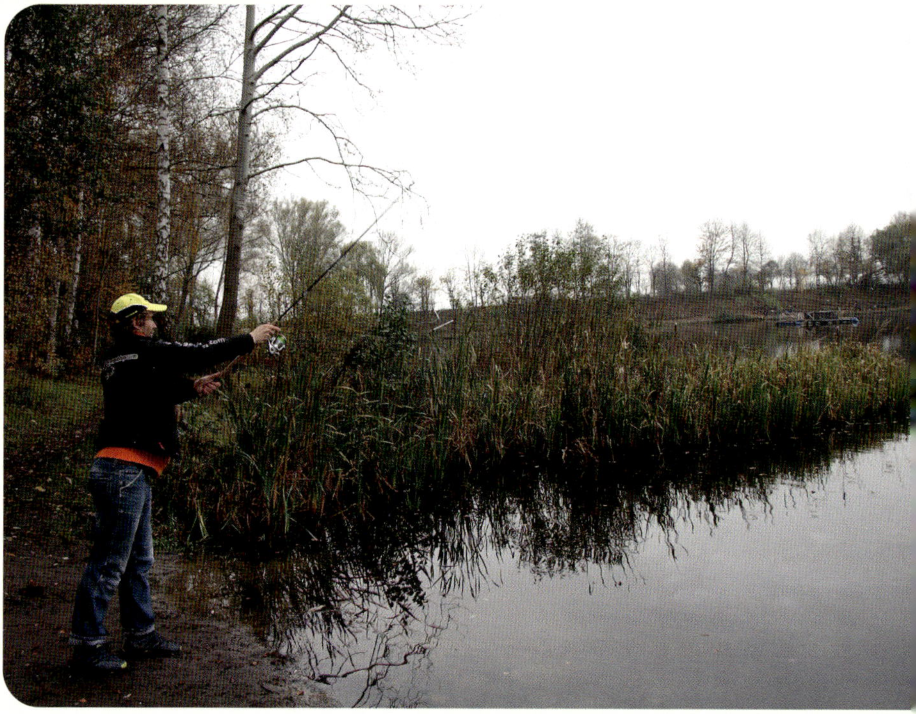

Wer weit auswerfen muss, ist mit einer geflochtenen Schnur eindeutig im Vorteil.

Meeresangler profitieren vom dünnen Durchmesser und von der Stärke der Geflechtschnur.

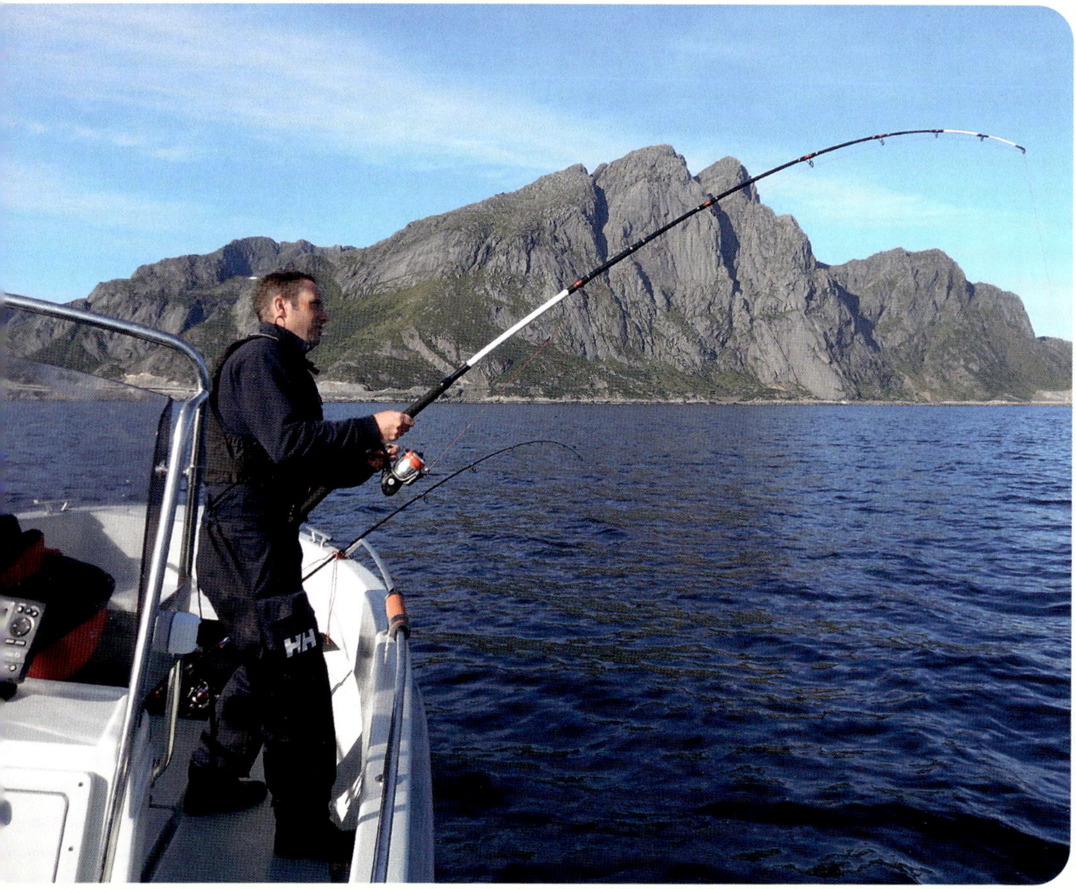

VORTEILE GEFLECHTSCHNUR

- >>**Hohe Tragkraft bei geringem Durchmesser**
- >>**Keine Dehnung, dadurch gutes Ködergefühl und guter Kontakt zum Fisch**
- >>**Besonders geeignet für sensible Grundangeltechniken (Feedern), fürs Spinnfischen, Meeres- und Großfischangeln**

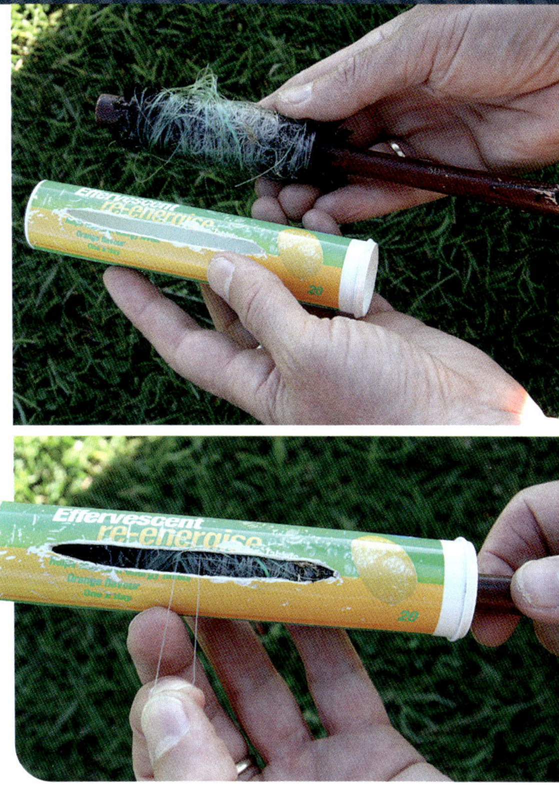

OBEN: *Einen Schnuraufwickler für ausgediente Leinen kann man sich leicht selbst bauen: In die Seite einer Vitamintablettendose wird eine Öffnung geschnitten. Ein alter Kamm fungiert als Aufwickler.*

UNTEN: *Schnurrest an beiden Enden in die Dose führen, Kamm drehen und schon wird die Leine aufgewickelt.*

BITTE ENTSORGEN!

Abgeschnittene Schnurstücke oder ausgediente Schnüre gehören in die Mülltonne und nicht in die Natur. Leicht verfangen sich Tiere in den Schnüren, die dann im schlimmsten Fall daran verenden. Um ausgediente Schnurreste zu sammeln, kann man sich aus einer alten Haarbürste und einer Vitamintablettendose einen praktischen Schnuraufwickler basteln. Zunächst schneidet man eine längliche Öffnung in die Dose, dann wird die Bürste in die Dose gesteckt. Passt die Bürste nicht, werden die Borsten gekürzt. Schnurreste an beiden Enden durch die Öffnung in die Dose führen und Kamm am Griff drehen. Schon ist der Schnurrest aufgewickelt.

SICHER KOMBINIERT: GEFLECHT UND MONOFIL

Bei kraftvollen Würfen wirken bei Verwendung einer geflochtenen Hauptschnur große Kräfte auf Montage und Knoten. Zieht man richtig durch, kann es aufgrund der fehlenden Dehnung zum Schnurbruch kommen. Mit einem Stück Monofilschnur (etwa doppelte Rutenlänge), das zwischen geflochtene Hauptschnur und Montage geknüpft wird, erhält man den notwendigen Puffer.

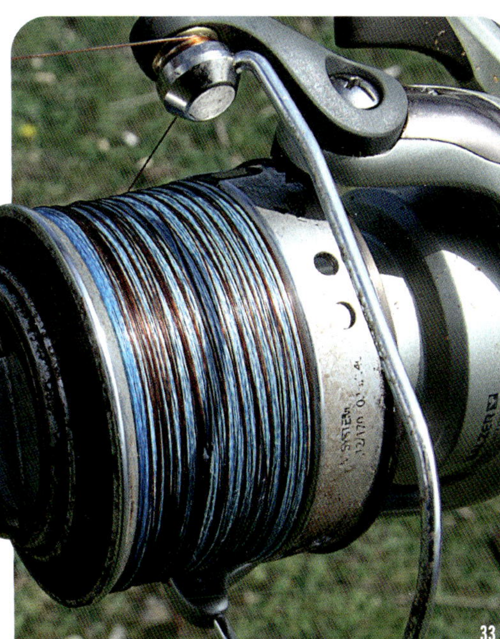

Beim Feedern wird häufig mit geflochtener Hauptschnur und monofiler Schlagschnur geangelt.

VORFÄCHER

Beim Angeln benötigt man aber nicht nur eine (monofile oder geflochtene) Hauptschnur, sondern auch ein Vorfach. **Das Vorfach sind die letzten Zentimeter zwischen Montage und Haken beziehungsweise Köder.** Aus welchem Material das Vorfach besteht, wie lang es ist und wie hoch die Tragkraft ausfällt, hängt von der Angeltechnik und der zu erwartenden Fischgröße ab. Die Grundregel bei der Wahl des Vorfachs lautet: Es sollte eine etwas geringere Tragkraft als die Hauptschnur aufweisen. So reißt bei Überlastung immer das (relativ kurze) Vorfach und es bleibt nur wenig Schnur in der Natur. Auch ein Fisch, der am Vorfach abgerissen wurde, ist deutlich weniger gefährdet, als wenn er noch ein langes Stück Hauptschnur mit sich herumziehen müsste.

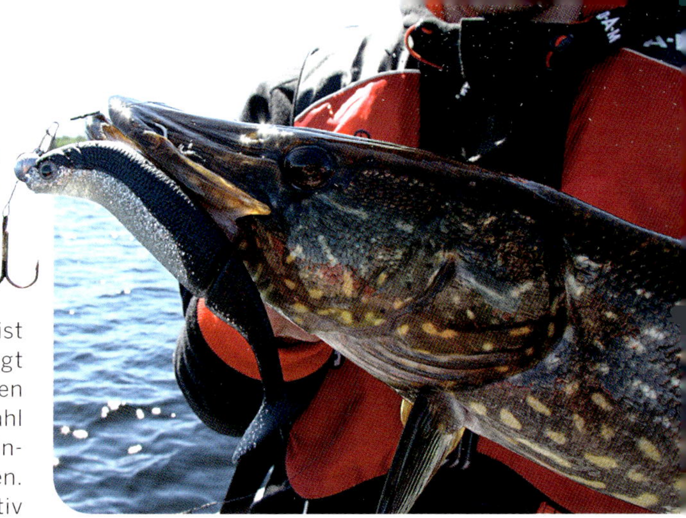

Und der Räuber, der hat Zähne. Deshalb muss ein Vorfach aus Stahl oder anderem bissfesten Material eingesetzt werden.

Die meisten Vorfächer, etwa zum Friedfischangeln, bestehen aus monofiler Schnur. Praktischerweise gibt es **Fertigvorfächer** zu kaufen, an die der Haken bereits geknotet ist. Hat man es auf Raubfische abgesehen, deren Mäuler mit Zähnen gespickt sind (wie etwa beim Hecht), sollte man ein Vorfach aus widerstandsfähigem Material verwenden. Ich konnte meinen größten Hecht von 1,24 Meter Länge zwar auf einen Gummifisch am Monofilvorfach fangen, der eigentlich für (so gut wie zahnlose) Barsche gedacht war, aber diesen Fang hatte ich nur dem glücklichen Umstand zu verdanken, dass der Köder ganz vorne im Maul des Räubers hing und seine Zähne nicht mit dem empfindlichen Monofilvorfach in Berührung kamen.

Bis vor einigen Jahren wurden ausschließlich **Stahlvorfächer** als bissfestes Material angeboten. Mittlerweile gibt es neben Stahl noch weitere hechtsichere Vorfächer wie etwa Wolfram oder Titanium. Egal welches Material du einsetzt: Wähle das Vorfach nicht zu kurz, es sollte mindestens 15 Zentimeter lang sein, um auf Nummer sicher gehen zu können. Gerade beim Angeln mit Köderfischen kann der Räuber den Köder tief inhalieren, deshalb darf das Stahlvorfach ruhig etwas länger ausfallen.

LINKS: *Praktisch: Es werden fix und fertig mit Haken versehene Vorfächer angeboten.*

RECHTS: *Es muss nicht zwingend Stahl sein, moderne bissfeste Vorfächer werden auch aus Titanium oder Wolfram gefertigt.*

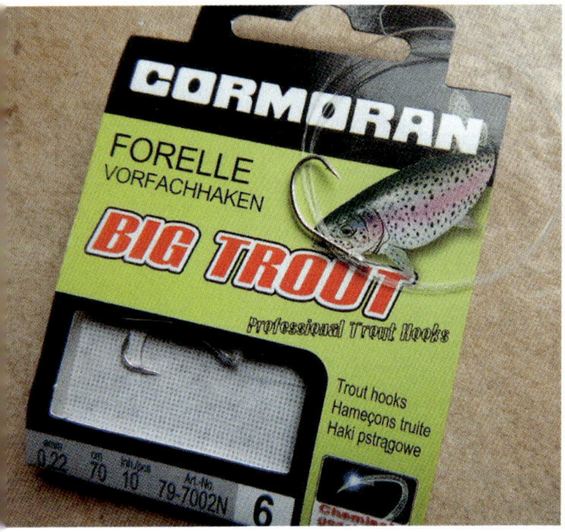

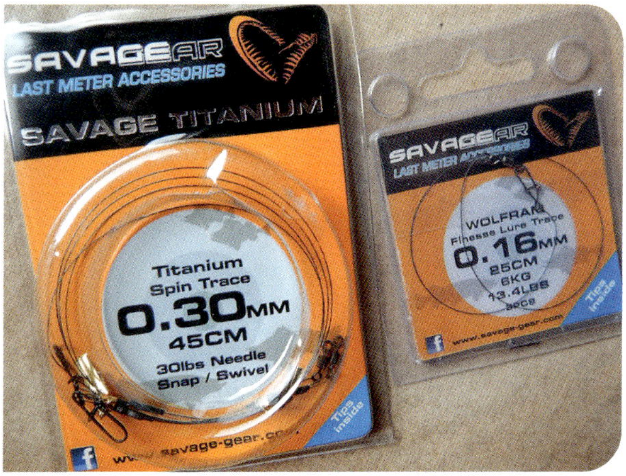

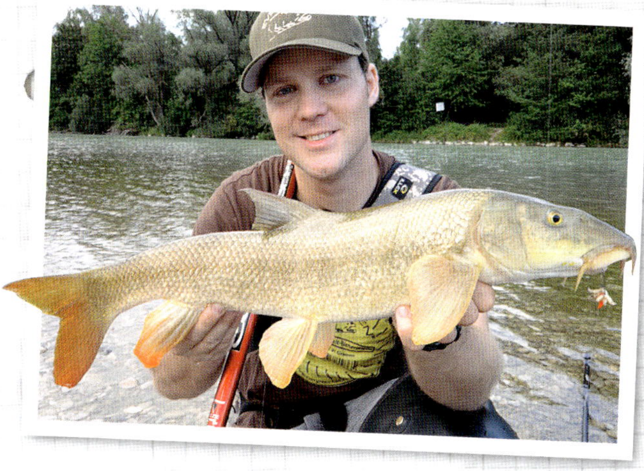

BARBE

(Barbus barbus)

Ohne Frage ist die Barbe einer der härtesten Kämpfer unter den Fischen. Sie unternimmt wieder und wieder kräftige Fluchen und nutzt dabei geschickt die Strömung, bevor sie sich ergibt. Zudem ist sie ein wunderschöner Fisch, dessen unterständiges Maul ihn als typischen Grundbewohner ausweist. Allgemein sind Frühstückfleisch und Madenbündel die Topköder an der Grundmontage. Achtung: Unbedingt an der Rute bleiben – selbst kleinere Barben können die Rute beim Biss ins Wasser reißen.

MERKMALE

Schlanker Körper, Bauchseite etwas abgeflacht und hell, rüsselförmiges, unterständiges Maul, wulstige Lippen, Oberlippe mit vier Barteln, Färbung: bräunlich, grünlich, messingfarben, Länge bis 90 Zentimeter

LEBENSRAUM

Klare, sauerstoffreiche Flüsse mit sandigem und kiesigem Grund, nur selten in Seen

LEBENSWEISE

Geselliger, in Grundnähe lebender Fisch, bevorzugte Aufenthaltsorte: Bereiche mit kiesigem oder steinigem Grund, auch in starker Strömung anzutreffen, Nahrung: Insektenlarven, Würmer, Schnecken, Muscheln, aber auch kleine Fische

ANGELTECHNIKEN

Grundangeln mit Naturködern (Wurm, Made, Käse), gelegentlich auch Spinnfischen (kleine Wobbler)

HAKEN

Ohne Haken kann man keinen Fisch fangen. Denn der Haken greift beim oder kurz nach dem Biss im Maul des Fisches und bringt in Verbindung mit der Schnur die Beute ans Ufer. Aber Haken ist nicht gleich Haken. Man kann nicht mit jedem Modell jede Fischart fangen. Für die meisten Angeltechniken kommen Haken mit einer einzelnen Spitze zum Einsatz, auch **Einzelhaken** genannt.

Beim **Raubfisch- und Meeresangeln** mit Köderfischen oder Kunstködern werden auch **Drillinge** verwendet. Sie verfügen, wie der Name schon vermuten lässt, über drei Hakenspitzen. Dadurch greifen sie besser im meist härteren Raubfischmaul. Das ist besonders beim Angeln mit Kunstködern ein Vorteil. Denn hierbei attackiert der Fisch den Köder häufig nur für einen sehr kurzen Zeitraum. Befinden sich mehrere Hakenspitzen am Köder, ist die Chance größer, dass der Räuber hängenbleibt. Drillinge haben den Nachteil, dass sie sich manchmal nur schwierig aus dem Maul des Fisches lösen lassen. Um das Lösen des Hakens zu erleichtern, sind spezielle Lösezangen erhältlich.

DIE BEUTE NICHT ENTKOMMEN LASSEN!

Drillinge verfügen über drei Hakenspitzen.

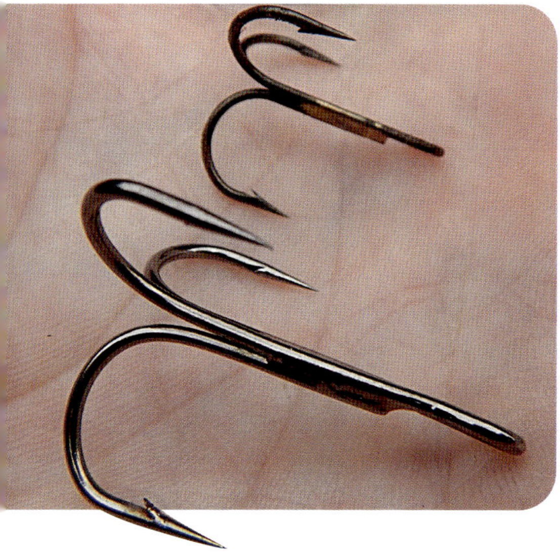

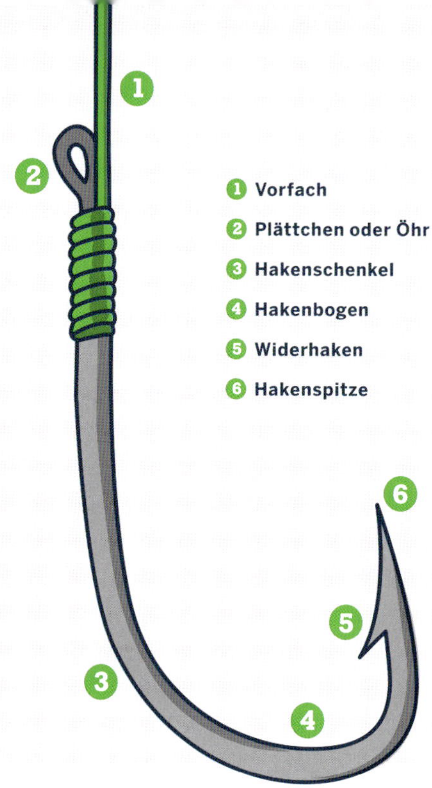

Beim **Friedfischangeln** ist der Gebrauch von Drillingen nicht notwendig und daher verpönt beziehungsweise verboten. Generell sollte man sich vor dem Angeln erkundigen, ob am jeweiligen Gewässer die Verwendung von Drillingen gestattet ist. Neben Einzelhaken und Drillingen gibt es auch noch Zwillingshaken mit zwei Spitzen. Diese Modelle kommen allerdings vergleichsweise selten zum Einsatz.

Einzelhaken wie Drillinge sind in verschiedenen **Größen** erhältlich. Hakengrößen werden in Zahlen angegeben. Die beim Angeln im Süßwasser am häufigsten verwendeten Hakengrößen liegen zwischen 1 und 16. Diese Nummerierung ist auf den ersten Blick etwas verwirrend. Anders als etwa bei Schuhen gilt: Je größer die Zahl, desto kleiner der Haken. Ein Greifer in Größe 1 ist also deutlich größer als ein 10er. Aber bei Größe 1 ist noch lange nicht Schluss. Fürs Meeres- oder Welsangeln braucht man Haken, die noch deutlich größer sind. Diese XXL-Haken werden mit der Bezeichnung »/0« gekennzeichnet, etwa »1/0« oder »4/0«. Aber Vorsicht: Hier ist es anders als bei der Nummerierung der kleineren Eisen: Je höher die Zahl desto größer der Haken.

UND JETZT: GRÖSSENVERGLEICH!

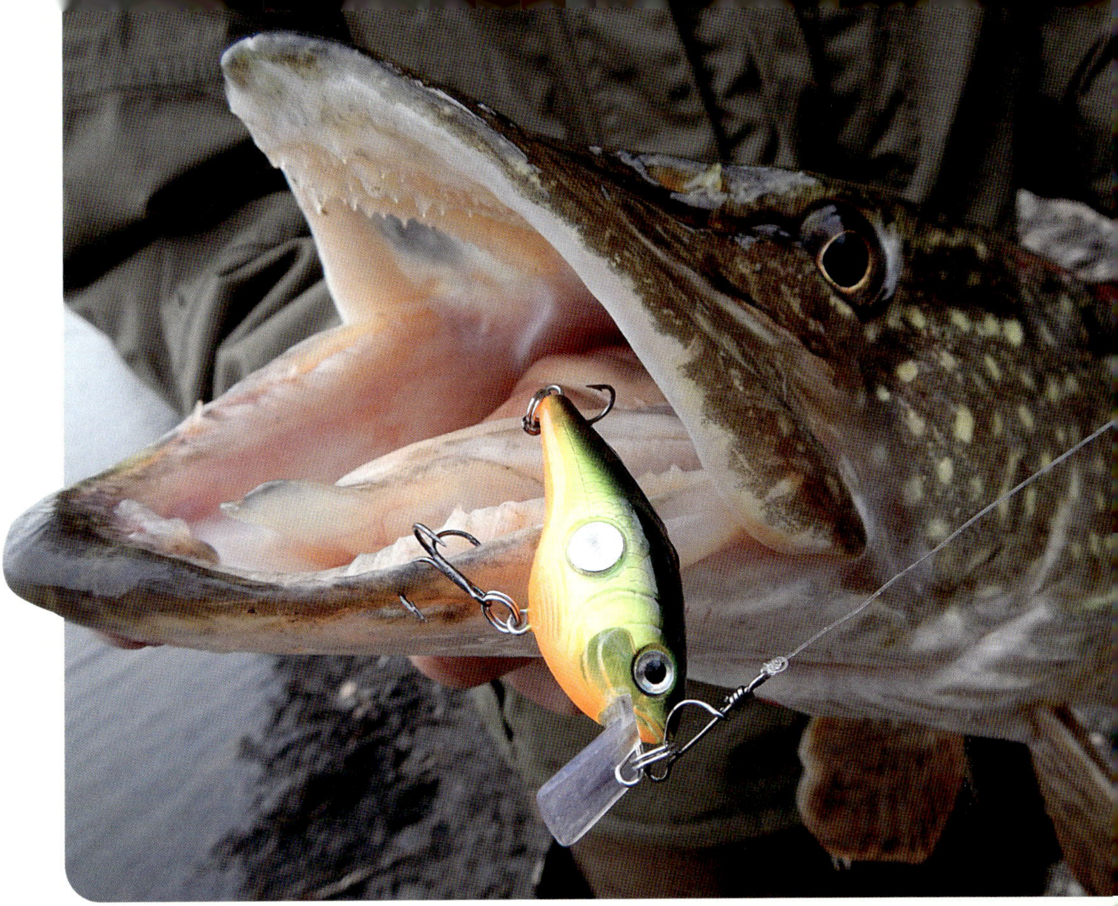

Drillinge findet man besonders häufig an Kunstködern. Sie sorgen dafür, dass der Räuber bei einer Attacke gut gehakt wird.

Einzelhaken (mit Plättchen) kommen beim Friedfischangeln, aber auch bei vielen anderen Angeltechniken, zum Einsatz.

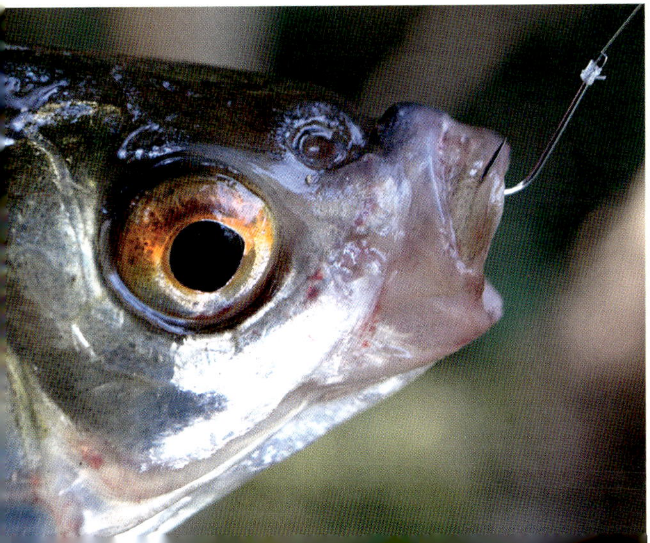

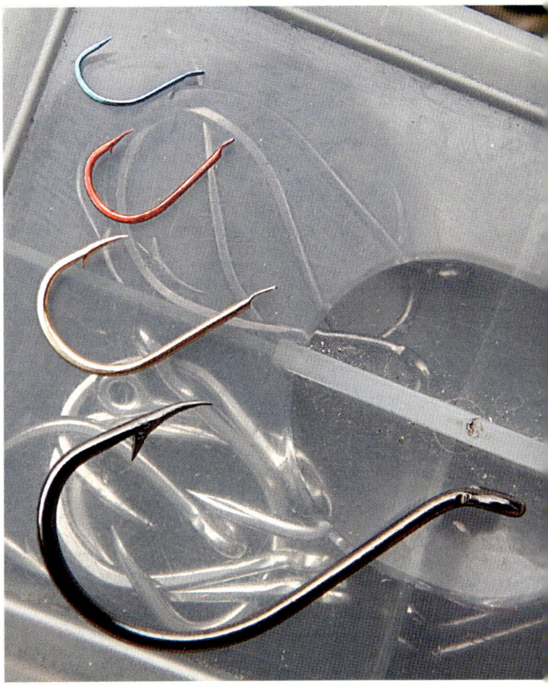

Größenvergleich (von oben): Haken in den Größen 12, 8, 4 und 4/0.

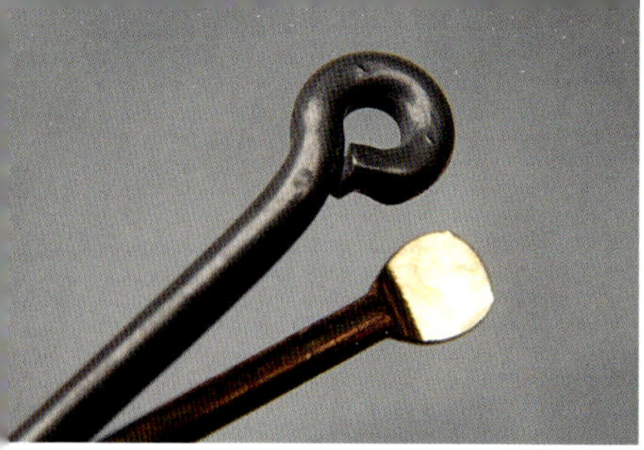

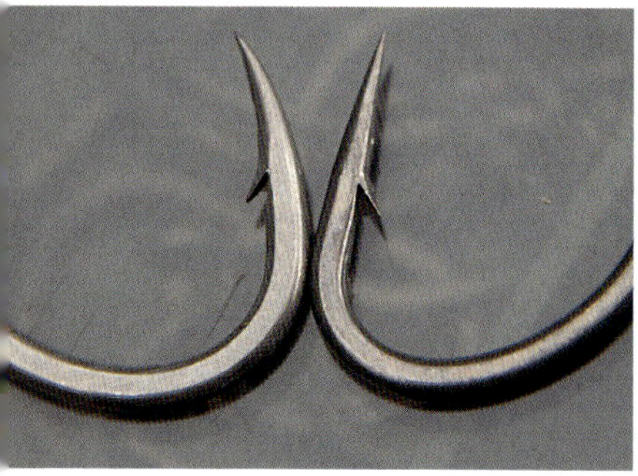

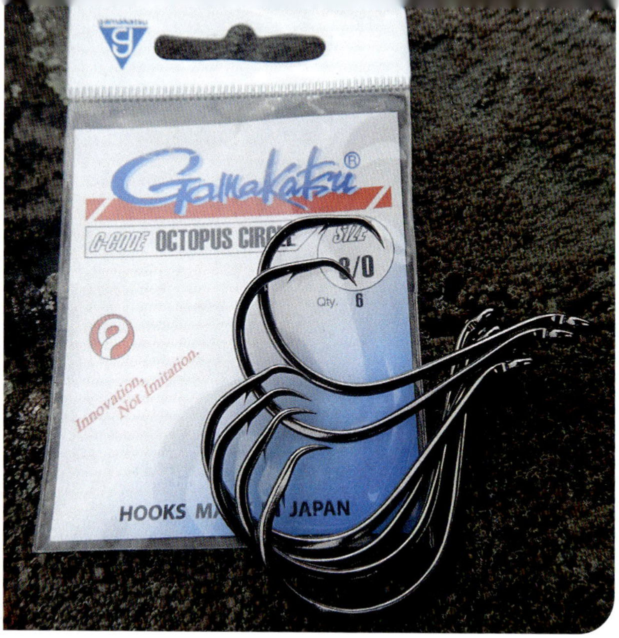

OBEN: *Links ein Greifer mit Öhr, rechts ein Plättchenhaken.*

UNTEN: *Der Unterschied liegt im Detail: Links ein Haken mit leicht nach innen gebogener Spitze, rechts ein Modell mit gerader Spitze.*

RECHTS: *Diese Haken sind nicht kaputt oder eine Fehlproduktion. Es handelt sich um sogenannte Circle Hooks für das Angeln mit Naturködern. Bei diesen Greifern hakt der Fisch sich nach dem Biss selbst.*

Bei Einzelhaken unterscheidet man zwischen **Öhr- und Plättchenhaken**. Diese beiden Typen werden mit unterschiedlichen Knoten am Vorfach fixiert. Grundsätzlich kann man festhalten, dass Plättchenhaken eher beim feineren Fischen auf kleinere Fischarten zum Einsatz kommen. Hat man es auf größere Arten abgesehen, finden eher Öhrhaken Verwendung. Darüber hinaus unterscheiden sich Einzelhaken in Details wie der Länge des Hakenschenkels, der Größe des Hakenbogens oder durch die Form ihrer Spitze. Über die Wirkung dieser Details streiten sich die Experten. So soll etwa eine leicht nach innen zeigende Hakenspitze auf steinigem Gewässergrund nicht so schnell stumpf werden wie eine gerade Spitze.

HAKENSALAT VERMEIDEN

Wer mehrere mit Drillingen ausgerüstete Kunstköder in einer Box transportiert, wird das Problem kennen: Die Haken verhängen und verkanten sich, so dass man jeden Köder vor dem Gebrauch erst einmal mühsam befreien muss. Um Hakensalat zu vermeiden, platziert man einen Schaumstoffschutz auf dem Drilling. So kann sich nichts verhängen und die Köder lassen sich problemlos aus der Box nehmen.

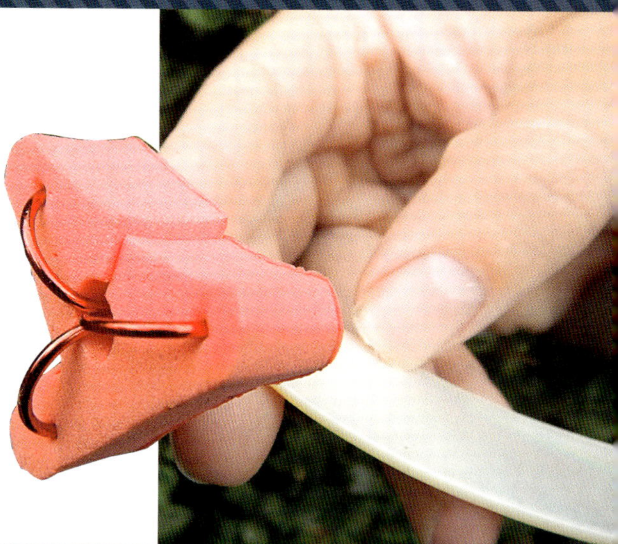

Ein Drillingsschutz aus Schaumstoff verhindert Hakensalat.

BLEIE

Beim Angeln braucht man Gewicht – zum Beschweren und Austarieren von Posenmontagen, um den Köder auf Tiefe zu bringen oder um den Köder am Grund zu halten. In den meisten Fällen sorgt Blei für die Beschwerung.

Bleie gibt es in den verschiedensten Ausführungen: **Bleischrote**, die auf der Schnur festgeklemmt werden oder Bleie in verschiedensten Formen, die man entweder fixiert oder frei laufend auf der Leine montiert. Das Gewicht des Bleies richtet sich nach mehreren Faktoren: Beim Posenangeln nach der Tragkraft der Pose oder beim Grundangeln nach der Stärke der Strömung beziehungsweise der Größe des Köders.

SCHWER-GEWICHTE

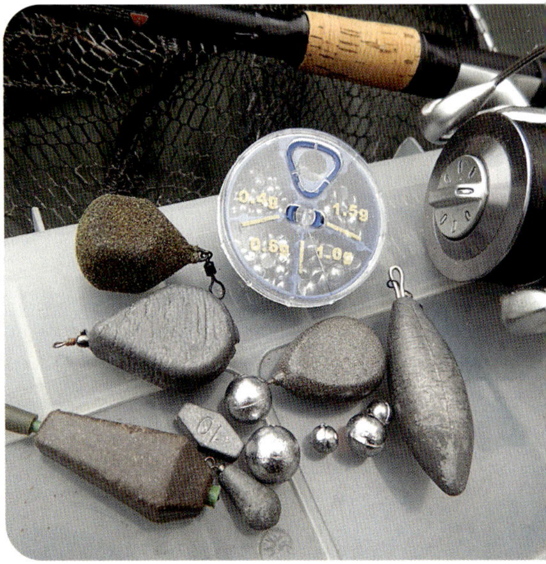

Blei kommt beim Angeln in verschiedenen Ausführungen zum Einsatz.

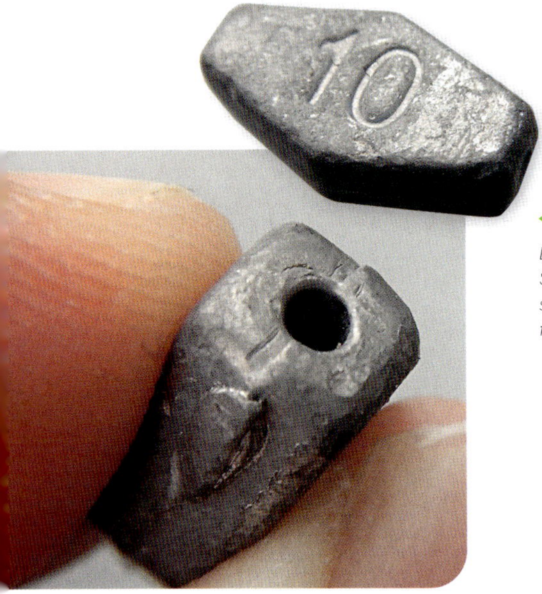

Das Sargblei mit innerer Schnurführung ist ein klassisches, günstiges Gewicht fürs Grundangeln.

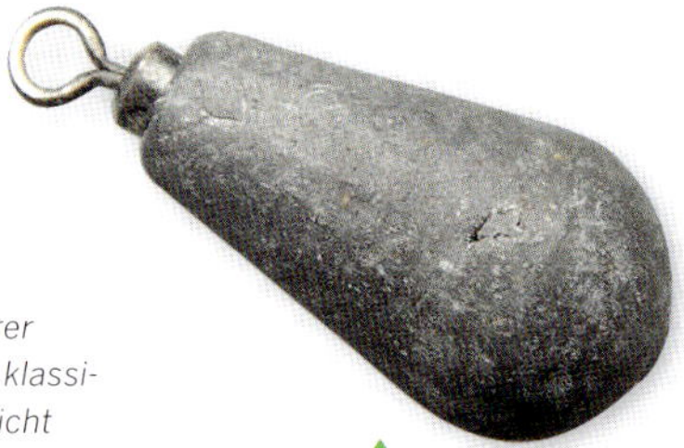

Mit Ösen ausgestattete Birnen- oder Tropfenbleie eignen sich zum Grundangeln.

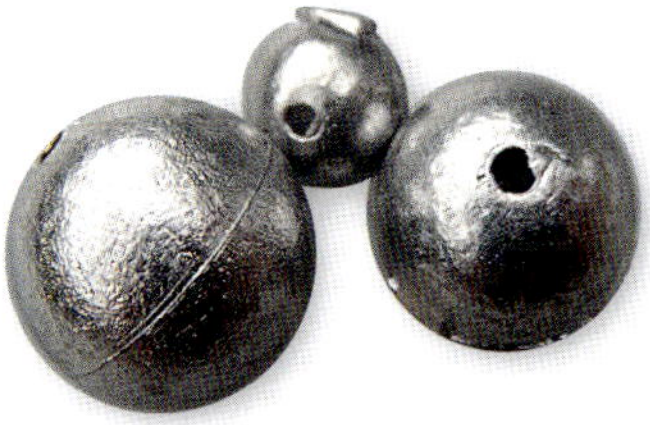

Kugelbleie mit Loch dienen meist zur Austarierung von Posen.

POSEN

Posen, manchmal auch Schwimmer genannt, dienen als Bissanzeiger. Macht sich ein Fisch am Köder zu schaffen, zittert die Pose. Schwimmt der Fisch mit dem Köder im Maul davon, wandert die Pose und/oder geht auf Tauchstation. Es sind viele Posenmodelle für verschiedene Köder und Montagen erhältlich. Sie unterscheiden sich im Wesentlichen durch ihre Form, ihre Tragkraft und ihre Befestigungweise auf der Schnur.

Fürs Angeln in der Strömung braucht man eine bauchige Pose, die stabil im Wasser steht. Im Stillwasser hingegen kann man schlanke Modelle einsetzen, die bei der Bissanzeige deutlich sensibler reagieren. Die Tragkraft wird in Gramm angegeben und sagt aus, bei

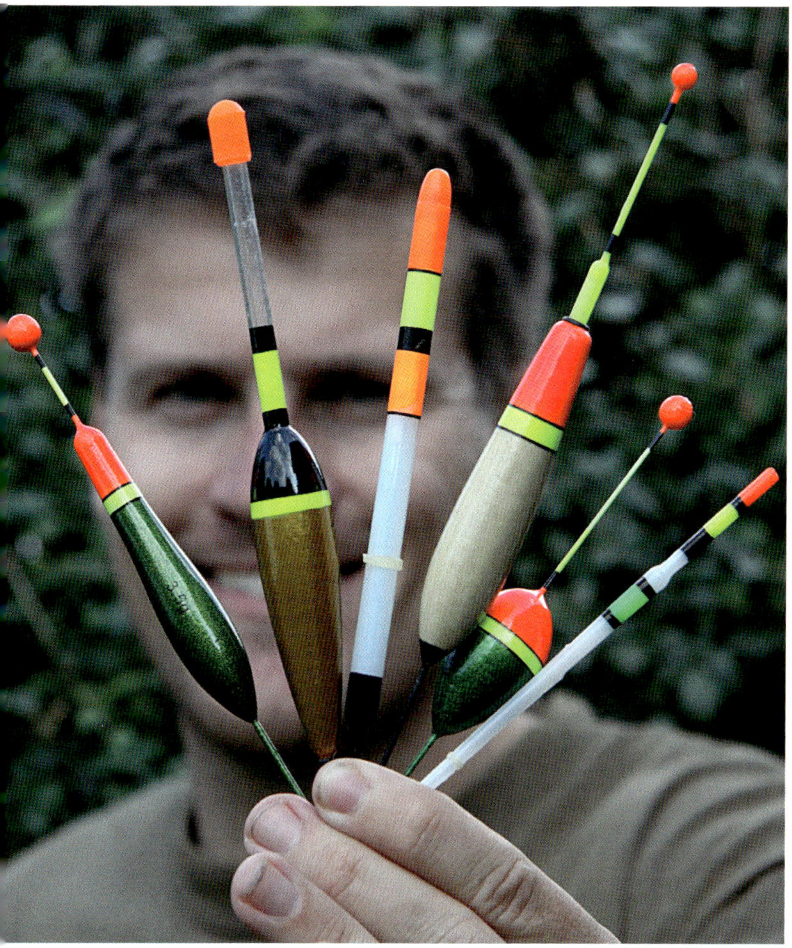

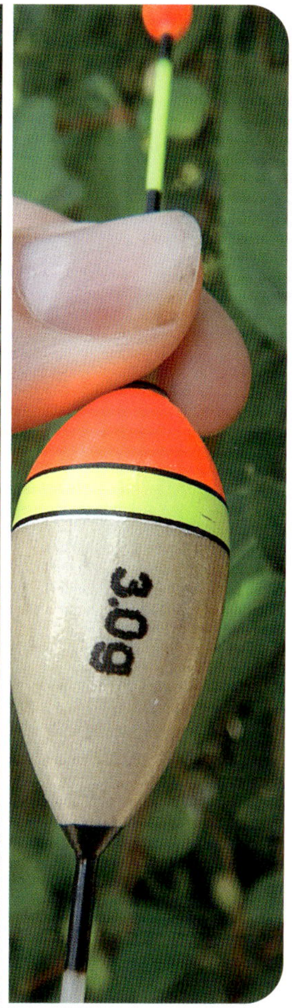

LINKS: *Nur eine kleine Auswahl: Das Angebot an Posen in unterschiedlichen Formen, Farben und Größen ist riesig.*

RECHTS: *Die Tragkraft ist ein wichtiger Faktor bei der Posenwahl. Sie steht meistens auf dem Körper der Pose.*

welchem Gewicht die Pose gut austariert ist. Man sollte bei der Wahl des Posenmodells bedenken, dass nicht nur der Köder für das Gewicht verantwortlich ist, sondern auch die Bebleiung der Pose. Ein kleiner Köder, bestehend aus zwei Maden lässt sich an einer sensiblen Pose mit wenig Tragkraft anbieten, die auch die Bisse von kleinen Friedfischen zuverlässig anzeigt. Angelt man mit einem dicken Tauwurmbündel auf Aal oder mit einem Köderfisch auf Hecht, muss eine größere Pose mit mehr Tragkraft her.

KLEINTEILE

Öffnet der Angler seine Box oder seinen Angelkoffer, wird man eine Vielzahl an Kleinteilen finden, die für den Bau von Montagen wichtig sind. Die wichtigsten drei Montagebestandteile, die bis jetzt noch nicht genannt wurden, sind **Perlen, Stopper und Wirbel.**

Perlen werden auf die Schnur gezogen und dienen in den meisten Fällen als Knotenschutz.

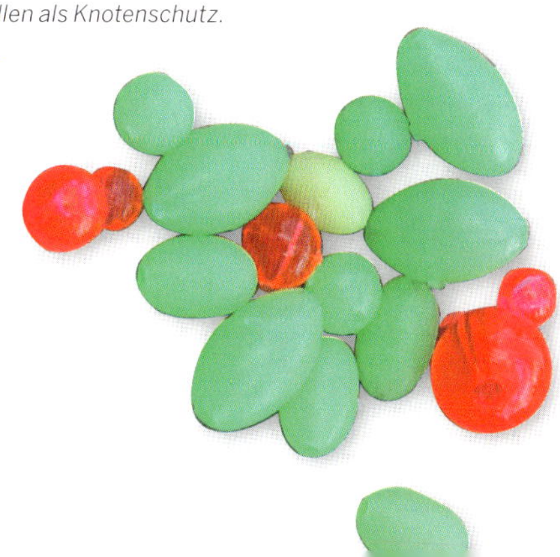

Fadenstopper oder Stopper aus Silikon bremsen Posen oder Bleie ab.

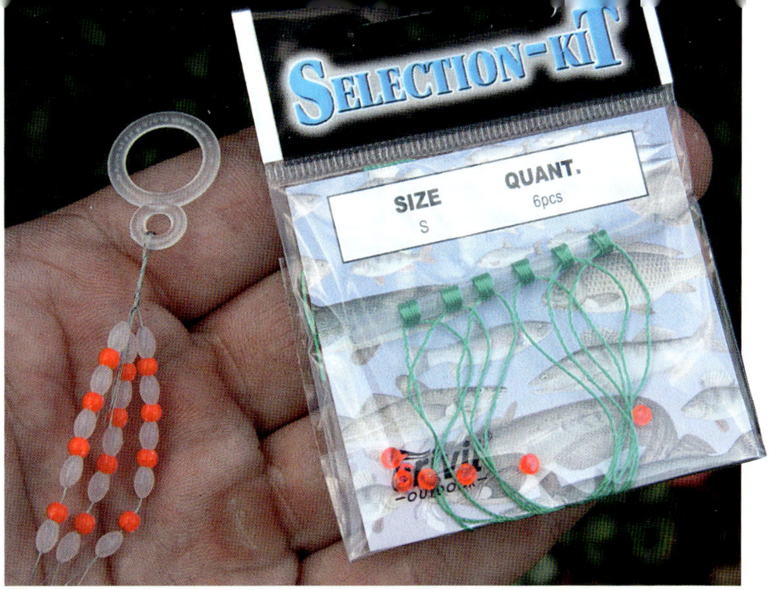

Über Wirbel werden Hauptschnur und Vorfach verbunden.

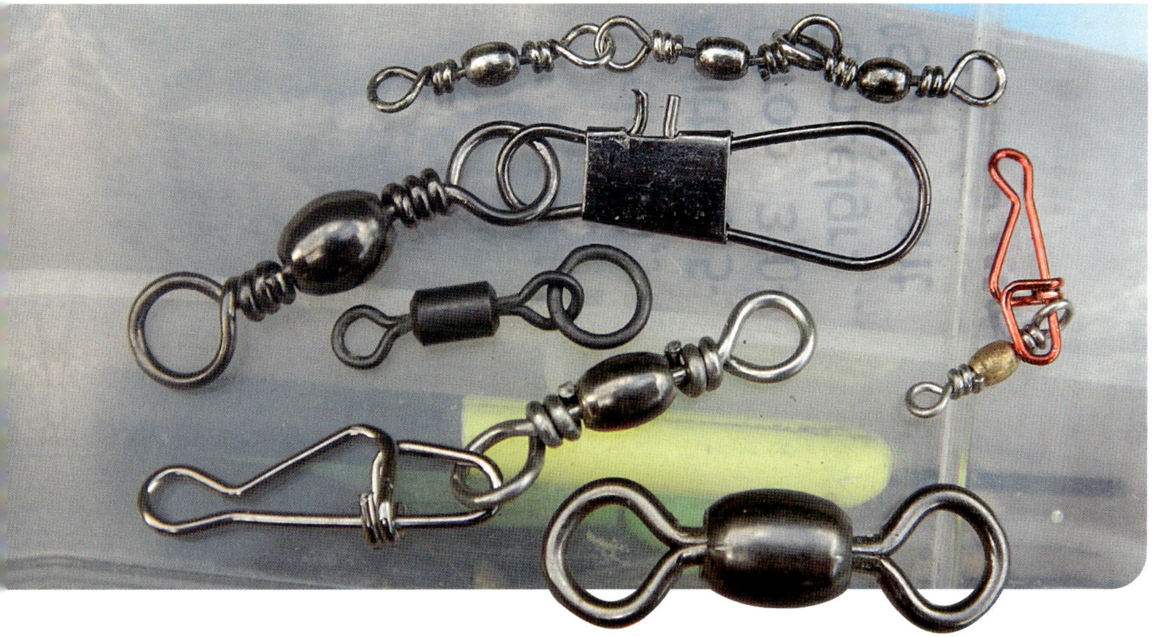

PERLEN

Perlen besitzen eine runde oder ovale Form und werden auf die Schnur gezogen. Sie dienen in den meisten Fällen als Knotenschutz. Meeresangler garnieren ihre Montagen mit großen farbigen Perlen oder Kugeln, um Aufmerksamkeit bei den Fischen zu wecken.

STOPPER

Stopper gibt es in mehreren Varianten, als Knoten aus Fadenmaterial oder in Form einer kleinen Silikonperle. Beide werden auf der Schnur fixiert. Stopper bremsen die auf der Schnur laufende Pose oder das Grundblei ab.

WIRBEL

Wirbel dienen meistens zum Verbinden von Hauptschnur und Vorfach. Es gibt sie in unterschiedlichen Größen und **mit oder ohne Karabiner**. In den Karabiner kann man das Vorfach einhängen und leicht wechseln. Fürs feine Fischen kommen kleine Wirbel zum Einsatz, hat man es hingegen auf größere und stärkere Fische abgesehen, braucht man einen stabilen Wirbel, der ordentlich Belastung aushält.

ACCESSOIRES FÜR ECHTE KERLE

Besonders an großen Seen und Flüssen sowie erst recht am Meer fragt sich mancher Angler halbwegs ratlos, wo er jetzt am besten angreift. Schließlich sieht die Wasserfläche überall ähnlich aus. Dazu existiert die Ansicht, dass in 70 Prozent eines Wasserkörpers überhaupt keine Fische schwimmen. Somit kommt der Wahl der Angelstelle eine zentrale Bedeutung zu. Dabei spielen neben Strukturen im Wasser, Deckung oder eventuellen Strömungen auch der Wind und andere Wettereinflüsse eine Rolle.

KAPITEL 2

AUGEN AUF – FINDE DIE HOTSPOTS

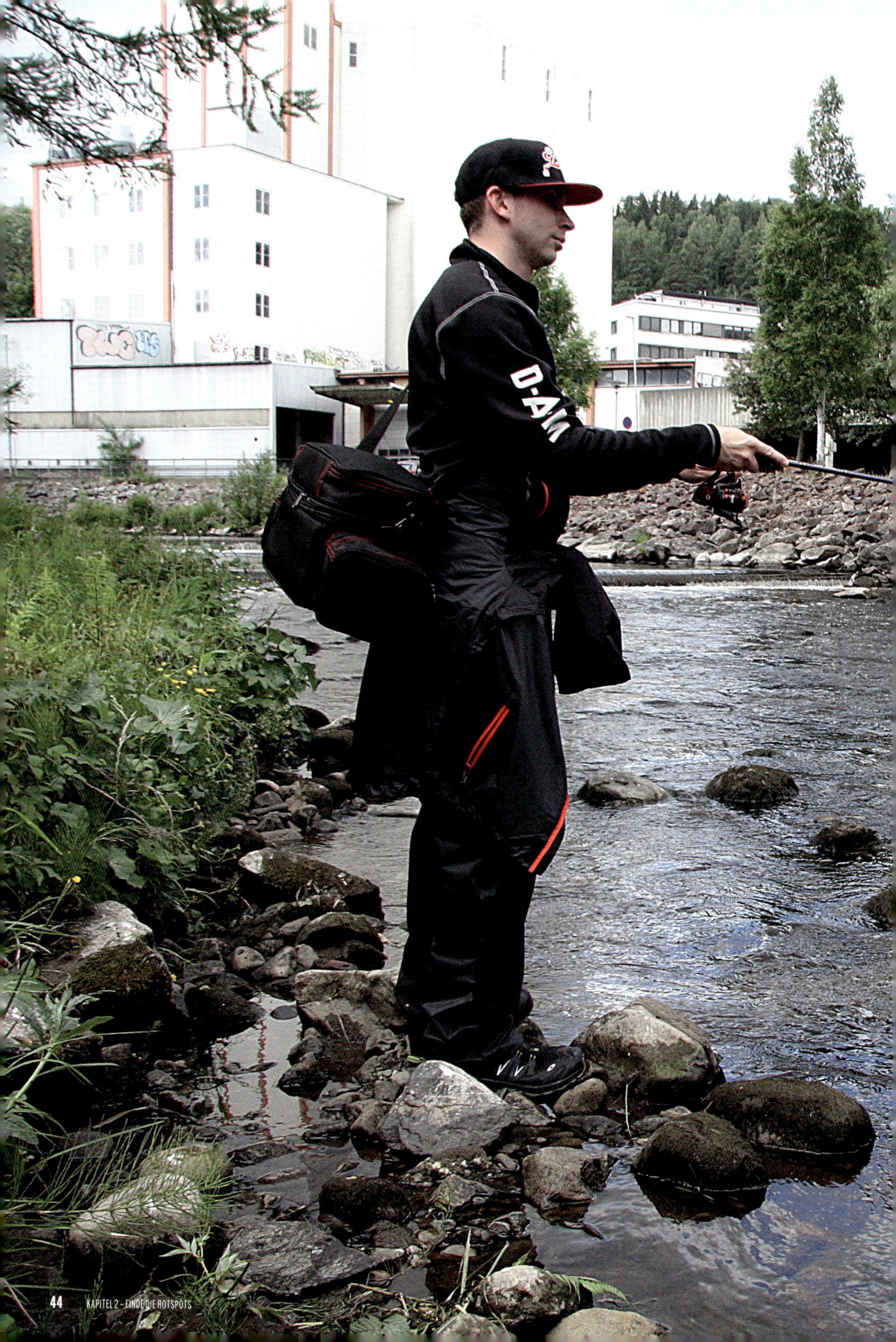

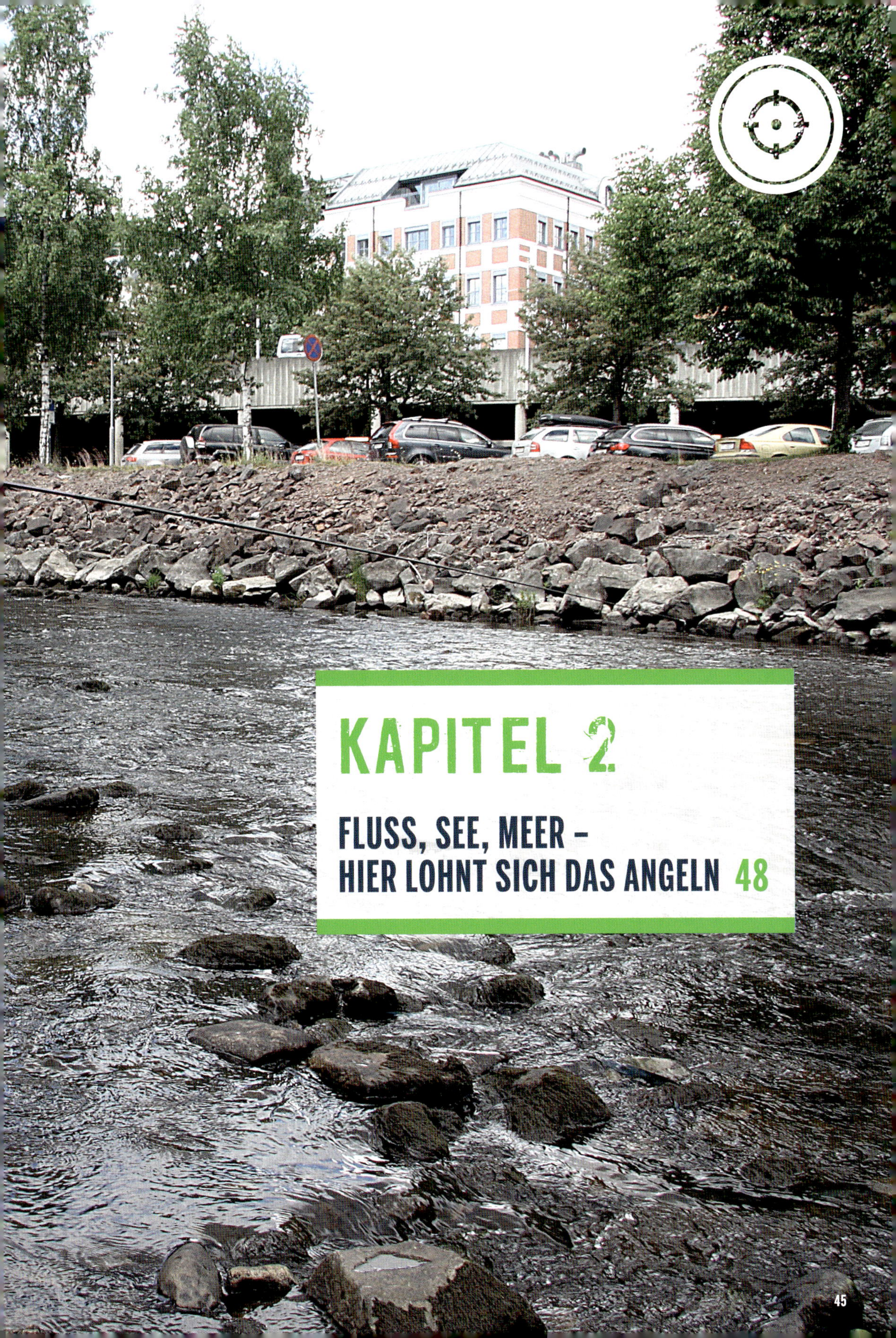

KAPITEL 2

DIE ANGELSTELLE

Einfach irgendwo ans Wasser gehen, den Köder auswerfen und Fisch fangen – das kann funktionieren, allerdings nur, wenn man entweder ein gutes Händchen oder verdammt viel Glück hat. Aber in den meisten Fällen wird ein Angler, der derart planlos vorgeht, als Schneider den Heimweg antreten müssen. Denn die Fische sind nicht gleichmäßig über das Gewässer verteilt. Sie halten sich vielmehr an bestimmten Stellen auf, **an denen sie viel Nahrung oder andere vorteilhafte Bedingungen vorfinden**, etwa einen erhöhten Sauerstoffgehalt im Wasser, eine etwas höhere Wassertemperatur oder Schutz beziehungsweise Ruheplätze.

Somit gilt es, die Erfolg versprechenden Stellen und Bereiche ausfindig zu machen. Denn weite Zonen können geradezu fischleer sein. Ich kenne Angler, die haben während ihres Angelurlaubs an einem See eine Woche lang so einen Bereich beangelt und sind nach sieben Tagen ohne einen einzigen Biss nach Hause gefahren. Erst finden, dann fangen, lautet also die Devise.

Gute Plätze zeichnen sich dadurch aus, dass sie besondere **Strukturen** bieten. Bei einem Spaziergang oder einem Rundgang um das Gewässer lassen sich häufig Hotspots ausfindig machen, an denen es sich lohnt, den Köder auszuwerfen. Es gibt aber auch interessante Plätze, die mit dem bloßen Auge nicht zu erspähen sind, weil ihre besondere Struktur unter der Wasseroberfläche liegt. Um sie zu finden, muss man den Teich, See oder Fluss mit einer Posenmontage **ausloten**. Oder man greift auf ein modernes Hilfsmittel, das Echolot, zurück. Dieses Gerät ist mit einem Bildschirm ausgestattet, auf dem die Bodenstruktur angezeigt wird.

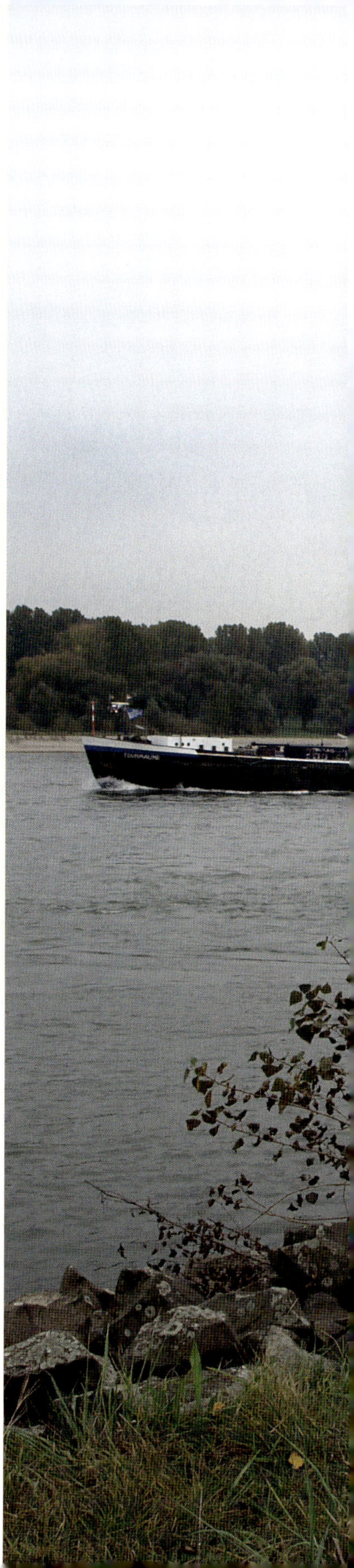

Erst finden, dann fangen: Bevor man die Montage auswirft, muss man erst einmal nach Erfolg versprechenden Angelstellen Ausschau halten.

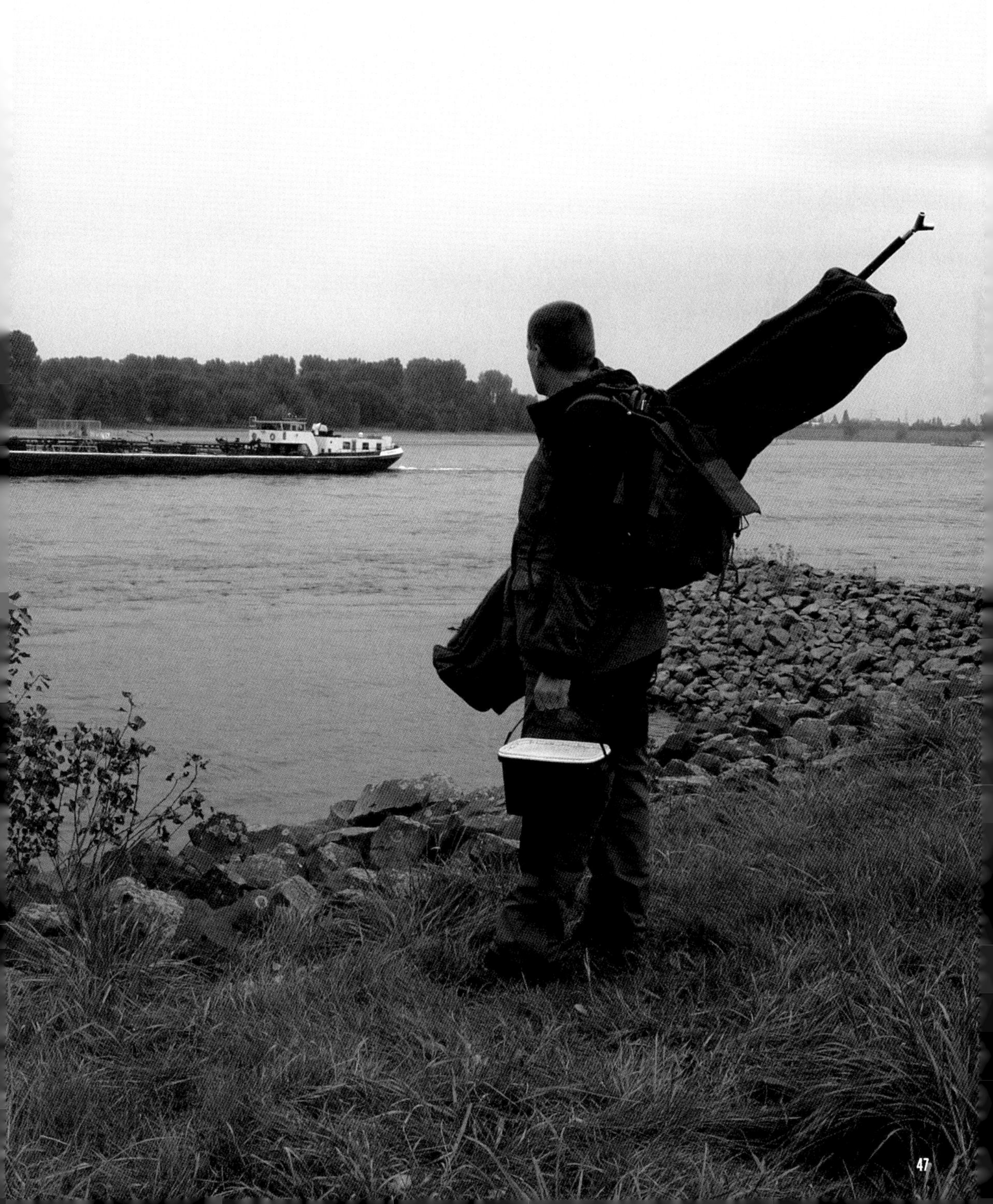

FLUSS, SEE UND MEER – HIER LOHNT SICH DAS ANGELN:

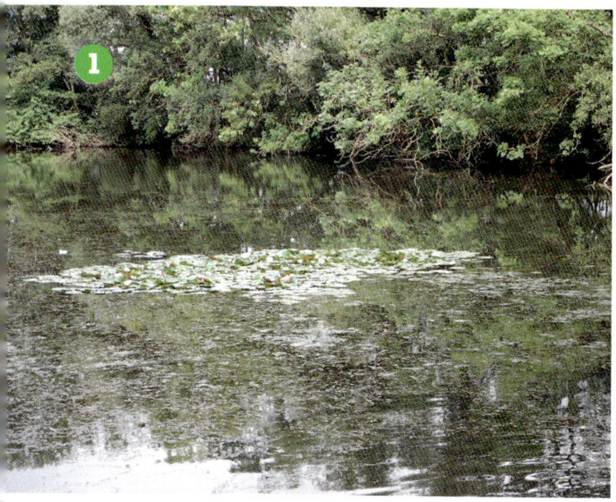

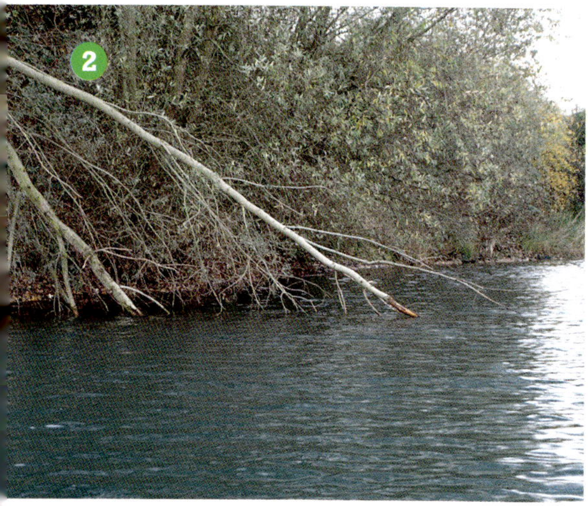

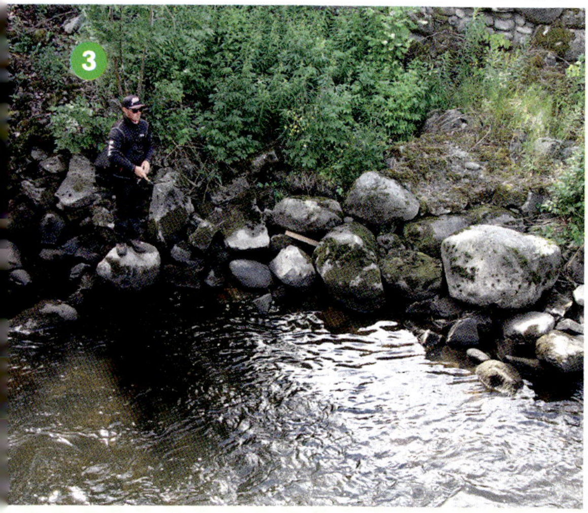

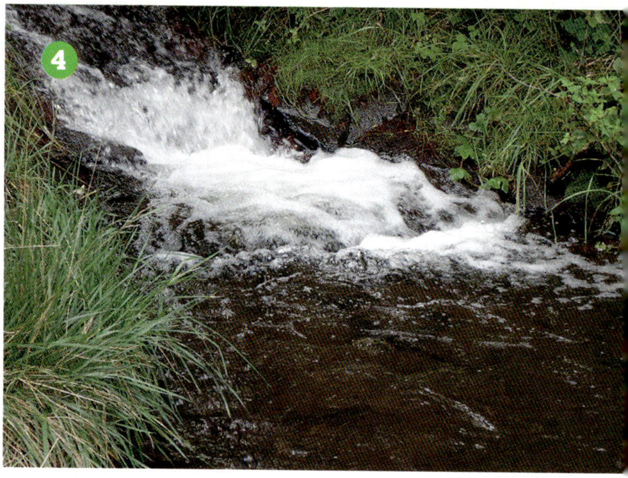

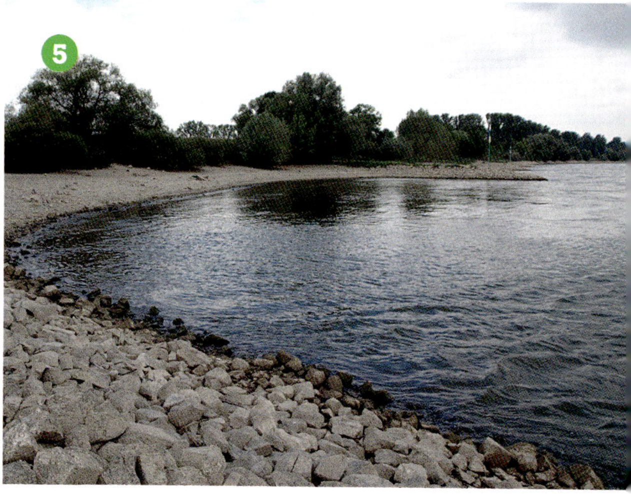

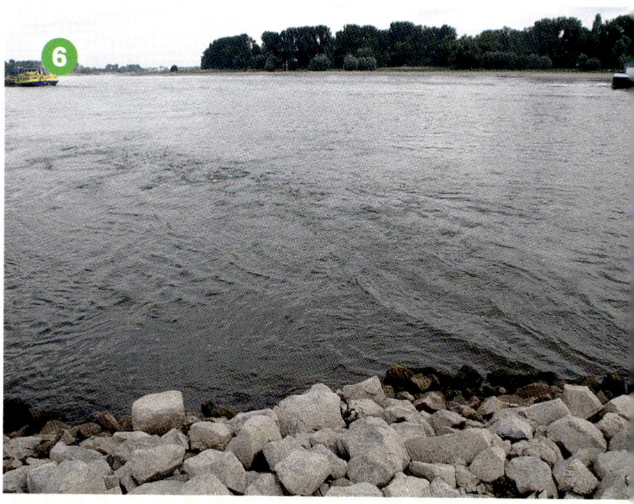

❶
Im Bereich von Seerosen- und Krautfeldern sollte man einen Versuch wagen. Denn hier finden die Fische Schutz und Nahrung.

❷
Versunkene Bäume oder ins Wasser gefallene Stämme sind absolute Hotspots. Aber Vorsicht: Man sollte einen Sicherheitsabstand zum Geäst halten. Leicht kann es passieren, dass ein gehakter Fisch ins Unterholz flüchtet und dort verloren geht.

❸
In einer Vertiefung, auch Gumpen genannt, in einem Bach oder kleinen Fluss steht fast immer ein Fisch.

❹
Ob im stehenden oder fließenden Gewässer – an Zuläufen wird Nahrung eingespült und der Sauerstoffgehalt ist deutlich höher. Generell und ganz besonders im Sommer darf man solche Bereiche nicht außer Acht lassen.

❺
An großen Flüssen laden Buhnenfelder zum Angeln ein. Aber Buhnenfeld ist nicht gleich Buhnenfeld: Tiefe Felder bringen beim Raub- und Friedfischangeln meist die besten Resultate.

❻
An der Spitze einer Steinschüttung, die in den Fluss hinausragt, Buhnenkopf genannt, ist deutlich die Strömungskante erkennbar. An der Kante lohnt es sich, den Köder anzubieten.

❼
Den Bereich um eine Landzunge, auch wenn sie noch so klein ist, sollte man gründlich befischen. Diese Struktur setzt sich meist unter Wasser noch ein Stück weit fort.

❽
Hier nimmt der Fluss eine Kurve – dieser Hotspot fällt sofort ins Auge. Im Bereich der Außenkurve ist der Gewässergrund oft ausgespült und besonders tief. Diese Zone sollte man unbedingt ausprobieren.

❾
Am und zwischen dem Schilf finden Friedfische Nahrung und Raubfische können den dichten Unterwasserwald als Deckung nutzen.

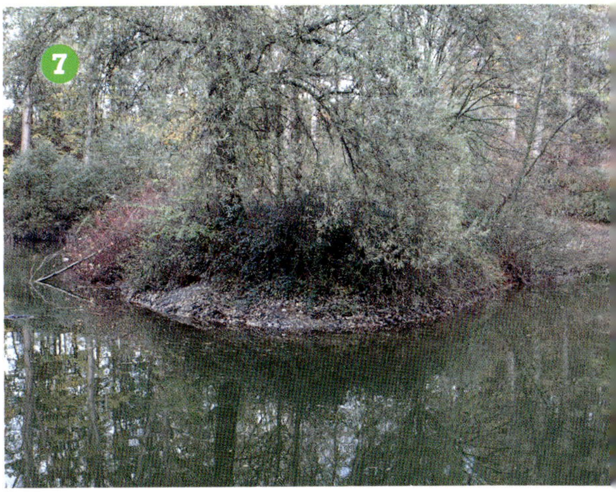

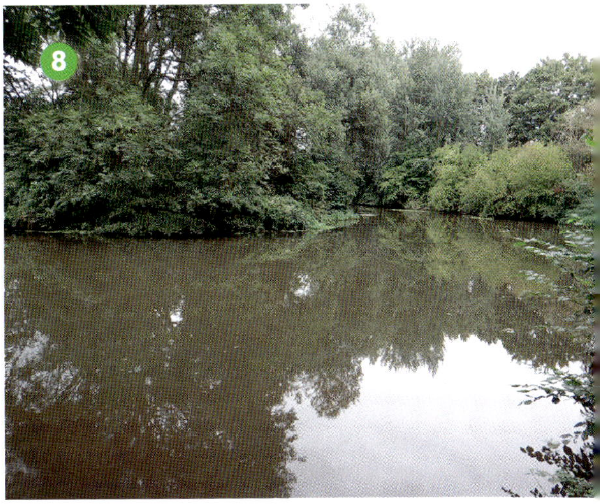

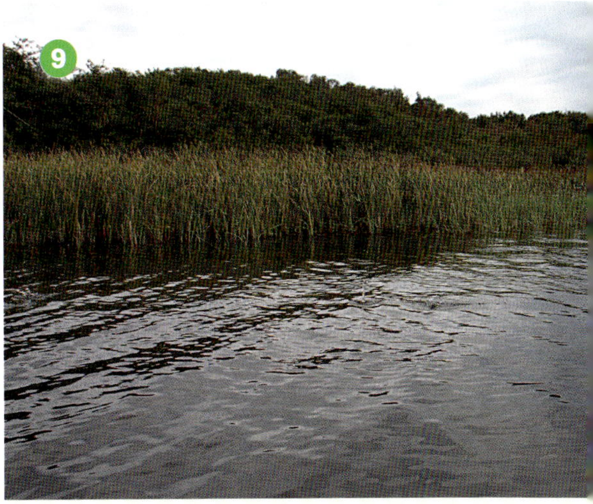

FLUSS, SEE UND MEER – HIER LOHNT SICH DAS ANGELN:

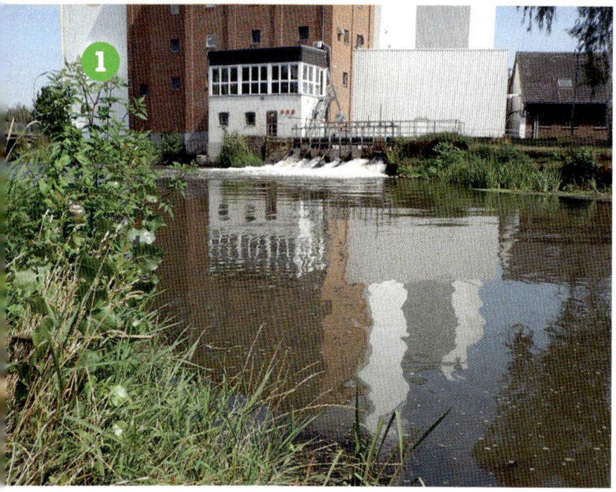

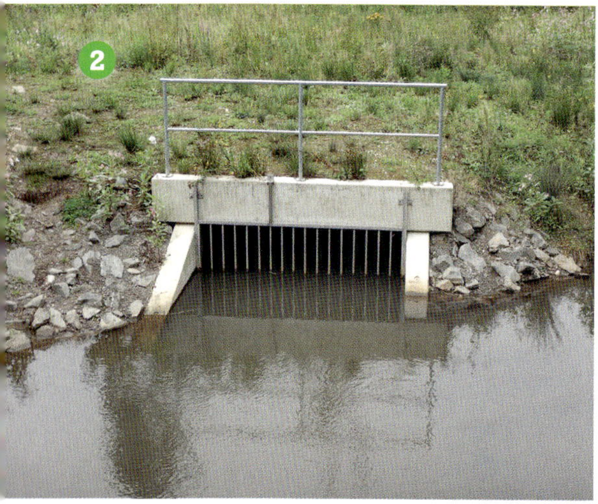

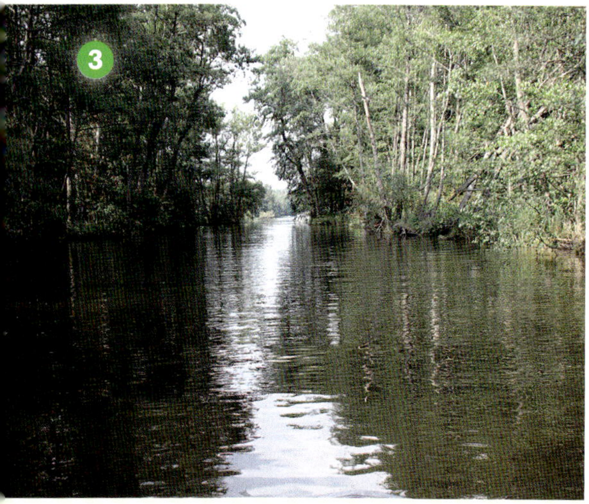

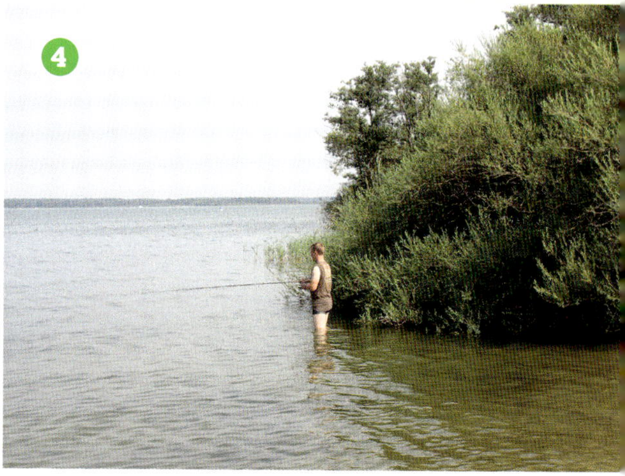

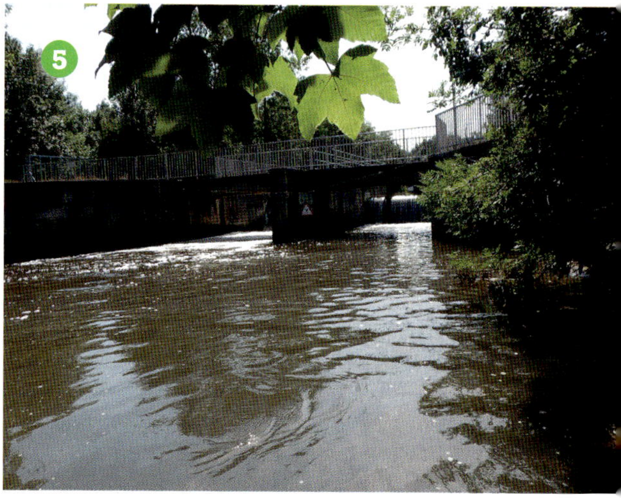

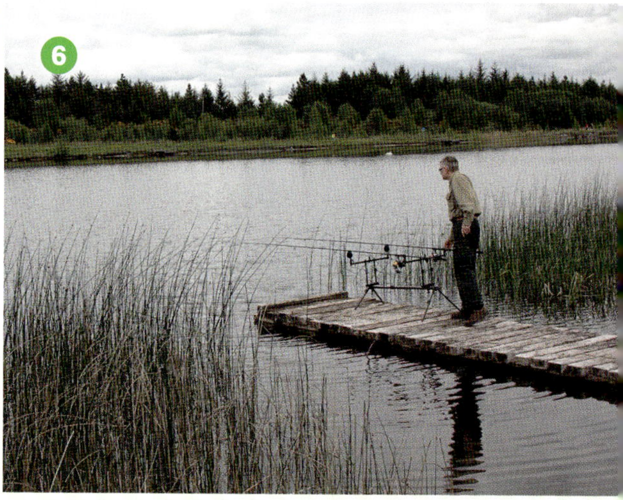

1
Von Menschenhand geschaffener Angelplatz: der Kolk einer Wassermühle.

2
Hier mündet ein Entwässerungskanal in den Fluss. Besonders wenn Wasser eingeleitet wird, sollte man hier sein Glück versuchen. Die Fische schwimmen aber auch in den (unterirdischen) Kanal. Wer direkt am Auslauf seinen Köder platziert, kann die Fische abpassen.

3
Dieser natürliche Kanal verbindet zwei Seen. Fische, die zwischen den Gewässern hin- und herschwimmen, lassen sich hier sehr gut überlisten.

4
An großen Seen ist das Uferangeln nicht so leicht. Wo Bäume im Wasser stehen, kann man aber auch vom Ufer erfolgreich sein.

5
An Wehren herrscht Bewegung und daraus resultiert eine hohe Sauerstoffsättigung des Wassers.

6
Ein Steg lädt zum Angeln an der Schilfkante ein. Hier befindet sich ein ganz heißer Bereich.

7
Kanäle sind die Autobahnen der Schifffahrt und daher häufig sehr monoton. Unregelmäßigkeiten im Kanalverlauf, wie etwa der Einlauf dieses Nebengewässers, dienen dem Angler als Anhaltspunkt für einen aussichtsreichen Platz.

8
Der Bildschirm des Echolotes verrät's: Hier fällt der Gewässergrund steil ab. Diese Kante ist auf jeden Fall einen Versuch wert. Im Sommer lohnt ein Versuch im flacheren Bereich, in den kalten Monaten ist der Fuß der Kante besser.

9
Der Kunstköder hat in Grundnähe Grünzeug eingefangen. Das ist ein gutes Zeichen, denn häufig halten sich Fische an Unterwasserwiesen auf. Man sollte den Köder knapp über dem Kraut führen – dann knallt's.

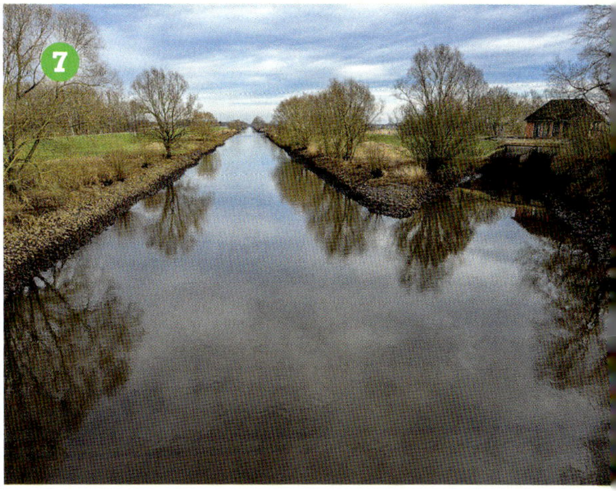

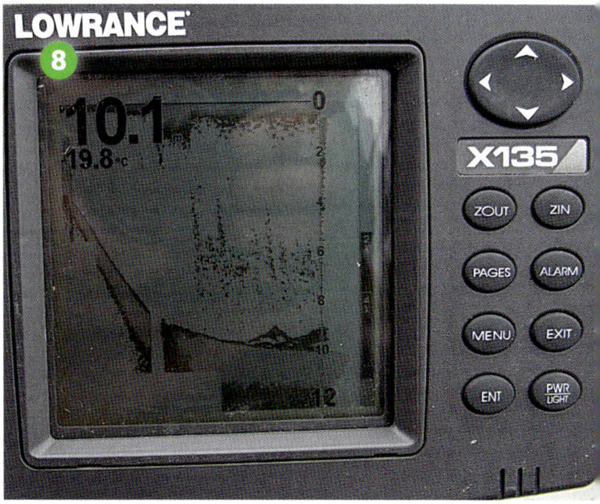

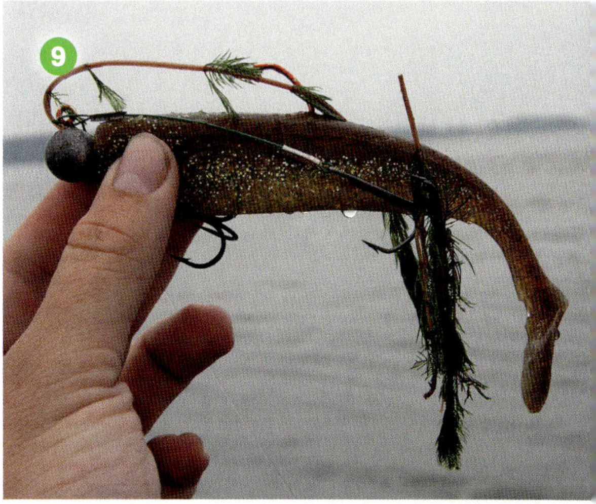

FLUSS, SEE UND MEER – HIER LOHNT SICH DAS ANGELN:

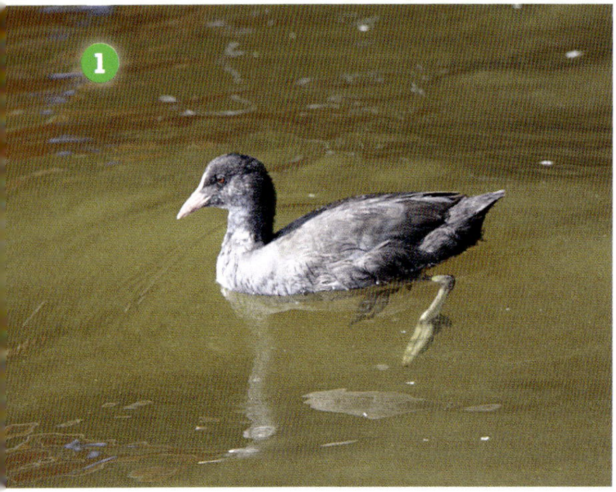

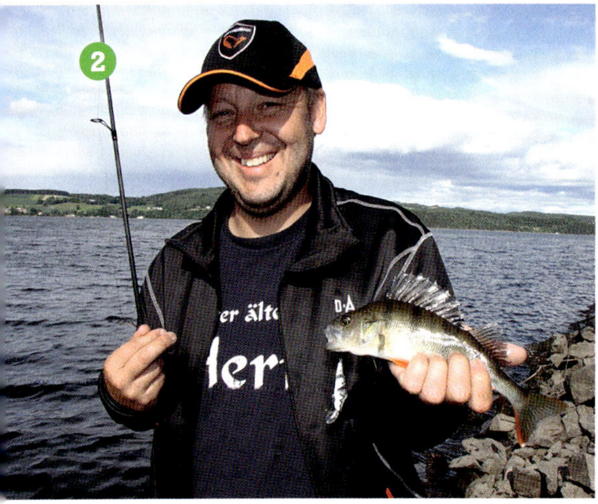

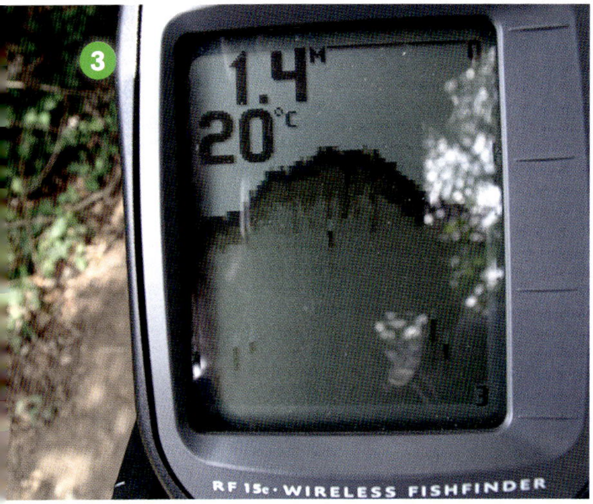

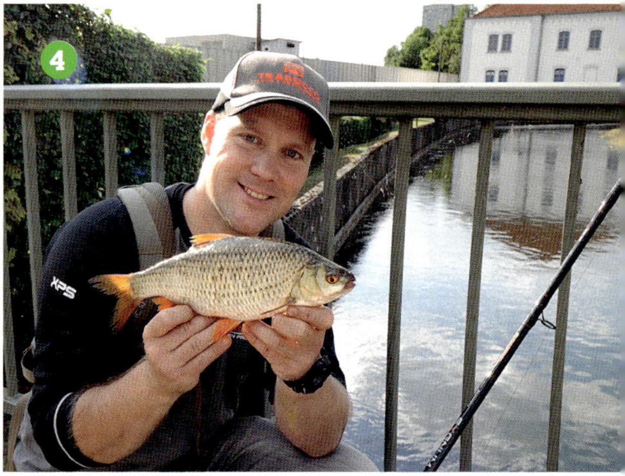

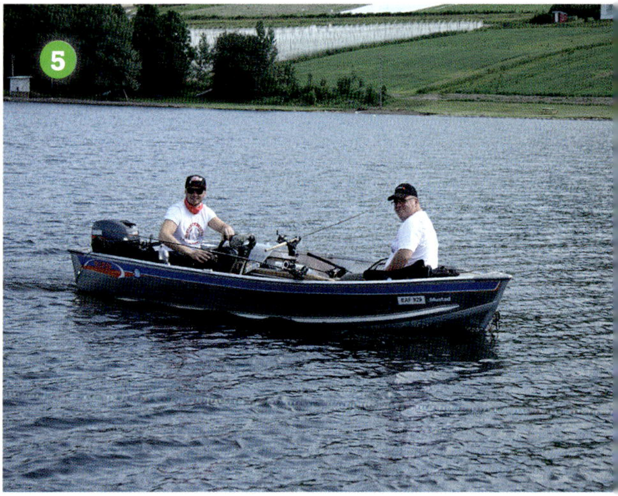

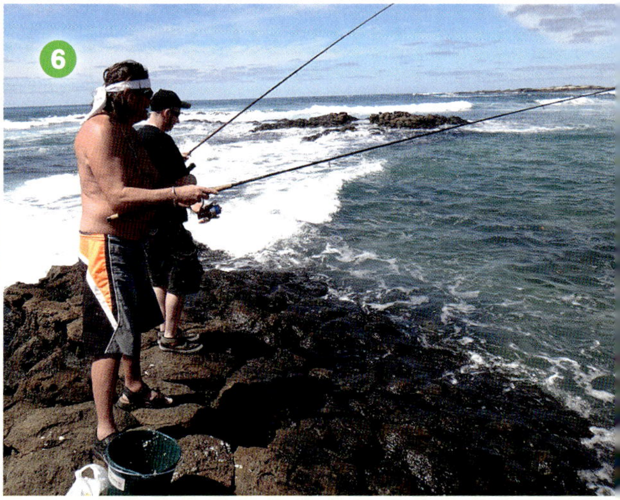

◀

1
Tauchende und fressende Wasservögel sind ein Fisch-Indikator. Denn wo das Federvieh Nahrung findet, fällt sicher auch etwas für die Fische ab.

2
Diesen Barsch kann man zwar nicht als kapital bezeichnen, aber der Angler freut sich zu Recht. Denn wo ein Barsch ist, gibt es noch mehr. Schließlich ist der Barsch ein Schwarmfisch. Und der eine oder andere größere Artgenosse schwimmt hier sicherlich auch.

3
Auch wenn das hier angezeigte Plateau nicht besonders groß ist: Hier muss die Montage hin. An Erhebungen finden die Fische häufig Muscheln und andere leckere Happen. Deshalb halten sie sich gerne dort auf.

4
Auch in Städten kann man erfolgreich angeln. Häufig werden an bestimmten Stellen Enten und andere Wasservögel gefüttert. Hier halten sich genauso Fische auf.

5
Auf großen Seen ist man ohne Boot aufgeschmissen. Denn um die meisten fängigen Stellen zu erreichen und optimal befischen zu können, braucht man einen schwimmenden Untersatz.

6
Anziehungspunkt für Meeresangler: Molen und Steinschüttungen, die ins Meer hinausragen. Hier erreicht man tieferes Wasser. Man sollte auf die Gezeiten achten, sonst kann es passieren, dass man bei steigendem Wasserstand nicht mehr trockenen Fußes ans Ufer kommt.

▶

7
Wo sich das Meer verengt, wie hier im Bereich einer Brücke, hat man als Uferangler gute Karten.

8
Im Hintergrund sieht man deutlich, dass das Wasser tiefer wird. Solche Zonen sind an der Küste ein Volltreffer. Allerdings braucht man meist eine Wathose, um an diese Bereiche heran zu kommen.

9
Eine Pol-Brille entspiegelt die Wasseroberfläche und ermöglicht aufschlussreiche Einblicke ins Gewässer. Mit dieser Sehhilfe kann man häufig Fische erspähen, die es zu beangeln lohnt.

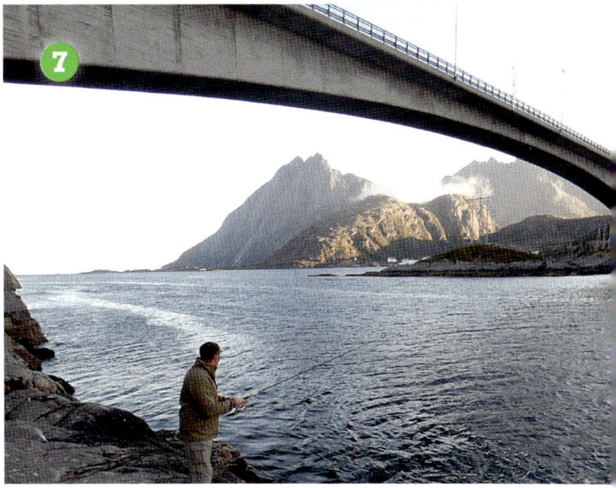

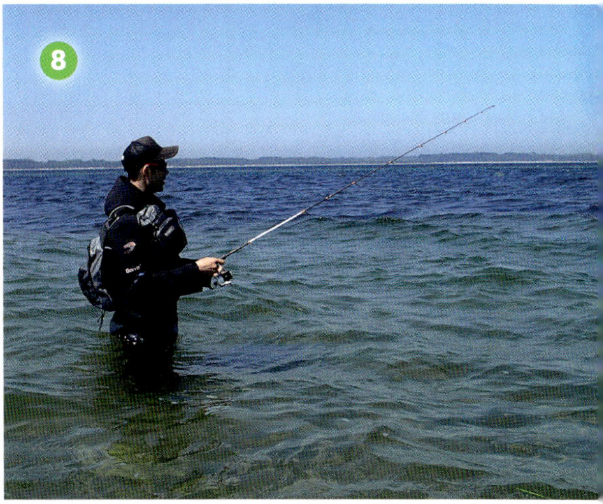

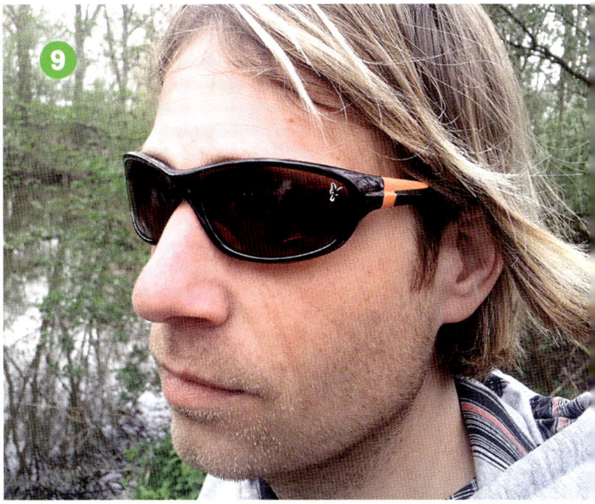

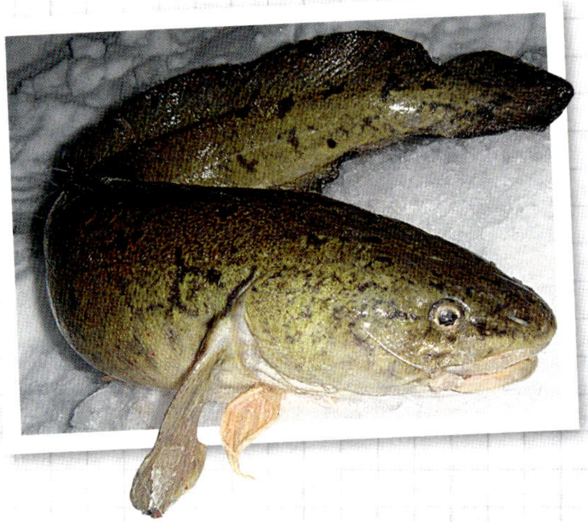

QUAPPE

(Lota lota)

Generell zählen Quappen zu den eher selten gefangenen Fischarten. Dass nicht mehr an den Haken gehen, liegt an der oft gehörten Aussage, Rutten würden nur bei Nacht beißen – zudem sollte es noch regnen oder schneien. Alles in allem wären das höchst ungemütliche Aussichten, die sich jedoch mit der richtigen Kleidung durchaus aushalten ließen. Tatsächlich beißen Quappen an trüben Wintertagen jedoch fast genauso gut tagsüber, was die Sache etwas angenehmer gestaltet. Und landet ein großes Exemplar im Kescher, wird es dem Angler sowieso warm.

MERKMALE

Langgestreckter Körper, hinten seitlich abgeflacht, breiter Kopf, leicht unterständige Maulspalte mit kleinen Zähnen, eine Bartel am Unterkiefer, kehlständige Bauchflossen, Färbung: Oberseite grüngrau oder braun mit Marmorierung, helle Unterseite, Länge bis 1 Meter

LEBENSRAUM

Seen, Bäche und Flüsse mit kühlem, sauerstoffreichem Wasser, auch im Brackwasser und Gebirgsseen

LEBENSWEISE

Einziger Vertreter der dorschartigen Fische im Süßwasser, hält sich bevorzugt zwischen Steinen und Wasserpflanzen auf, häufig nachtaktiv, Jungfische fressen Kleintiere und Larven, adulte Quappen auch Würmer, Fische und Fischlaich

ANGELTECHNIKEN

Grundangeln mit Naturködern (Würmer, Fische, Fischfetzen)

GEFÜHRT VOM PROFI

Wer ein großes Gewässer befischen oder während eines Urlaubs erfolgreich sein möchte, sollte darüber nachdenken, den Service eines Angelguides in Anspruch zu nehmen. Diese Angelführer kennen sich an ihren Hausgewässern bestens aus und wissen auch, mit welchen Methoden man erfolgreich ist. **Holt man sich professionelle Unterstützung, stehen die Chancen auf Fangerfolg deutlich besser,** als wenn man alleine »herumstochert«. Angelguides haben meist eigene Websites und bieten unterschiedliche Touren und Service-Pakete an. Auch in örtlichen Angelläden bekommt man Kontakt zu erfahrenen Guides für das jeweilige Gewässer.

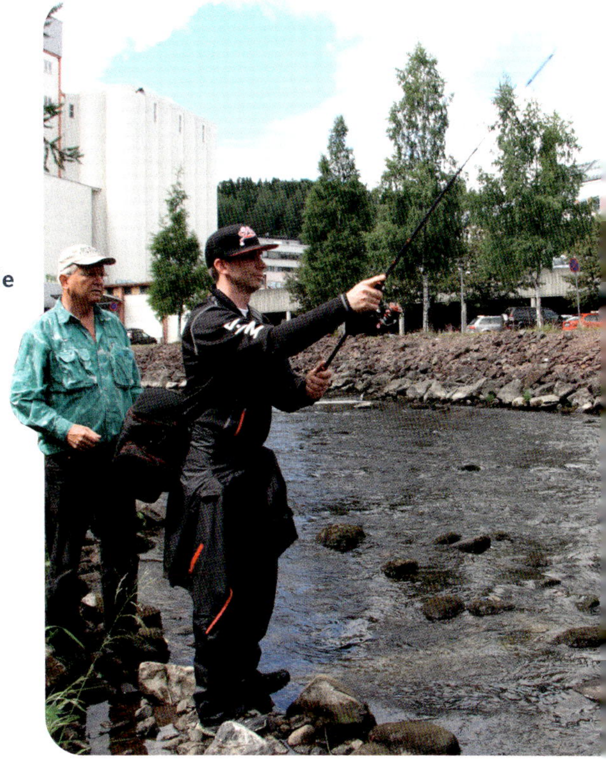

Ein Service, der sich auszahlt: Ein erfahrener Guide zeigt dem Gewässerneuling, an welchen Stellen und mit welchen Angeltechniken man erfolgreich ist.

KLEIN ABER FEIN

Kleine Flüsse und Teiche erscheinen auf den ersten Blick unscheinbar, haben aber häufig eine Menge zu bieten. Ein versteckter See im Wald oder ein Flüsschen, das sich durch Wiesen und Wälder schlängelt, **garantiert Entspannung pur und nicht selten halten sie kapitale Überraschungen für den Angler bereit.**

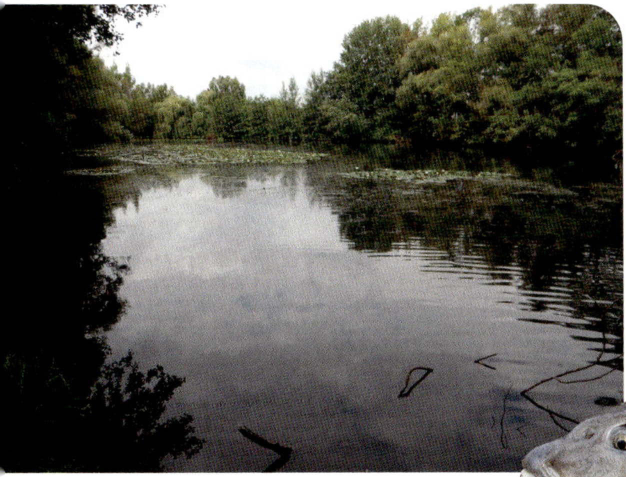

Idyllisch und unscheinbar – aber Kleingewässer sind immer für eine Überraschung gut.

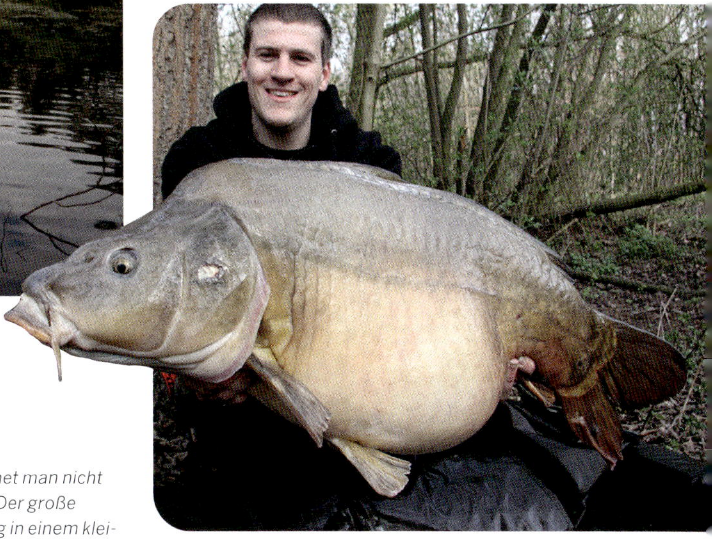

Damit rechnet man nicht unbedingt. Der große Karpfen ging in einem kleinen Fluss an den Haken.

ERKUNDUNGSTOUR

Mit Hilfe der Lotrute kann man die Tiefe und die Bodenstruktur eines Gewässers ermitteln. Es gibt unterschiedliche Montagen, mit denen man ein Gewässer ausloten kann. **Eine durchdachte Montage besteht aus einem schweren Blei, das ans Ende einer geflochtenen Hauptschnur geknüpft wird und einer frei auf der Schnur laufenden Pose**. Bevor es ans Ausloten geht, misst man die Entfernung zwischen Rolle und erstem Rutenring (Startring). Nach dem Auswerfen lässt man die Montage zum Grund absinken und kurbelt danach Schnur ein, bis die Pose am Blei angekommen ist. Nun zieht man mit der Hand Schnur von der Rolle (Bremse dazu öffnen) – bis zum ersten Rutenring. Dieser Vorgang wird wiederholt und man merkt sich die Anzahl der Wiederholungen. Taucht die Pose an der Wasseroberfläche auf, addiert man die Längen der abgezogenen Schnur und weiß genau, wie tief es an der Stelle ist. Zieht man das Blei über den Gewässerboden, erhält man Informationen über die Beschaffenheit des Grundes. Handelt es sich etwa um Kies spürt man ein Ruckeln. Bei Schlamm muss man mehr Kraft aufbringen, um das Blei zu bewegen.

WASSER MARSCH!

An großen Flüssen findet man im Bereich von großen Kraftwerken Warmwasser-Einleitungen. **Die Fische werden von warmem Wasser angezogen und halten sich im Winter verstärkt dort auf.** Allerdings sind diese Warmwassereinläufe sehr bekannt und entsprechend stark von Anglern frequentiert. Häufig steht hier Mann neben Mann, was einem entspannten Angeln nicht gerade zuträglich ist. Und auch die Fische merken schnell, dass die Einläufe eine für sie gefährliche Zone darstellen und legen ein sehr vorsichtiges Verhalten an den Tag. **Entspannter und ebenso Erfolg versprechend ist es, etwas unterhalb des Warmwasser-Einleiters zu angeln.** Dort ist die Anglerdichte geringer und man hat gute Fangaussichten, weil der Effekt des eingeleiteten, warmen Wassers auch flussab noch spürbar ist.

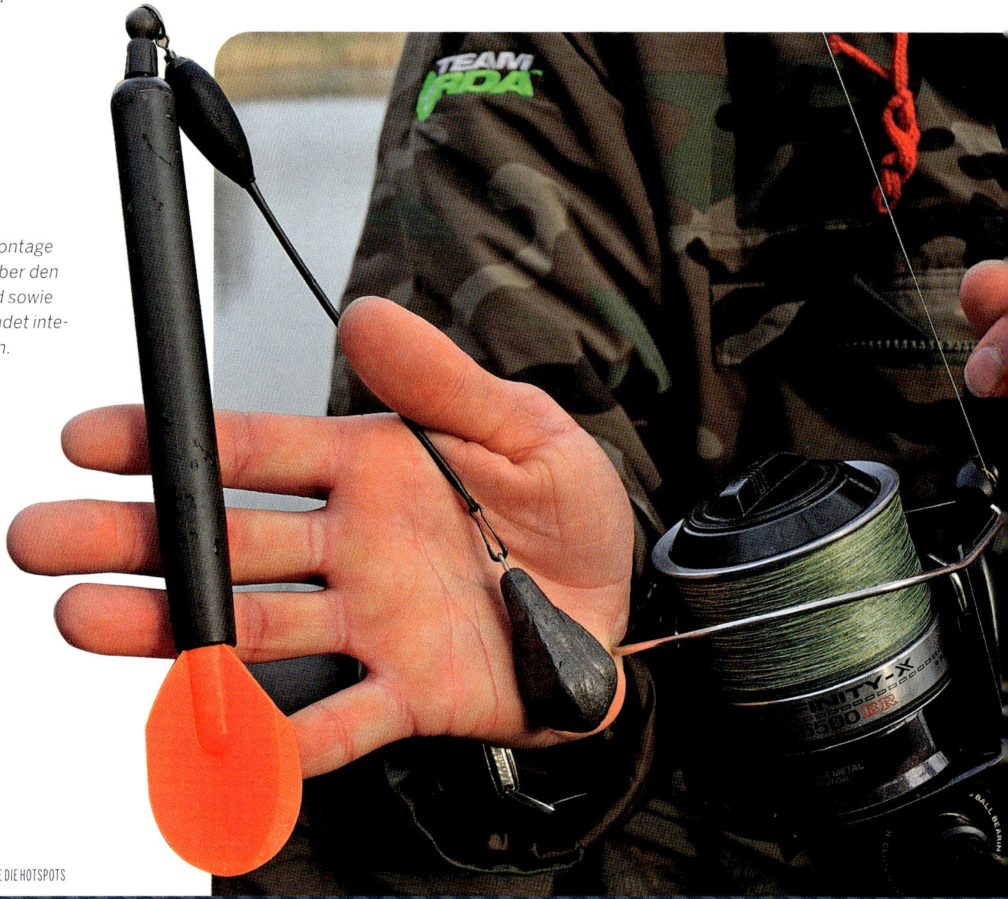

Mit einer Lot-Montage lernt man viel über den Gewässergrund sowie die Tiefe und findet interessante Stellen.

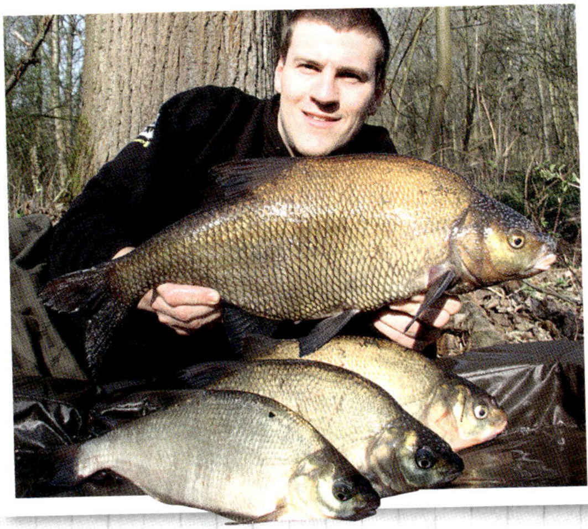

BRASSEN

(Abramis brama)

Egal ob träge fließender Kanal, schmaler Graben, Teich oder großer See – Brassen gibt es fast überall. In einigen Gewässern nehmen sie durch menschliche Eingriffe in die Natur sogar so überhand, dass der Angler gefangene Tiere mitnehmen muss. Meist meidet der Brassen lichtdurchflutete Stellen. Mit der Posen- und Grundangel bereitet der Fang kleiner und mittlerer Exemplare wenig Mühe. Große Exemplare von etwa zwei Kilogramm aufwärts sind sogar ganz respektable Gegner.

MERKMALE

Körper seitlich abgeflacht und hochrückig, rüsselartiges Maul (leicht unterständig), grauer Rücken, silberfarbene Flanken, kapitale Exemplare oft braun oder bronzefarben, Länge bis 80 Zentimeter

LEBENSRAUM

Stehende und fließende Gewässer, bevorzugt Bereiche mit relativ schwacher Strömung, kommt auch im Brackwasser vor.

LEBENSWEISE

Schwarmfisch, Nahrung: Insektenlarven, Würmer, Schnecken, kleinere Muscheln

ANGELTECHNIKEN

Grund- und Posenangeln mit Naturködern (Maden, Würmer, Mais, kleine Boilies)

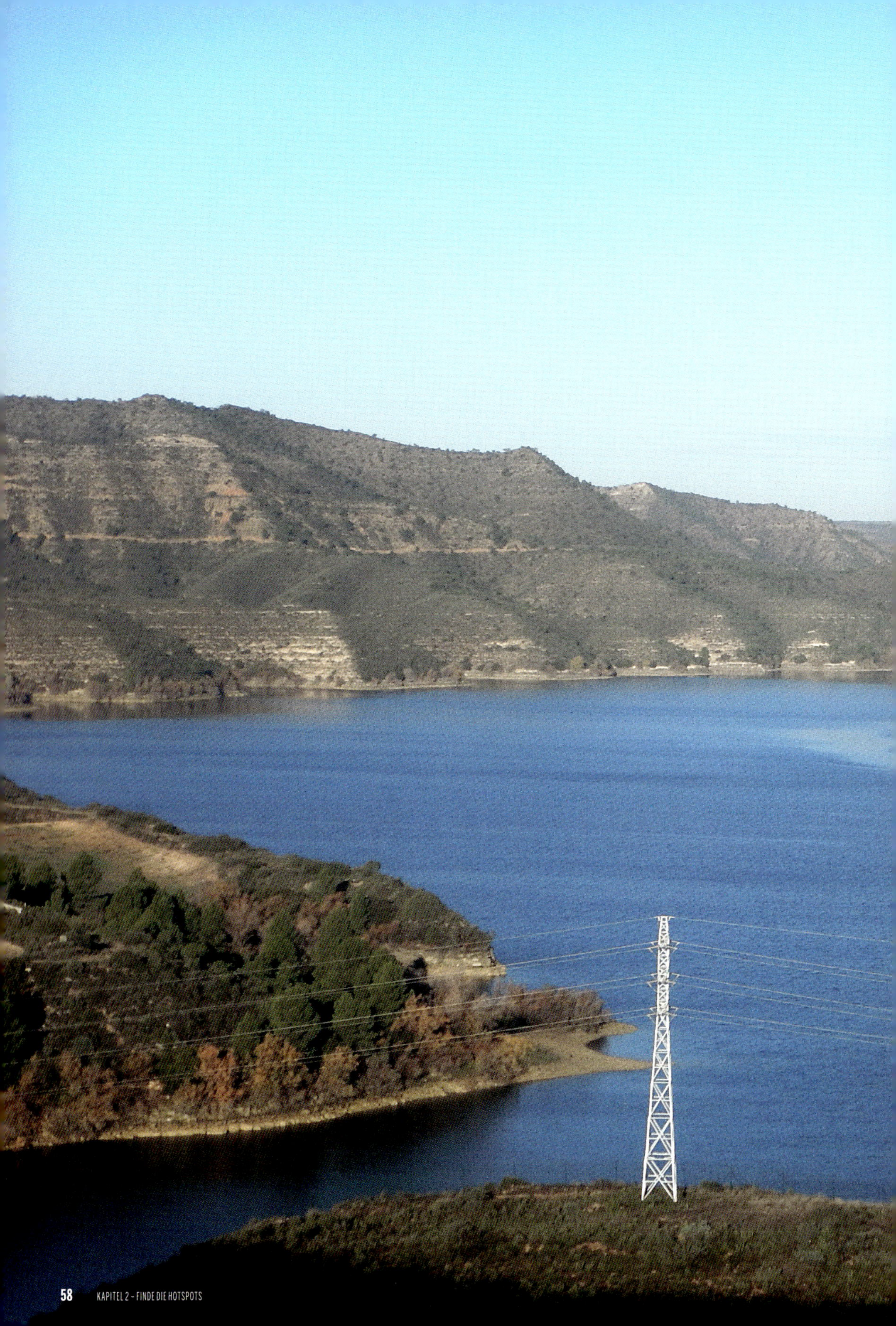

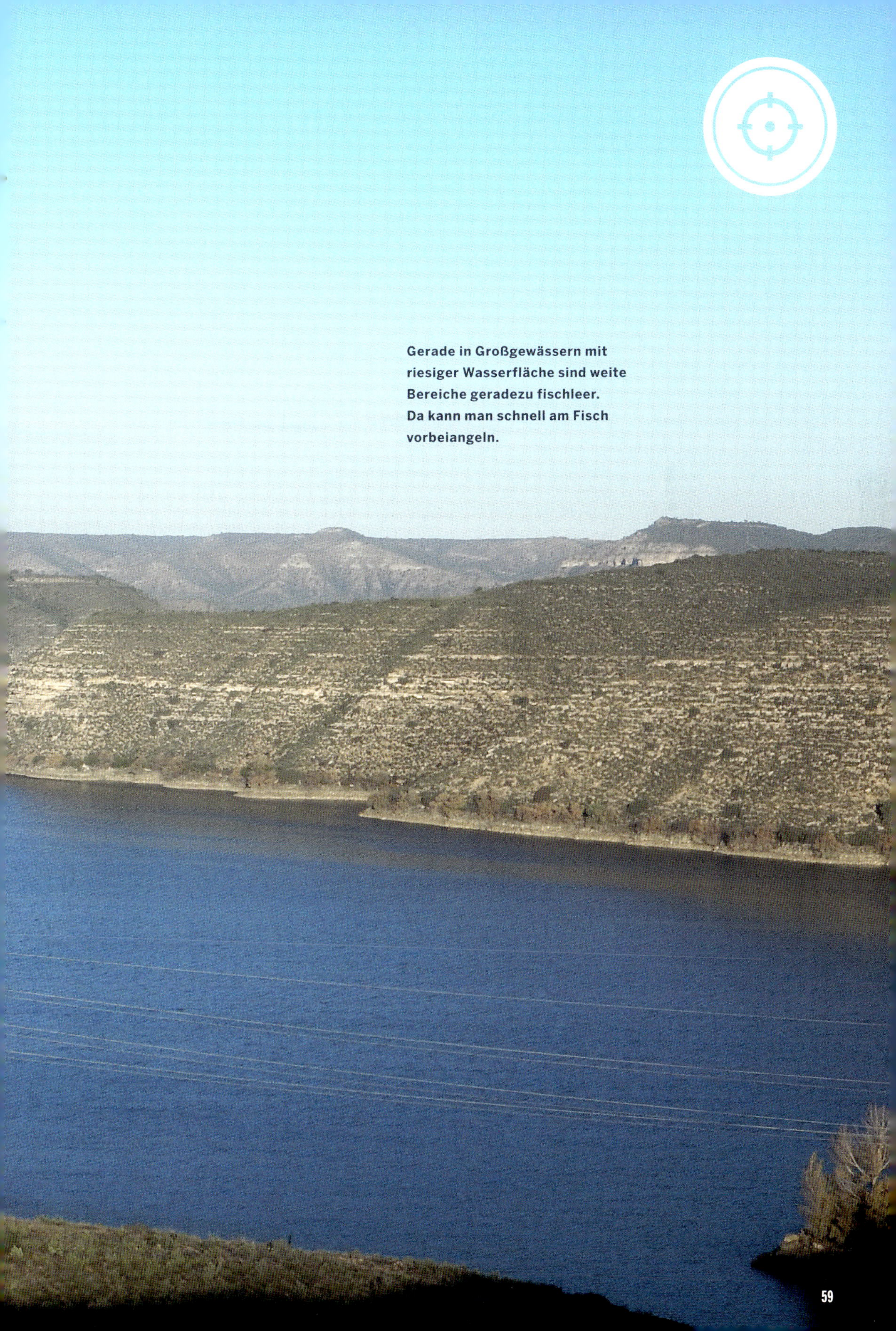

Gerade in Großgewässern mit riesiger Wasserfläche sind weite Bereiche geradezu fischleer. Da kann man schnell am Fisch vorbeiangeln.

Manchmal graust es erfahrenen Anglern schon, wenn sie weniger versierten oder jüngeren Fischern beim Binden ihrer Knoten zuschauen. Denn hier wird unglaublich oft geschlampt oder es kommen untaugliche Knoten zum Einsatz. Aber sie sind es gerade, die neben Haken und Schnur die Verbindung zum Fisch darstellen. Dabei zählt nur das schwächste Glied der Kette – oft genug ist das der Knoten. Ähnlich sieht es beim Werfen aus. Erst die korrekte Technik und reichlich Übung bringen den Köder an die gewünschte Stelle.

KAPITEL 3

BASICS: KNOTEN & WERFEN

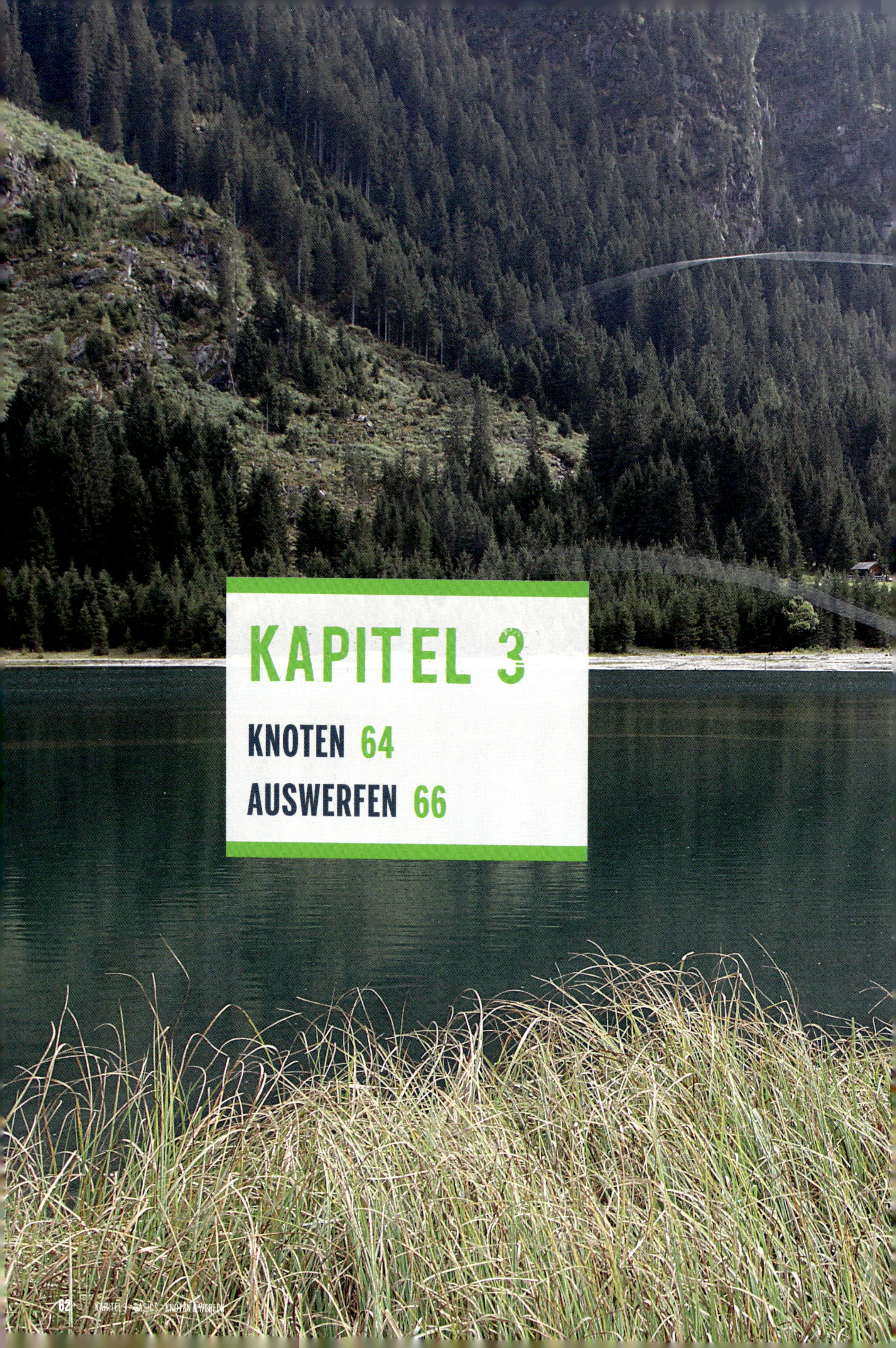

KAPITEL 3

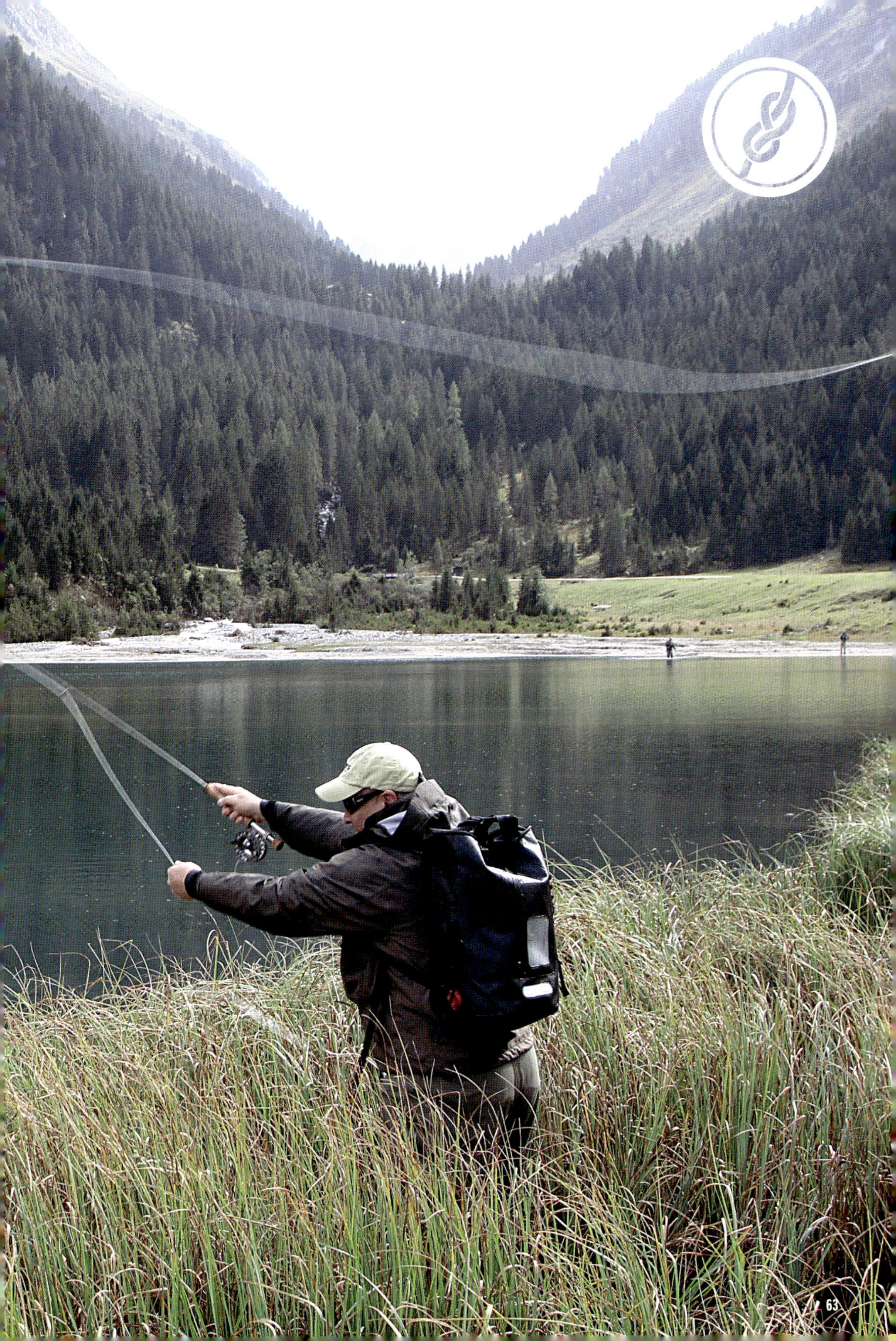

DIE BASICS: KNOTEN & WERFEN

Das hochwertigste Angelgerät und der beste Köder sind zwecklos, wenn man die Basics nicht beherrscht. Zwei Fähigkeiten sind besonders wichtig: Zum einen **das richtige Anknoten** des Hakens, eines Wirbels oder eines sonstigen Teils an die Schnur. Und zum anderen **das Beherrschen der richtigen Wurftechniken**, ohne die ebenfalls nichts geht.

Klar: Die Schnur ist die Verbindung vom Angler zum Fisch. Und wer falsch knotet, läuft Gefahr, einen Fisch zu verlieren, bevor er den Weg ins Keschernetz gefunden hat. Der gute alte Hausmannsknoten ist für Angler nicht zu empfehlen. Denn gerade bei den häufig verwendeten Monofilschnüren neigt er dazu, sich unter Belastung aufzuziehen. Somit muss der Angler einige spezielle Knoten beherrschen.

KNOTEN

Ganze Bücher sind über Angler-Knoten geschrieben worden. Es gibt unzählige Varianten, einen Wirbel oder einen Haken anzuknoten oder zwei Schnüre miteinander zu verbinden. Ich muss ehrlich gestehen, dass ich in meiner Angler-Karriere schon viele verschiedene Knoten gesehen habe. Einige wenige blieben mir im Gedächtnis, die meisten habe ich schnell wieder vergessen. Denn in den meisten Situationen kommt man mit folgenden Knoten aus:

VIER FÜR ALLE FÄLLE

*Der so genannte **Verbesserte Clinchknoten** eignet sich hervorragend, um einen Wirbel oder einen Öhrhaken an der Schnur zu befestigen.*

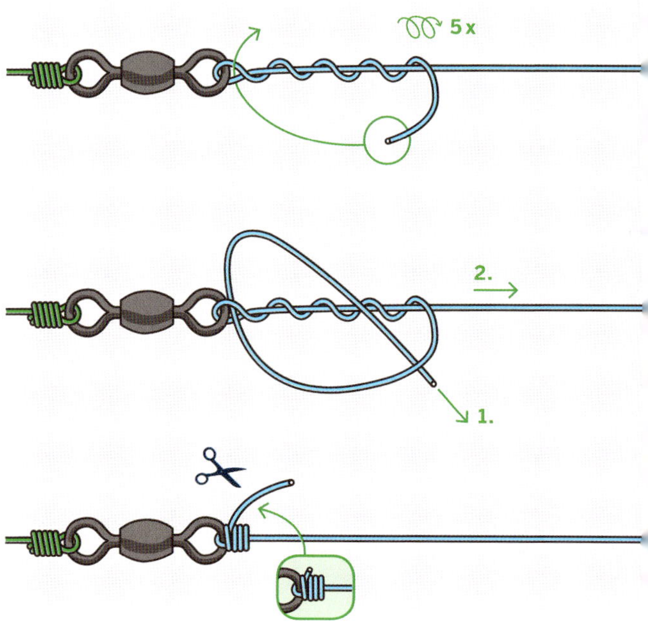

*Eine **Schlaufe** braucht man häufig, etwa am oberen Ende des Vorfachs. Eine **einfache Schlaufe** lässt sich schnell knüpfen (A), für die **Sicherheitsschlaufe** mit erhöhter Tragkraft braucht es mehrere Windungen (B).*

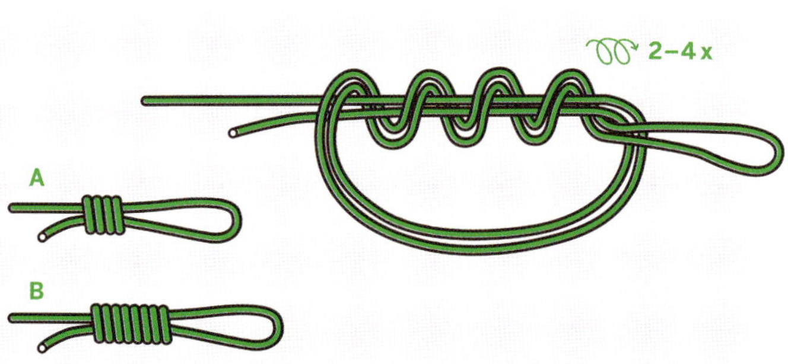

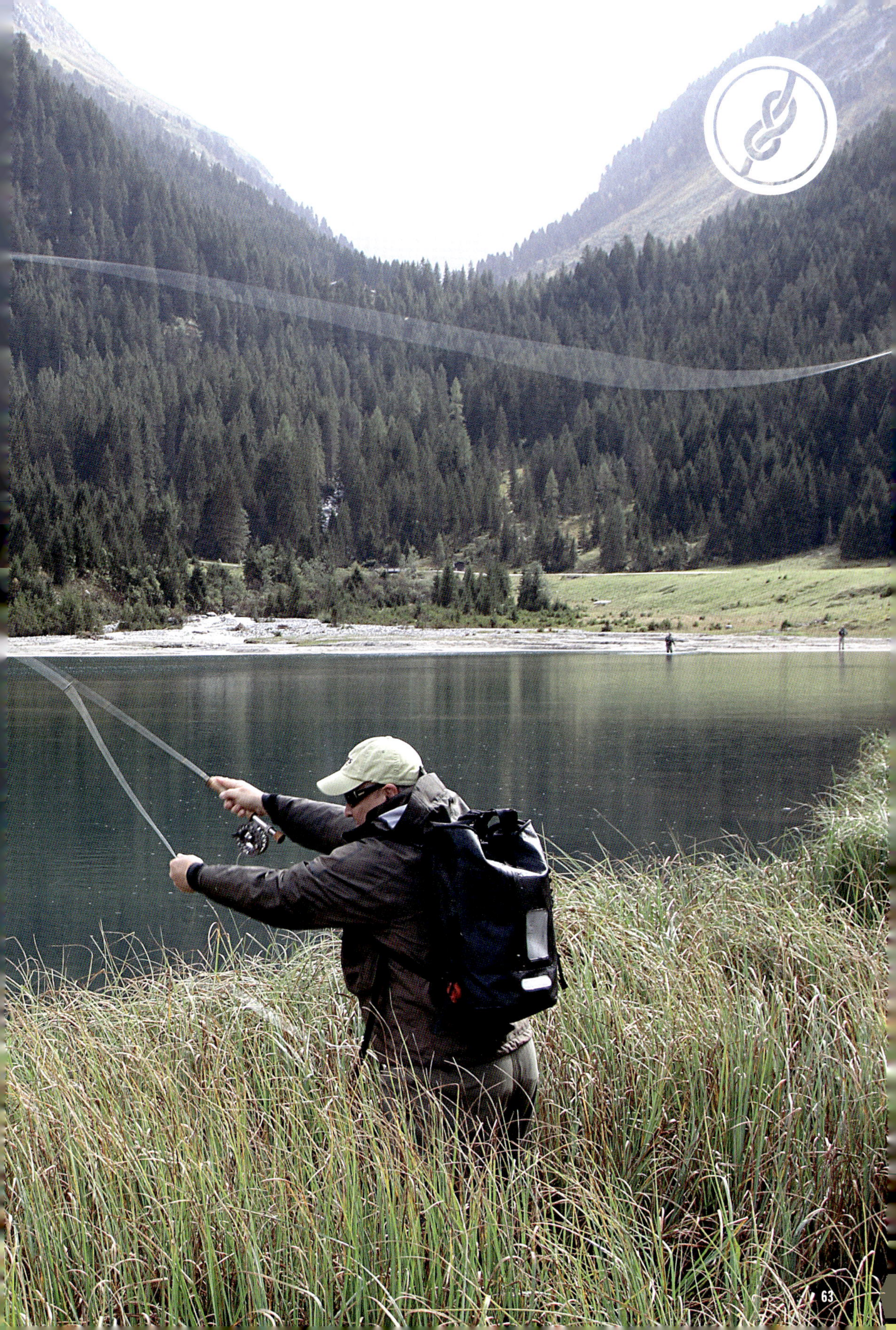

DIE BASICS: KNOTEN & WERFEN

Das hochwertigste Angelgerät und der beste Köder sind zwecklos, wenn man die Basics nicht beherrscht. Zwei Fähigkeiten sind besonders wichtig: Zum einen **das richtige Anknoten** des Hakens, eines Wirbels oder eines sonstigen Teils an die Schnur. Und zum anderen **das Beherrschen der richtigen Wurftechniken**, ohne die ebenfalls nichts geht.

Klar: Die Schnur ist die Verbindung vom Angler zum Fisch. Und wer falsch knotet, läuft Gefahr, einen Fisch zu verlieren, bevor er den Weg ins Keschernetz gefunden hat. Der gute alte Hausmannsknoten ist für Angler nicht zu empfehlen. Denn gerade bei den häufig verwendeten Monofilschnüren neigt er dazu, sich unter Belastung aufzuziehen. Somit muss der Angler einige spezielle Knoten beherrschen.

KNOTEN

Ganze Bücher sind über Angler-Knoten geschrieben worden. Es gibt unzählige Varianten, einen Wirbel oder einen Haken anzuknoten oder zwei Schnüre miteinander zu verbinden. Ich muss ehrlich gestehen, dass ich in meiner Angler-Karriere schon viele verschiedene Knoten gesehen habe. Einige wenige blieben mir im Gedächtnis, die meisten habe ich schnell wieder vergessen. Denn in den meisten Situationen kommt man mit folgenden Knoten aus:

VIER FÜR ALLE FÄLLE

*Der so genannte **Verbesserte Clinchknoten** eignet sich hervorragend, um einen Wirbel oder einen Öhrhaken an der Schnur zu befestigen.*

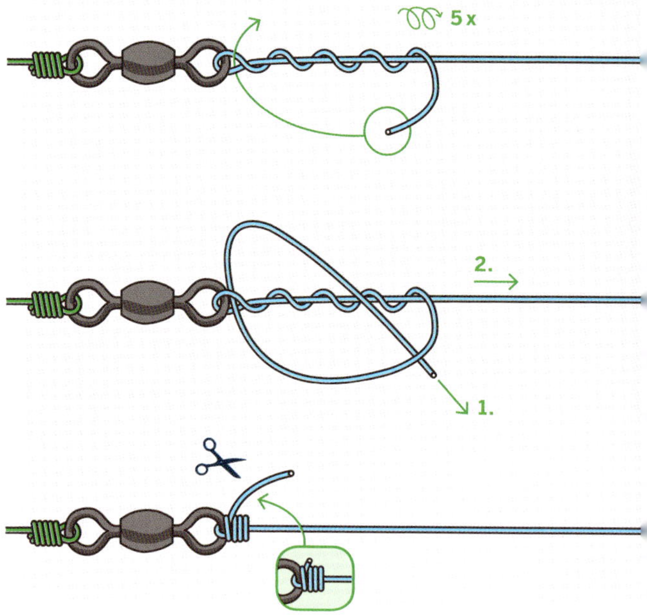

*Eine **Schlaufe** braucht man häufig, etwa am oberen Ende des Vorfachs. Eine **einfache Schlaufe** lässt sich schnell knüpfen (A), für die **Sicherheitsschlaufe** mit erhöhter Tragkraft braucht es mehrere Windungen (B).*

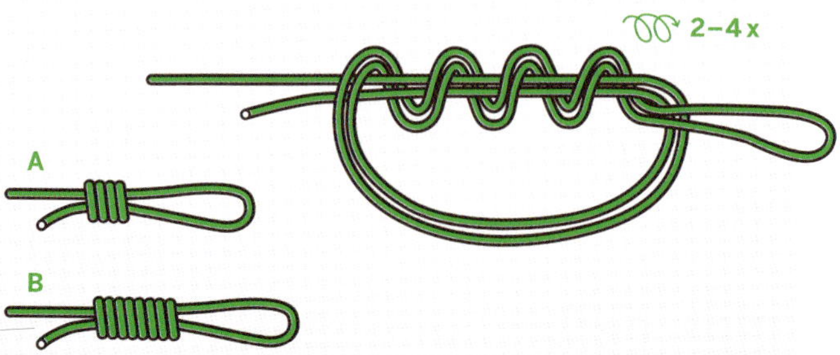

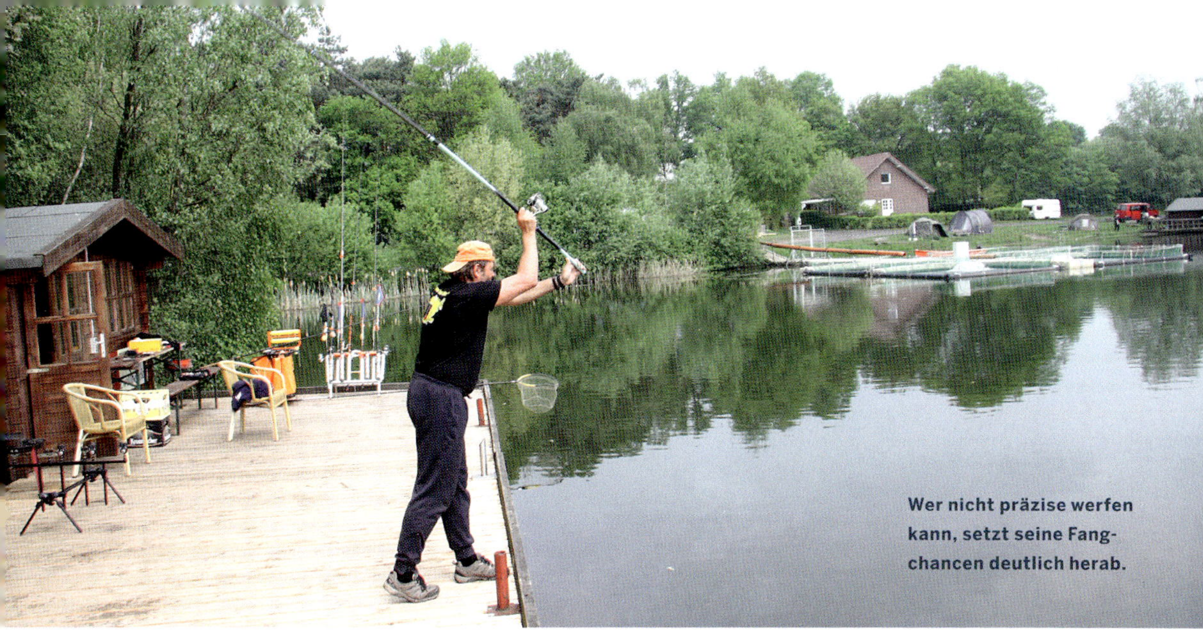

Wer nicht präzise werfen kann, setzt seine Fangchancen deutlich herab.

Müssen zwei Schnüre verbunden werden, kommt der **Blutknoten** *zum Einsatz.*

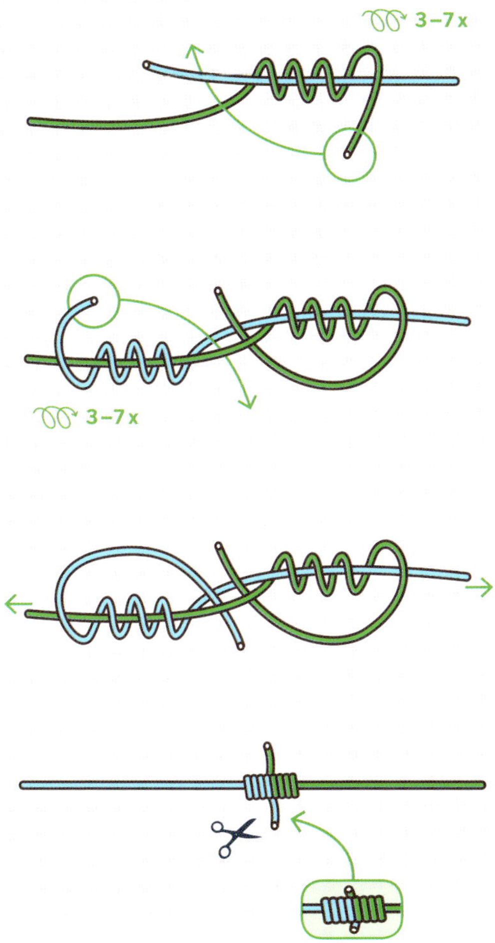

Plättchenhaken *werden mit diesem Knoten an der Schnur fixiert.*

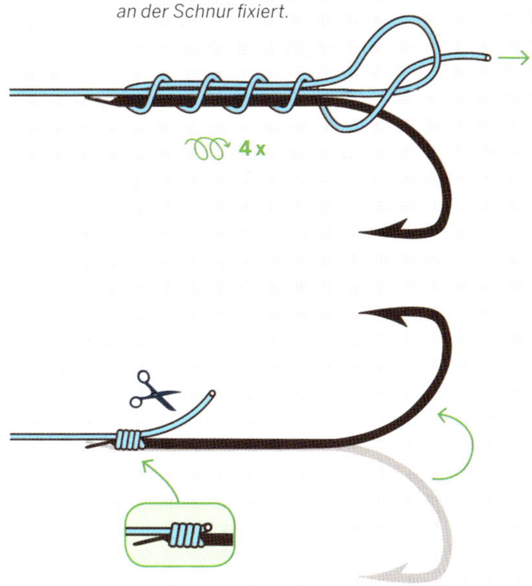

SCHÖN ANFEUCHTEN

Beim Zusammenziehen des Knotens entsteht Reibungshitze, welche die Schnur angreifen und die Tragkraft deutlich verringern kann. Um eine Beschädigung im Bereich des Knotens zu verhindern, **sollte man die Schnur vor dem Zusammenziehen mit etwas Spucke befeuchten.** Dann flutscht es besser und die Leine behält ihre Tragkraft.

AUSWERFEN

Egal welche Montage – man muss sie ins Gewässer und zum Fisch befördern. Häufig kommt es darauf an, den Köder punktgenau zu platzieren, sonst bleiben die Bisse aus. Das Werfen erfordert ein wenig Übung. Aber nach ein paar Versuchen, hat man den Dreh beziehungsweise den Wurf schnell raus.

Ebenso wie bei den Knoten führen auch beim Werfen viele Wege zum Ziel: Es gibt mehrere Wurftechniken, mit denen man die Montage oder den Köder hinausbefördern kann. **Für die meisten Angeltechniken eignet sich der Überkopfwurf.** Diese Wurftechnik kann je nach Angeltechnik (etwa beim Spinnfischen) auch etwas seitlich verlagert werden.

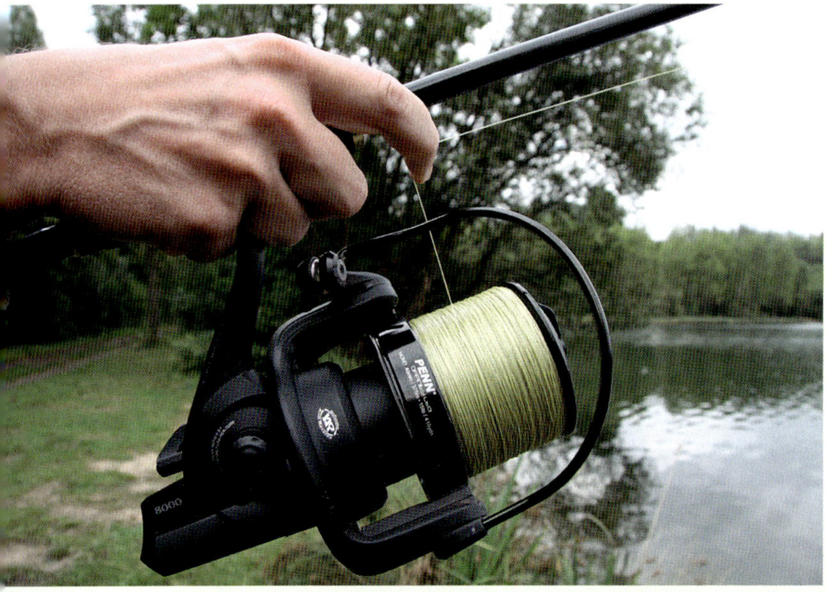

Die Rute wird im 45-Grad-Winkel zur Wasseroberfläche gehalten. Mit dem Zeigefinger hält man die Schnur fest, danach wird der Rollenbügel geöffnet.

Nun führt man die Rute langsam über den Kopf oder über die Schulter nach hinten.

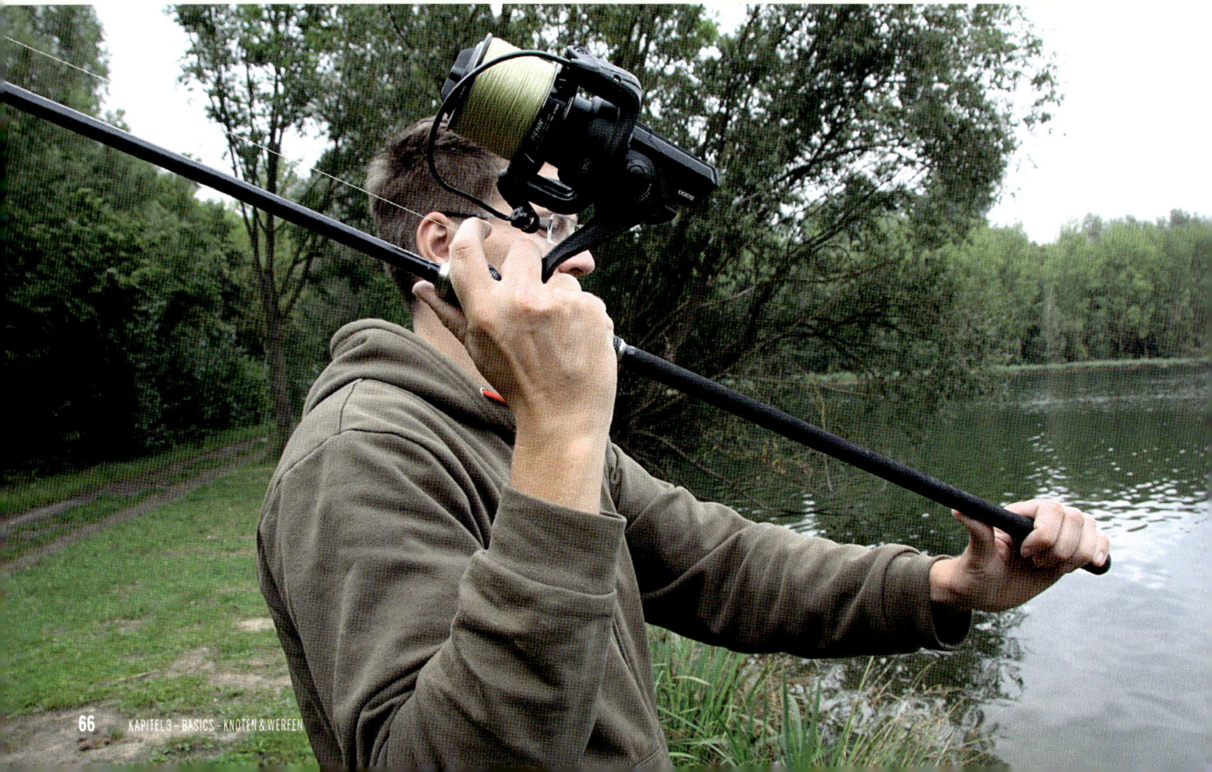

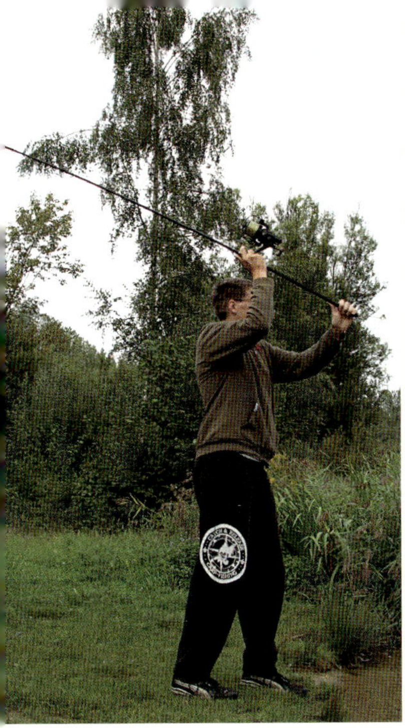

Das ist die richtige Ausgangsposition für den Wurf.

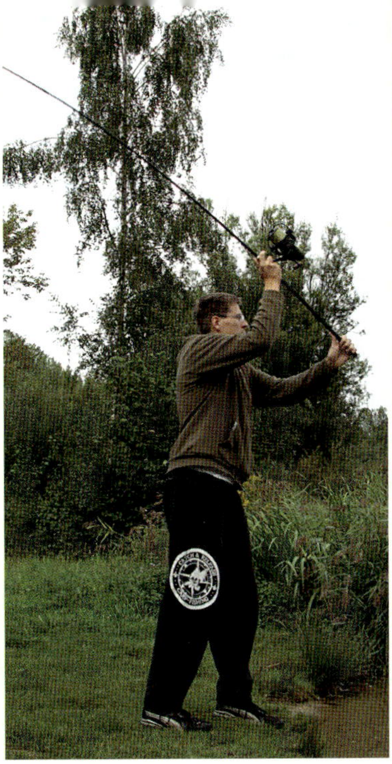

Jetzt wird die Rute beschleunigt und in einer gleichmäßigen Bewegung nach vorne geführt.

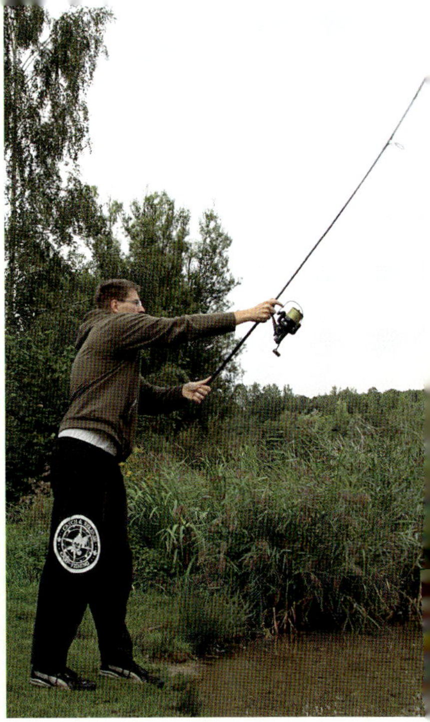

Befindet sich die Rute etwa im 45-Grad-Winkel zur Wasseroberfläche, gibt man die Schnur frei.

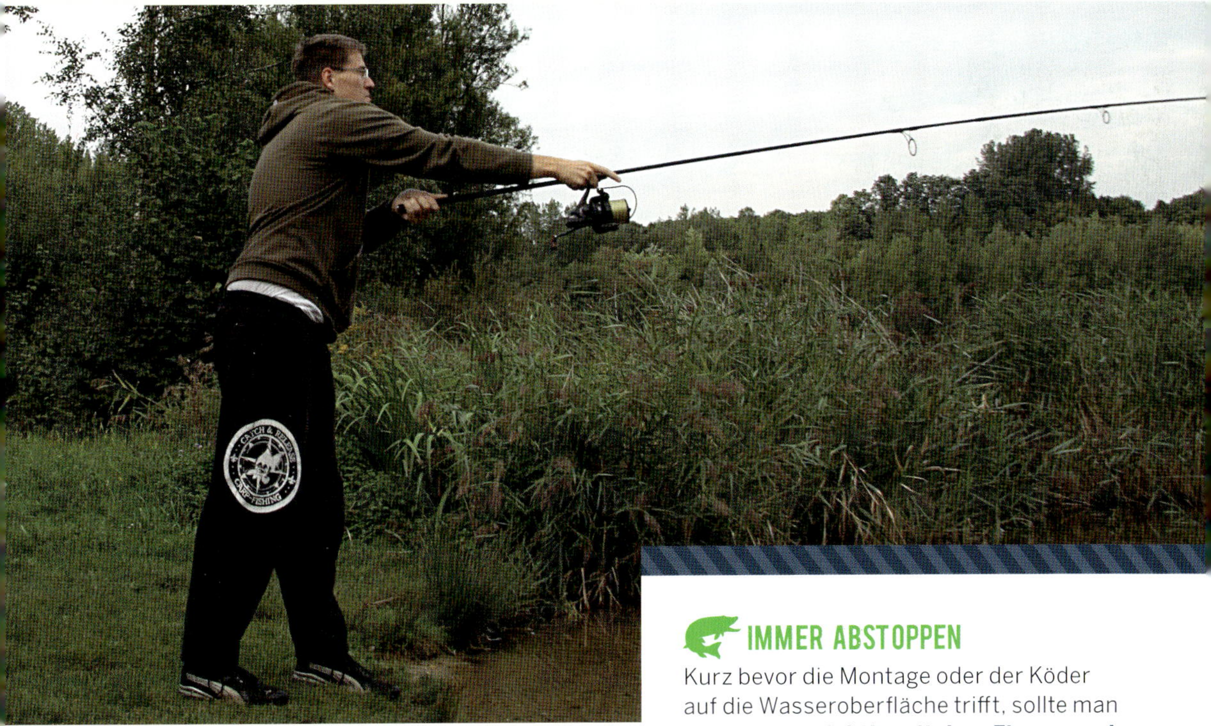

Rute weiter nach vorne führen und die Montage verfolgen, um zu erkennen, an welcher Stelle sie auf die Wasseroberfläche trifft.

IMMER ABSTOPPEN

Kurz bevor die Montage oder der Köder auf die Wasseroberfläche trifft, sollte man den Flug **vorsichtig mit dem Finger an der Rollenspule abbremsen.** So kann sich die Leine samt eventuell vorhandenem Vorfach strecken und man verringert so das Risiko von Verhedderungen.

Viele Angler beginnen ihre Karriere mit dem Friedfischangeln. Kein Wunder: Schließlich gibt es von dieser Gruppe der Fische viel mehr Individuen, als bei den Raubfischen. Darüber hinaus gibt es eine Vielzahl von Angeltechniken, die sich einsetzen lassen. Für Spannung ist dabei immer gesorgt, sei es beim Beobachten der Pose, die sich urplötzlich in Bewegung setzt, beim überraschenden Zucken der Rutenspitze beim Grundangeln oder beim elektrisierenden zarten Rupfen, wenn man den Biss direkt an der Schnur ertastet.

KAPITEL 4

VIELSEITIGER SPASS – ANGELN AUF FRIEDFISCHE

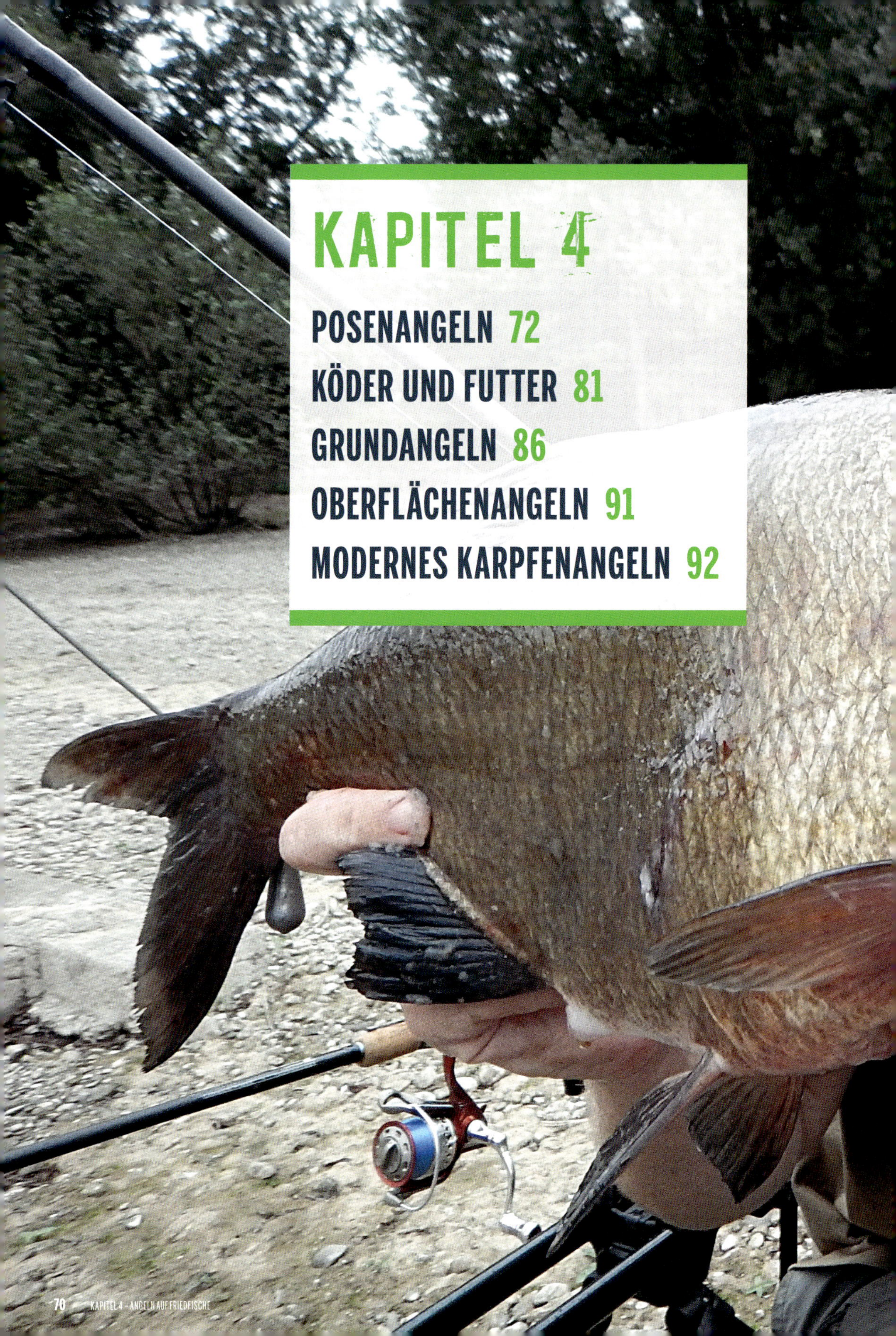

KAPITEL 4

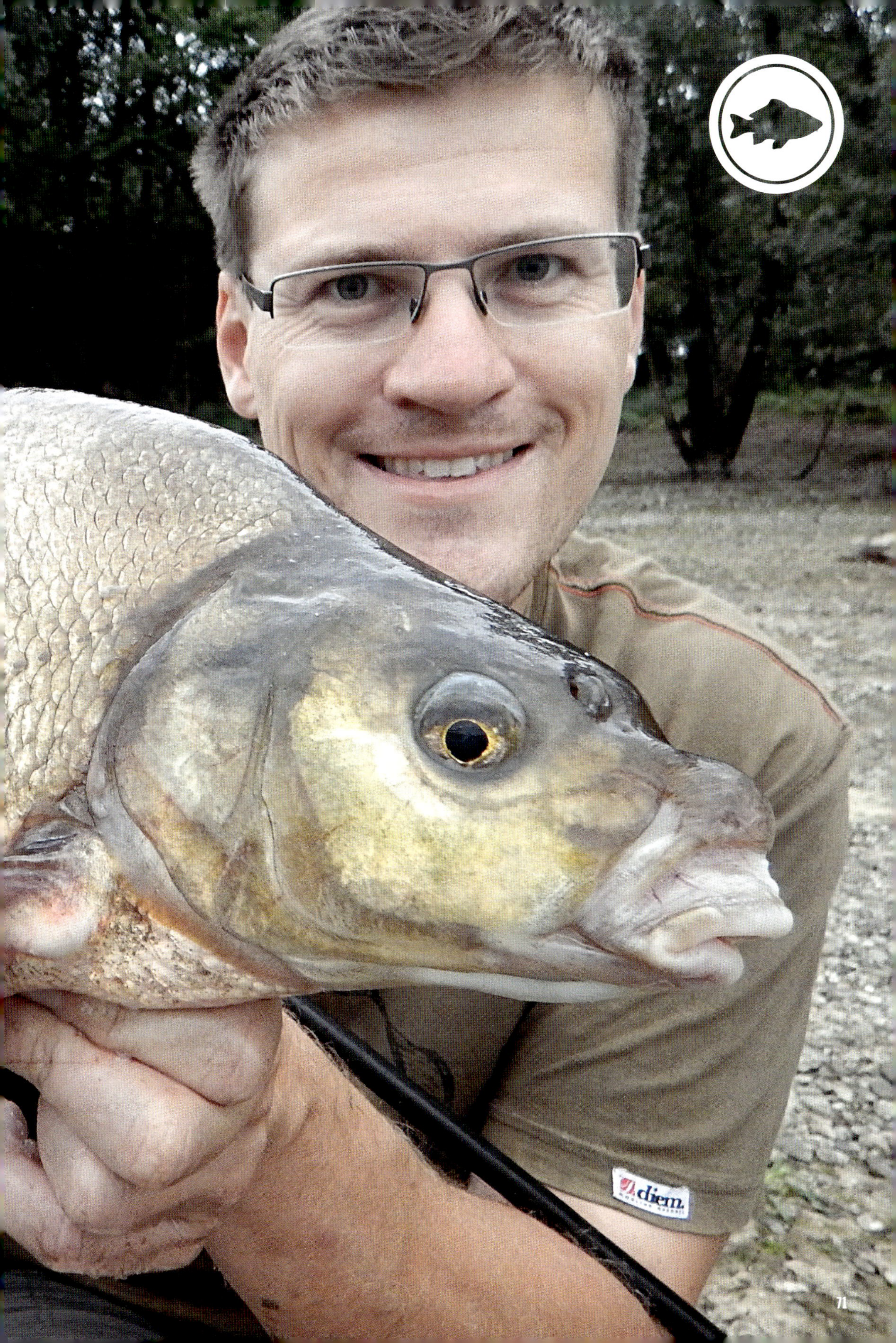
diem

FRIEDVOLL ANGELN

Mein erster Fisch, den ich mit der Angel fing, war ein Rotauge. Ich war sechs Jahre alt, Ort des Geschehens ein kleiner Kanal in Ostfriesland, der vor dem Ferienhaus entlangführte, in dem ich mit meinen Eltern die Sommerferien verbrachte. Ich fing diesen Fisch auf eine Posenmontage, die mit einem Stück selbstgeknetetem Weißbrotteig beködert war.

Die fürs Friedfischangeln eigentlich zu grobe Montage hatte ich mit meinem Vater aus dem Inhalt eines Angelkoffers zusammengebastelt, den wir im Schuppen des Ferienhauses gefunden hatten. Nach dem Fang des Rotauges war ich in den nächsten Tagen kaum vom Ufer des Kanals wegzubekommen und konnte noch weitere Rotaugen überlisten. Schließlich machte ein großer starker Fisch, wahrscheinlich ein Karpfen, der Montage den Garaus.

Seit diesem Erlebnis bin ich mit dem Angelvirus infiziert. Wahrscheinlich wird es den meisten Anglern ähnlich ergangen sein: Ihr erster gefangener Fisch, der den Beginn ihrer Leidenschaft markierte, war ein Friedfisch. Vielleicht wie bei mir ein Rotauge, oder auch ein Brassen oder eine Rotfeder.

Friedfische sind die idealen Einsteiger-Fische. Sie kommen in fast jedem Gewässertyp vor, vom kleinen Teich bis hin zum großen Fluss. Häufig halten sie sich zahlreich in den auch für den Anfänger leicht erreichbaren Uferzonen der Gewässer auf und lassen sich mit einfachen Montagen und leicht zu beschaffenden Ködern überlisten.

Hat man die ersten Erfolgserlebnisse gesammelt, bekommt man Lust auf mehr und befasst sich intensiver mit dem Angeln. Friedfischangeln ist aber nicht nur ein Einstieg ins Hobby. Schließlich kommen in unseren heimischen Gewässern viele unterschiedliche Friedfischarten vor, die sich auf verschiedene Weisen beangeln lassen. Mit feiner Posenmontage im Stillwasser auf Rotauge, Grundangeln im Fluss auf Brassen, mit Brot an der Oberfläche auf scheue Döbel oder mit der Festbleimontage auf kapitale Karpfen – das Friedfischangeln hat viele Facetten und genau das macht es so attraktiv.

ANGEL-FIEBER!

POSENANGELN

Das Angeln mit der Pose gehört zu den gängigsten und ältesten Methoden für den Friedfischfang. Die Pose, manchmal auch Schwimmer genannt, hat im wesentlichen zwei Funktionen: Erstens zeigt sie dem Angler den Biss an: Macht sich ein Fisch am Köder zu schaffen, geht sie unter und zieht seitlich weg. Dadurch wird der Angler alarmiert und kann zum richtigen Zeitpunkt den Anhieb setzen.

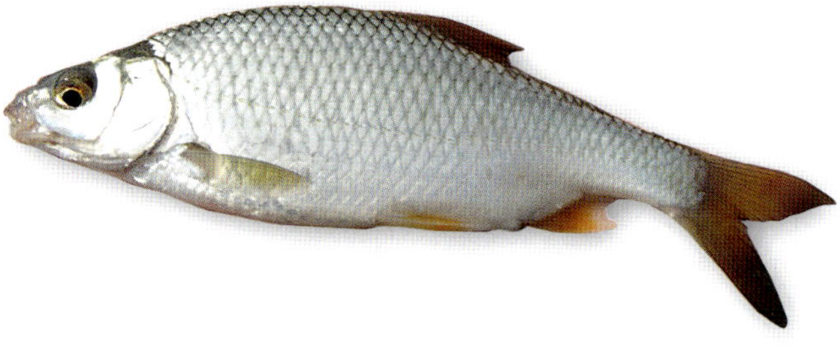

Rotaugen kommen in fast allen Gewässertypen vor.

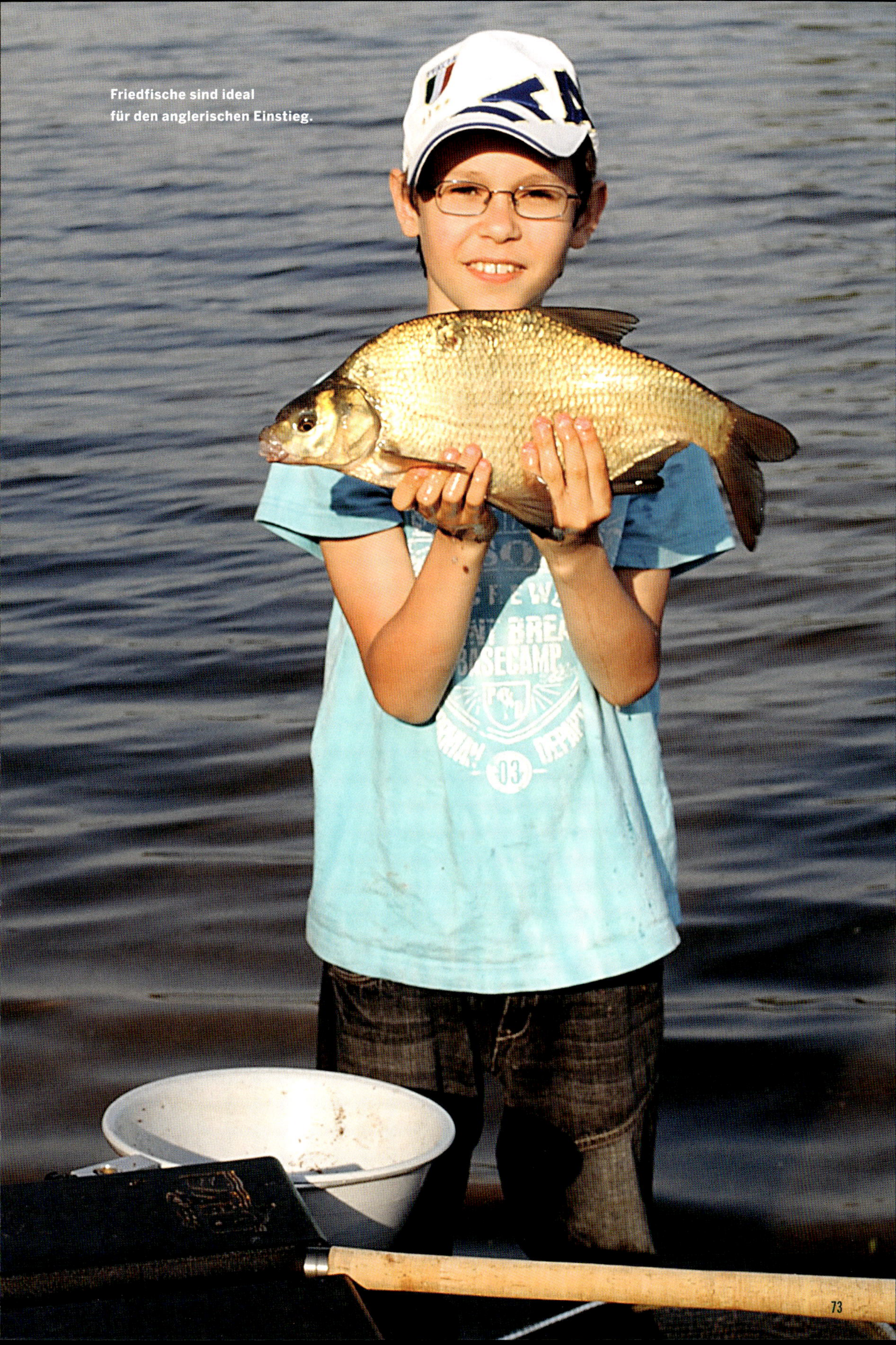

Friedfische sind ideal
für den anglerischen Einstieg.

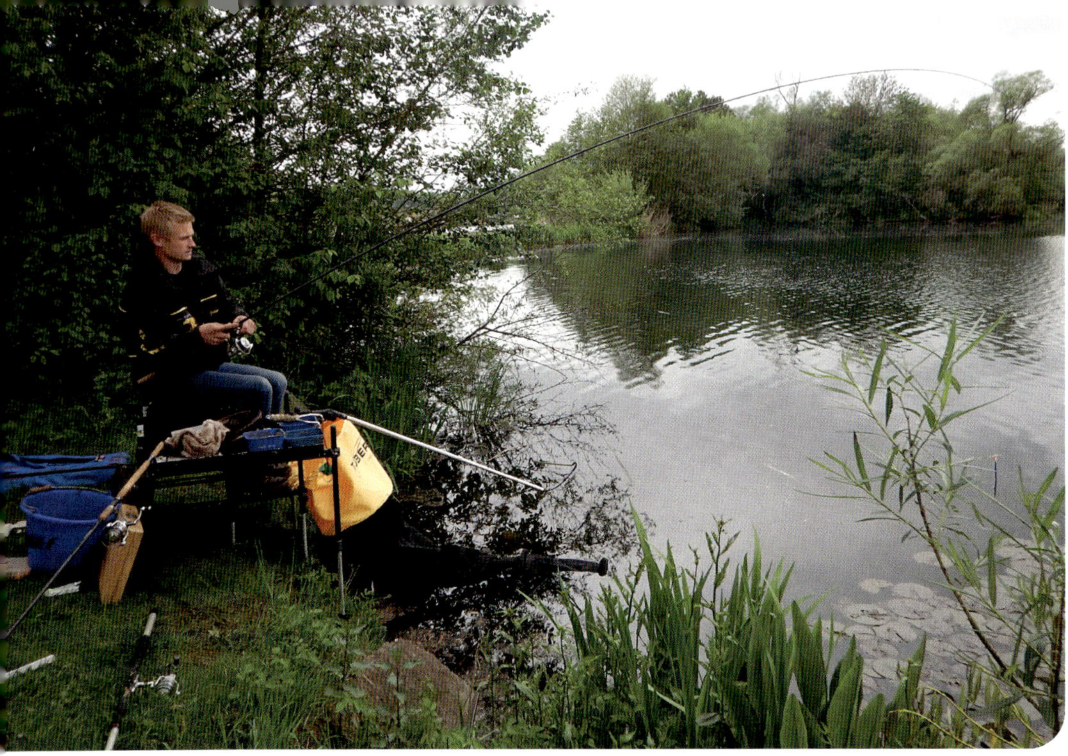

▲ Beim Posenangeln kommen häufig Rutenmodelle in Längen um vier Meter zum Einsatz. Sie werden als Matchruten bezeichnet. Mit diesen Ruten lässt sich die Montage weit auswerfen und gut führen. Auch im Drill bietet die lange Rute Vorteile.

Zweitens wird durch die Pose bzw. die Positionierung der Pose auf der Schnur auch die Tiefe festgelegt, in der sich der Köder im Wasser befindet. Ist der Abstand zwischen Pose und Haken groß, kann der Köder tief absinken und in tieferen Wasserschichten angeboten werden. Ist der Abstand hingegen kurz, befischt man eher das Mittelwasser oder die oberflächennahen Bereiche.

Meistens werden die Posen so auf der Schnur angebracht, dass man sie auf der Schnur verschieben und so die **Angeltiefe** relativ **einfach variieren** kann. Da hat einen großen Vorteil, denn Friedfische fressen in verschiedenen Wassertiefen. Brassen und Schleien gehen meist nah am Grund auf Futtersuche, also muss dort auch der Köder angeboten werden. Rotaugen beißen häufiger im Mittelwasser und Rotfedern fängt man häufig relativ nah an der Wasseroberfläche.

DEN RICHTIGEN ZEITPUNKT ERWISCHEN

Durch Verschieben der Pose auf der Schnur kann man umgehend reagieren und sich auf die gerade am Angelplatz befindliche Fischart beziehungsweise deren Beißverhalten einstellen. Bei einem Biss bewegt sich die Pose oder taucht ab. Dann wartet man kurz und setzt den Anhieb. **Wann genau der richtige Zeitpunkt**

Posen kommen beim Angeln auf Friedfische häufig zum Einsatz. Sie dienen als Bissanzeiger und legen die Tiefe fest, in der man den Köder anbietet. ▼

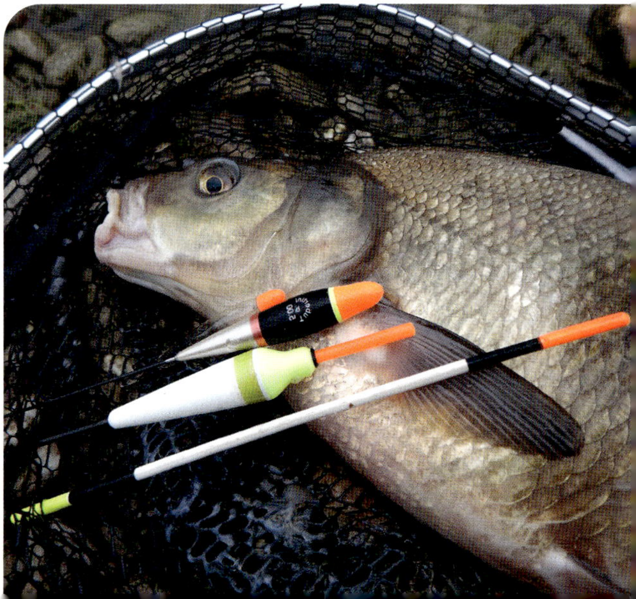

OBEN: *Man kann die Pose mit Hilfe von mehreren Silikonringen an der Schnur fixieren. Möchte man die Tiefe variieren, in der sich der Köder befindet, schiebt man die Pose einfach nach oben oder nach unten.*

UNTEN LINKS: *Eine Pose mit Öse am unteren Ende lässt sich so montieren, dass sie auf der Schnur läuft und oben und unten von je einem Stopper abgebremst wird. Diese so genannte Laufposenmontage kommt meistens zum Einsatz, wenn man den Köder in größeren Tiefen anbieten möchte. Mit einer auf der Schnur fixierten Pose wäre die Montage insgesamt so lang, dass man sie auch mit einer längeren Rute nicht mehr ordentlich auswerfen könnte. Platziert man den oberen Stopper an der gewünschten Stelle, kann die Pose auf der Schnur heruntergleiten und der Abstand zwischen Pose und Haken beziehungsweise Köder ist beim Auswerfen nicht so groß. Ist die Laufposenmontage nach dem Auswerfen im oder auf dem Wasser angekommen, taucht die Montage in die Tiefe – bis zum Stopper, der die Angeltiefe festlegt.*

UNTEN RECHTS: *Es gibt auch Posen mit Schnur-Innenführung. Sie sind robuster und halten größeren Belastungen stand.*

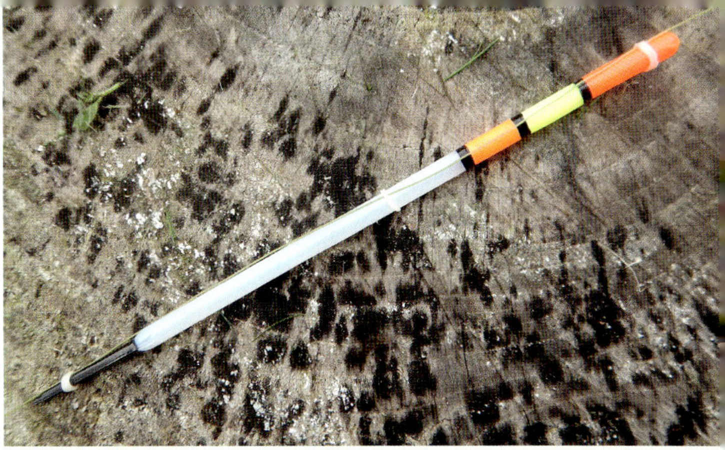

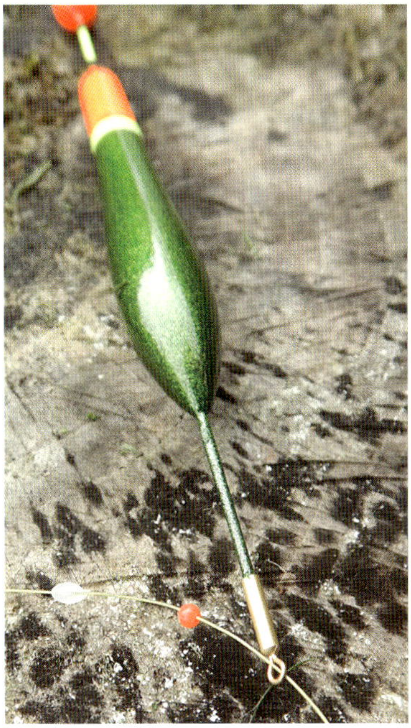

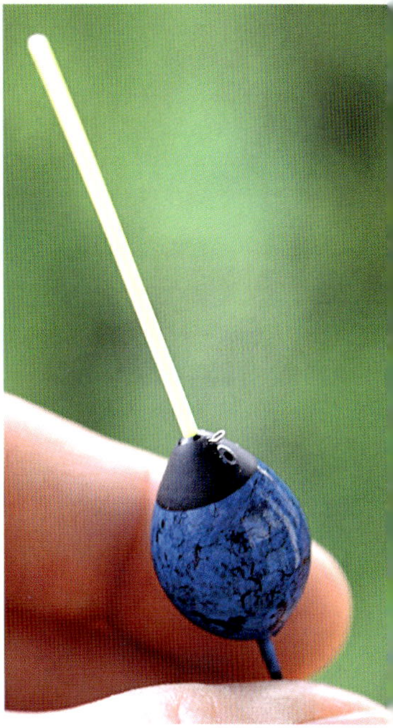

für den Anhieb gekommen ist, lernt man durch Ausprobieren. Nach ein paar Fehlbissen wird der erste Fisch gehakt und man entwickelt ein Gefühl für den richtigen Moment des Anhiebs.

FORMSACHE – DIE POSENWAHL

Pose ist nicht gleicht Pose – das wird einem ganz schnell klar, wenn man sich das Angebot im Angelladen anschaut. Es gibt lange und schlanke Posen, aber auch Ausführungen mit einem dicken, bauchigen Körper – und dazwischen noch viele Variationen beziehungsweise Mischformen.

Da kommt schnell Verwirrung auf und es stellt sich die Frage: **Wann nehme ich welches Posenmodell?** Welche Pose oder welche Posenform man wählt, hängt in erster Linie vom Gewässertyp ab, den man befischen möchte. Grundsätzlich sollte man sich folgende Faustregel merken: Je stärker die Strömung, desto kompakter die Posenform. Fürs Angeln im Stillwasser eignen sich umgekehrt also dünne, längliche Posen. Bei moderater Strömung kommt eine schlanke Birnenform zum Einsatz, für stärkere Strömung bieten sich gedrungene Birnen- und Tropfenformen an. Fließt das Wasser sehr schnell, greift man zu einer kugelrunden Pose.

Im **Stillwasser** kann man längere, schlanke Posen verwenden, die sehr sensibel reagieren und Bisse besonders gut anzeigen. Der Fisch zieht die Pose beim Biss meist nach unten und bemerkt bei einem schlanken Modell mit geringem Durchmesser kaum Widerstand.

Kommt aber beim Angeln im **Fluss** der Faktor Strömung ins Spiel, steht eine relativ lange und schlanke Pose sehr instabil im Wasser, da sie der Strömung ziemlich viel Angriffsfläche bietet. Durch die Wahl eines kürzeren, kompakten Posenmodells reduziert man diese Angriffsfläche. Weil diese Pose etwas voluminöser ausfällt als ein schlankes Modell für das Angeln im Stillwasser, bietet sie dem Fisch beim Biss etwas mehr Widerstand. Denn er muss einen Gegenstand mit größerem Durchmesser herunterziehen. **Es gilt also, einen an die Gewässersituation angepassten Kompromiss zwischen einer möglichst guten Bissanzeige und optimaler Stabilität zu finden.**

DIE ANTENNEN ZUM FISCH

Ein weiterer Vorteil von kompakten Posen besteht darin, dass sie beim so genannten »Verzögern«, also dem Abstoppen der Montage beim Angeln in der Strömung, weniger dazu neigen, aus dem Wasser aufzutauchen. Mit kompakten Posen ist also eine ruhigere und präzise Köderpräsentation möglich.

Verzögern sollte man die Drift der Pose, weil die Strömung an der Oberfläche meist deutlich stärker ist als in den tiefen Gewässerzonen, in denen sich der Hakenköder befindet. Folglich würde eine unverzögerte Pose von der schnelleren Oberflächenströmung deutlich schneller abgetrieben werden als der in Grundnähe befindliche Köder. Die Pose würde den Köder also hinter sich herschleifen und ihn am Gewässergrund sehr unnatürlich wirken lassen.

POSENTYPEN

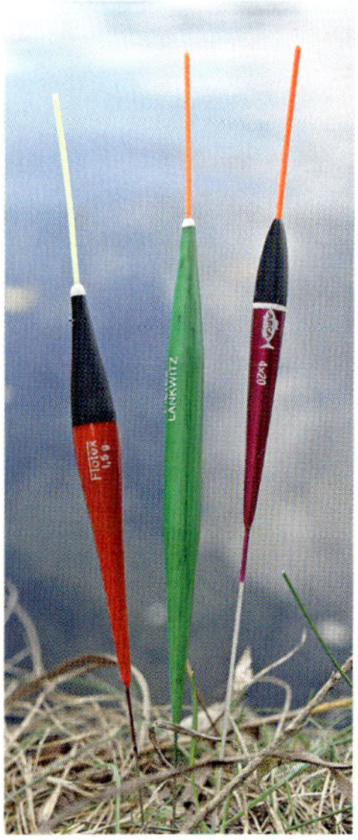

Im Stillwasser kann man relativ kleine, schlanke und sensible Posen einsetzen. Die Tragkraft hängt unter anderem auch von der Tiefe an der Angelstelle ab: Je tiefer, desto höher die Tragkraft. Es kommen Modelle zwischen einem und vier Gramm zum Einsatz.

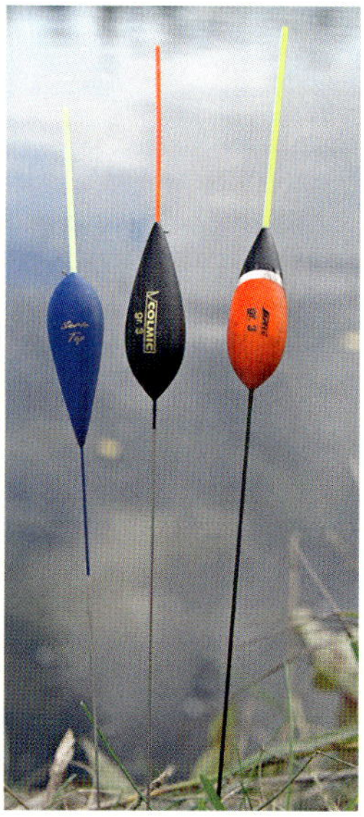

An langsam fließenden Gewässern muss die Pose etwas voluminöser sein, als beim Angeln im Stillwasser. Auch die Tragkraft darf etwas höher gewählt werden.

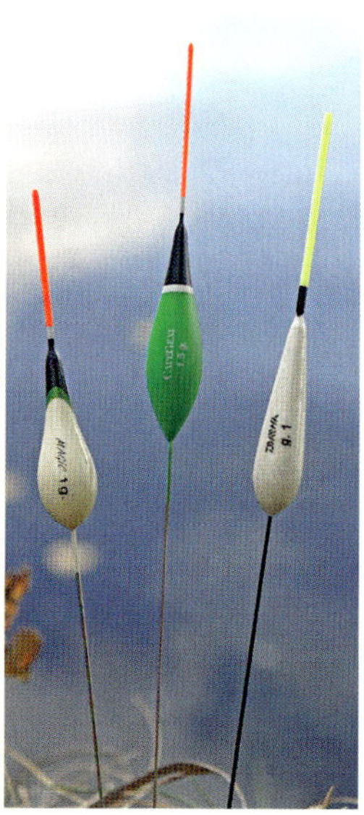

Bei mittlerer Strömung muss der Posenkörper eine größere Fläche aufweisen, um Stabilität zu erreichen.

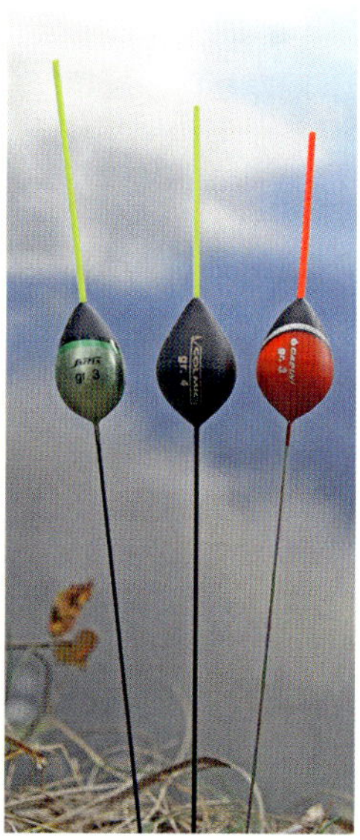

Modelle fürs Angeln in starker Strömung haben eine sehr kompakte Form. Sie eignen sich auch für das so genannte Verzögern.

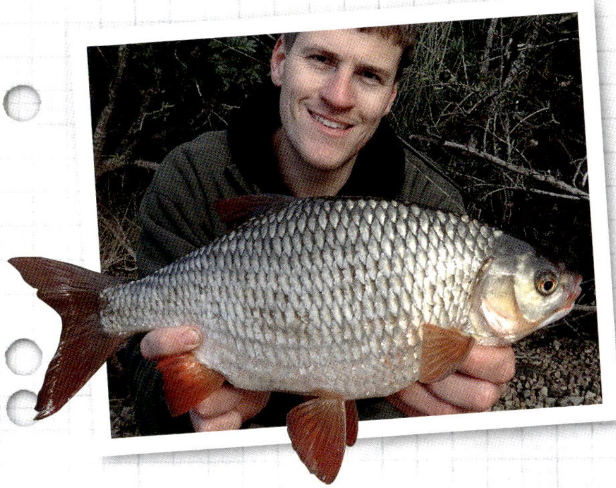

ROTAUGE/ PLÖTZE

(Rutilus rutilus)

Immer wieder gehören Rotaugen zu den Fischarten, die den Angeltag retten. Das gilt insbesondere für schwierige Bedingungen, wie Hochwasser oder das Angeln im Winter. Wer jetzt kleine Haken dabei hat und vorzugsweise Maden als Köder, der kann beim Posen- oder Grundangeln fast immer noch auf das Rotauge setzen. Dabei geht es nicht zwangsläufig um kleine Fische – Exemplare von einem Pfund und mehr können den Tag auch wirklich würdig versilbern.

MERKMALE

Nicht zu gestreckter, seitlich abgeflachter Körper, leicht hochrückig, kleines, endständiges Maul, Färbung: meist grausilber mit leicht gelblichem Schimmer und grüngrauer Rückenpartie, gelblich-rote Umrandung der Pupille, Rottönung der Flossen variiert, Länge bis 50 Zentimeter

LEBENSRAUM

Teiche, Seen und Flüsse, kommt auch im küstennahen Brackwasser vor

LEBENSWEISE

Geselliger Fisch, lebt in Uferbereichen, aber auch in tieferen Zonen und im Freiwasser, Nahrung: Kleinstlebewesen, Würmer, Schnecken, Muscheln, Krebse, Larven und pflanzliche Kost

ANGELTECHNIKEN

Grund- und Posenangeln mit Naturködern (Made, Wurm, Teig etc.)

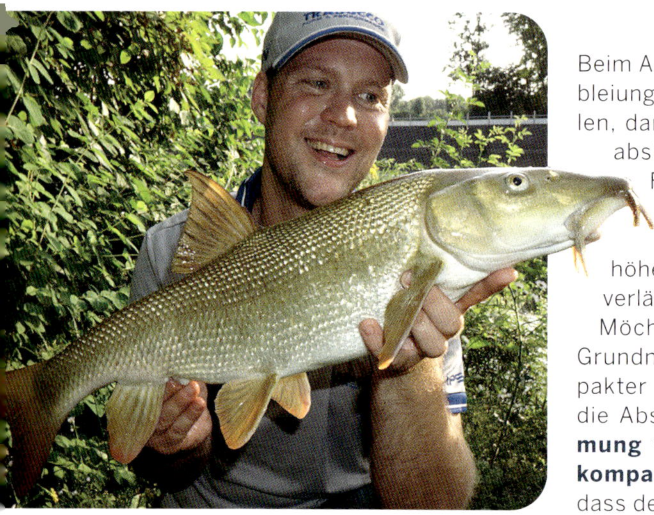

Beim Angeln im Stillwasser kann man die Bebleiung der Pose weit über die Schnur verteilen, damit der Köder langsam und natürlich absinkt (siehe Zeichnung). Nehmen die Fische den Köder vorwiegend in der Absinkphase, kann man die Abstände zwischen den Bleischroten noch erhöhen und so die Absinkphase des Köders verlängern.

Möchte man Fische fangen, die meist in Grundnähe fressen, kann die Bebleiung kompakter positioniert beziehungsweise können die Abstände verringert werden. **Bei Strömung wird die Bebleiung grundsätzlich kompakter angeordnet,** um zu verhindern, dass der Köder beim Verzögern zu stark vom Grund angehoben wird. Fischt man in stärkerer Strömung, dann befinden sich die schwereren Bleischrote immer recht weit oben auf der Hauptschnur, da die Strömung, wie schon angesprochen, in den oberen Wasserschichten schneller ist.

Nichts für Weicheier: Wenn eine kampfstarke Barbe den Köder eingesaugt hat, herrscht Alarm an der Angelrute. Umso größer ist die Freude, wenn der Angler seinen Fang nach einem aufregenden Drill in den Händen hält.

TOPMODELS FÜRS STIPPEN

Für das Posenangeln im Fluss bieten sich so genannte Bolognese-Ruten an. Dabei handelt es sich um fünf bis acht Meter lange Teleskopruten. Dieser Rutentyp ermöglicht eine präzise Kontrolle der Montage. Weil die Bolognese-Rute in Verbindung mit einer Rolle gefischt wird, hat man anders als beim Angeln mit der unberingten Stipprute (ohne Rolle) noch Schnurreserven, falls ein größerer Fisch beißt.

Für das Posenangeln im Fluss bieten sich so genannte Bolognese-Ruten an. Dabei handelt es sich um fünf bis acht Meter lange Teleskopruten. Dieser Rutentyp ermöglicht eine präzise Kontrolle der Montage.

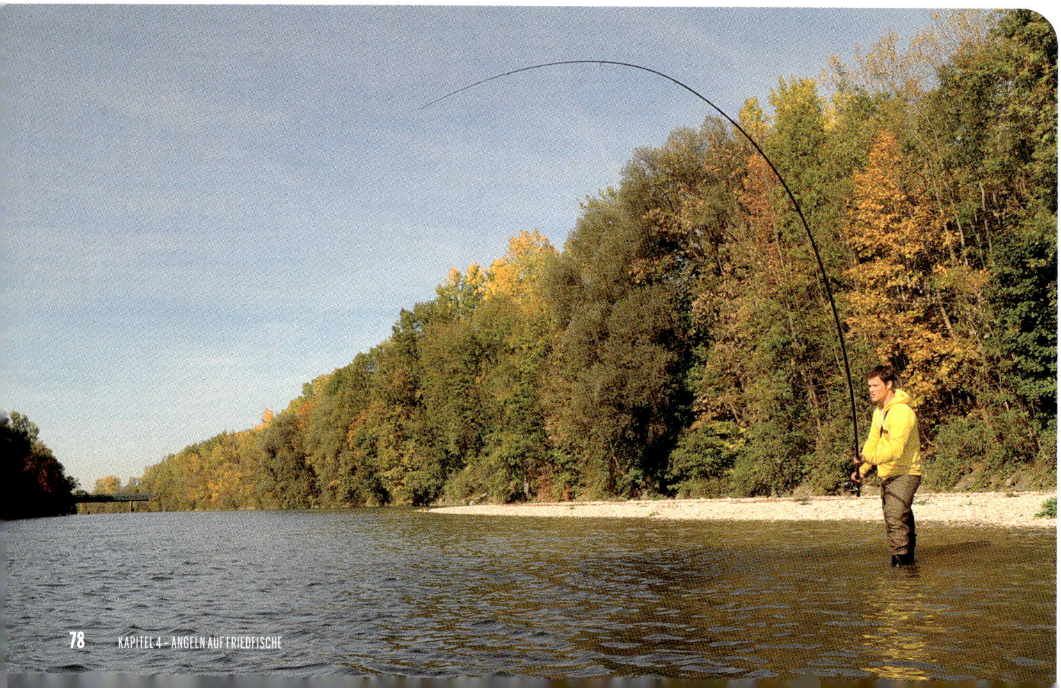

4 MONTAGEN FÜR VERSCHIEDENE GEWÄSSERSITUATIONEN

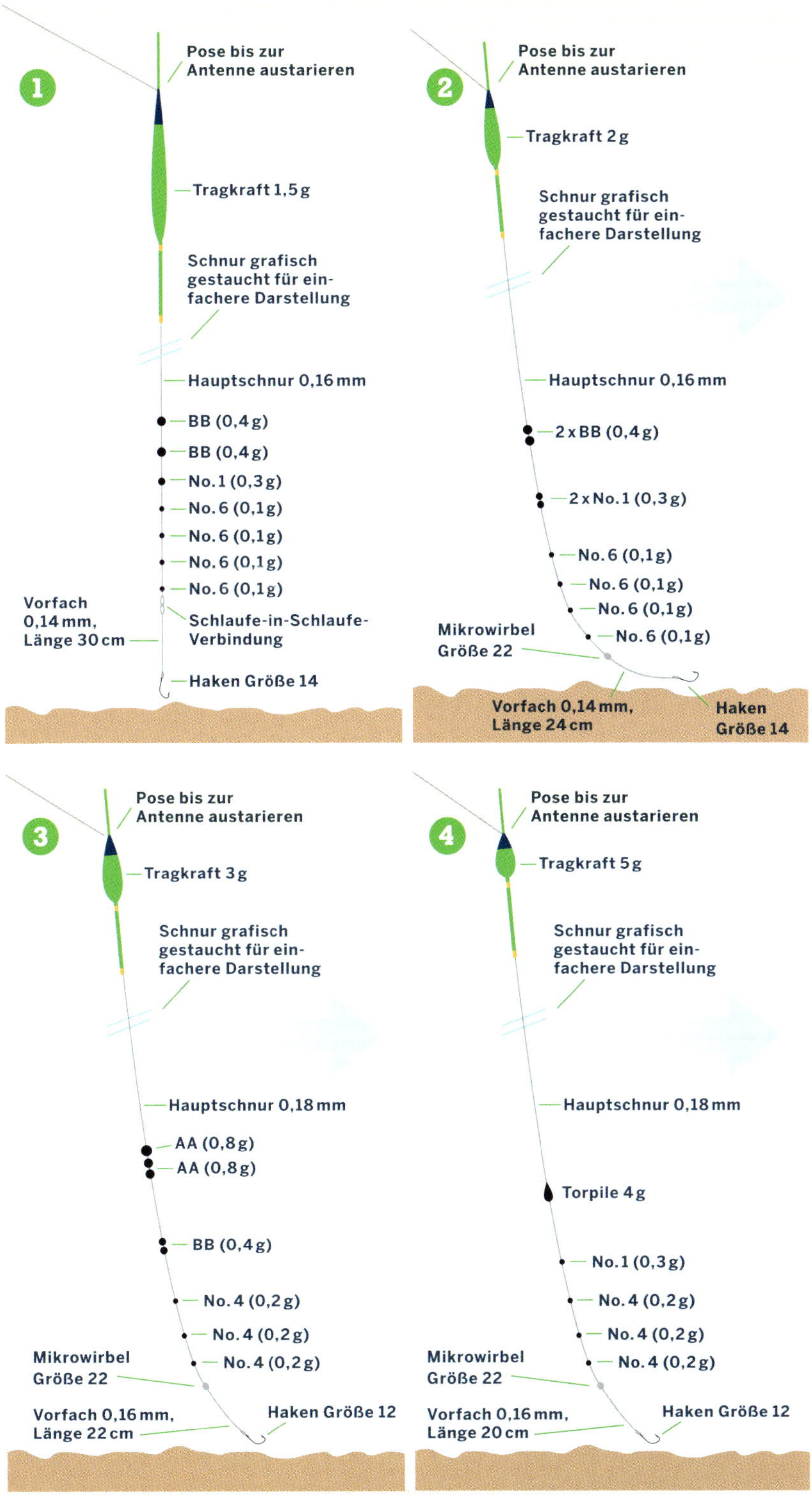

◀

1 *Schrotbleimontage für stehendes Gewässer. Abstand zwischen den Bleien jeweils 6 cm*

2 *Schrotbleimontage für langsame Strömung. Abstand zwischen den Bleien schrittweise: 12 cm, 8 cm und 4 cm*

3 *Schrotbleimontage für mittlere Strömung. Abstand zwischen den Bleien schrittweise: 10 cm, 7 cm 4 cm, und 3 cm. Abstand Wirbel/Blei: 2 cm*

4 *Schrotbleimontage für starke Strömung. Abstand zwischen den Bleien schrittweise: 6 cm, 4 cm und 3 cm. Abstand Wirbel/Blei: 2 cm. Abstand Torpile/Blei: 10 g*

Ein Mikrowirbel zum Verbinden von Hauptschnur und Vorfach fällt kaum ins Gewicht und ermöglicht eine natürliche Köderpräsentation.

▼

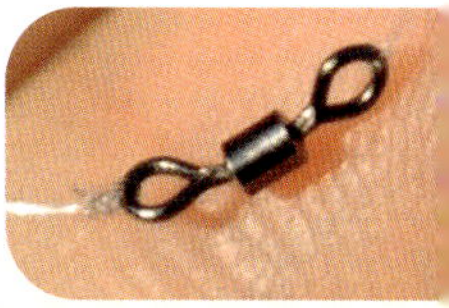

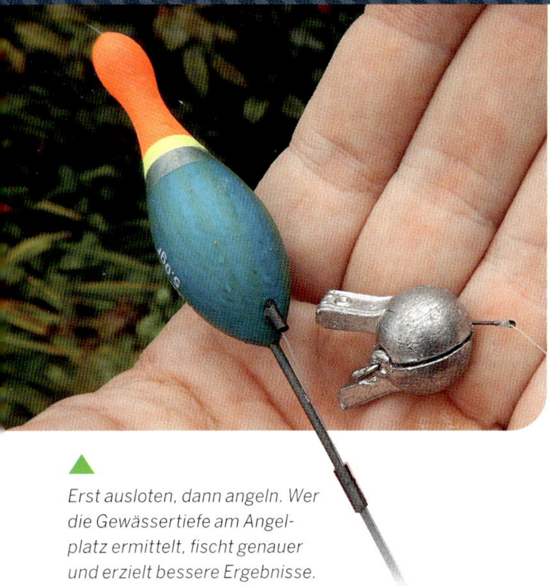

Erst ausloten, dann angeln. Wer die Gewässertiefe am Angelplatz ermittelt, fischt genauer und erzielt bessere Ergebnisse.

ERKUNDUNGSTOUR

Um die Tiefenverhältnisse am Angelplatz zu kennen, sollte man erst einmal ausloten. Dafür gibt es spezielle Lotbleie, die mit einem Klappmechanismus ausgestattet sind. Das Blei wird an den Haken geklemmt, dann wirft man die Montage an den Platz. Geht die Pose unter, ist die Montage zu flach eingestellt und man muss die Pose weiter nach oben schieben. Liegt die Pose flach auf der Wasseroberfläche, ist die Montage zu tief eingestellt und man schiebt die Pose weiter nach unten. Nach einigen Versuchen hat man die Gewässertiefe ermittelt und kann entsprechend fischen. Beim Angeln am Grund sollte man vermeiden, dass zu viel Schnur auf dem Gewässergrund liegt. Das verschlechtert zum einen die Bissanzeige und kann zum anderen dazu führen, dass der Fisch den Köder zu tief schluckt und sich das Abhaken sehr schwierig gestaltet.

PRAKTISCHE HEIMARBEIT

Das Bebleien und Austarieren einer Pose am Wasser kostet wertvolle Angelzeit. Um am See oder Fluss direkt loslegen zu können, kann man die Posenmontage schon zu Hause austarieren. Dafür eignet sich eine mit Wasser gefüllte Plastikflasche, deren Hals mit Hilfe eines Messers entfernt wurde. Die Bleischrote werden locker auf die Schnur geklemmt und knapp unter die Pose geschoben. Dann kommt die Posenmontage in die Wasserflasche und man weiß, ob die Pose korrekt bebleit ist oder ob Schrote hinzugefügt beziehungsweise entfernt werden müssen. Da das Vorfach erst später in den Wirbel eingehängt wird, sollte man die Pose so bebleien, dass noch »etwas Luft« für das Gewicht von Haken und des Köder bleibt.

ENGLISCHE BEZEICHNUNGEN

Auf Bleischrot-Dosen und auf Posen findet man häufig keine Tragkraftangaben in Gramm, sondern man wird mit Zahlen und Buchstaben konfrontiert. **Hier eine Tabelle zum Umrechnen dieser Angaben.** Auf Posen sind manchmal auch Tragkraftangaben wie »3 AAA« angegeben. Das bedeutet 3 x 0,81 Gramm = 2,43 Gramm Tragkraft.

Kürzel	Tragkraft
SSG	1,89 g
SG	1,60 g
AAA	1,60 g
BB	0,40 g
No. 1	0,30 g
No. 2	0,28 g
No. 3	0,25 g
No. 4	0,20 g

Kürzel	Tragkraft
No. 5	0,15 g
No. 6	0,10 g
No. 7	0,08 g
No. 8	0,06 g
No. 9	0,05 g
No. 10	0,04 g
No. 11	0,03 g
No. 12	0,02 g
No. 13	0,01 g

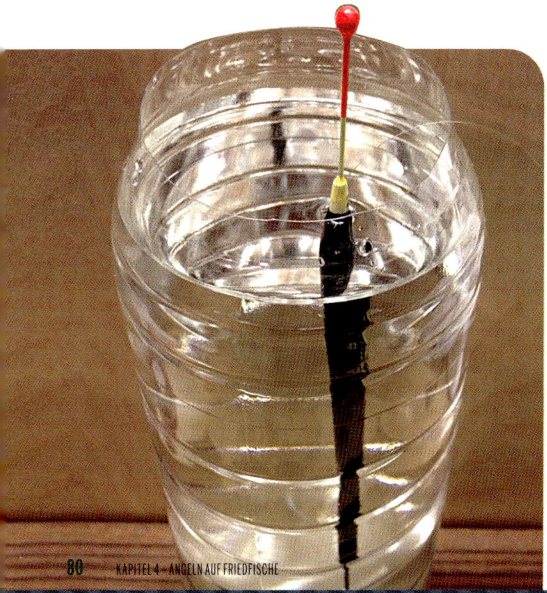

Wer die Pose zu Hause in einer Wasserflasche bebleit und austariert, kann die Angelzeit am Wasser effektiv nutzen.

SO STEHT DIE POSE RICHTIG

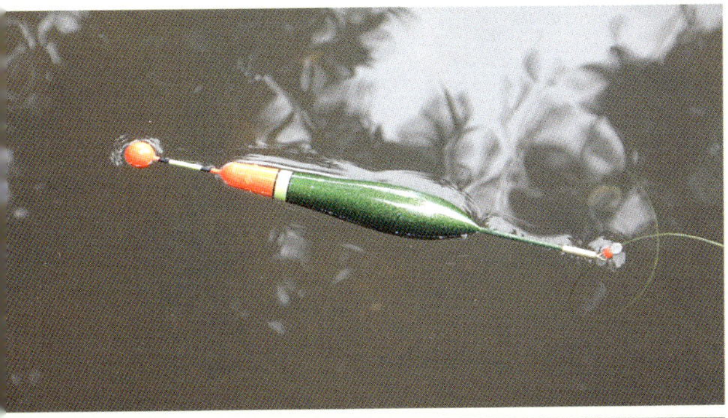

OBEN: *Zu wenig Gewicht, die Pose liegt flach auf dem Wasser.*

UNTEN: *Die Montage ist überbleit, die Pose wird unter die Wasseroberfläche gezogen. So ist keine Bisserkennung möglich.*

So ist die Pose richtig bebleit, nur die Antenne schaut aus dem Wasser. Wer die Sensibiltät noch erhöhen möchte, kann sogar so bebleien, dass nur noch die Kugel an der Antennenspitze aus dem Wasser schaut.

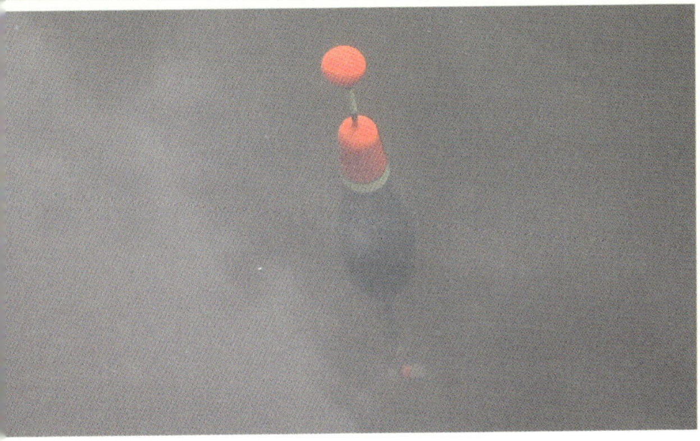

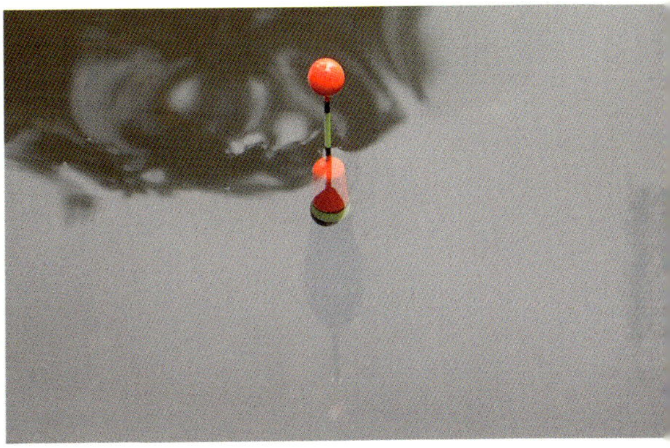

KÖDER UND FUTTER

Um die Fische an den Haken zu locken, braucht man den richtigen Köder. Und spätestens jetzt stellt sich heraus, dass die Bezeichnung Friedfisch ein wenig irreführend ist. Denn Rotaugen, Brassen & Co. fressen zwar in der Regel keine kleinen Fische, stehen aber sehr wohl auf fleischige, eiweißhaltige Kost.

Ehefrauen und Freundinnen von Friedfischanglern müssen nun ganz stark sein, denn jetzt kommen Klischee-Köder ins Spiel: **Maden und Würmer.** Und als wäre es nicht genug, dass der Mann mit diesen Krabblern hantiert, nein, er muss sie auch zu Hause aufbewahren. Und weil Maden und Würmer kühl gelagert werden müssen, bietet sich der Kühlschrank an, um dort die Lebendköder sicher zu deponieren. Sicher ist relativ, denn die Lebendköderlogistik hat schon zu manchem Streit geführt.

Fleischmaden sind echte Allrounder fürs Friedfischangeln, sie werden zwischen 0,7 und 1,3 Zentimeter lang. Mit den weißen Krabblern kann man jede Friedfischart fangen. Es gibt auch Mini-Maden, die unter der Bezeichnung Pinkies (rechts im Bild) verkauft werden. Bei einer Temperatur von -1 oder 0 Grad kann man Maden mehrere Wochen aufbewahren. Da die Larven Ammoniak absondern, sollte man nach einiger Zeit das Sägemehl austauschen, in dem sie geliefert werden. Mit Hilfe von Aroma oder Vanillepulver kann man die Krabbler noch ein bisschen aufpeppen.

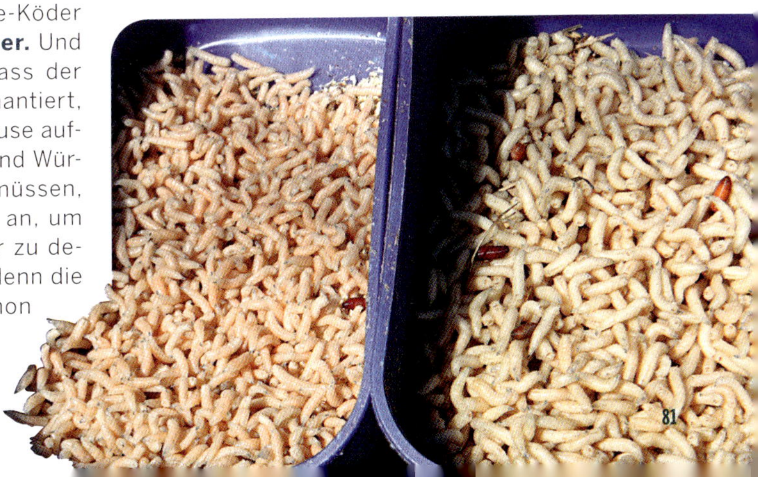

KRISE IN DER KÜCHE

Bei mir brach die Krise aus, als sich eine im Kühlschrank meiner Eltern gelagerte Dose Maden ungeplant öffnete, die kleinen weißen Krabbler in der gesamten Kühleinheit auf Wanderschaft gingen und sich neue Aufenthaltsorte suchten: etwa im Salat, in diversen Wurstverpackungen und auf dem Deckel der Margarinendose. Leider war es meine Mutter, die den geglückten Ausbruchsversuch zuerst bemerkte und so war es mit der sowieso nur murrend geduldeten Lagerung im Kühlschrank erst einmal vorbei.

Aus dieser Erfahrung habe ich gelernt, verpacke Maden und Wurmdosen zunächst in einer fest verschließbaren Frischhaltebox unterzubringen und diese erst dann in den Kühlschrank zu stellen, in dem übrigens eine eigene Schublade für Angelköder reserviert ist. Wer diese Lösung mit seiner besseren Hälfte nicht vereinbaren kann, muss nicht verzweifeln. Denn glücklicherweise kann man Friedfische auch mit weniger kritischen Ködern überlisten.

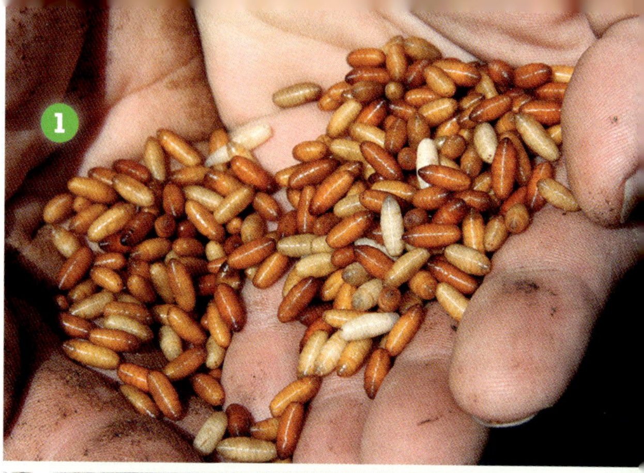

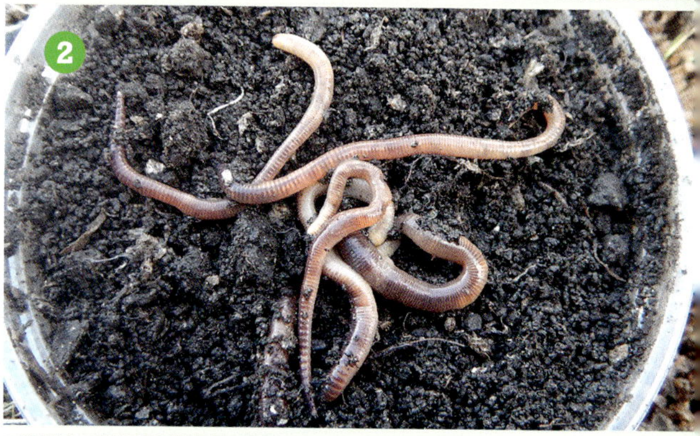

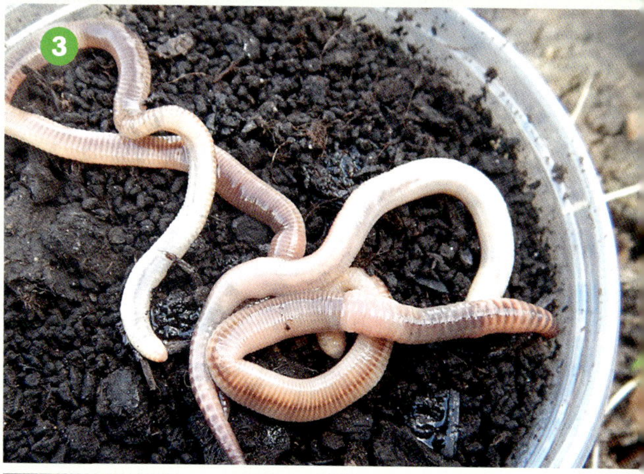

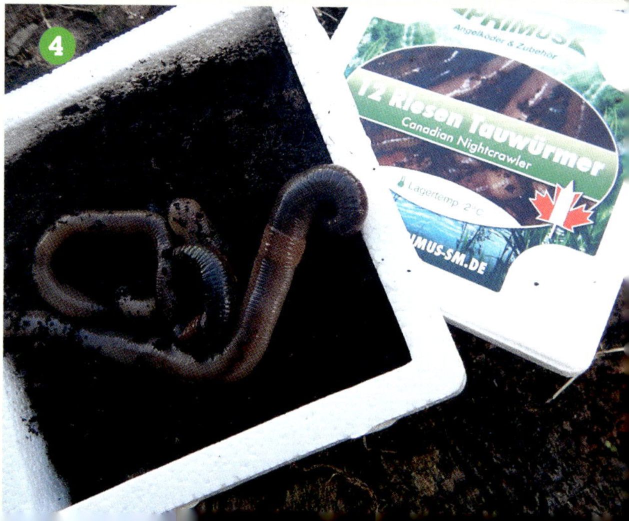

1
Lagert man Maden bei Plus-Graden, setzt nach einiger Zeit der Verpuppungsprozess ein. Dann bildet sich eine dunkle, relativ harte Außenhaut. Je dunkler die Hülle, desto weiter ist der Prozess zur Umwandlung in eine Fliege fortgeschritten. Die so genannten Caster sind sehr gute Köder für größere Friedfische, etwa fürs Angeln auf kapitale Brassen.

2
Der Rotwurm ist ein recht kleiner Wurm mit rötlicher Färbung. Er muss bei Temperaturen zwischen 4 und 6 Grad gelagert werden. Er ist universell einsetzbar, eignet sich aber besonders für den Fang kleinerer Friedfische und als Zusatz in Grundfutter. Der Rotwurm lässt sich auch gut mit einer Made am Haken kombinieren.

3
Dendrobaenas sind größer und schwerer als Rotwürmer. Sie bringen zwischen 1 und 1,5 Gramm auf die Waage. Sie eignen sich fürs gezielte Angeln auf größere Friedfische. Ein Dendrobaena-Bündel an einem etwas größeren Haken wird auch gerne von Karpfen genommen.

4
Der Tauwurm ist der größte zum Angeln verwendete Wurm. Er eignet sich für große Friedfische, wie Karpfen, und wird auch fürs Raubfischangeln auf einige Arten (Aal, Wels, Barsch) eingesetzt. Die in unseren Angelläden erhältlichen Tauwürmer werden aus Kanada importiert. Sie lassen sich bei 4 bis 6 Grad lange im Kühlschrank lagern, in einem großen Bottich mit Erde sogar noch länger. Dann muss man die Würmer allerdings regelmäßig mit feuchtem Laub füttern. Gibt man ihnen etwas Kaffeesatz, werden Tauwürmer aktiv und zappeln aufreizend am Haken.

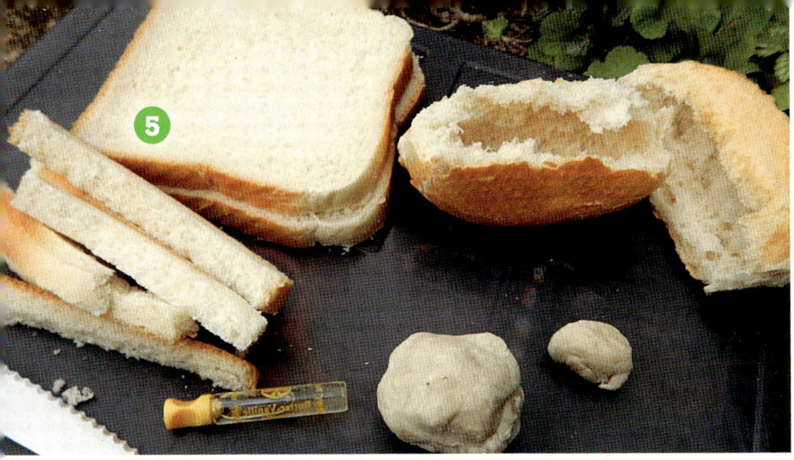

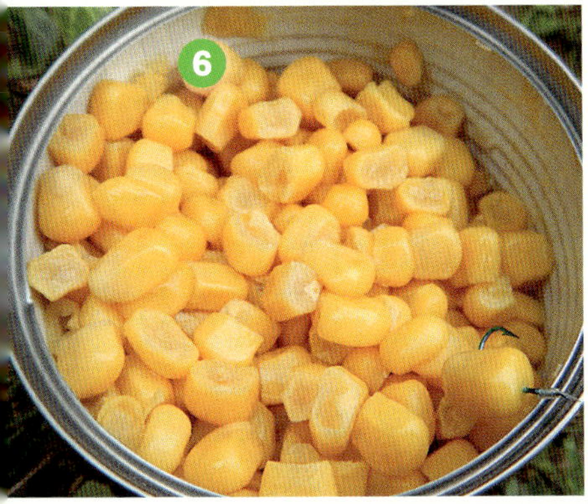

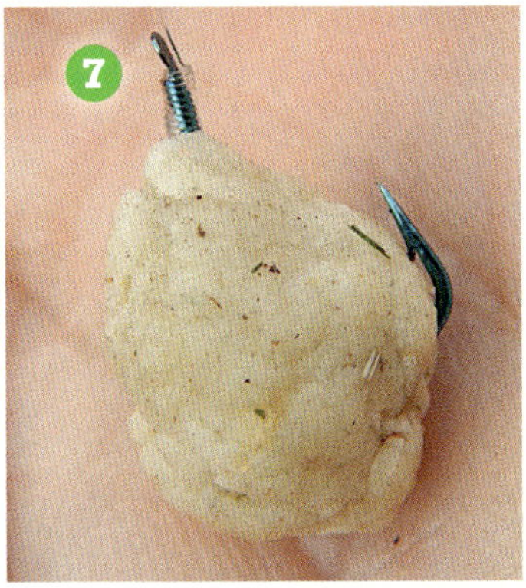

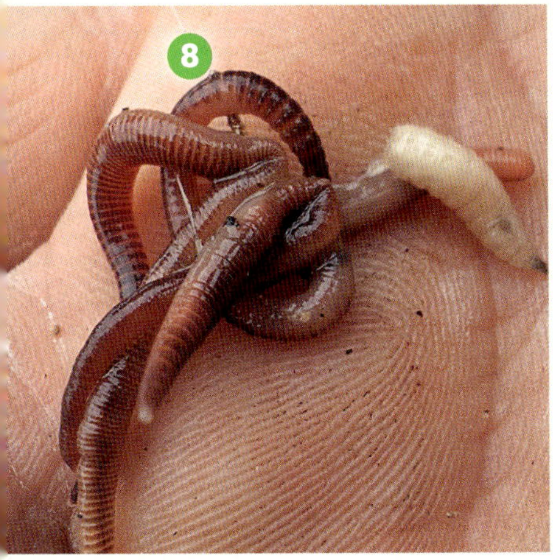

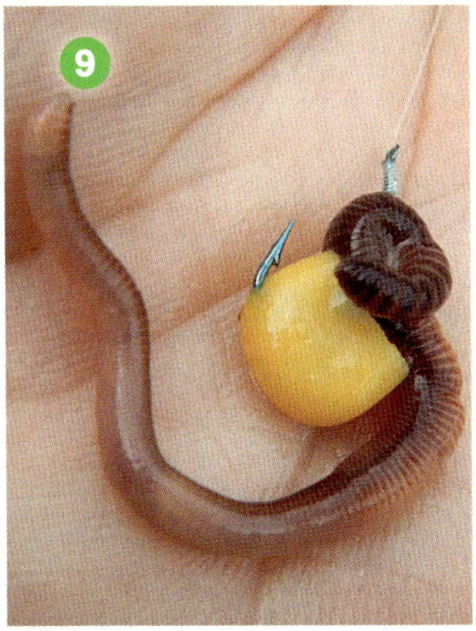

5
Teig ist ein fängiger Köder für alle Friedfischarten. Die Paste wird fix und fertig im Angelladen angeboten, man kann sie aber auch selbst herstellen, etwa aus dem Inneren eines Brötchens oder aus Weißbrotscheiben. Von den Brotscheiben muss die Rinde entfernt werden. Dann geht's ans Kneten. Mit leicht feuchten Händen klappt das Kneten leichter. Fügt man ein paar Tropfen Backaroma hinzu, duftet der Teig noch verführerischer.

6
Leicht zu beschaffen und lecker. Dosenmais fällt aufgrund seiner gelben Färbung im Wasser auf. Besonders Karpfen und größere Friedfischarten stehen auf die Körner.

7
Angelt man mit zähem Teig oder beißen die Fische vorsichtig, sollte man den Köder so um den Haken formen, dass die Hakenspitze frei liegt. So kann er besser im Fischmaul greifen.

8
Man kann Lebendköder auch sehr gut kombinieren. Platziert man mehrere Würmer auf dem Haken, kann es passieren, dass sich die Würmer freizappeln. Eine Made fungiert als Stopper und als Blickfang.

9
Pflanzliches und tierisches Duo: Wurm-Mais oder Made-Mais sind Köder für Großfische.

10
Auch die Kombination Kunst und Natur fängt. Garniert man echte Maden mit einer farbigen Imitation aus Kunststoff, dann entsteht ein Köder, der ins Auge fällt.

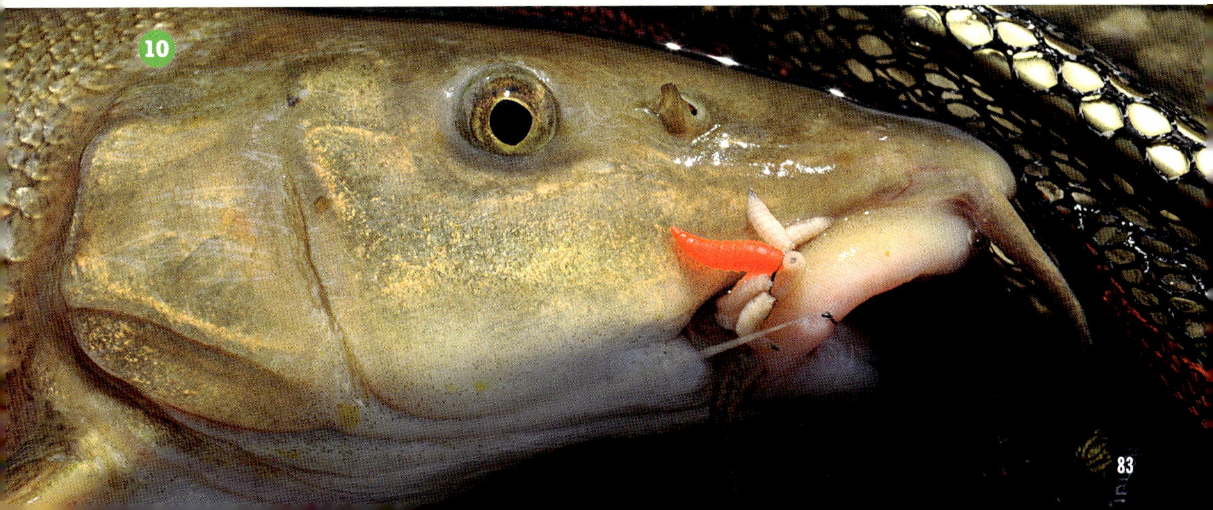

ANFÜTTERN

Besonders beim Friedfischangeln macht es Sinn, nicht nur den Hakenköder zu präsentieren, sondern auch etwas Futter in der Nähe des Köders. Eine leckere Futtergabe sorgt dafür, dass die Fische schnell angelockt werden und man nicht so lange auf einen Biss warten muss.

LECKERE APPETIT-HÄPPCHEN ANBIETEN

Fürs Anfüttern bietet sich **Grundfutter** an, das mit Wasser angemischt wird. Dann formt man daraus Futterbälle, die an den Angelplatz geworfen werden. Es gibt viele unterschiedliche Zutaten, aus denen man einen Futtermix herstellen kann. Diese Zutaten haben unterschiedliche Funktionen.

Gerade für Nicht-Futterexperten ist es nicht so leicht, die passende Futtermischung zusammenzustellen. Deshalb gibt es **fix und fertige Futtermischungen** zu kaufen, die auf unterschiedliche Gewässer und/oder Fischarten abgestimmt sind.

Beim Anfeuchten des Futters sollte man das Wasser in mehreren Schritten hinzugeben, um den **Feuchtigkeitsgrad regulieren** zu können. Zu feuchtes Futter lässt sich nicht formen und löst sich im Wasser schnell auf und wird beim Angeln in der Strömung fortgetragen. So lockt man die Fische eher vom Köder weg. Ist das Futter zu fest, kann es sich nicht auflösen und liegt als wenig attraktiver Klumpen am Gewässergrund.

Es gilt, einen ans Gewässer angepassten Kompromiss zu finden: Im Stillwasser darf das Futter gerne etwas lockerer ausfallen, beim Angeln in der Strömung sollte es etwas schwerer ausfallen und besser binden, damit es zum Grund gelangt. Man kann das Futter auch noch mit pflanzlichen Ködern wie Mais oder Lebendködern aufwerten, die vor dem Anfeuchten untergemischt werden. Es gibt zudem flüssige Aromen, mit denen man dem Mix eine besondere Geruchsnote verleihen kann.

Um das Futter an den Platz zu befördern, gibt es mehrere Möglichkeiten: Entweder formt man größere Bälle und wirft sie mit der Hand aus oder man formt kleinere Kugeln und schießt sie mit Hilfe einer **Futterschleuder** an den Futterplatz. Die Schleuder eignet sich übrigens auch, um beim Angeln im Stillwasser lose Maden oder Mais hinauszuschießen. Möchte man etwas weiter hinaus, gibt es **Futterschaufeln**, die an eine Kescherstange geschraubt werden. Damit bekommt man Futterbälle deutlich weiter hinaus als mit der Hand.

LINKS: *Fürs Anmischen des Futters gibt es verschiedene Zutaten mit unterschiedlichen Eigenschaften.*

RECHTS: *Zerkleinerte Würmer werten das Futter auf. Mit Hilfe einer Mehrfachschere geht das Zerteilen ganz einfach.*

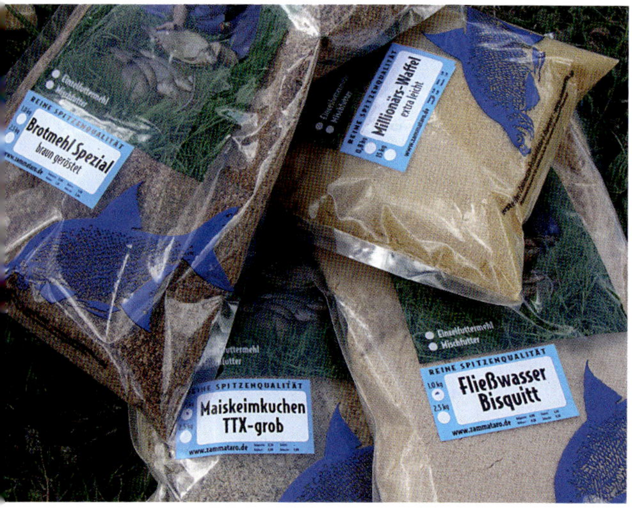

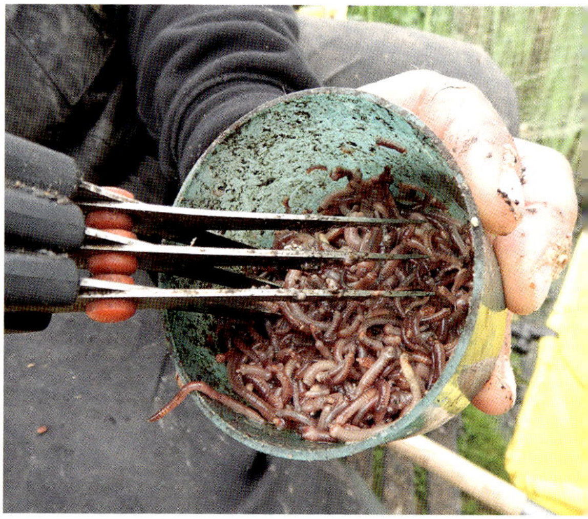

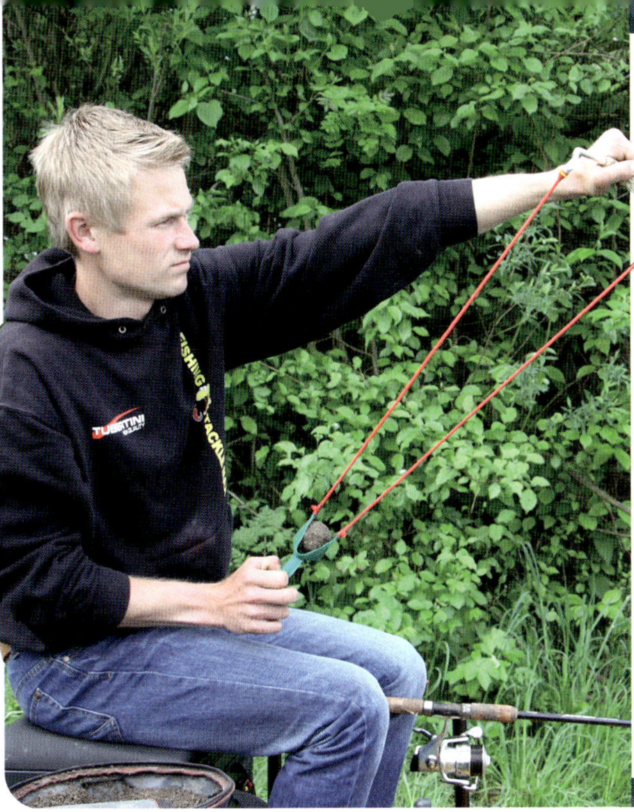

5 FUTTERTIPPS

- >>Fertigmischungen sind praktisch, weil man keine Einzelzutaten dosieren muss
- >>Mais, Maden und Würmer machen das Futter attraktiver
- >>Die Mischung in mehreren Schritten anfeuchten
- >>Beim Anfüttern im Fluss die Richtung und Stärke der Strömung einberechnen
- >>Futtermenge nach Fischbestand und Fischaktivität richten

▲ *Mit der Futterschleuder kann man kleine Kugeln und lose Köder hinausschießen.*

▶ *Mit der Futterschaufel bekommt man Bälle weit hinaus.*

Futterbälle kann man mit der Hand auswerfen. ▼

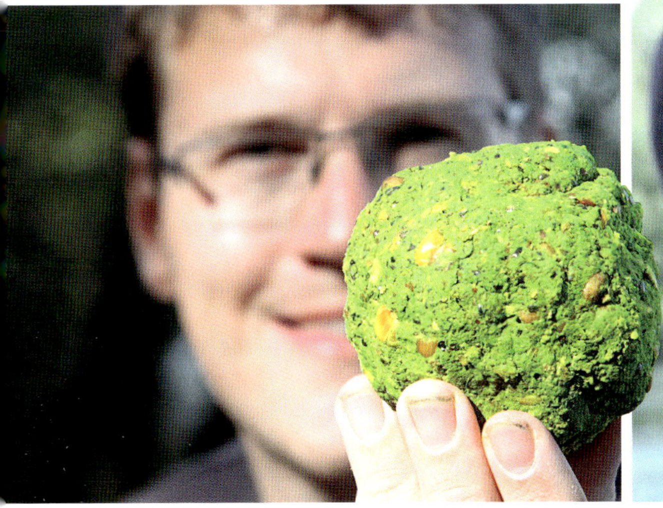

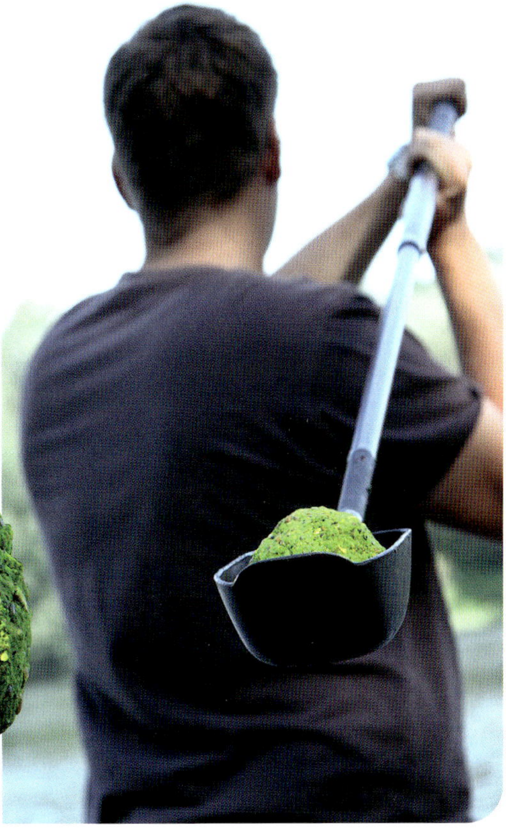

GRUNDANGELN

Friedfische fressen häufig nah am Grund, deshalb ist das Angeln in der Nähe des Gewässerbodens auch sehr Erfolg versprechend. Herzstück einer Montage zum Grundangeln ist ein Blei. Es sorgt dafür, dass die komplette Montage inklusive Köder zum Grund sinkt und dort auch bleibt. Bei der Wahl des Bleies gilt es mehrere Faktoren zu beachten:

BLOSS NICHT BLEIFREI!

Zum einen sollte es schwer genug sein, um die Montage dorthin zu befördern, wo sie hin soll. Denn ein schweres Blei lässt sich weiter auswerfen als ein leichtes Gewicht. Beim Angeln im Fluss sollte es schwer genug sein, um die Montage am Platz zu halten. Ist das Gewicht zu leicht, wird die Montage bewegt, entfernt sich von der gewünschten Angelstelle und kann sich im schlimmsten Fall sogar in einem Hindernis festsetzen.

Ob das **Blei schwer genug** ist, wird man nach dem Auswerfen ziemlich schnell feststellen. Reicht das Gewicht nicht aus, spürt man deutlich, wie die Montage versetzt wird. Das Blei darf aber auch nicht deutlich zu schwer ausfallen, denn es bietet dem Fisch beim Biss Widerstand. Fällt die Montage mit einem zu schweren Blei plump aus, merken die Fische beim Biss höchstwahrscheinlich einen zu großen Widerstand und spucken den Köder wieder aus.

Es gilt folgende Regel: Das Blei sollte so schwer wie nötig und so leicht wie möglich ausfallen. In Seen oder Teichen kann man generell mit leichteren Bleien angeln als im Fluss, weil die Montage im Stillwasser nicht der Strömung ausgesetzt ist.

Eine gängige und bewährte Montage für das Grundfischen ist das Angeln mit der **Laufblei-Montage**. Bei dieser Montage läuft das Blei frei auf der Schnur. Vorteil dieser Montage: Der Fisch kann nach dem Biss frei Schnur abziehen und spürt relativ wenig Widerstand.

Ein klassisches und nach wie vor sehr beliebtes Blei für die Laufblei-Montage ist das **Sargblei** mit Innenführung der Schnur. Ich bin allerdings kein Freund dieses Bleityps, weil die Ein- und Austrittsstelle dieses Bleies oft scharfkantig ist und die Schnur beschädigen kann. Außerdem neigt es dazu, sich aufgrund seiner Ecken und Kanten in Steinen und anderen Hindernissen festzusetzen, was gerade beim Angeln im Fluss zu Hängern und zu Abrissen führt.

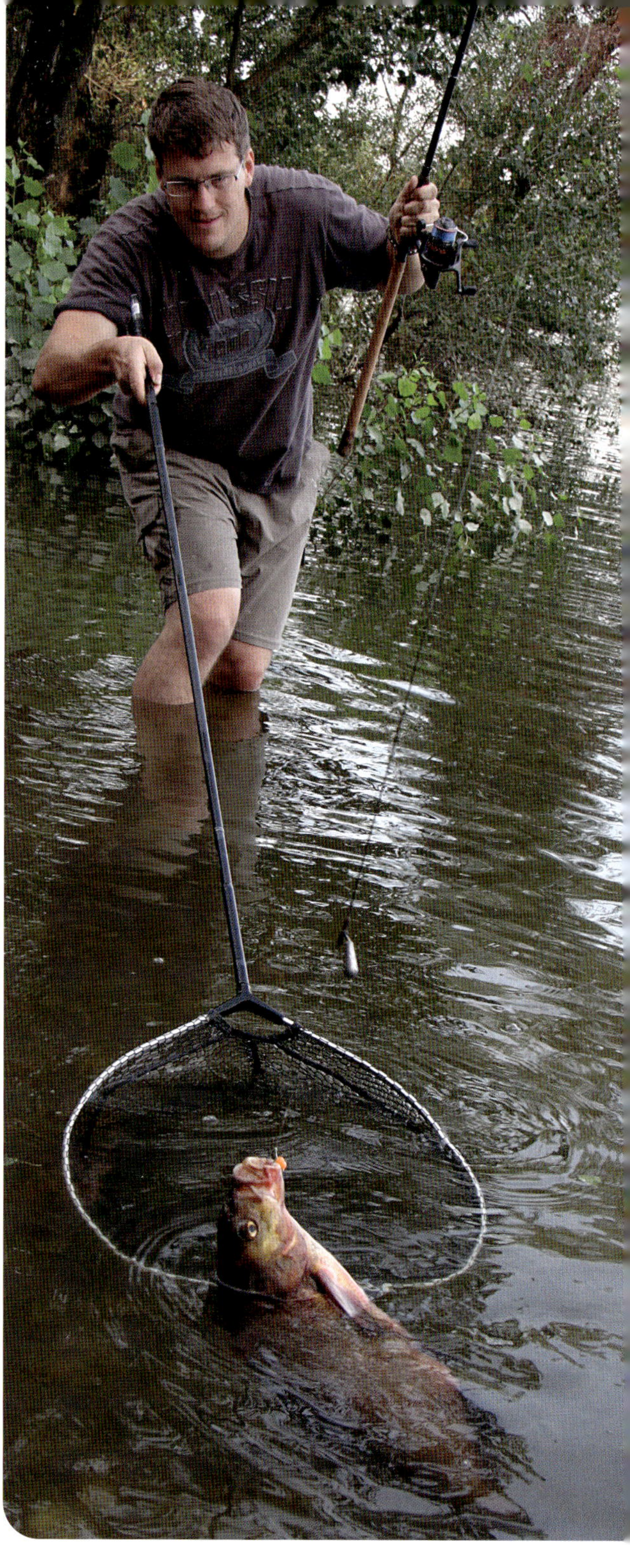

Am relativ leichten Grundangelgeschirr macht der Drill eines kapitalen Friedfisches so richtig Laune.

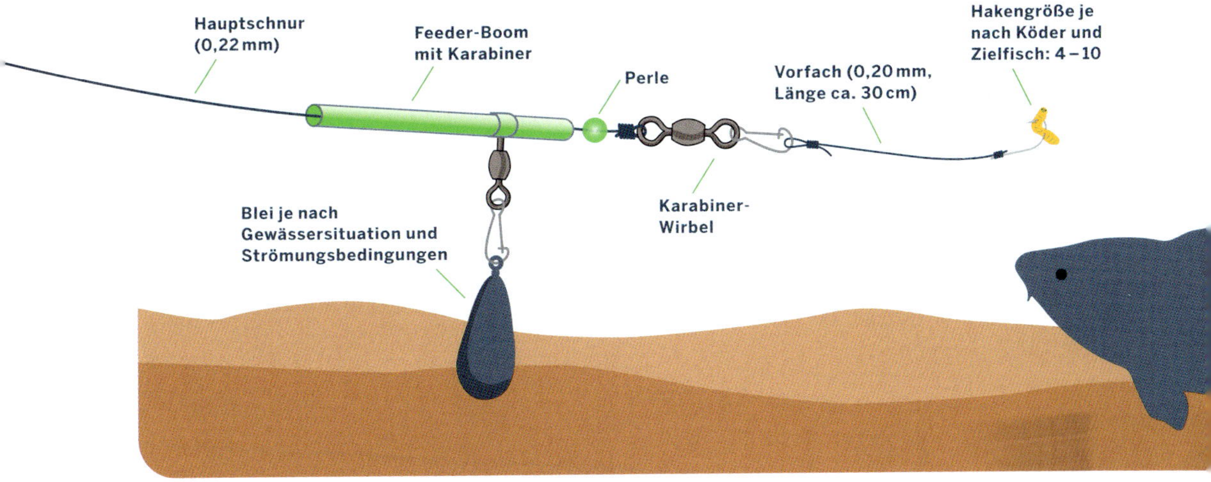

Einfache Laufbleimontage fürs Grundangeln auf Friedfische.

Ich verwende lieber **Birnen-, Tropfen-, oder Kugelbleie** mit Wirbel beziehungsweise Öse. Durch die Öse wird die Hauptschnur gefädelt – so kann das Blei auf der Schnur laufen. Gerne befestige ich das Blei auch an einem so genannten Feederboom. Dabei handelt es sich um ein kleines Plastikröhrchen mit einem Einhänger (Karabiner), an dem man das Blei befestigen kann. Das Plastikröhrchen läuft frei auf der Schnur.

Als Köder für das Grundangeln eignet sich die bereits genannte Palette der Friedfischköder. Auch habe ich beim Grundangeln mit der Laufbleimontage gute Erfahrungen mit einer auftreibenden Brotkruste gemacht, besonders wenn ich es auf Karpfen abgesehen hatte. Die Auftriebshöhe wird durch die Vorfachlänge bestimmt.

GRUND-AUSRÜSTUNG

Die Gerätewahl beim Grundangeln hängt von den Gewässerbedingungen und den zu erwartenden Fischgrößen ab. Angelt man mit feiner Montage in einem kleinen See auf Rotaugen und Brassen kann man eine relativ leichte Rute einsetzen (Wurfgewicht bis 30 oder 40 Gramm) beziehungsweise eine kleine bis mittlere Rolle mit einer verhältnismäßig dünnen Schnur (Durchmesser 0,18 bis 0,22 Millimeter).

Hingegen darf das Gerät robuster ausfallen, wenn es mit schweren Montagen in großen Flüssen auf Karpfen oder Barben geht. Dann kann die Rute schon ein Wurfgewicht von etwa 80 Gramm aufweisen und die Schnur sollte mit einem Durchmesser von etwa 0,30 Millimeter deutlich dicker ausfallen, um einem kampfstarken Fisch, der die Strömung nutzt, besser Paroli bieten zu können.

Grundangeln ist eine gemütliche und entspannte Angelegenheit. Denn nach dem Auswerfen legt man die Rute ab, spannt die Schnur und wartet auf den Biss. Spannung auf der Schnur ist erforderlich, um erkennen zu können, wenn ein Fisch den Köder aufnimmt. Würde die Schnur schlaff unter der Rute hängen, könnte man kaum etwas erkennen. Da sich an der Montage keine Pose befindet, ist der Angler auf die **Rutenspitze als Bissanzeiger** angewiesen. Wenn sie zuckt, tut sich was am Köder.

EINFACHER GEHT FAST NICHT

Gerade beim Angeln auf größere Friedfische, wie Karpfen oder Barben, sollte man die **Rollenbremse** öffnen. Dann kann der Fisch Schnur abziehen. Mir ist es schon passiert, dass bei einem rasanten Biss fast die Rute ins Wasser gerissen wurde, weil ich vergessen hatte, die Rollenbremse zu öffnen.

Wie beim Posenangeln ist auch beim Grundangeln der richtige Moment für den **Anhieb** ganz klar Erfahrungssache und vom Fressver-

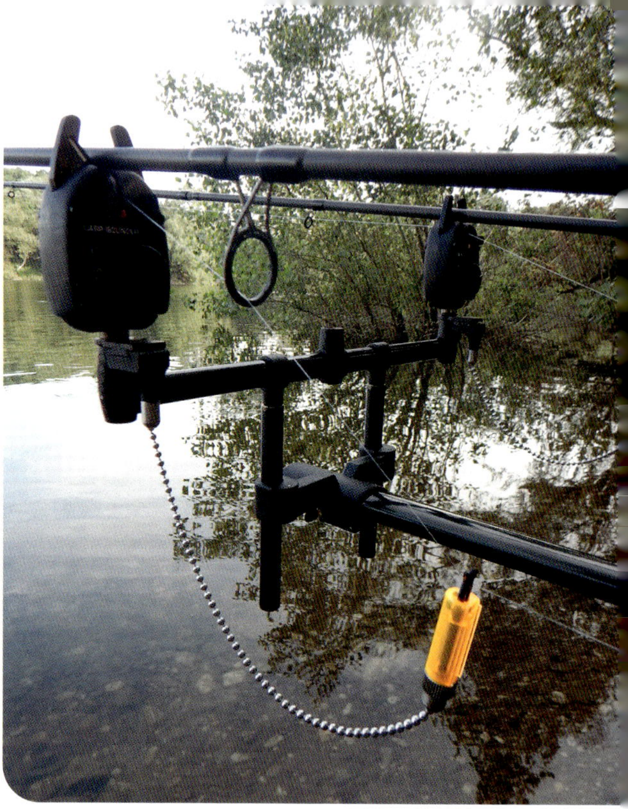

Wer elektronische Bissanzeiger verwendet (hier kombiniert mit einem Einhänge-Bissanzeiger) muss nicht ständig auf die Rutenspitze starren.

halten der Fische abhängig. Angelt man mit relativ kleinen Ködern und fressen die Fische gierig, kann man relativ zügig den Anhieb setzen. Zuckt die Rutenspitze, nehme ich Kontakt zum Fisch auf und erspüre über die Rute beziehungsweise die Schnur, ob der Fisch den Köder genommen hat. Kann ich weitere Aktion fühlen, wird der Anhieb gesetzt.

AUF ANHIEB ERFOLGREICH BEIM GRUNDANGELN

Wie beim Posenangeln steigert das Anfüttern auch beim Grundangeln die Erfolgsaussichten. Damit man die Rute nicht die ganze Zeit in der Hand halten muss, gibt es Rutenhalter mit Erdspieß, die man am Ufer in den Boden stecken kann. So hat man die Hände frei und kann sich entspannt zurücklehnen.

KOMFORT-AUSSTATTUNG

A propos zurücklehnen: Ein bequemer **Stuhl** ist für mich ein absolutes Muss. Denn längere Zeit zu stehen oder auf dem Boden zu sitzen, macht nun wirklich keinen Spaß. Ich habe beim Grundangeln immer eine Angler-Sitzgelegenheit dabei, die auch als Karpfenstuhl bezeichnet wird. Damit wird die Wartezeit bis zum Biss zu einem gemütlichen Ansitz.

Wer beim Angeln auf größere Friedfische nicht ständig auf die Rutenspitze starren möchte, greift zu einem **elektronischen Bissanzeiger**. Die Rute wird auf den Bissanzeiger gelegt, die Schnur läuft über ein Rädchen oder wird von einem Sensor abgetastet. Bewegt sie sich, gibt der Bissanzeiger Signal. In Verbindung mit einem Einhänge-Bissanzeiger ist die Indikation noch sensibler.

FEEDERN – ANGELN MIT FEINER SPITZE

Unter Friedfischanglern hat sich in den letzten Jahren eine besondere Technik des Grundangelns etabliert: das Feedern, sprich das Angeln mit dem Futterkorb. Beim Feedern kommen Ruten mit sensiblen Wechselspitzen zum Einsatz, die Bisse sehr gut anzeigen. Die Längen von Feederruten liegen je nach Modell zwischen 3,50 und etwa 4 Metern. Es gibt Ausführungen fürs Angeln im Stillwasser sowie für leichte bis mittlere und für starke Strömung. Charakteristisch für eine Feeder-Montage ist der Futterkorb. In diesen Korb kann man eine Portion Grundfutter und gegebenenfalls Lebendköder geben. Vorteil des Futterkorbs: Es befindet sich immer etwas Futter in unmittelbarer Nähe zum Hakenköder. Und das verbessert die Aussichten auf einen Biss enorm.

Der Futterkorb lässt sich auf unterschiedliche Arten auf der Schnur anbringen. **Die wahrscheinlich gängigste Methode ist die Schlaufenmontage,** bei welcher der Korb, wie der Name schon vermuten lässt, in einer Schlaufe läuft. Es gibt unterschiedliche Futterkörbe: Geschlossene Modelle geben das Futter langsamer frei als offene Futterkörbe. Bei den so genannten Speedkörben ist das Gewicht im unteren Teil des Futterkorbs zentriert und aerodynamisch geformt. So lässt sich die Montage weit und zielgenau auswerfen.

KÖRBEWEISE FUTTER

Um zu Beginn des Angelns die anvisierte Stelle gut mit Futter zu versorgen, sollte man zunächst ein paar gefüllte Körbe nacheinander hinausbefördern. Hat der Korb den Gewässer-

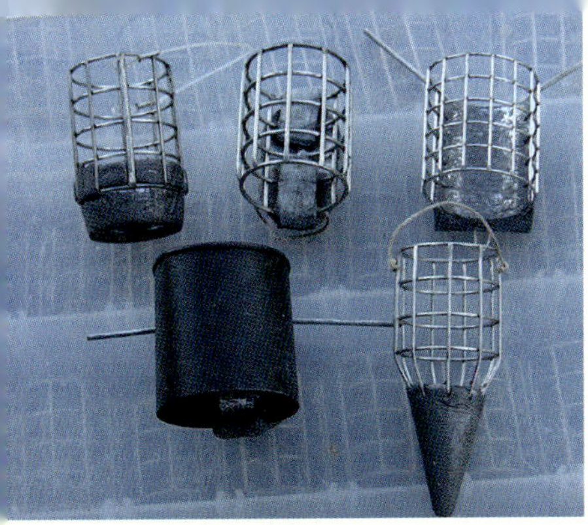

Futterkörbe gibt es in verschiedenen Ausführungen. Der geschlossene Korb (unten) links gibt seinen Inhalt relativ langsam frei, der Speedkorb (unten rechts) lässt sich sehr weit auswerfen.

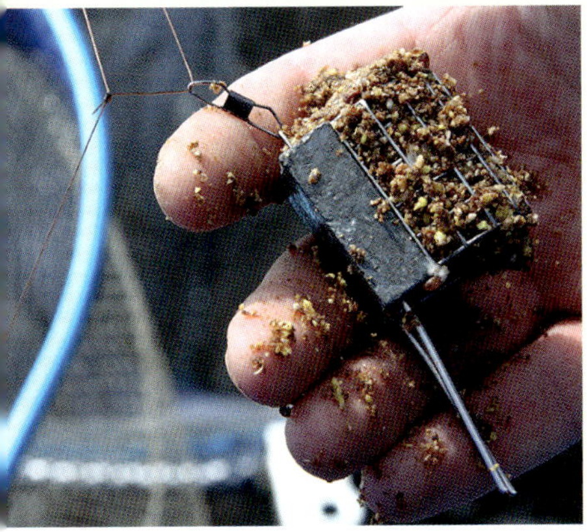

Der Futterkorb garantiert, dass eine leckere Portion in unmittelbarer Nähe zum Haken liegt.

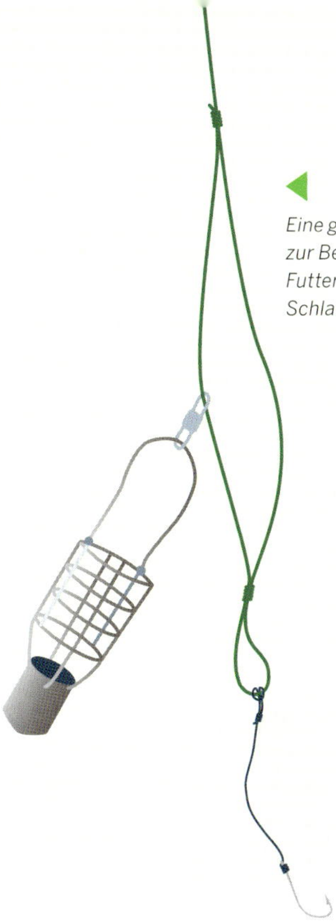

Eine gängige Methode zur Befestigung des Futterkorbs ist die Schlaufenmontage.

grund erreicht, wird er mit einer schnellen seitlichen Bewegung der Rute geleert.

Beim Angeln sollte man die Schnur straffen, so dass die Rutenspitze leicht gekrümmt ist. So erhält man eine optimale Bissanzeige. Am besten sitzt man leicht seitlich zum Wasser und richtet die Rute ziemlich waagerecht aus. So werden Bewegungen am besten auf die Rutenspitze übertragen.

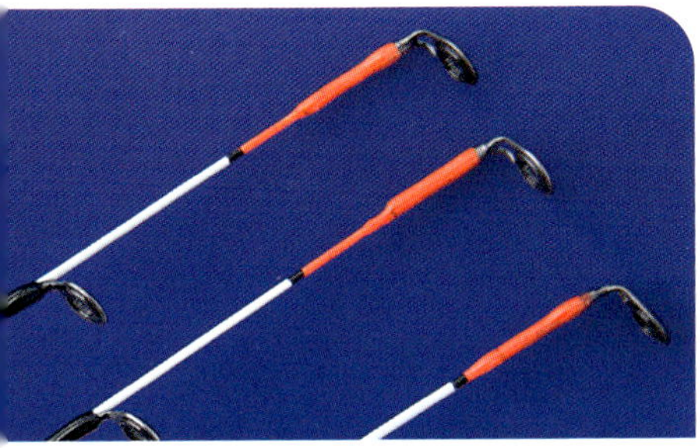

Die Ruten werden mit mehreren Spitzen geliefert: Sie unterscheiden sich in ihrer Steifigkeit.

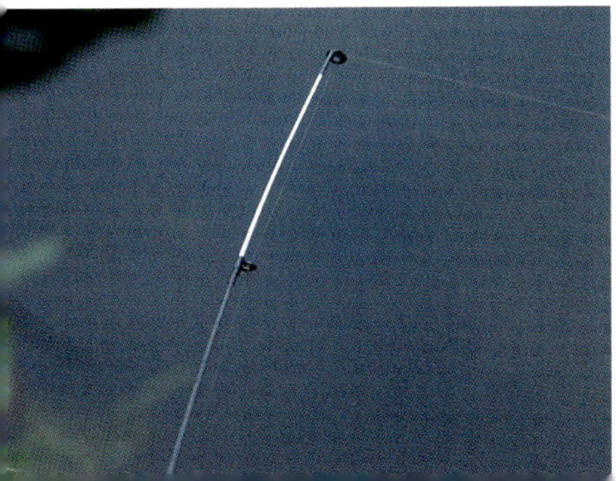

Steht die Schnur in diesem Winkel zur Rutenspitze, kann man Ausschläge an ihr gut wahrnehmen.

GEFLECHT ODER MONO?

Fürs Feedern kann man sowohl monofile als auch geflochtene Hauptschnur verwenden. Monofile Schnur federt aufgrund ihrer Dehnung die Fluchten eines großen Fisches gut ab. Beim Feedern kommt Monofilament meist in Stärken zwischen 0,20 und 0,28 Millimeter zum Einsatz. **Friedfischspezialisten angeln mit Monofilament auch in starker Strömung auf kapitale Friedfische.** Eine dehnungsfreie Geflechtschnur (0,06 bis 0,12 Millimeter) verbessert hier die Bissanzeige. Aufgrund des geringen Durchmessers spielt diese Leine ihre Vorteile besonders beim Distanzangeln aus. Sie findet aber auch beim Fischen in leichter und mittlerer Strömung Verwendung.

Feedert man mit geflochtener Schlagschnur, sollte man zwischen Hauptschnur und Vorfach eine **Schlagschnur** (maximal vierfache Rutenlänge, Durchmesser 0,25 bis 0,32 Millimeter) schalten. Sie wirkt als Puffer beim Auswerfen und im Drill.

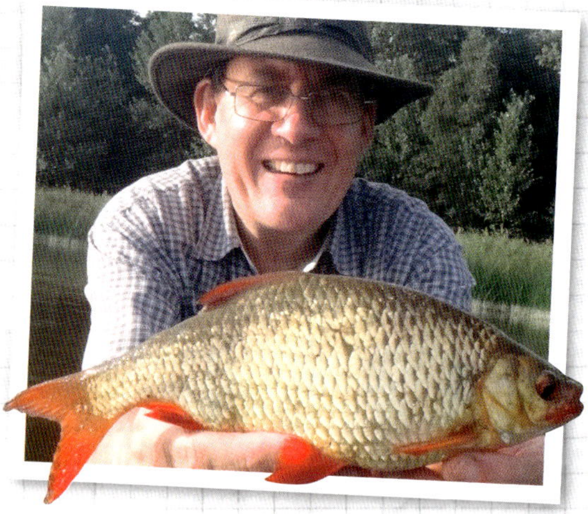

ROTFEDER

(Scardinius erythrophtalmus)

Ein Sommertag am Teich, See oder an einem langsam strömenden Fluss: Die Sonne brennt herunter und die Fische tun sich schwer mit dem Beißen. Alle Fische? Nein, es gibt Hoffnung! Denn Rotfedern erweisen sich auch jetzt noch als höchst aktiv und suchen besonders an der Oberfläche nach Futter in Form von Insekten. Angesagt ist jetzt eine möglichst unauffällige Pose, vielleicht nur ein Stück eines Zweigs, oder sogar das Fliegenfischen als echtes Highlight mit Suchtpotenzial.

MERKMALE

Relativ hoher, seitlich abgeflachter Körper, oberständiges Maul, Färbung: silbergrau bis messingfarben, goldfarbene Iris (Unterscheidungsmerkmal zum Rotauge), Flossen hell- bis tiefrot, Länge bis 40 Zentimeter

LEBENSRAUM

Seen und mäßig fließende Flüsse, bevorzugt Gewässer mit stärkerem Pflanzenwachstum

LEBENSWEISE

Schwarmfisch, hält sich gerne in Uferbereichen mit Pflanzenbewuchs auf, in der warmen Jahreszeit oft an der Oberfläche, vorwiegend pflanzliche Nahrung, aber auch Kleintiere, gelegentlich kleine Fische

ANGELTECHNIKEN

Posenangeln mit Naturködern, bevorzugt oberflächennah

OBERFLÄCHENANGELN

Die Brotkruste treibt auf der Wasseroberfläche. Ich habe mich hinter einen Busch gekauert und verfolge den Köder. Als die Kruste an einem Krautfeld entlang driftet, taucht ein Schatten auf – ein Karpfen. Das Herz schlägt mir bis zum Hals. Ein Schwall und weg ist das Brotstück. Ich setze den Anhieb und dann geht die Post ab. Nach einem heftigen Drill am leichten Gerät kann ich schließlich einen schönen Karpfen in den Kescher führen.

Das Fischen an der Oberfläche gehört für mich zu den spannendsten Angeltechniken. Warum? Weil man genau sieht, was passiert. Man kann sehen, wie der Fisch auftaucht und den Köder einsaugt – das ist Angeln mit Adrenalinkick. Diese Angeltechnik ist nicht nur aufregend, sie ist auch einfach. Denn man braucht in den meisten Fällen keine komplizierten Montagen: Einfach einen Haken ans Ende der monofilen Hauptschnur knoten, Köder ran – und los geht's.

ANGELN MIT ADRENALINKICK

Der klassische Köder fürs Oberflächenangeln ist Brot. Es besitzt hervorragende Schwimmeigenschaften und steht bei den Fischen hoch im Kurs. Gerade in Gewässern oder in Gewässerbereichen, in denen Spaziergänger Enten mit Brot und Brötchen füttern, haben die Fische verstanden, dass die auf dem Wasser driftenden Brotstücke äußerst schmackhaft sind.

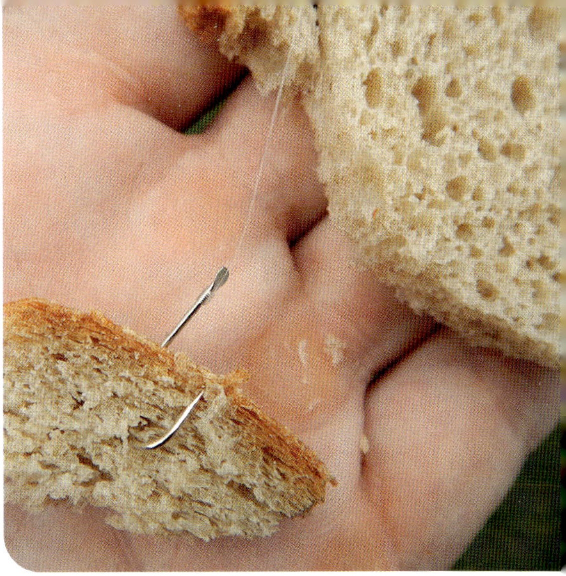

Meine Lieblingsbrotsorten sind Grau- oder Sauerbrot. Davon nehme ich die Kruste als Hakenköder, weil sie nicht so schnell abfällt. Das Innere einer Brotscheibe verwende ich zum Anfüttern. Brötchen oder Weißbrotscheiben eignen sich ebenfalls nur zum Anfüttern, denn sie haben sich nach dem ersten Auswerfen so mit Wasser vollgesaugt, dass sie einen zweiten Wurf nicht überstehen.

Brot an der freien Leine lässt sich gut beim Angeln in Ufernähe einsetzen. Ich verwende eine leichte Grundrute und eine 0,20er oder 0,25er Hauptschnur (monofil). Die Hakengröße liegt je nach Ködergröße und zu erwartender Fischgröße zwischen 4 und 10. Um die Schwimmfähigkeit der Schnur zu erhöhen, kann man die Leine fetten. **Schnurfett** ist im Angelgeschäft erhältlich.

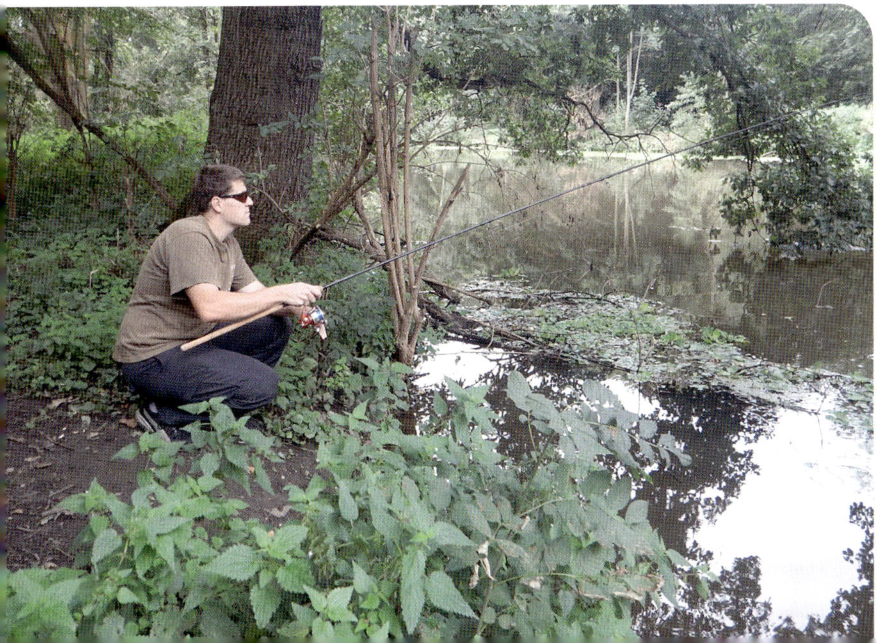

▲ *Einfach und effektiv: ein Stück Brotkruste an freier Leine. Grau- und Sauerteigbrot hält besonders gut am Haken.*

◀ *Oberflächenangeln ist an Spannung kaum zu überbieten, da man genau sieht, was am Köder passiert.*

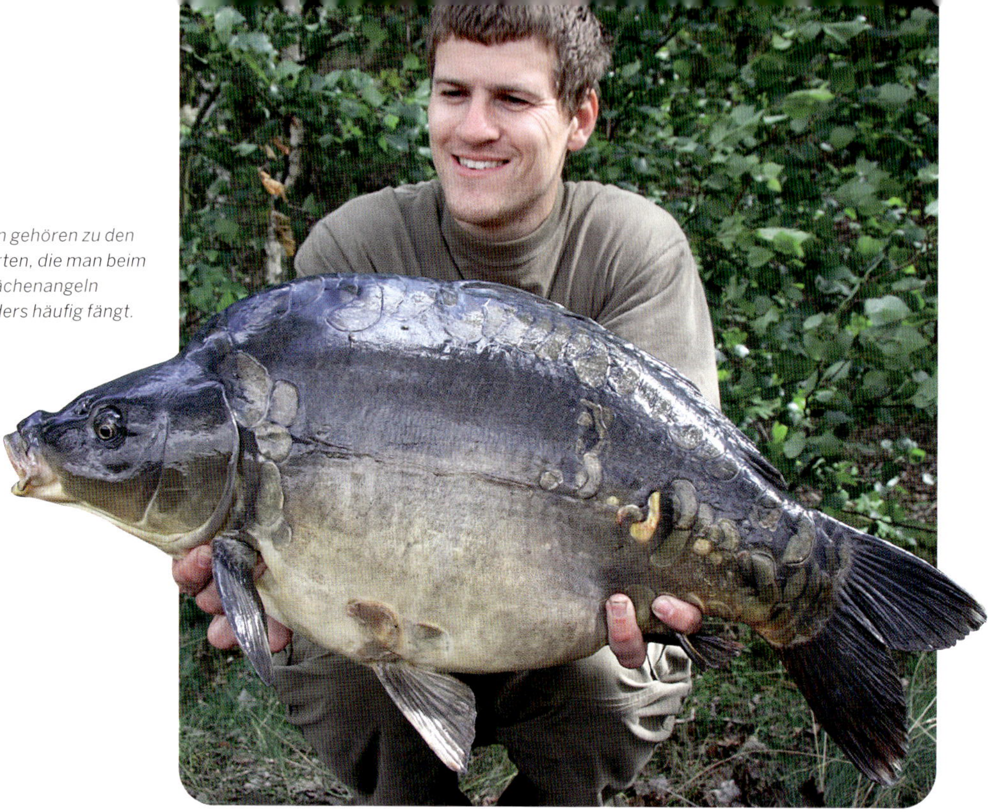

Karpfen gehören zu den Fischarten, die man beim Oberflächenangeln besonders häufig fängt.

Um das Brot weiter hinauszubefördern, kann man eine unauffällige Wasserkugel als Pose einsetzen, die als Wurfgewicht dient. Allerdings kann diese Wasserkugel dazu führen, dass sich der Köder unnatürlich verhält. Deshalb setze ich eine Pose beziehungsweise ein zusätzliches Wurfgewicht nur dann ein, wenn es unbedingt erforderlich ist.

TARNUNG IST ALLES

Achten Sie immer darauf, dass du dich nicht im Blickfeld der Fische befindest. Denn ist deine Anwesenheit entdeckt, suchen die Wasserbewohner das Weite und lassen sich auch vom leckersten Brotstück nicht zum Biss überreden. Nach Möglichkeit halte ich etwas Abstand zum Ufer oder nutze Bäume als Deckung. Eine Polarisationsbrille verbessert die Sicht auf und ins Gewässer.

SEHEN, ABER NICHT GESEHEN WERDEN

Beim Oberflächenangeln in Bächen oder kleinen Flüssen lasse ich den Köder mit der Strömung treiben, gebe ihm ein bisschen Vorsprung und folge ihm dann möglichst unauffällig. Wichtig ist, dass man den Köder immer im Auge behält. Ich habe die Erfahrung gemacht, dass man bei einem Biss nicht sofort den Anhieb setzten sollte. Dann könnte es passieren, dass man dem Fisch den Köder wieder aus dem Maul zieht, da er es noch nicht um Köder und Haken geschlossen hat. Ich zähle meist bis drei und setze dann den Anhieb. **Du wirst feststellen, dass das Oberflächenangeln eine Technik mit hohem Suchtpotenzial ist.**

MODERNES KARPFEN-ANGELN

Das gezielte Angeln auf kapitale Karpfen hat sich in den letzten Jahrzehnten als eigenständige Disziplin im Friedfischangeln herausgebildet. Diese Technik ermöglicht es, gezielt richtig kapitale Karpfen ans Band zu bekommen. Kernstück dieser Methode ist das Angeln mit der **Selbsthakmontage**. Bei der Verwendung dieser Montage muss der Angler beim Biss nur die Rute aufnehmen und der Drill kann beginnen.

Damit die Selbsthakmontage richtig funktioniert, benötigt man ein spezielles Vorfach: das Haarvorfach, in Karpfenanglerkreisen auch Hair-Rig genannt. Das Besondere an diesem Rig ist, dass der Haken (Größe 2 bis 8) nicht wie sonst üblich im Köder verborgen wird, son-

SCHLEIE

(Tinca tinca)

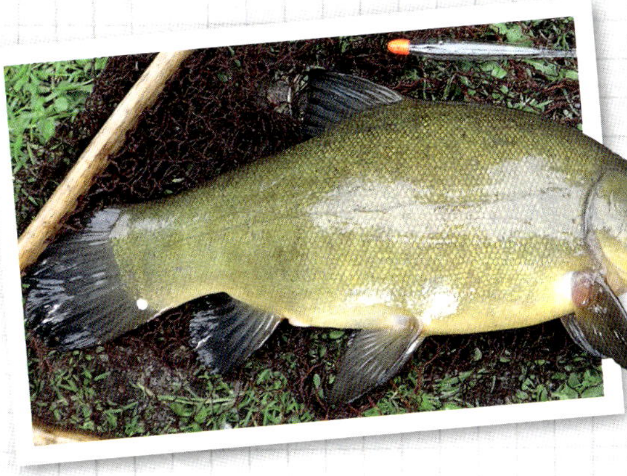

Gäbe es eine Miss-Friedfisch-Wahl, dann gäbe es dort eine große Favoritin: Die Schleie. Denn keine andere Art aus dieser Gruppe erreicht auch nur annähernd die sanfte Schönheit der Tinca. Alleine schon der etwas hochrückige Körper mit seinen goldgrün glänzenden, kleinen Schuppen kann begeistern. Dazu kommen die elegant gerundeten Flossen. Als ob das nicht genug wäre, ergänzt das vergleichsweise kleine, feine Maul die Erscheinung, dessen Lippen manchmal fast orangefarben wirken. Und wer der Schleie in die prächtigen rot-orangenen Augen blickt, ist ihr endgültig verfallen.

MERKMALE

Gedrungener Körper, endständiges Maul mit einer kleinen Bartel in jedem Maulwinkel, kleine Schuppen, gerade Schwanzflosse, andere Flossen abgerundet, hohe Schwanzwurzel, bei Männchen sind die Bauchflossen größer als bei Weibchen, Färbung: grünlich bis bräunlich, gelbe Bauchseite, Länge bis 60 Zentimeter

LEBENSRAUM

Teiche, Seen und Flüsse mit langsamer Strömung, Schleien bevorzugen weichen, schlammigen Gewässergrund und hohes Wasserpflanzen-Aufkommen

LEBENSWEISE

Scheuer, eher nachtaktiver Fisch, pflanzliche Nahrung sowie wirbellose Tiere in Bodennäh

ANGELTECHNIKEN

Grund- und Posenangeln mit Naturködern, aber auch Angeln mit Festbleimontage und kleinen Boilies oder Partikeln

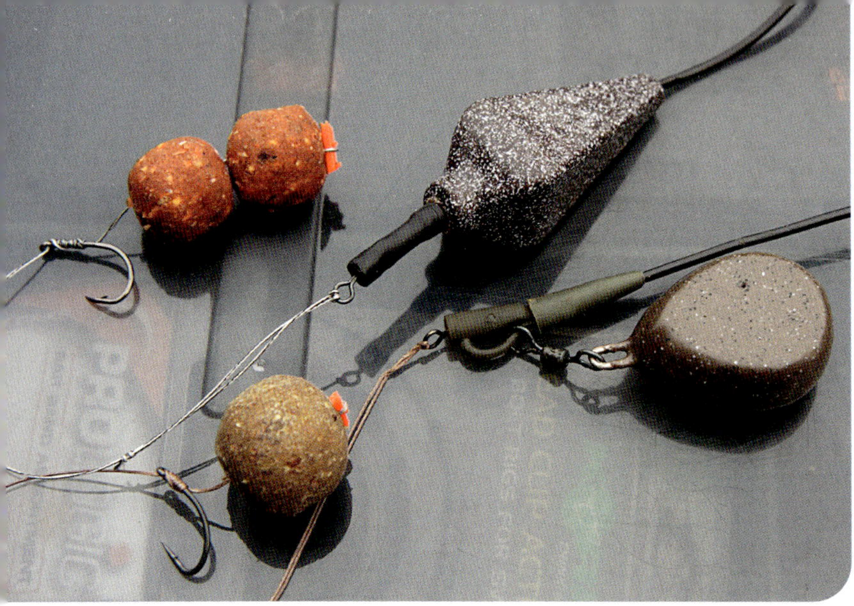

Festbleimontagen sorgen dafür, dass sich der Karpfen nach dem Biss selbst hakt.

Bei der Haarmontage wird der Köder auf ein Stück Schnur gezogen, damit der Haken frei liegt und so gut im Maul des Karpfens Halt findet.

dern frei liegt. Der Köder wird auf ein Stück Schnur gezogen und befindet sich außerhalb des Hakens. Ein Haarvorfach lässt sich schnell und einfach mit der **No-Knot-Verbindung** herstellen.

Das Vorfach für die klassische Version des Hair-Rigs besteht aus weichem, geflochtenem Material. So spürt der Karpfen beim Einsaugen des Köders kaum Widerstand. Die Vorfächer fallen recht kurz aus: Eine Länge zwischen 15 und 20 Zentimeter ist ein guter Richtwert. An stark befischten Gewässern werden auch Vorfächer aus dickem, steifem Monofilament oder Kombi-Vorfächer aus steifem und weichem Material eingesetzt. Diese Rigs sind allerdings nur an wirklich schwierigen Gewässern erforderlich. An dem meisten Seen und Flüssen reicht das klassische Vorfach aus weichem Geflecht völlig aus.

Effekt dieser Montage: Nachdem der Karpfen den Köder eingesaugt hat, spürt er den Haken im Maul, erschreckt sich und flüchtet. Das fixierte Blei sorgt dafür, dass der frei liegende Haken ins Fischmaul eindringt. Damit der Selbsthakeffekt garantiert ist, sollte das Blei mindestens 60 Gramm schwer sein. Wichtig ist auch, dass man die Rollenbremse oder den Freilauf deutlich strammer einstellt als etwa beim Raubfischangeln mit Köderfisch.

FLUCHT IST KEIN ENTKOMMEN

FLUCHT-RUTEN

Um die schweren Montagen auswerfen und große Fische sicher ausdrillen zu können, werden spezielle Karpfenruten angeboten. Diese Ruten sind 12 oder 13 Fuß (3,60 bzw. 3,90 Meter lang). Bei den meisten Karpfenruten findet man keine Wurfgewichtsangabe, sondern eine Angabe der **Testkurve** in »lb« oder auch »lbs« (englische Pfund). Diese Angabe lässt sich mit folgender Faustformel ins Wurfgewicht um-

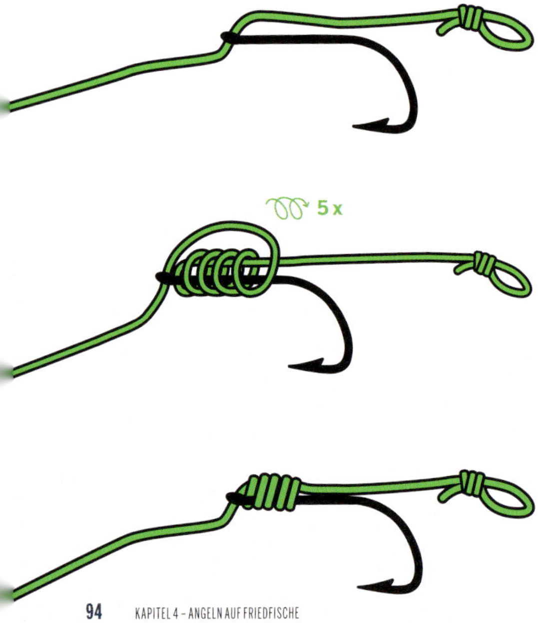

Ein Haarvorfach lässt sich mit Hilfe der No-Knot-Verbindung schnell und einfach knüpfen.

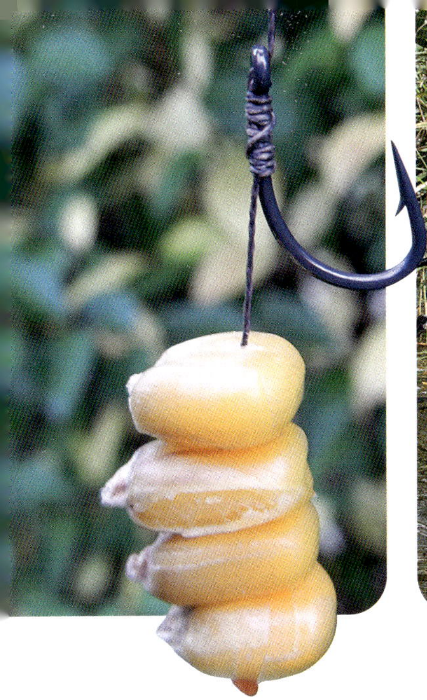

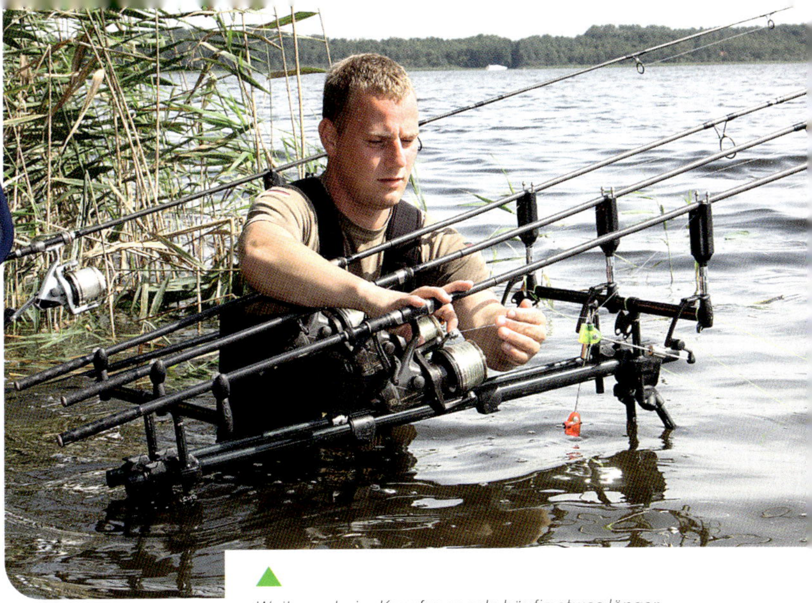

Weil man beim Karpfenangeln häufig etwas länger auf den Biss warten muss, bieten sich Rod Pod und Bissanzeiger als Rutenablage an.

rechnen: Ein lb entspricht einem Wurfgewicht von ungefähr 30 Gramm. Das Spektrum der Karpfenrutenmodelle reicht von 1,75 lb bis hin zu 3,75 lb.

Ruten mit eher weicher Aktion kommen (zwischen 1,75 und 2,25 lb) kommen beim Befischen von kleinen Gewässern zum Einsatz, in denen es keine richtig großen Karpfen gibt. **Beim Fischen auf große Entfernung braucht man eine härtere Rute** (Testkurve zwischen 3 und 3,75 lb), um die schwere Montage weit hinausbefördern zu können. Wer sich zu Beginn nicht gleich mehrere Ruten zulegen möchte, sollte sich ein Modell mit einer Testkurve von 2,75 lb zulegen. Solch eine Rute ist ein Allroundmodell, mit der man in den meisten Situationen zurechtkommt.

Es gibt zwei Rollentypen, die beim modernen Karpfenangeln Verwendung finden: **Freilaufrollen und Brandungsrollen**. Bei Freilaufrollen kann man den Widerstand des Freilaufs einstellen, deaktiviert nach dem Biss den Freilauf (meist über eine Kurbelumdrehung) und drillt dann mit der zuvor justierten Bremseinstellung.

Brandungsrollen besitzen eine sehr große Spule. Sie fassen große Schnurmengen und erhöhen die Wurfweite – diese Faktoren sind beim Distanzangeln von Vorteil. Auf die Rolle kommt in den meisten Fällen eine Monofilschnur (zwischen 0,30 und 0,45 Millimeter). Geflechtschnur kommt nur beim Angeln auf sehr große Distanzen zum Einsatz, wenn der Köder mit dem Boot ausgebracht wird. Weil geflochtene Schnur keine Dehnung aufweist, verbessert sie die Bisserkennung auf große Distanzen.

Wenn wir schon einmal bei der Bissanzeige sind: Weil man häufiger etwas länger auf einen Biss warten muss, kommen oft **Rutenablagen (auch Rod Pods)** und elektronische Bissanzeiger zum Einsatz. So muss man nicht die ganze Zeit auf die Rutenspitze starren.

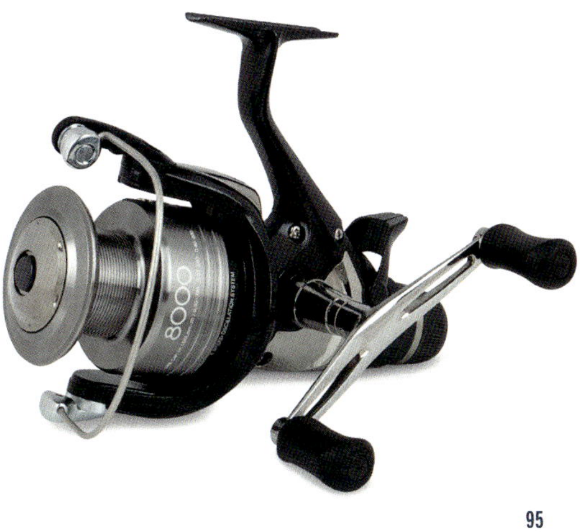

Freilaufrollen erleichtern gerade Einsteigern das Angeln mit der Selbsthakmontage.

DER KÖDER NUMMER 1

Fragt man einen Karpfenangler nach dem besten Köder für kapitale Karpfen, wird wahrscheinlich immer die gleiche Antwort kommen: **Boilie.** Und das nicht zu Unrecht, denn der Boilie bringt jedes Jahr unzählige Großkarpfen in die Kescher der Angler.

Die Bezeichnung »boilie« kommt übrigens aus dem Englischen »to boil« = kochen. Der Name macht deutlich, was der Boilie eigentlich ist: eine gekochte Teigkugel. Diese recht harte Kugel ist sehr selektiv, denn kleine Fische haben keine Chance, die Kugel zu knacken. Sie bleibt am Futterplatz, bis ein Karpfen oder ein anderer großer Friedfisch vorbeikommt.

Die Rüssler haben kein Problem mit einem Boilie, mehr noch: Sie haben sie zum Fressen gern. Viele Karpfenangler stellen ihre Boilies selbst her, aber die Produktion der Kugeln ist gar nicht so leicht. Die Basismischung muss ausgewogen sein, damit nach dem Abrollen und Kochen ein nahrhafter Köder mit der richtigen Konsistenz entsteht. Da kann man als Anfänger schnell mal daneben liegen.

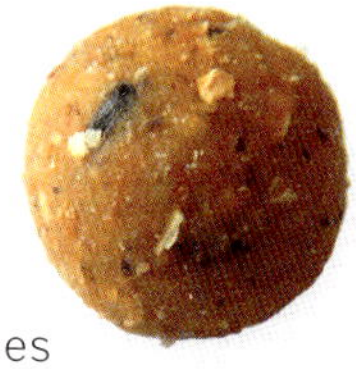

Der Fachhandel bietet ein großes Sortiment an **Fertigboilies**, allerdings sind sie häufig nicht ganz billig. Glücklicherweise muss man nicht zwingend mit Boilies auf Karpfen fischen. Es geht auch einfacher und günstiger: mit so genannten **Partikelködern**. Der bekannteste Partikelköder ist Mais. Ich habe meine ersten Karpfen auf Mais gefangen und fische auch heute gerne noch mit den gelben Körnern. Gerade für den Anfänger ist Mais ein sehr guter Köder.

Dosenmais ist nur begrenzt geeignet, weil er ziemlich weich ist und nicht gut am Haar hält beziehungsweise durch seine geringe Korngröße schnell ein Opfer der Weißfische wird. Günstiger, größer und insgesamt besser ist Hart- oder Futtermais. Diesen Mais bekommt man im Landhandel in Gebinden bis 50 Kilo.

FUTTER UND KÖDER FÜRS KARPFENANGELN

Boilies sind gekochte Teigkugeln und stellen den am häufigsten verwendeten selektiven Karpfenköder dar.

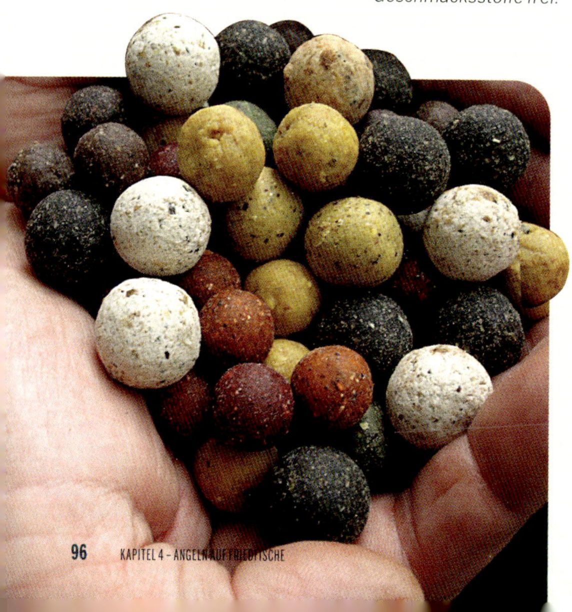

OBEN: *Partikel, wie Mais und Tigernüsse, sind preisgünstige Alternativen zu Boilies.*

UNTEN: *Pellets lösen sich im Wasser auf und setzen Geruchs- und Geschmacksstoffe frei.*

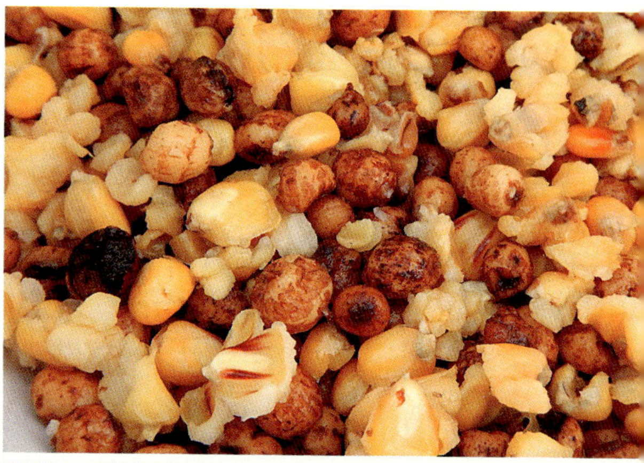

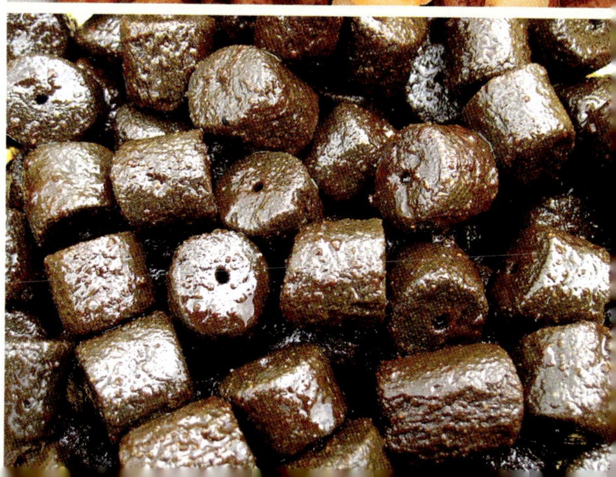

Mit diesem preiswerten Karpfenköder ist auch eine großzügige Anfütteraktion möglich, ohne arm zu werden. Wichtig ist, dass man den Mais aufkocht und ihn dann noch mindestens einen halben Tag im Sud stehen lässt. Dann hat der ursprünglich harte Mais die richtige Konsistenz: Er lässt sich mit einer Köder- oder Boilienadel aufs Haar ziehen und ist relativ resistent gegen Weißfischattacken.

Damit die Körner nicht vom Haar rutschen, sichert man sie mit einem Boiliestopper. Wenn ich mit Mais angle, ziehe ich mindestens drei Maiskörner aufs Haar, um einen recht großen Köder zu bekommen, der für die Weißfische nicht so leicht zu bewältigen ist.

Ein weiterer fängiger Partikelköder sind **Tigernüsse**. Auch die Nüsse müssen wie der Mais vor der Verwendung aufgekocht werden. Ein weiterer guter Karpfenköder sind **Pellets**, die sich unter Wasser langsam auflösen und dabei Geruchs- und Geschmacksstoffe freisetzen.

NICHT NUR FÜR KARPFEN

Das Angeln mit Selbsthakmontage und Boilies ist nicht nur etwas für den Fang von Karpfen. Auch andere große Friedfische lassen sich mit dieser Taktik überlisten. Allerdings sollte die Montage etwas feiner ausfallen, auch Rute und Rolle dürfen etwas leichter gewählt werden.

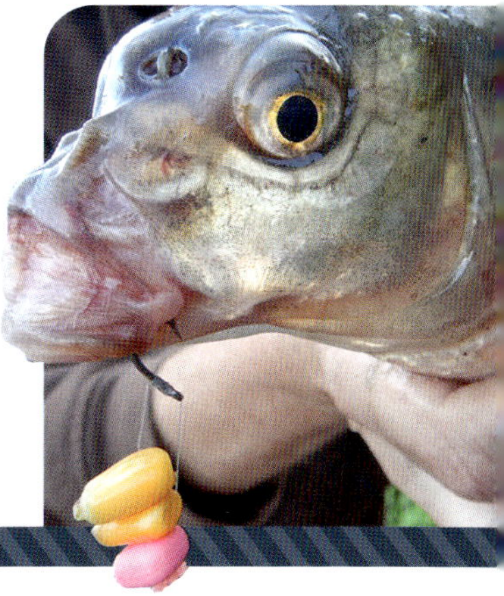

Mit Festblei und Haarmontage, hier mit Mais und einer Mais-Imitation, kann man sehr effektiv auf große Friedfische angeln.

SO KOMMT DER KÖDER AUFS HAAR

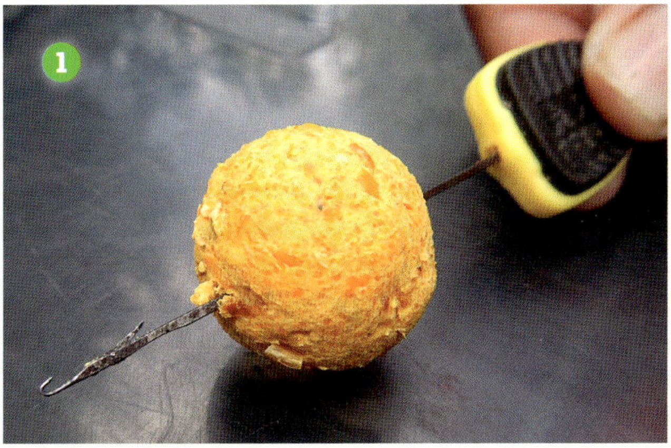

1 *Den Boilie (oder alternativ Partikel) auf eine Boilienadel schieben.*

2 *Nun hängt man die Schlaufe am Ende des Haarvorfachs in den Karabiner der Nadel.*

3 *Köder aufs Haar schieben und mit Boiliestopper gegen Herabfallen sichern.*

4 *Der Boilie am Haarvorfach ist einsatzbereit.*

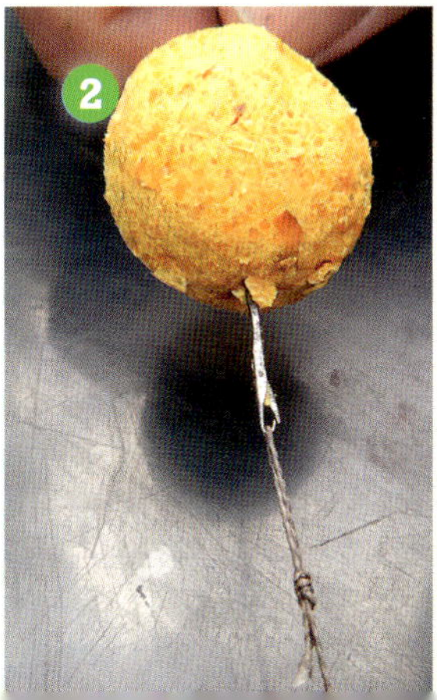

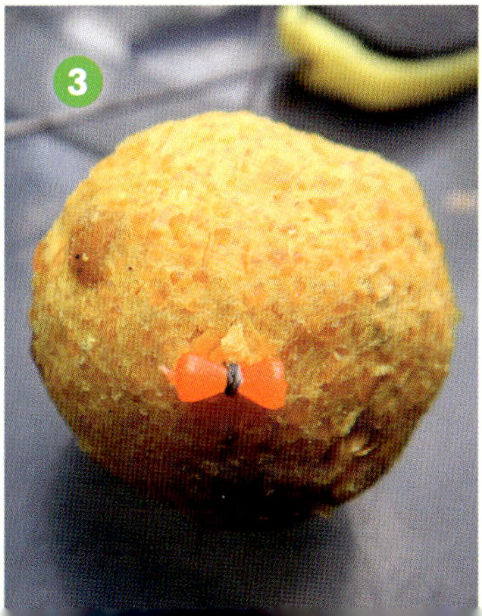

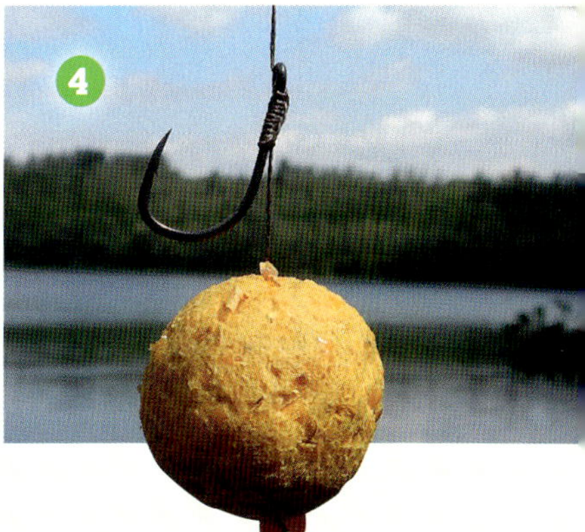

KARPFEN

(Cyprinus carpio)

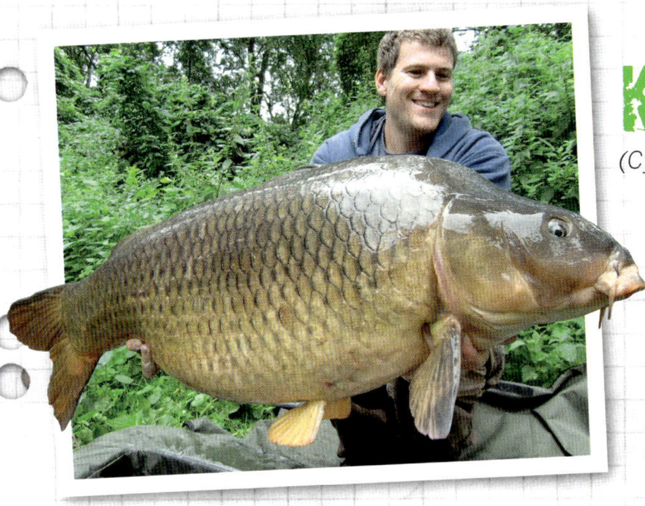

Schuppen- oder Wildkarpfen besitzen einen voll beschuppten Körper.

MERKMALE

Urform ist der schlanke Wildkarpfen mit einem vollständig beschuppten Körper, durch Zucht gibt es heute drei weitere Formen: Schuppenkarpfen (vollständige Beschuppung, teils hochrückig), Zeilkarpfen (große Schuppen entlang der Seitenlinie, hochrückig), Spiegelkarpfen (große, unregelmäßig am Körper verteilte Schuppen, hochrückig), Lederkarpfen (keine oder nur wenige Schuppen), Färbung: braun bis hellgrau-silbrig, Länge über 1 Meter, Gewicht über 40 Kilo

LEBENSRAUM

Teiche, Seen und Flüsse (langsame bis mäßige Strömung), Gewässer mit weichem Boden und reichem Pflanzenvorkommen

LEBENSWEISE

Vorwiegend in Grundnähe zu finden, zeitweise auch an der Oberfläche (Sommer), tag- und nachtaktiv, Nahrung: Insektenlarven, Muscheln, Schnecken, Würmer, Krebse, auch pflanzliche Nahrung

ANGELTECHNIKEN

Sehr variabel zu beangeln, Grundangeln und Posenfischen mit Naturködern (Teig, Mais, Wurm, Boilies, Hundefutter), Oberflächenangeln mit schwimmenden Ködern (Brot)

KARPFENARTEN

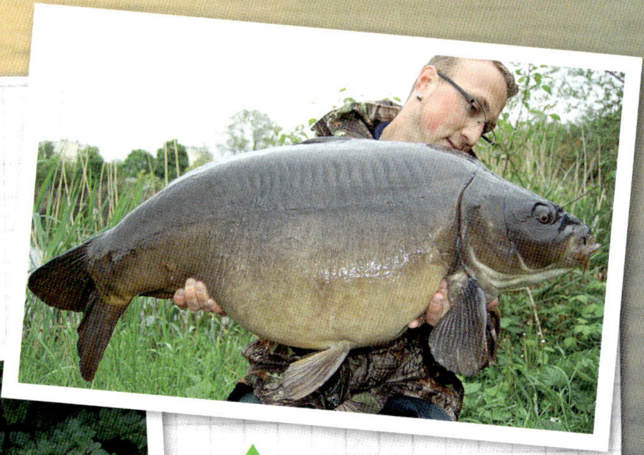

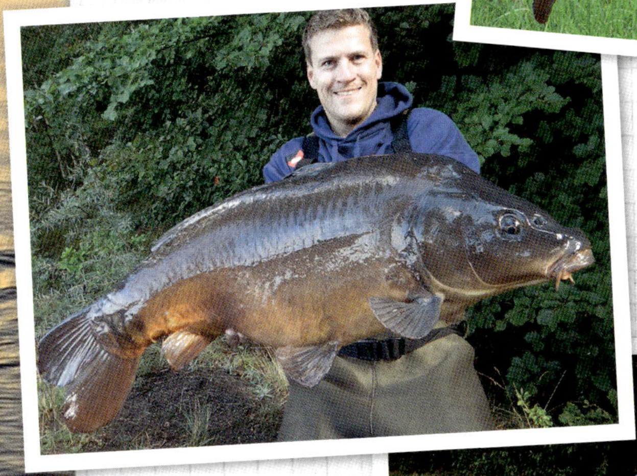

Am Körper des Lederkarpfens befinden sich nahezu keine Schuppen.

Der Spiegelkarpfen verfügt nur über vereinzelte Schuppen.

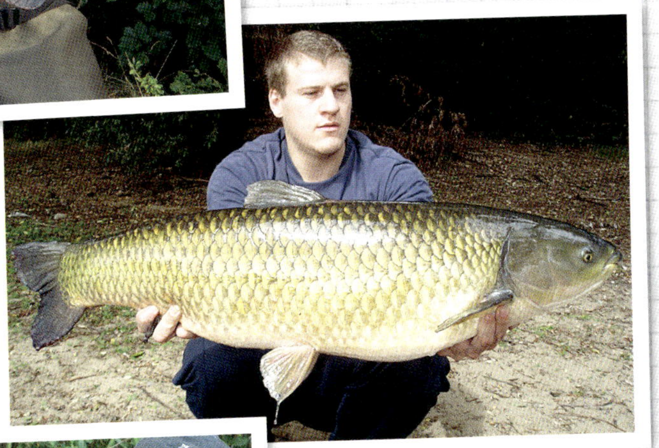

Graskarpfen haben einen langgestreckten Körper und können bis zu 120 Zentimeter lang werden.

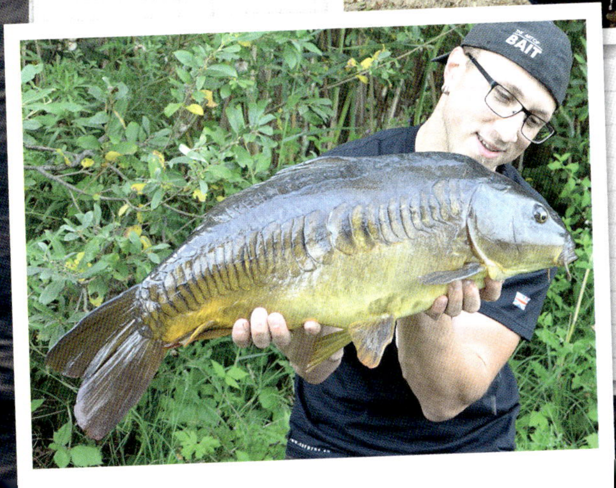

Unter Karpfenanglern sehr begehrt: der Zeilkarpfen mit seinen über die Flanken verlaufenden Schuppenreihen.

Beim Raubfischangeln wird der Jäger zum Gejagten – ein fast unwiderstehlicher Reiz, dem sich kaum ein Angler entziehen kann. Sogar begeisterte Friedfischangler greifen gerne gelegentlich zur Raubfischrute. Klar, die Anzahl der Bisse hält sich allgemein in eher engen Grenzen. Aber kommt der Biss, dann reißt er den müdesten Angler aus der Lethargie. Vielleicht ist es der Ruck in der Rute beim Spinnfischen oder das plötzliche Ablaufen der Schnur beim Grundangeln. In jedem Fall steigt der Blutdruck schlagartig.

KAPITEL 5

ECHT BISSIG – ANGELN AUF RAUBFISCHE

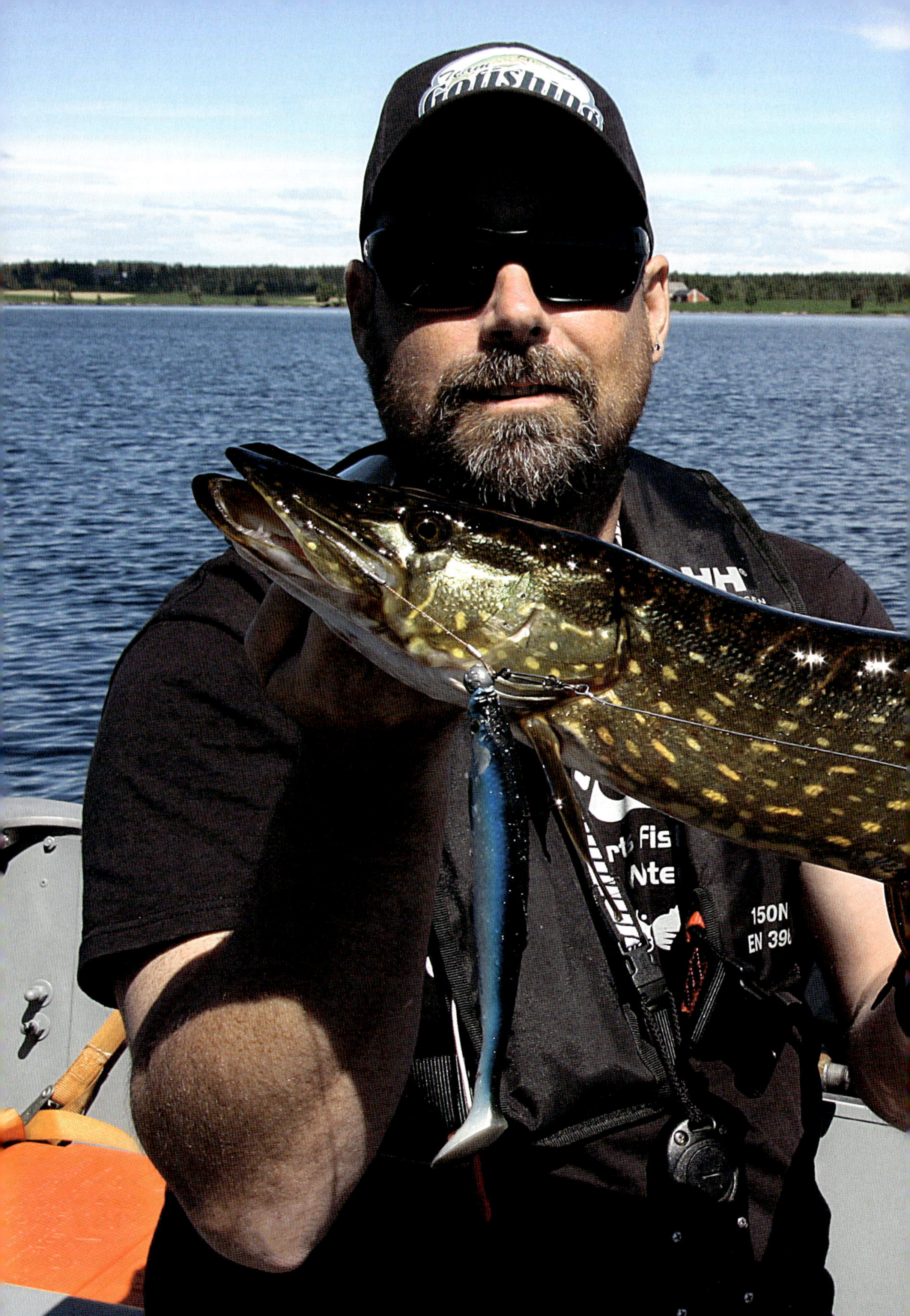

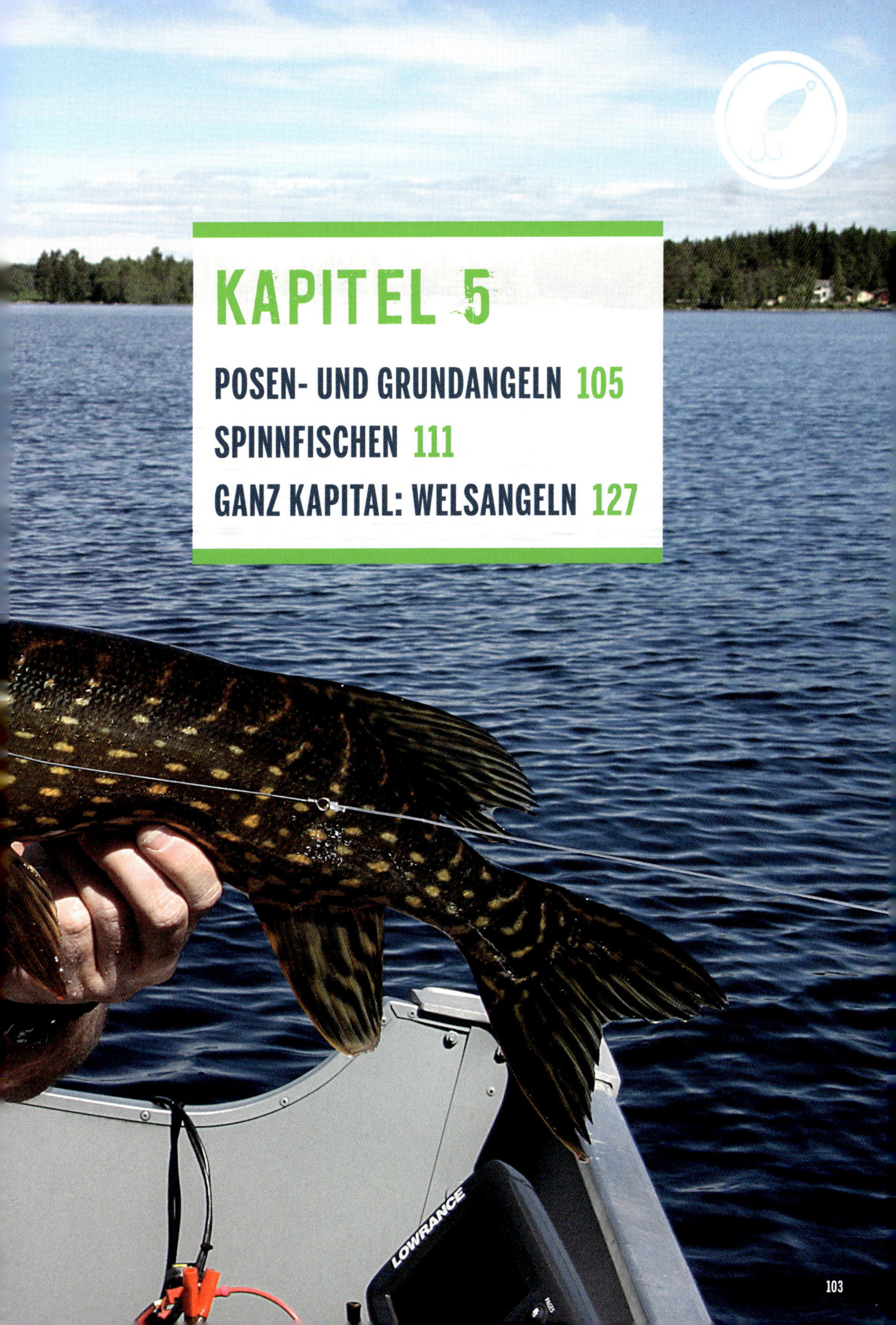

KAPITEL 5

JAGD AUF JÄGER

Fragt man Neulinge nach bestandener Angelprüfung, welche Fischarten sie am liebsten fangen würden, kommt die Antwort meist wie aus der Pistole geschossen: Hecht und Zander. Diese beiden Raubfische stehen also auf der Beliebtheitsskala ganz oben – und das nicht nur bei Einsteigern. **Die Mehrheit der Angler widmet sich Räubern wie Hecht und Zander, aber auch Barsch, Wels und Aal.**

Für die Faszination Raubfischangeln sind mehrere Faktoren verantwortlich. Zum einen ist es für den Angler reizvoll, einem Fisch nachzustellen, der wiederum auch ein Jäger ist. Ein Hecht mit zähnestarrendem Maul, der in seinem Unterstand lauert und plötzlich wie ein Torpedo nach vorne schießt, um sich ein vorbei schwimmendes Rotauge zu schnappen. Oder farbenprächtige Barsche, die im Rudel auf Jagd gehen, Futterfische zusammentreiben und dann effektiv zuschlagen – solche Fische faszinieren und ziehen den Angler in ihren Bann.

Ein weiterer Grund für die Attraktivität des Raubfischangelns besteht darin, dass der zu erwartende Fang besonders lecker schmeckt. Was hättest du lieber auf dem Teller – ein Brassen- oder Zanderfilet? Diese Frage ist für die meisten Angler schnell und einfach beantwortet.

Ähnlich wie das Friedfischangeln ist die Jagd nach den Raubfischen mittlerweile sehr facettenreich: Früher wurde fast nur mit einem **Naturköder** geangelt, wie dem klassischen Köderfisch. Als **Kunstköder** kam allenfalls ein Blinker zum Einsatz, der durch den See oder den Fluss geleiert wurde. Heute hat sich die Kunstköderfischerei auf dem Raubfischsektor neben dem Köderfisch jedoch längst etabliert. Man kann sogar behaupten, dass moderne Kunstköder, wie Wobbler in ihren verschiedenen Ausführungen und Gummi-

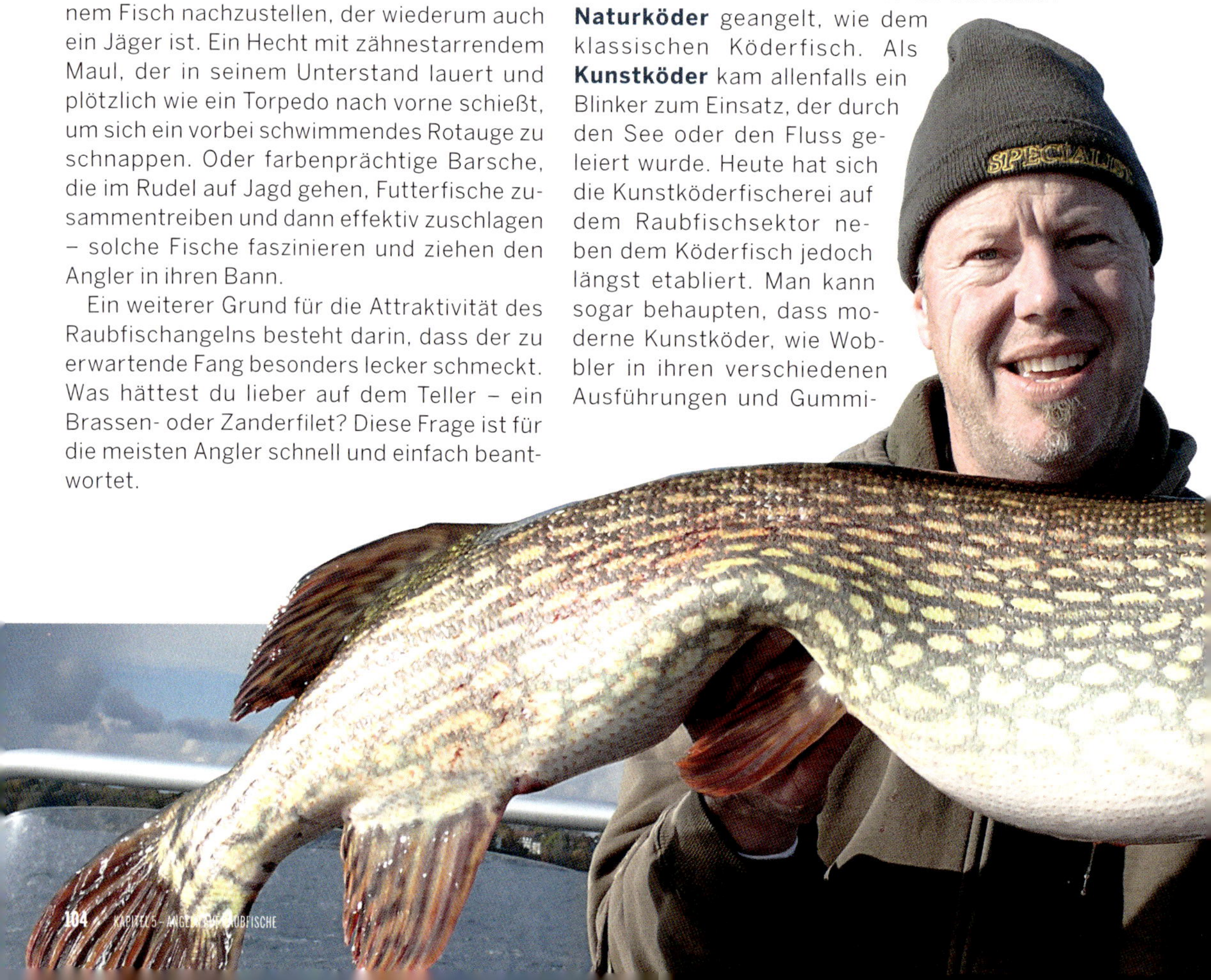

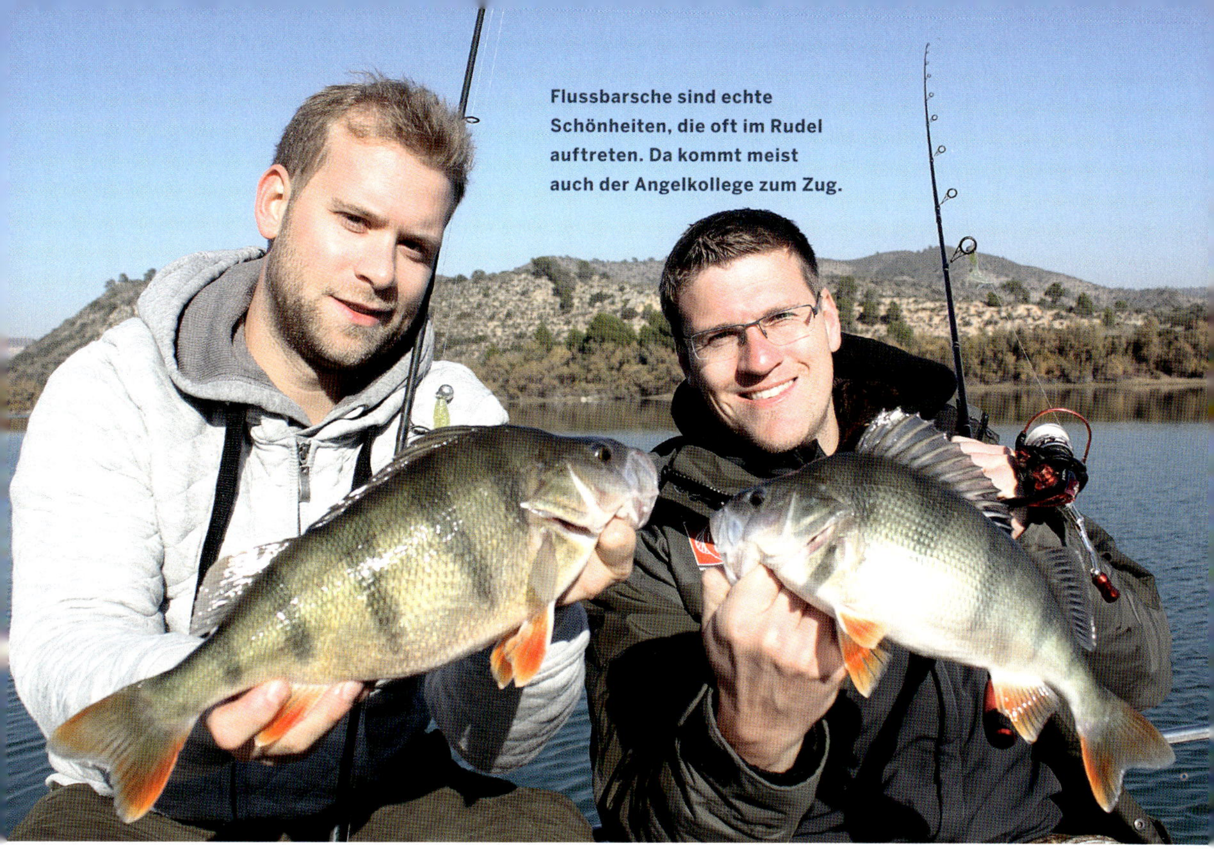

Flussbarsche sind echte Schönheiten, die oft im Rudel auftreten. Da kommt meist auch der Angelkollege zum Zug.

köder, dem an der Posenmontage angebotenen Köderfisch den Rang abgelaufen haben.

Aber die optimale Methode, die unter allen Bedingungen Hecht, Zander und Barsch an den Haken bringt, gibt es nicht. Ob Ansitz mit Köderfisch, Spinnfischen mit Blinker und Wobbler oder die moderne Dropshotmethode: **Jede Vorgehensweise hat ihren Reiz – für den Angler und den Fisch.**

Der Hecht ist für die meisten Angler der Zielfisch Nummer 1.

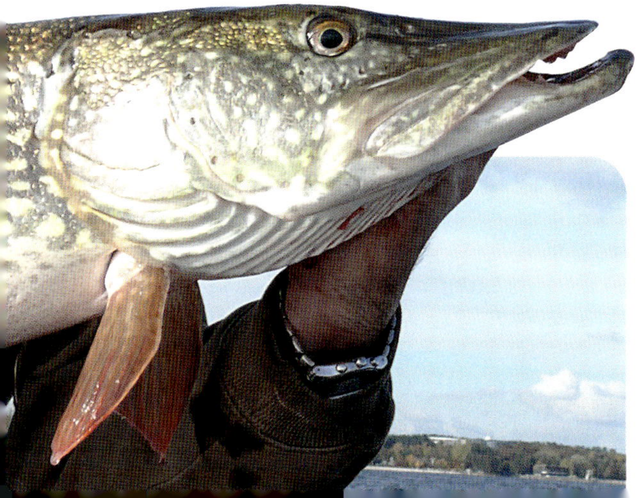

POSEN- UND GRUNDANGELN

Das Raubfischangeln mit Pose- oder Grundmontage gehört zu den klassischen Angeltechniken. Und diese Methoden bringen auch heutzutage noch Fische an den Haken. Man kann auf diese Weise nahezu alle Raubfischarten fangen: Vom Aal über den Hecht bis hin zum Zander. Beliebtester und fängigster Köder fürs Posen- oder Grundangeln ist der Köderfisch, sprich also ein Weißfisch wie etwa ein Rotauge oder ein Brassen im maulgerechten Format für die angepeilte Fischart.

AUF ZUR RÄUBERJAGD!

Barsche werden nicht so groß wie Zander oder Hechte und werden entsprechend auch mit kleineren Köderfischen beangelt: Längen bis etwa 10 Zentimetern haben sich bewährt. Wer es auf den Meter-Hecht abgesehen hat, kann einen größeren Köderfisch anbieten: 15 oder 20 Zentimeter darf der Fisch dann problemlos messen.

Die Ködergröße beziehungsweise das Ködergewicht sollte man bei der Posenwahl beachten. Ein handlanges Rotauge kann man kaum an einer Friedfischpose mit drei oder

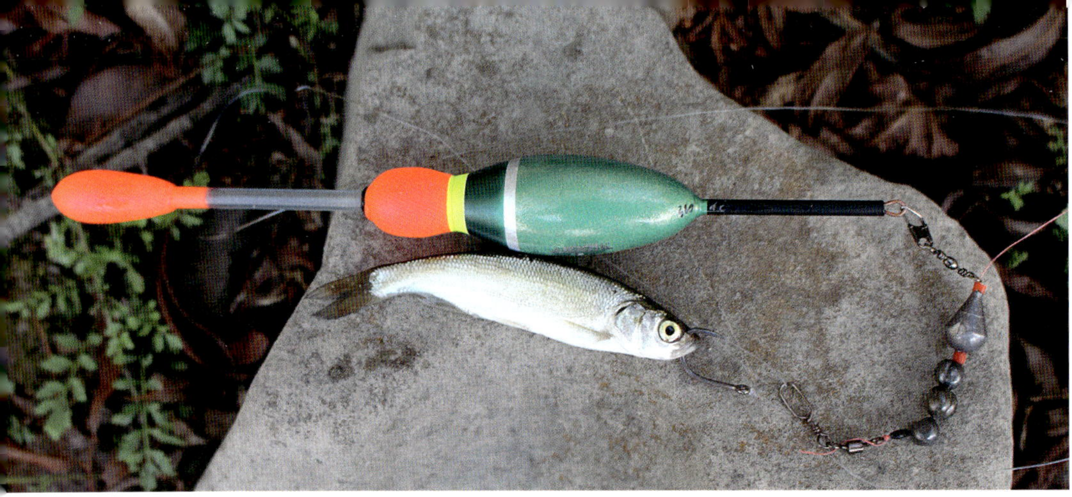

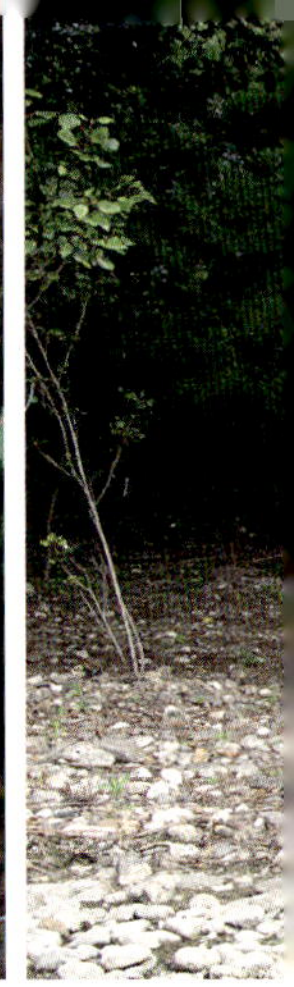

Eine Laufposenmontage mit kleinem Köderfisch fürs Angeln auf Zander. Wer es auf Hechte abgesehen hat, sollte anstelle des Monofilvorfachs bissfestes Material verwenden.

vier Gramm Tragkraft präsentieren. Im Fachhandel gibt es spezielle Posen fürs Raubfischangeln mit mehr Auftrieb.

Individuell anpassen sollte man auch die Hauptschnur und das Vorfach. Barsche werden im besten Fall etwa 50 Zentimeter lang, da kann man mit einer 0,20er Hauptschnur angreifen. Große Hechte knacken locker die Meter-Marke und bringen 20 oder sogar 30 Pfund auf die Waage. Da darf es schon eine 0,30er Monofilschnur auf der Rolle sein, um nach dem Drill nicht mit leeren Händen dastehen zu müssen. Und nicht zu vergessen: Im Maul des Hechtes befinden sich rasiermesserscharfe Zähne, die mit einem Monofilvorfach kurzen Prozess machen.

Beim Hechtangeln mit Köderfisch ist deshalb ein bissfestes Vorfach, etwa aus Stahl, Pflicht. Wähle das Vorfach nicht zu kurz, mindestens 15 Zentimeter sollten es schon sein. Inhaliert der Hecht den Köderfisch tief, kann es beim Einsatz eines zu kurzen Vorfachs passieren, dass die Zähne mit der Hauptschnur in Berührung kommen – und dann zieht der Angler meist den Kürzeren.

Man sollte den Köderfisch an der Posenmontage dort anbieten, wo die Fische auch fressen. Zander gehen meist knapp über Grund auf Beutezug. Hechte und Barsche fressen in unterschiedlichen Wassertiefen. Beobachte deshalb das Gewässer und variiere die eingestellte Tiefe der Posenmontage.

NATÜRLICHES FÜR RÄUBER

In Deutschland ist das Angeln mit dem lebenden Köderfisch seit vielen Jahren verboten. Man muss also auf tote Köderfische zurückgreifen. Das bedeutet eine Einschränkung für den Posen- und Grundangler. Denn ein am Haken zappelndes Rotauge sendet mehr Reize aus und ist für den Räuber häufig attraktiver als ein lebloses Rotauge.

Das heißt aber nicht, dass das Angeln mit dem Köderfisch aussichtslos ist. Der Angler

LINKS: *Ein paar Schnitte in der Flanke des Köderfisches sorgen dafür, dass im Wasser lockende Geruchsstoffe freigesetzt werden.*

MITTE: *Eine einfache Grundmontage mit Laufblei für das Grundangeln im Stillwasser. Fischt man in der Strömung, sollte das Blei so schwer gewählt werden, dass es die Montage an der Stelle hält.*

RECHTS: *Kleinere Köderfische kann man an einem Einzelhaken anködern. Er lässt sich besser aus dem Räubermaul lösen als ein System aus mehreren Haken.*

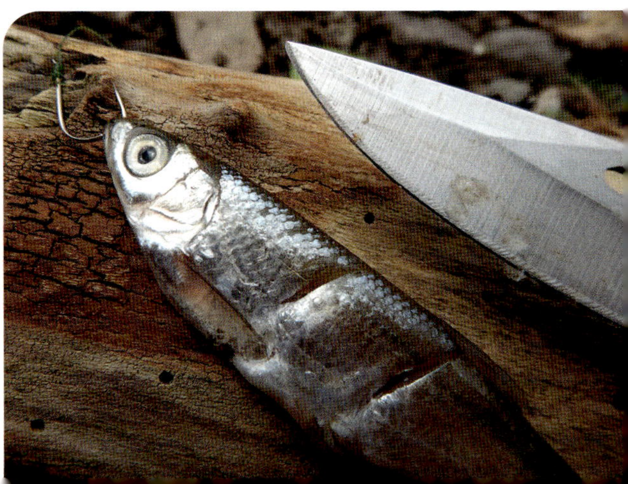

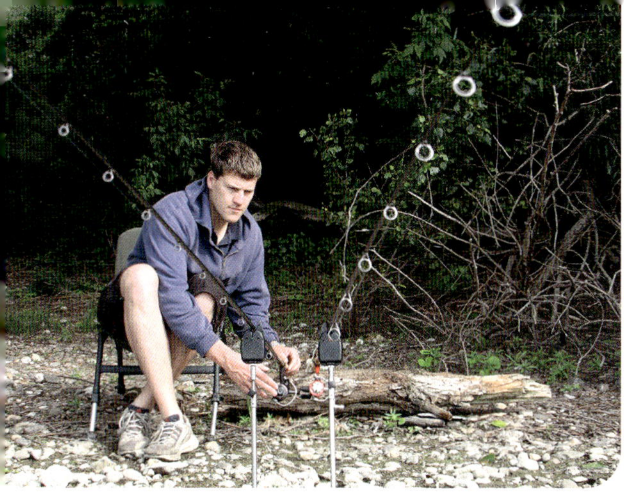

Ansitzangeln auf Raubfisch, hier mit der Grundmontage, ist eine gemütliche Sache – aber nur bis zum Biss.

muss nur dafür sorgen, dass der Köderfisch seine Attraktivität erhöht.

Das funktioniert besonders gut, indem man die Flanke des Fischchens mit Hilfe eines Messers anritzt. So werden im Wasser lockende **Geruchs- und Geschmackstoffe** freigesetzt. Außerdem haben mir viele Angler berichtet, dass sie auf tote Köderfische vermehrt große Zander und Hechte fangen. Die Kapitalen scheinen nicht unnötig Energie bei einer kräftezehrenden Jagd verschwenden zu wollen. Sie sammeln scheinbar lieber einen toten Fisch ein. Der ist genauso lecker, aber der Aufwand, um ihn zwischen die Zähne zu bekommen, ist deutlich geringer.

FRISCHES FLEISCH FÜR HECHT UND ZANDER

Trotz Verbot des lebenden Fischens ist es also nach wie vor Erfolg versprechend, den Räubern mit dem Köderfisch auf die Schuppen zu rücken.

Eine meiner Lieblingsangeltechniken für den Raubfischfang ist das Grundangeln mit Köderfisch. Besonders auf Zander ist diese Technik sehr fängig. Denn wie schon beschrieben, raubt der Zander meist in Grundnähe – und dort kann man ihn mit Hilfe einer Grundbleimontage auch sehr gut fangen. Eine einfache und fängige Grundmontage fürs Zanderangeln ähnelt der im Kapitel Friedfischangeln beschriebenen Laufbleimontage, nur mit einer 0,24er Hauptschnur und einem Vorfach in der gleichen Stärke oder leicht dünner. Die Vorfachlänge beträgt etwa 80 Zentimeter. Beißen die Zander vorsichtig, was besonders im Stillwasser häufig passiert, sollte man die Vorfachlänge noch ein bisschen erhöhen. So spürt der Fisch beim Biss weniger Widerstand.

Einen Köderfisch auf den Grund zu legen, kann funktionieren. Denn die Zander picken auch gerne ein Fischchen vom Grund auf. Wer dafür sorgen möchte, dass der Köderfisch sinkt, sollte ihm zur Sicherheit mit Hilfe einer Injektionsnadel die Schwimmblase durchstechen.

Persönlich lasse ich den **Köderfisch** jedoch am liebsten ein Stück **auftreiben**. Das hat zwei Vorteile: Zum einen wird er von den Räubern besser gesehen und man darf auf einen schnellen Biss hoffen. Zum anderen bietet Auftrieb einen gewissen **Schutz vor Tieren,** die keine Flossen besitzen, aber ein Fischchen dennoch zum Fressen gern haben. Gemeint sind Wollhandkrabben oder Krebse. Diese Plagegeister fallen sofort über einen auf dem Grund liegenden Köderfisch her und ha-

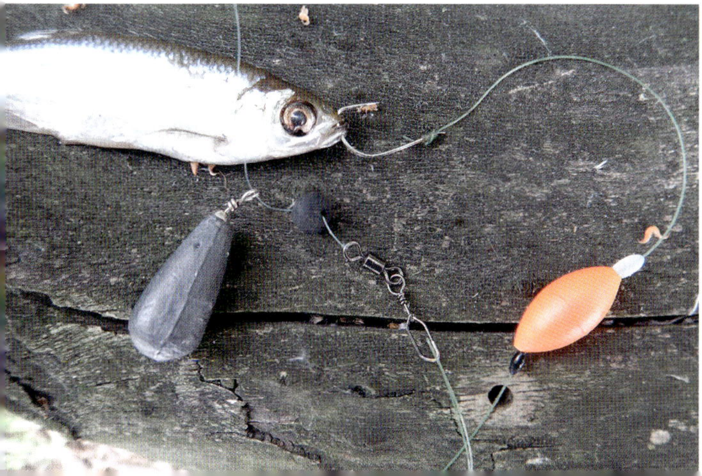

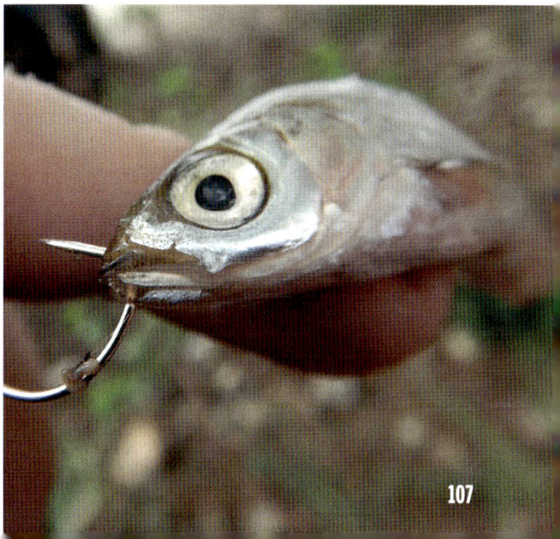

STECKBRIEF: FRIEDFISCHE

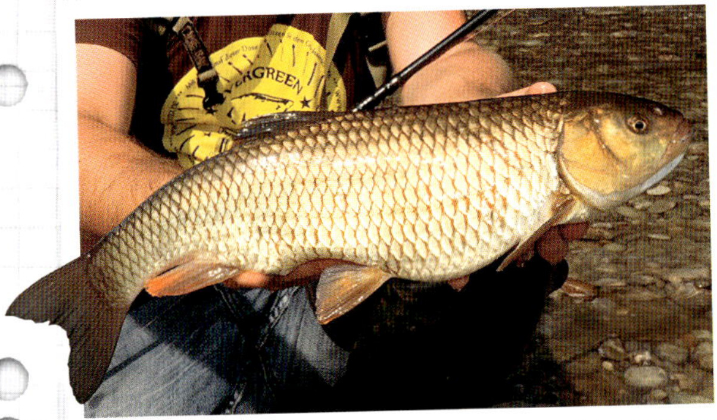

DÖBEL

(Squalius cephalus)

Der Döbel ist fast so etwas wie der Bruce Willis der Fischwelt. Er wirkt auch ohne Feinripp-Unterhemd wirklich robust und überzeugt durch eine kraftvolle Statur. Tatsächlich beeindruckt der im süddeutschen Raum auch Aitel genannte Fisch durch eine beinahe unvergleichliche Zähigkeit, wenn es um das Überleben auch unter widrigen Umständen geht. Wo andere Fische aufgrund von Gewässerverschmutzung längst die Flossen gestreckt haben oder in verbauten Flüssen keine Fortpflanzungs-Möglichkeit mehr finden, da ist der Döbel noch immer präsent und bietet ein sehr lohnenswertes Ziel für Angler.

MERKMALE

Langgestreckter Körper, großer, breiter Kopf, endständiges Maul, Rand der Afterflosse nach außen gewölbt, netzartiges Schuppenkleid, Färbung silbern bis silbrig-grau, Brust-, Bauch- und Afterflosse leicht rötlich, Länge bis 60 Zentimeter

LEBENSWEISE

Meist in der Nähe der Wasseroberfläche zu finden, jüngere Fische leben gesellig, ältere Exemplare sind eher Einzelgänger, großes Nahrungsspektrum von Insekten über Früchte, Laich und Krebse bis hin zu Kleinfischen

LEBENSRAUM

Fließgewässer, selten in Seen und im Brackwasser

ANGELTECHNIKEN

Sehr variabel zu beangeln: Oberflächenangeln (Brot), Grund- und Posenangeln sowie Spinn- und Fliegenfischen

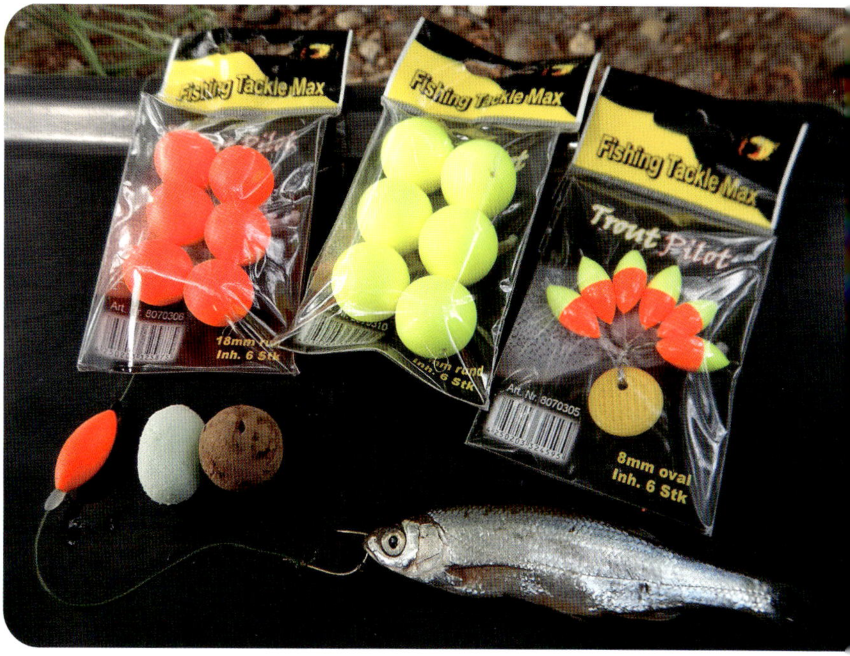

Mit einem Auftriebskörper auf dem Vorfach schwebt der Köderfisch über dem Grund und wird von den Räubern besser wahrgenommen. Man kann dafür Pilotposen, aber auch Korkkugeln oder selbst gebaute Auftriebskörper verwenden.

ben ihn in Windeseile zerstückelt. Dann angelt man ohne Köder oder hakt im schlimmsten Fall noch eine dieser Nervensägen. Ein auftreibender Köderfisch bietet zwar auch keinen einhundertprozentigen Schutz vor den Krabben- oder Krebsattacken, aber so macht man ihnen das Leben etwas schwerer und verlängert die Haltbarkeit des Köderfisches.

Als Auftriebskörper verwende ich so genannte **Pilotposen**, die man im Angelladen kaufen kann. Sie werden aufs Vorfach gefädelt und mit zwei Stoppern gegen das Verrutschen gesichert. Durch Verschieben der Auftriebskörper, kann man die Höhe variieren, in welcher der Köderfisch schwebt. Wer es günstiger möchte, kann Auftriebskörper auch aus Kork oder anderen schwimmenden Materialien selbst herstellen.

Fürs Zanderangeln verwende ich etwa 10 Zentimeter lange, schlanke Köderfische, die an einem Einzelhaken der Große 2 oder 4 im Maulbereich angeködert werden. Drillinge verwende ich beim Zanderangeln nicht so gerne, auch wenn ich mit einer Kombination aus Drilling und Einzelhaken wahrscheinlich weniger Fehlbisse zu verzeichnen hätte. Für den Einzelhaken spricht, dass er sich leichter lösen lässt.

Beim Angeln mit Köderfisch muss man, ob Grund- oder Posenmontage, **dem Räuber beim Biss immer etwas Zeit geben und ihn Schnur nehmen lassen** (am besten mit geöffnetem Rollenbügel). Setzt man sofort den Anhieb, kann es passieren, dass der oder die Haken nicht richtig greifen. Wartet man zu lange, hat der Räuber das Fischchen häufig ziemlich tief geschluckt. Es ist also gar nicht so leicht, den richtigen Moment für den Anhieb zu finden.

Verwendet man ein System aus mehreren Einzelhaken oder sogar eine Kombination aus Einzelhaken und Drilling, lassen sich die Haken nur schwierig aus dem Schlund des Fisches lösen. Gerade bei kleineren Zandern, die das Mindestmaß noch nicht erreicht haben, ist das Risiko von lebensbedrohlichen Verletzungen dann groß. Setzt man einen so verletzten Räuber vorschriftsgemäß zurück, wird er wahrscheinlich verenden. Einen Einzelhaken hingegen kann man relativ problemlos lösen und so das Risiko minimieren, kleine Fische zu verangeln. Sicherlich sollte man sich auch beim Fischen mit Einzelhaken mit dem Anhieb nicht unnötig lange Zeit lassen.

HAB DICH ZUM FRESSEN GERN!

Beim Hechtangeln kommt man an den schon genannten größeren Köderfischen nicht vorbei. Ein 15 oder gar 20 Zentimeter langes Rotauge nur am Einzelhaken anzubieten impliziert eine hohe Fehlbissquote. Hier kommt

AUFTRIEBSKÖRPER MARKE EIGENBAU

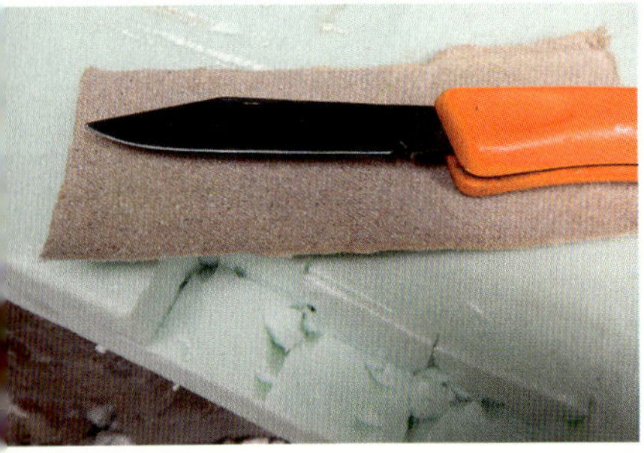

Für den Bau von Auftriebskörpern benötigt man eine Styrodurplatte (aus dem Baubedarf), Schmirgelpapier und ein Messer.

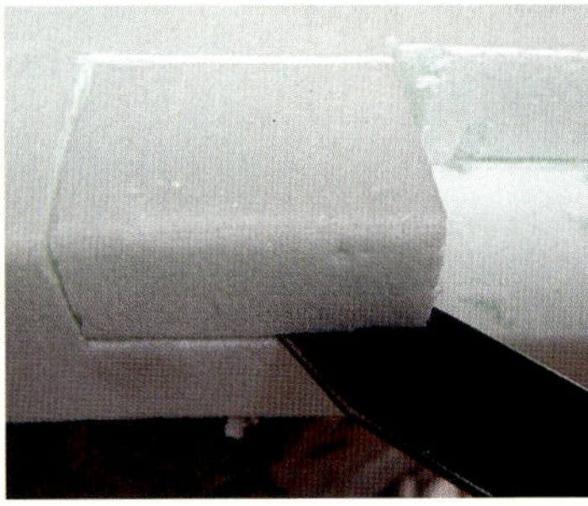

Das Messer wird benötigt, um ein Stück aus der Styrodurplatte herauszutrennen.

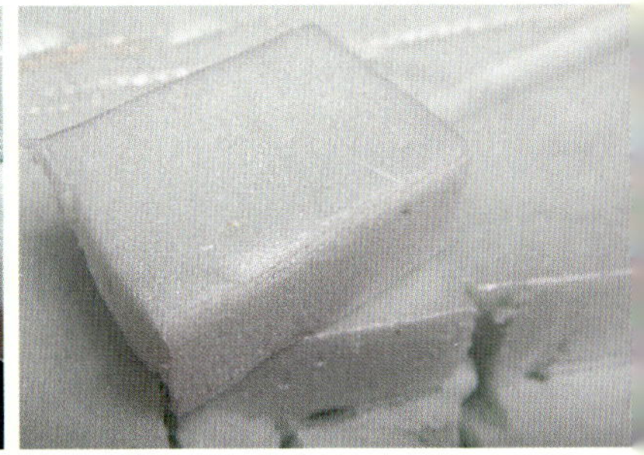

So sieht der Rohling des Auftriebskörpers aus.

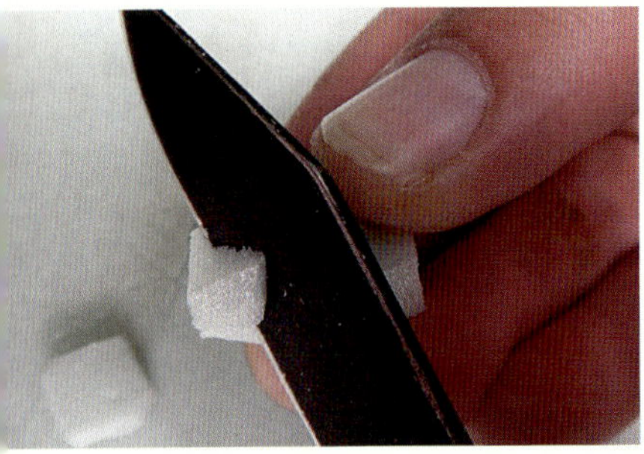

Mit dem Messer wird das Stück grob in Form gebracht.

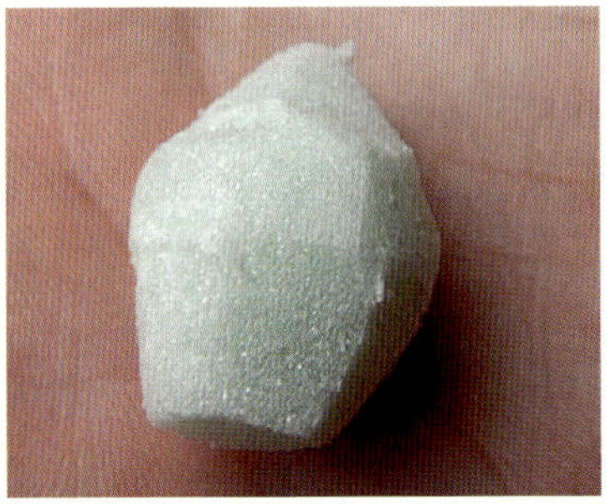

Der Rohling ähnelt nun schon eher dem Endprodukt.

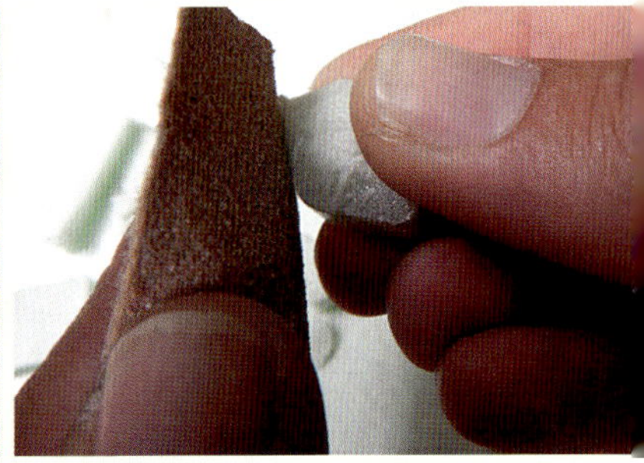

Für die Feinarbeit kommt Schmirgelpapier zum Einsatz.

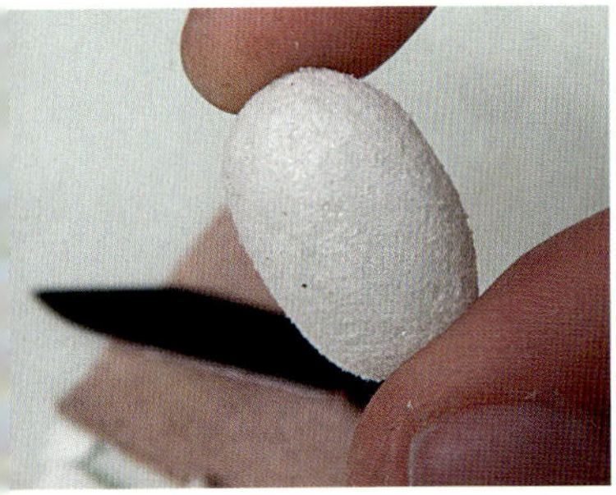

Fertig ist der selbstgebaute Auftriebskörper.

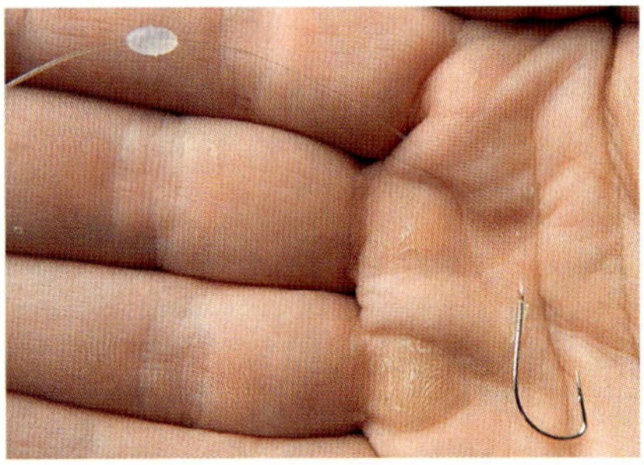

Nun zieht man einen Silikonstopper aufs Vorfach. Danach folgt der Auftriebskörper.

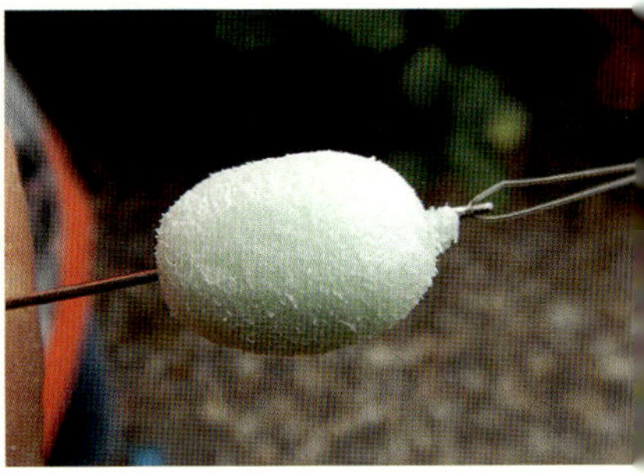

Eine Ködernadel eignet sich als Auffädelhilfe.

Mit Hilfe eines zweiten Silikonstoppers wird der Auftriebskörper auf dem Vorfach fixiert.

Jetzt noch das Fischchen anködern und schon kann's losgehen.

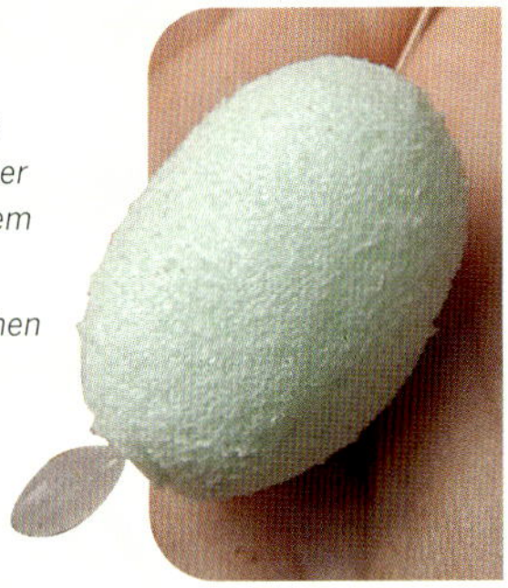

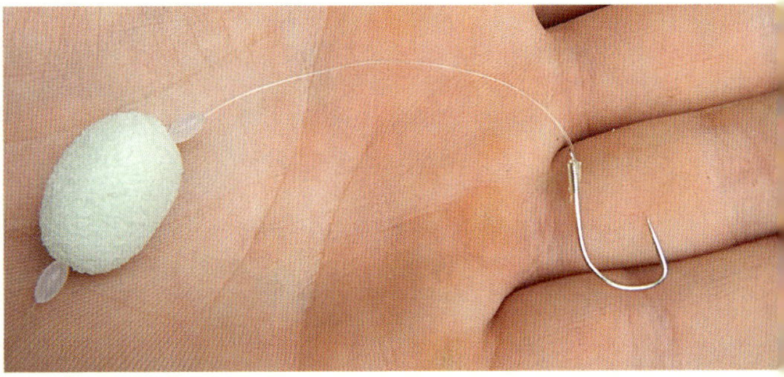

man an einem System aus mehreren Haken nicht vorbei. Gerade für den Einsteiger ist die Herstellung eines solchen Systems nicht leicht. Abhilfe schaffen fix und fertig geknüpfte Systeme, die im Fachhandel erhältlich sind. Für das Angeln mit Köderfisch empfehle ich unbedingt **eine lange Lösezange**. Hiermit kommt man auch tief ins Räubermaul und kann Haken einfacher lösen.

SPINNFISCHEN

Im Gegensatz zum eher gemütlichen Ansitzangeln mit Grundblei oder Pose **handelt es sich beim Spinnfischen um eine aktive Methode.** Man benötigt relativ wenig Ausrüstung und ist ständig in Bewegung: Interessante Plätze und Bereiche im Gewässer werden nach hungrigen Räubern abgesucht. Man wirft den Köder nicht aus und wartet danach, was passiert, sondern haucht dem Kunstköder während dem Einholen so etwas wie Leben ein. Man lässt ihn verführerisch im Wasser spielen und spricht damit den Jagdtrieb des Räubers an. Bleiben die Bisse aus, wird nach ein paar Würfen ein neuer Platz gesucht. Spinnfischer sehen das Angeln zurecht auch als Herausforderung an sich selbst und ihre anglerischen Fähigkeiten.

... UND ACTION!

Ein zweiter Faktor, der den Reiz des Spinnfischens ausmacht, ist der Moment des Bisses. Wenn ein Räuber den Spinnköder attackiert, ist Action angesagt. Fischt man mit Gummifisch auf Zander ruckt es beim Biss in der Rute, man spricht auch vom charakteristischen »Tock«, das viele Angler so fasziniert. Mindestens genauso spektakulär ist es, wenn ein kapitaler Hecht auf den Blinker oder Wobbler knallt und kurze Zeit später aus dem Wasser springt. **Mehr Spannung geht kaum – da ist der Adrenalinkick garantiert.**

TIEFGEKÜHLTER VORRAT

Vor dem Angeln frische Köderfische zu fangen, kostet wertvolle Zeit. Deshalb kann man einen Vorrat an Köderfischen einfrieren. Gerade wenn man mehrere kleine Fischchen zusammen in einer Tüte einfriert, entsteht ein Klumpen, aus dem sich die Köderfische nur schwer einzeln lösen lassen. Um das zu verhindern, **gibt man die Fischchen einzeln in die Finger eines Einmalhandschuhs** (erhältlich etwa an der Tankstelle) und friert den gefüllten Handschuh in einer Tüte ein. So lassen sich die Köderfische am Angeltag einfach und schnell entnehmen.

PROBIER'S MIT WURM

Besonders **Barsche aber auch Forellen,** lassen sich, wenn am jeweiligen Gewässer gestattet, gut mit einem **an der Posenmontage** angebotenen Tauwurm überlisten. Der Wurm wird ein oder zwei Mal auf den Haken gestochen und dann meist im Mittelwasser angeboten. Soll der Fisch den Köder nicht zu tief schlucken, sollte man mit dem Anhieb nicht zu lange warten.

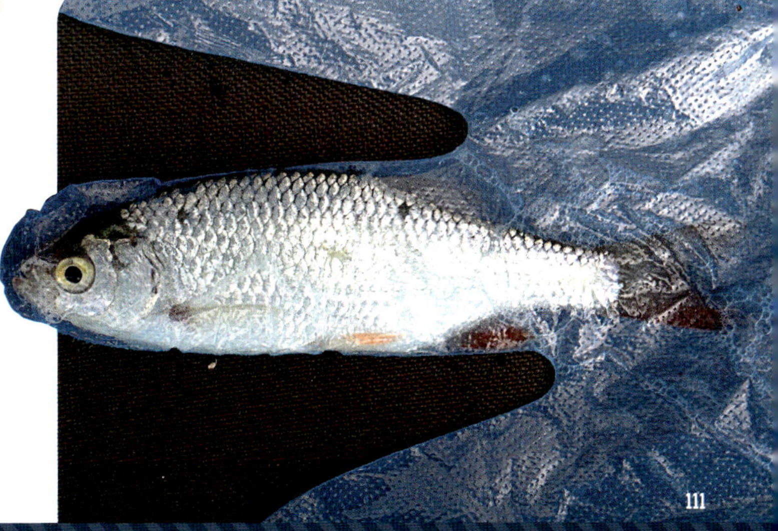

Kleine Köderfische einzeln in die Finger eines Einmalhandschuhs geben und dann einfrieren. So lassen sie sich am Angeltag einfach entnehmen.

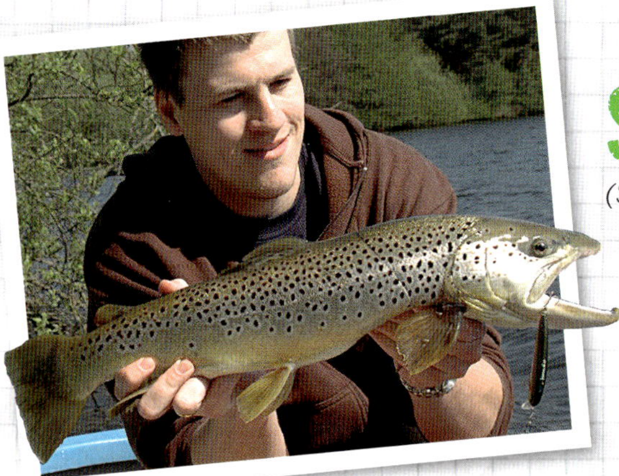

SEEFORELLE

(Salmo trutta lacustris)

Angler, die auf großen und klaren Seen, meist im Gebirge, viele Tage lang den Köder hinter dem Boot herschleppen, haben es meist auf eine Seeforelle abgesehen. Seeforellen sind die Mühe und die lange Zeit des Wartens wert, denn die Silberbarren sehen nicht nur umwerfend schön aus, sondern sind an der Angelrute auch ausdauernde Kämpfer. Weil Seeforellen auch viele Krebse fressen, haben sie häufig leicht rosiges Fleisch. Deshalb weiß dieser Fisch auch auf dem Teller absolut zu überzeugen.

MERKMALE

Körper ähnlich der Bachforelle, Fettflosse, Färbung: Silberfarbene Schuppen mit schwarzen, unregelmäßigen Flecken, Männchen bilden einen Laichhaken aus, Länge bis 140 Zentimeter

LEBENSRAUM

Nicht zu flache und tiefe Seen mit kühlem Wasser im Voralpen- und Alpengebiet, durch Besatz unter anderem auch in Talsperren im Sauerland

LEBENSWEISE

Jungtiere leben vorwiegend in den oberen Schichten des Freiwassers, ältere Exemplare halten sich häufig auch in größeren Tiefen auf, Nahrung: Kleintiere, insbesondere Insekten, erwachsene Tiere ernähren sich vermehrt räuberisch

ANGELTECHNIKEN

Spinn-, Fliegen- und Schleppfischen

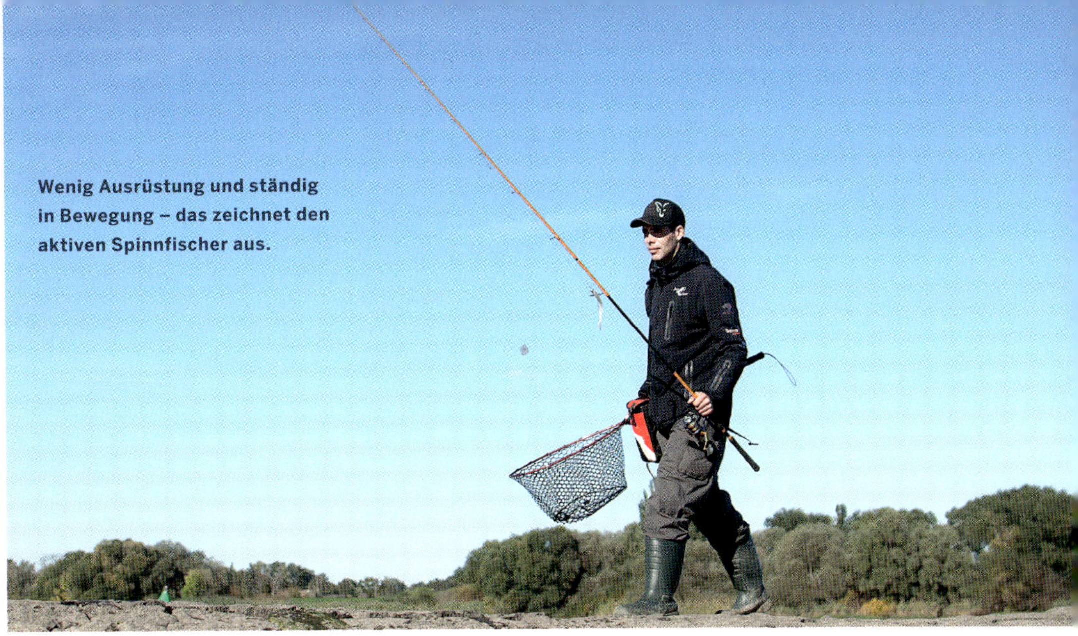

Wenig Ausrüstung und ständig in Bewegung – das zeichnet den aktiven Spinnfischer aus.

Und es gibt noch einen dritten Aspekt, der dazu beiträgt, dass das Spinnfischen mit Kunstködern so beliebt ist. Die Köder sind immer verfügbar. **Box öffnen und ran mit dem Köder an die Schnur.** Das von vielen Anglern als lästig und zeitraubend empfundene Fangen von Köderfischen entfällt.

ALLZEIT BEREIT

Das Spinnfischen hat sich extrem entwickelt und ausdifferenziert: Es gibt mittlerweile unzählige Kunstköder aus Metall, Holz sowie Hart- und Weichplastik: **Blinker, Spinner, Gummifische, Twister und Wobbler** in verschiedenen Formen, Größen und Designs. Der Experimentierfreude des Anglers ist also keine Grenze gesetzt.

Um diese Ködergruppen herum haben sich spezielle Angeltechniken entwickelt, für die optimal angepasstes Gerät erhältlich ist. Da fällt es dem Einsteiger oder Allrounder, der sich nicht auf eine bestimmte Methode festlegen möchte, schwer, den Überblick zu behalten. Grundsätzlich kann man **Kunstköder fürs Spinnfischen** in verschiedene Gruppen einteilen und daran ihr Einsatzspektrum erläutern.

GANZ KLASSISCH: BLINKER UND SPINNER

Blinker und Spinner sind zwar die ältesten Köder fürs Spinnfischen, sie gehören aber noch lange nicht zum alten Eisen. Das Angeln mir diesen beiden Klassikern ist relativ einfach.

Man wirft den **Blinker** aus, lässt ihn absinken und kurbelt ihn ein. Dabei blitzt seine Flanke verführerisch auf und reizt die Räuber zum Biss. Zwischendurch sollte man immer eine Pause, Spinnstopp genannt, einlegen und den Blinker ein Stück in Richtung Grund taumeln lassen. Zieht man den Köder nach dem Stopp wieder an, kommt häufig der Biss.

Die Tiefe, in der ein Blinker läuft, lässt sich variieren, indem man die Absinkphase nach dem Auswerfen verkürzt oder verlängert.

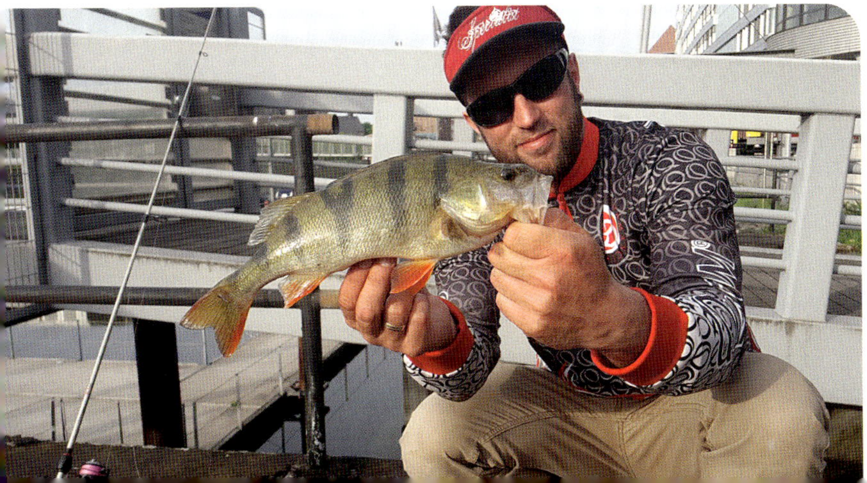

Kaimauern und Steganlagen in Häfen sind gute Reviere fürs Spinnfischen.

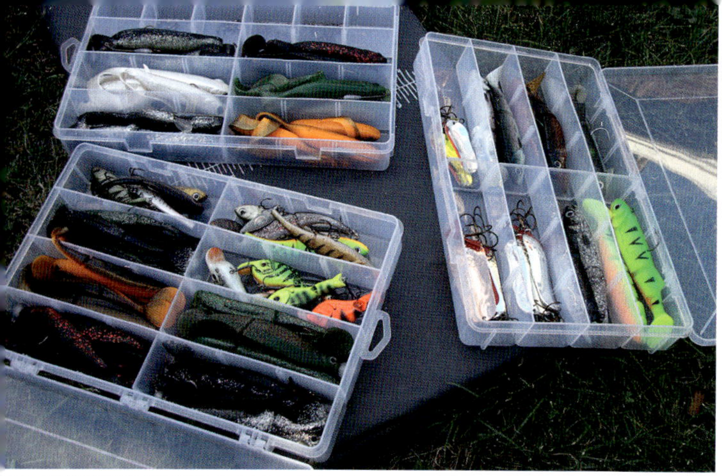

Die Auswahl an Kunstködern ist gewaltig. Da reicht eine Box meist nicht aus, um alles unterzubringen.

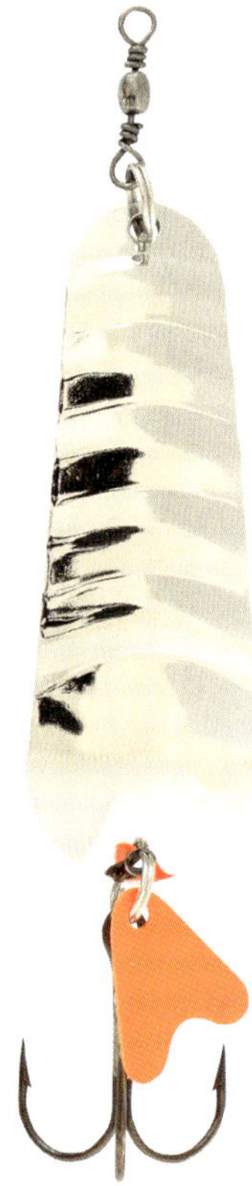

Taumelt und blitzt verführerisch im Wasser – der Blinker.

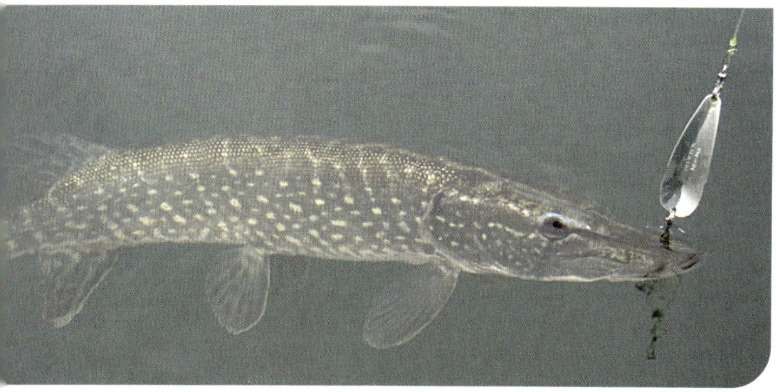

Der klassische Blinker brachte den Hecht an den Haken. Zur Sicherheit sollte man bei gutem Hechtbestand allerdings ein bissfestes Vorfach, etwa aus Stahl, verwenden.

Schließt man nach dem Auswerfen den Rollenbügel und beginnt sofort mit dem Einkurbeln, läuft der Blinker knapp unter der Wasseroberfläche. Wartet man nach dem Aufklatschen des Köders auf der Wasseroberfläche länger, dann läuft der Blinker tiefer. So lassen sich unterschiedliche Wasserschichten absuchen.

Der **Spinner** punktet durch sein Spinnerblatt, das beim Einkurbeln um die eigene Achse rotiert. Aufgrund der daraus resultierenden Schallwellen wird das Seitenlinienorgan des Räubers angesprochen. Der Spinner kann von den Fischen sehr gut geortet werden und provoziert durch seine Kombination aus Druckwelle und optischen Reizen die Bisse.

Wie beim Blinker lässt sich auch beim Spinner die Angeltiefe durch verschiedene Absinkzeiten verändern. Das Rotieren des Spinnerblattes ist bis in die Rute spürbar. Sollte sich das Spinnerblatt nicht drehen, sollte man kurz mit der Rute rucken, um ihn zu aktivieren. Ein nicht rotierendes Spinnerblatt kann auch auf eine verbogene Achse zurückzuführen sein. Dann sollte man versuchen, die Achse wieder gerade zu biegen. Meist läuft der Spinner dann wieder.

Blinker und Spinner sind in unterschiedlichen Größen, Gewichten und Designs erhältlich. Kleine und leichte Modelle eignen sich vorrangig fürs Angeln auf Barsche, aber auch Forellen knallen häufig auf den Spinner. Große Spinner kommen vorrangig beim Hechtangeln zum Einsatz. Wer es auf Hecht abgesehen hat, sollte ohne Frage das schon häufig erwähnte bissfeste Vorfach nicht vergessen. Sonst kann es zu Schnurbruch kommen.

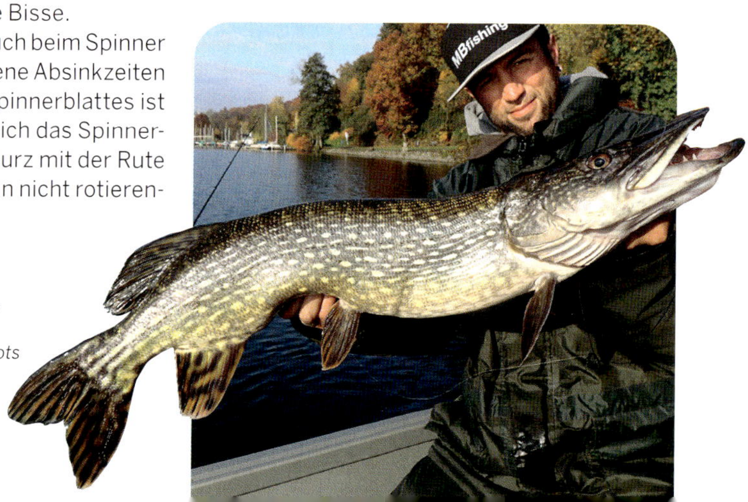

An großen Gewässern ist es von Vorteil, wenn der Spinnangler auf ein Boot zurückgreifen kann. So lassen sich Hotspots besser befischen.

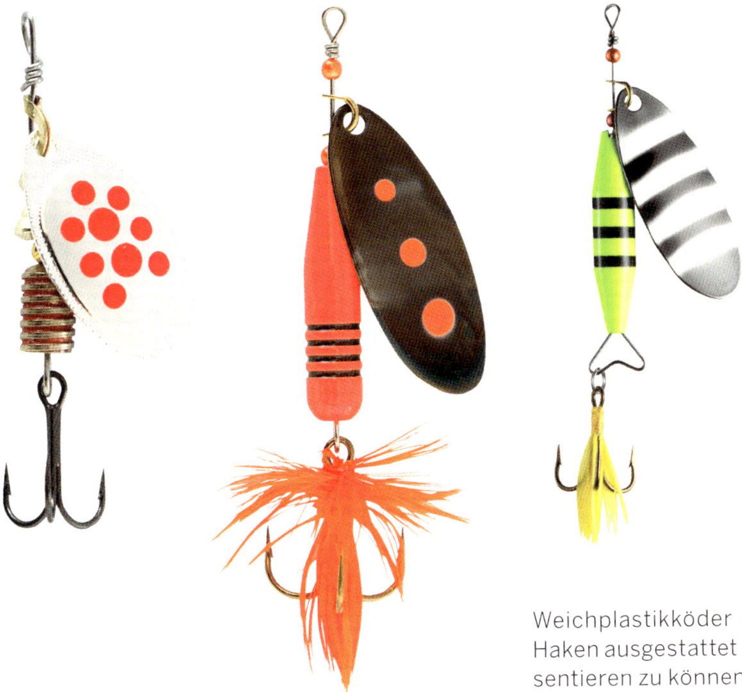

Spinner reizen durch ihr rotierendes Blatt. Sie sind in verschiedenen Größen und Designs erhältlich.

WEICHPLASTIKKÖDER

Gummiköder haben sich einen festen Platz in den Köderboxen der Spinnfischer erarbeitet. Im Gegensatz zu den bereits beschriebenen Blinkern und Spinnern bestehen diese Köder aus Weichplastik, was zwei Vorteile bietet: Weil das weiche Material beim Herstellungsprozess in Formen gegossen wird, haben die Produzenten bei der Gestaltung der Köder freie Hand und es lassen sich viele unterschiedliche Formen und Größen herstellen.

Der größte Vorteil des Weichplastiks besteht aber darin, **dass der Fisch bei einem Fehlbiss nicht verschreckt wird.** Beißt er auf hartes Metall, ist es ziemlich unsicher, ob er noch eine zweite Attacke unternimmt. Bei Gummi sieht die Sache anders aus. Da stehen die Chancen besser, dass der Räuber noch einmal zuschnappt.

Hinzu kommt, dass Gummi günstiger ist als Metall. An Gewässern mit vielen Hindernissen kann es schon ins Geld gehen, wenn man mehrere Blinker abreißen muss. Gummiköder hingegen schonen das Portemonnaie des Anglers.

Weichplastikköder müssen mit Gewicht und Haken ausgestattet werden, um sie fängig präsentieren zu können. Es gibt Gummifische mit einem im Kopfbereich integrierten Gewicht, die meisten Modelle kauft man allerdings solo. Sie müssen noch beschwert und mit einem Haken ausgestattet werden. Dazu eignen sich **Bleiköpfe, auch Jigheads** genannt. Dabei handelt es sich um einen Einzelhaken, an dem sich ein Kopf aus Blei befindet. Der Gummifisch wird auf diesen Jighead gezogen.

GIB GUMMI!

Der Fachhandel bietet dabei nicht nur eine riesige Auswahl an Gummifischen, sondern auch an Bleiköpfen. Der klassische Jighead hat einen runden Kopf, es gibt aber auch andere Formen, wie etwa den Erie- oder Stand Up-Jighead. Die letztgenannten Bleiköpfe sorgen dafür, dass der Gummifisch nach dem Absinken zum Grund leicht nach oben zeigt.

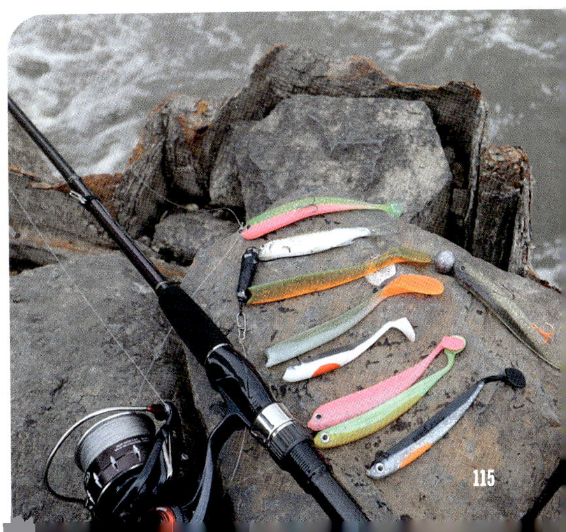

Gummifische, auch Shads genannt, imitieren mehr oder weniger realistisch ein echtes Fischchen.

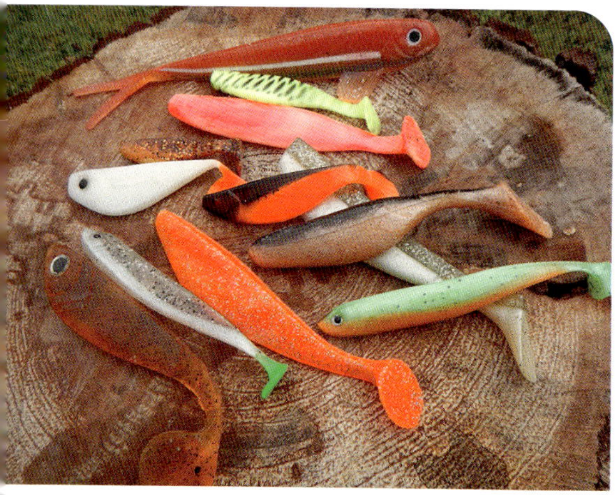

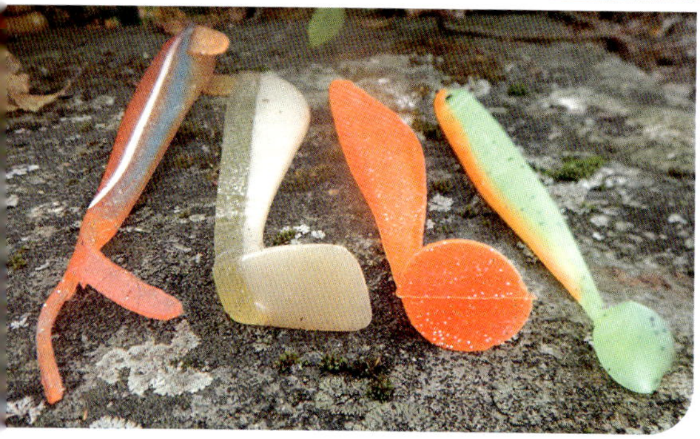

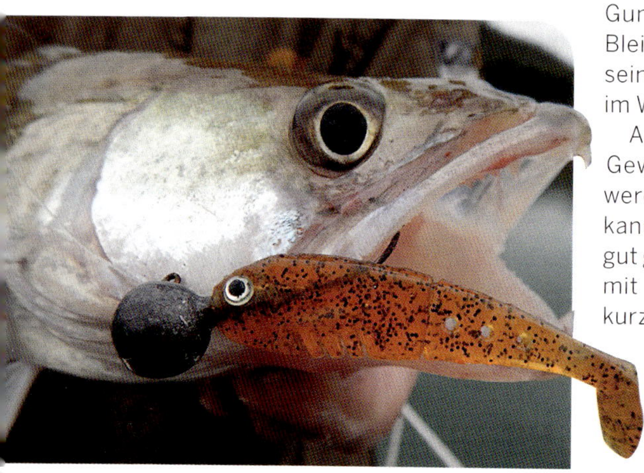

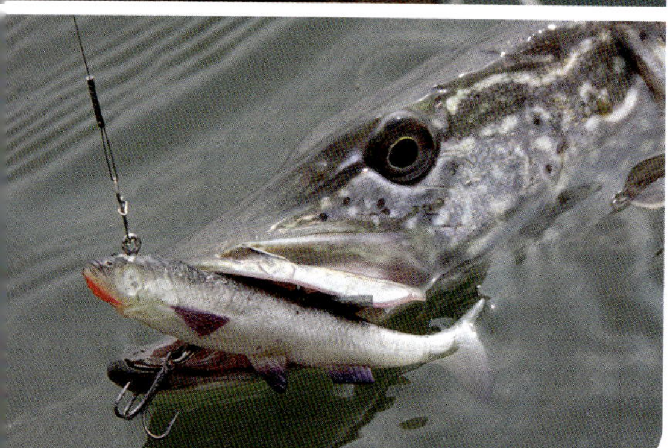

OBEN: *Gummiköder gibt es in unzähligen Formen, Größen und Designs.*

Schwanzvergleich: Links ein Gabelschwanz (V-Tail), der wenig Aktion erzeugt. In der Mitte zwei Gummifische mit Schaufelschwanz (ausgeprägte Vibrationen) und rechts ein Shad mit kleinem Schwanzteller (wenig Aktion). Sind die Fische aggressiv, kann man einen Köder wählen, der ordentlich Alarm macht. Beißen die Räuber vorsichtig, bringt weniger Aktion mehr Bisse.

UNTEN: *Der Gummifisch am Bleikopf ist einer der besten Köder für den Zanderfang.*

Der erste Biss ging ins Leere. Aber vom weichen Gummi ließ sich der Räuber zu einer zweiten Attacke provozieren.

KÖDER-WAHNSINN!

Welches Kopf-Gewicht man wählt, hängt vom Gewässer und von der Ködergröße ab. Möchte man den Köder in einem schnell strömenden Fluss über den Grund hüpfen lassen, benötigt man ein schwereres Gewicht als beim Angeln im Stillwasser. Verwendet man einen relativ großen Gummiköder (um 20 Zentimeter), sollte der Bleikopf schon mindestens 10 Gramm schwer sein, damit der Köder seine lockende Wirkung im Wasser entfalten kann.

Auch die Hakengröße kann bei gleichem Gewicht des Bleikopfes variieren. Meistens werden langschenklige Haken verarbeitet. So kann ein Raubfisch, der den Köder schnappt, gut gehakt werden. Es gibt aber auch Bleiköpfe mit kurzem Hakenschenkel. Setzt man einen kurzschenkligen Haken ein, kann man kürzere Köder verwenden. Außerdem ist der Gummifisch flexibler, weil das Köderspiel nicht durch einen langen, starren Hakenschenkel eingeschränkt wird.

Mit Gummiködern kann man nahezu jede Raubfischart an den Haken bekommen. Hechte fängt man meist mit größeren Gummis über 15 Zentimetern in unterschiedlichen Wassertiefen. Barsche schnappen gerne nach Shads bis 10 Zentimeter Länge. Die Fischart, die am meisten mit dem Gummifisch beangelt wird, ist der Zander. Um die Räuber mit den Glasaugen an den Haken zu bekommen, werden meist 10 bis 15 Zentimeter lange Gummifische eingesetzt, in den meisten Fällen kombiniert mit einem Jighaken der Größe 3/0 oder 4/0.

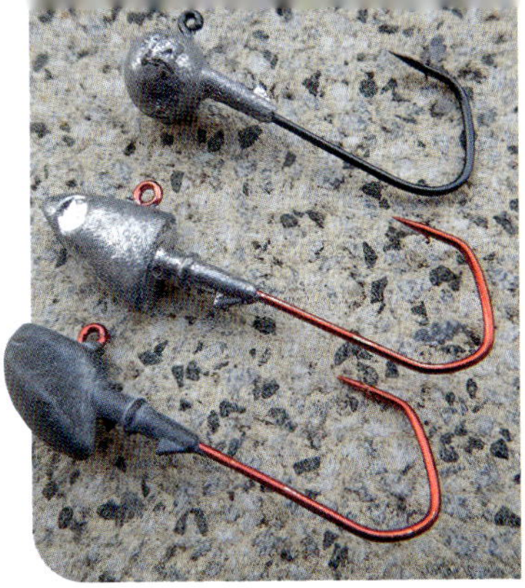

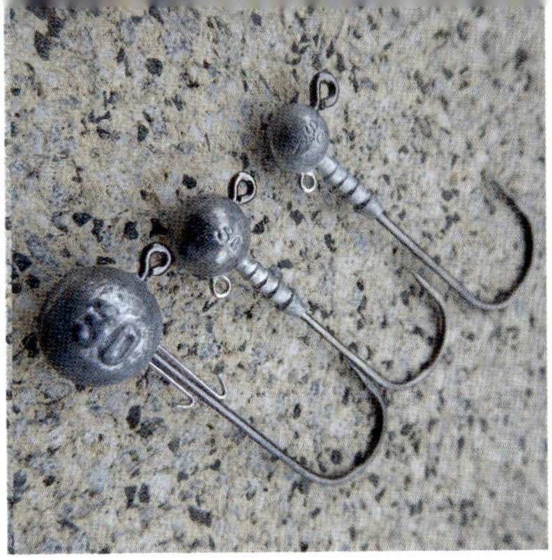

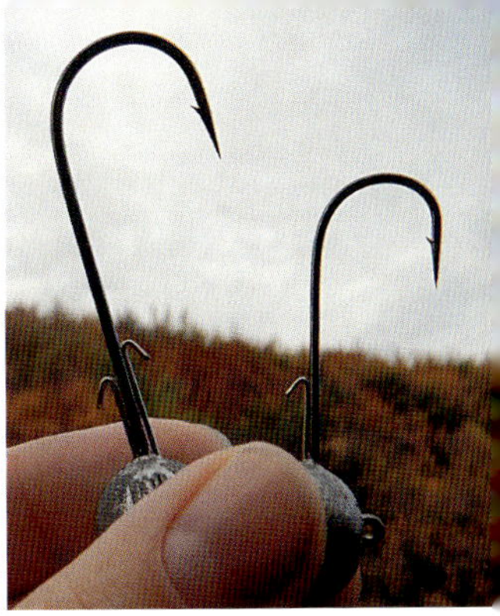

LINKS: *Bleiköpfe sind in unterschiedlichen Formen erhältlich: Oben der klassische Rundkopf, unten ein Stand Up-Jighead.*

MITTE: *Das Gewicht des Bleikopfes richtet sich nach Strömung, Angeltiefe und Ködergröße.*

RECHTS: *Es sind unterschiedlich große Haken erhältlich.*

SO KOMMT DER GUMMIFISCH AN DEN HAKEN

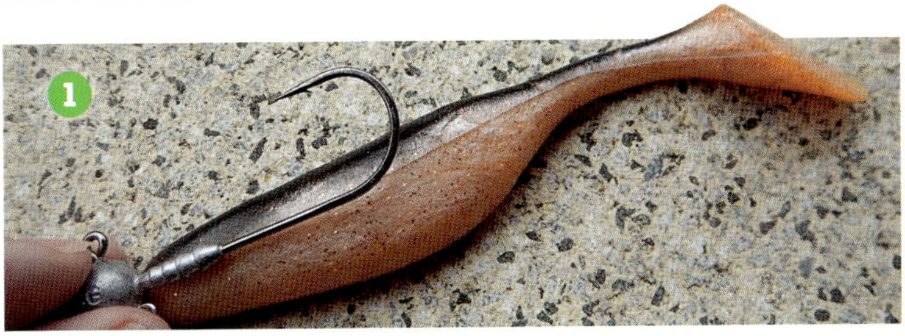

1 Dieser Jighaken passt zur Größe des Gummifisches. Man legt ihn an den Köder.

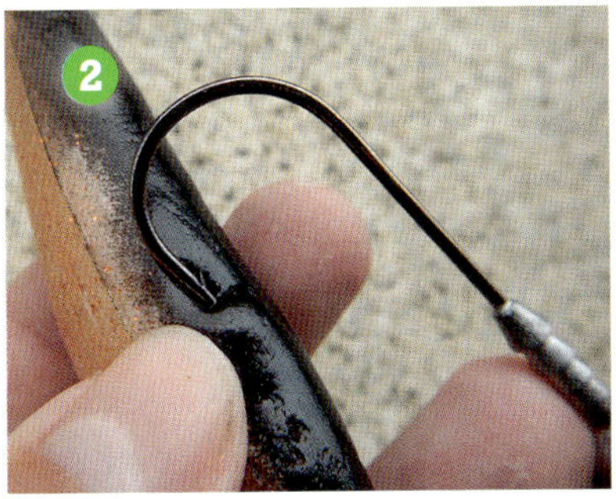

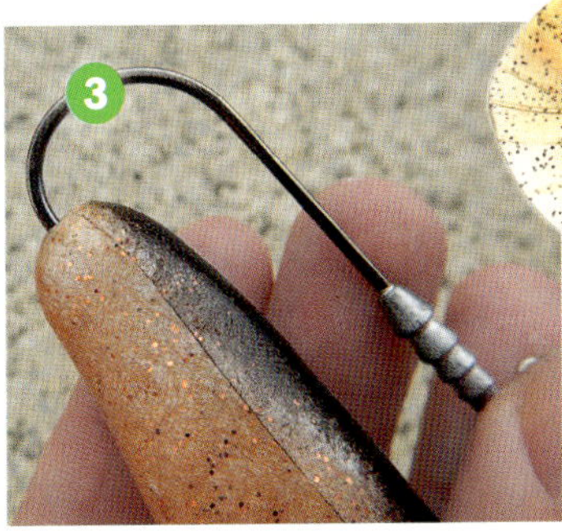

2 Die Stelle, an welcher der Haken aus dem Shad treten wird, markiert man durch Einstechen. 3 Nun sticht man den Haken am Kopf des Gummifisches ein.

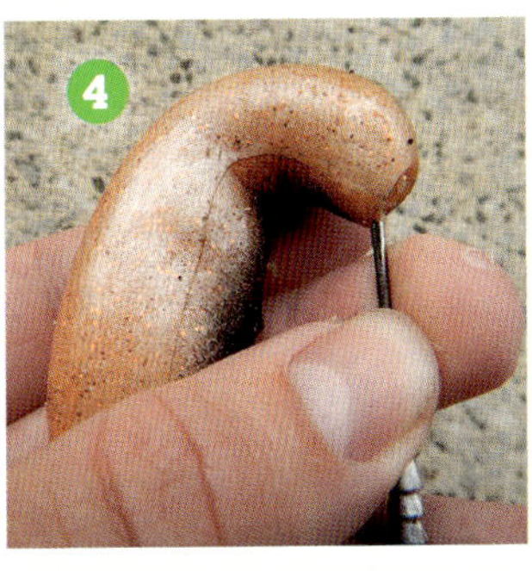

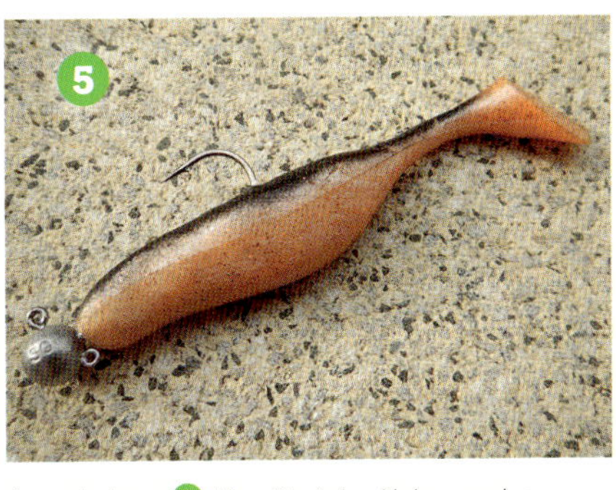

4 Jetzt wird der Jighaken in den Shad geschoben. 5 Man lässt den Haken an der markierten Stelle austreten und richtet den Gummfisch gerade aus.

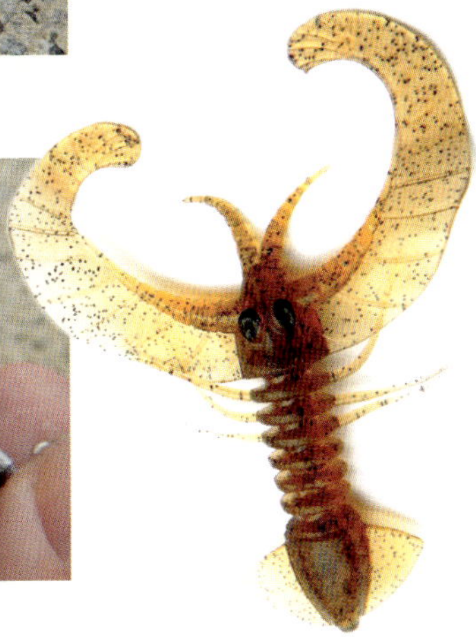

Kommen im Gewässer viele Krebse vor, sind Imitationen aus Weichplastik erste Wahl.

STECKBRIEF: RAUBFISCHE

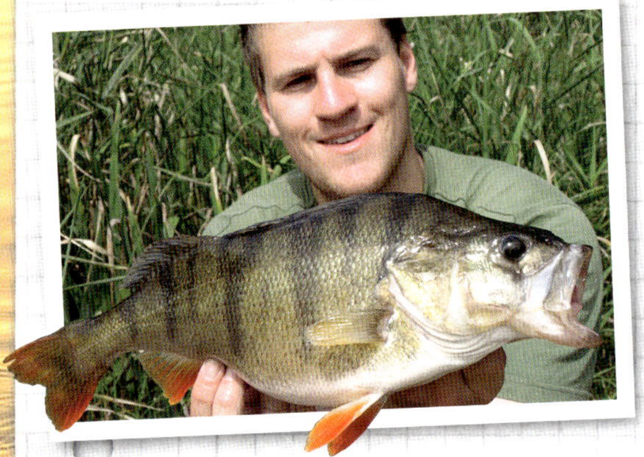

FLUSSBARSCH

(Perca fluviatilis)

Flussbarsche sind die Rabauken unserer Gewässer. Sie ziehen im Rudel durch den Fluss und den See – immer auf der Suche nach Fressbarem. Wenn kleine Fischchen in Panik aus dem Wasser springen, weiß man: Da sind die gestreiften Räuber am Werk. Kleine Barsche sind gierig und beißen auf nahezu jeden Köder, den man ihnen anbietet. Größere Exemplare ab 40 Zentimeter stehen auf der Beliebtheitsskala der Raubfischangler ganz oben, ein 50er Barsch hat viele Jahre auf dem Buckel und ist meist der Fisch des Lebens. Weil diese Exemplare ziemlich erfahren sind, lassen sie sich meist nicht so leicht überlisten.

MERKMALE

Gedrungener, besonders bei großen Exemplaren auch hochrückiger Körper, endständiges Maul, Dorn am Kiemendeckel, zwei Rückenflossen, die vordere mit Stachelstrahlen, Färbung: graugrün, gelbgrün oder messingfarben-grünlich, schwarze Streifen auf den Flanken, Bauch-, Afterflosse und unterer Bereich der Schwanzflosse orangefarben bis rot, Länge bis 55 Zentimeter

LEBENSRAUM

Seen und Flüsse, besonders in langsam strömenden Abschnitten, kommt auch im Brackwasser vor

LEBENSWEISE

Jungtiere leben in Schwärmen, mit der Zeit gehen sie zu einer räuberischen Lebensweise über, Nahrung: überwiegend Fisch, auch kleine Artgenossen, ältere Flussbarsche bilden kleine Trupps

ANGELTECHNIKEN

Posenangeln mit Naturköder (Fisch, Wurm), Spinnfischen (Spinner, Blinker, Wobbler, Gummiköder)

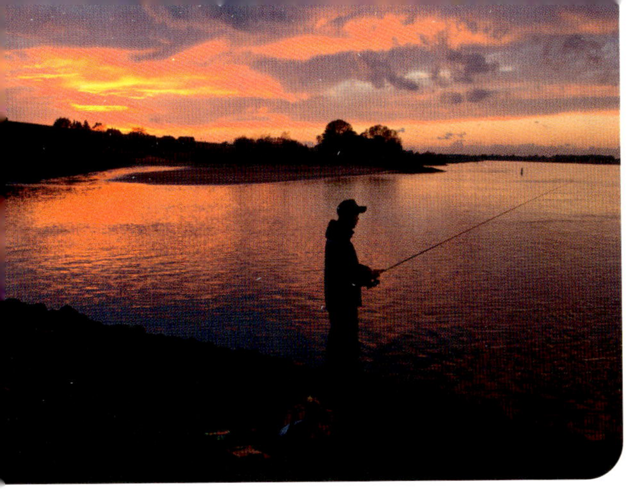

Abendstimmung am Fluss, eine ganz heiße Phase.

Um den Köder feinfühlig zu präsentieren und Bisse gut erkennen zu können, wird eine geflochtene Hauptschnur in der Stärke 0,10 bis 0,16 Millimeter eingesetzt. Zwischen Hauptschnur und Köder schaltet man ein etwa 30 bis 50 Zentimeter langes Stück Fluorocarbon. Das im Wasser nahezu unsichtbare Monofil lässt die Räuber keinen Verdacht schöpfen. Besteht Hechtgefahr sollte man ein Vorfach aus Stahl einsetzen. Ruten fürs Angeln mit Gummifischen vom Ufer sind meist 2,40 bis 2,70 Meter lang mit nicht zu weicher Aktion.

GUTE FÜHRUNG

Man muss den Gummifisch wie ein verletztes Fischchen über den Grund hüpfen lassen, das reizt die Zander zum Biss. Die einfachste und von vielen Zanderanglern praktizierte Führungstechnik ist das so genannte Faulenzen. Nach dem Auswerfen lässt man den Köder an gespannter Schnur zum Grund absinken. Man hält die Rute parallel zur Wasseroberfläche und beschleunigt den Köder mit zwei oder drei schnellen Kurbelumdrehungen. Dadurch hüpft der Köder nach oben Danach lässt man ihn an gespannter Schnur wieder zum Grund absinken. Wenn der Shad den Grund erreicht hat, erschlafft die Geflechtschnur. Bei einer auffällig gefärbten Leine ist dies auch für den Einsteiger gut zu erkennen. Der Vorgang wird wiederholt, bis der Gummifisch wieder beim Angler angekommen ist.

Man kann den Gummifisch auch durch Bewegungen über den Gewässergrund springen lassen. Dazu führt man die Rute erst ruckartig nach oben. Dadurch hebt der Gummifisch vom Boden ab. Danach führt man die Rute wieder nach unten und lässt den Köder wieder absinken. Wichtig ist, dass man dabei die lockere Schnur einkurbelt, um Kontakt zum Köder zu halten. Die meisten Bisse kommen in der Absinkphase des Köders. Es macht Sinn, die aussichtsreiche Absinkphase möglichst zu verlängern. Das funktioniert am besten mit einem leichten Bleikopf. Der Kopf darf gerade beim Angeln im Fluss auch nicht zu leicht sein, sonst wird der Köder von der Strömung ergriffen und abgetrieben, so dass man erst gar keinen Bodenkontakt bekommt. Die Erfolgsformel bei der Wahl des Bleikopfes lautet also: So leicht wie möglich und so schwer wie nötig.

VERFÜHRER AUS GUMMI

Erfahrene Gummifischangler legen während der Absinkphase die Schnur in die Beuge des Zeigefingers. So können sie besser erspüren, wenn der Köder den Grund erreicht oder ein Fisch auf den Gummi knallt.

Die Bisse beim Zanderangeln mit Gummifisch können unterschiedlich ausfallen. Sind die Räuber in Beißlaune, spürt man einen deutlichen Ruck in der Rute. Dann muss man sie umgehend nach oben führen und so den Anhieb setzen. Beißen die Fische vorsichtig, können die Bisse zaghafter ausfallen. Manchmal zuckt nur die Schnur. Dann muss man Fehlbisse in Kauf nehmen.

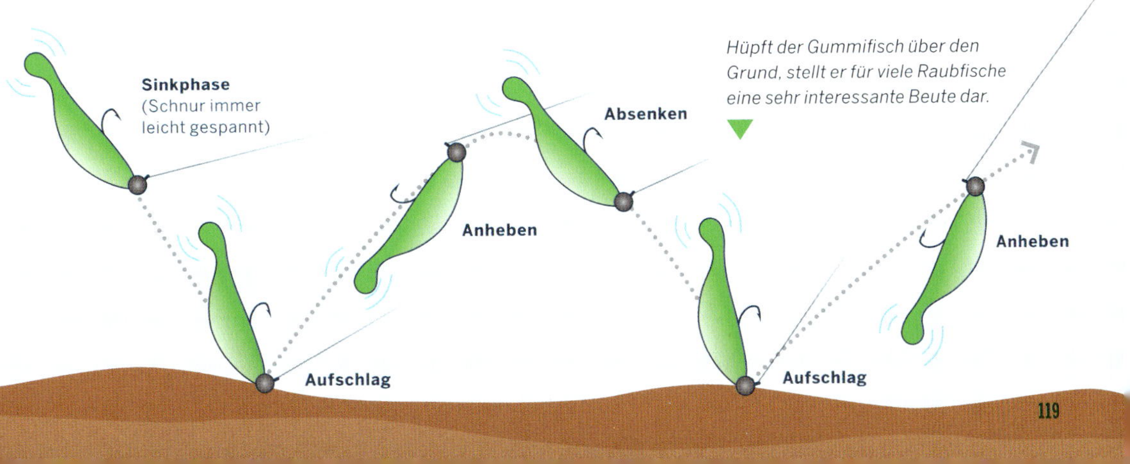

Hüpft der Gummifisch über den Grund, stellt er für viele Raubfische eine sehr interessante Beute dar.

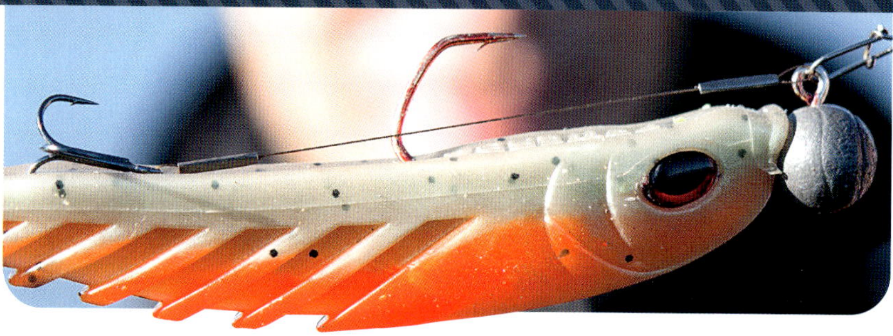

Dank Zusatzdrilling bleiben auch vorsichtige Raubfische hängen.

FÜR VORSICHTIGE

Beißen die Räuber spitz, passiert es häufig, dass der Haken nicht im Fischmaul hängenbleibt. Dann verbessert ein **Angstdrilling** am kurzen Monofil- oder Stahlvorfach, auch **Stinger** genannt, die Bissausbeute. Beim Zanderangeln kommt ein Drilling der Größe 6 oder 8 zum Einsatz, fürs Hechtangeln darf der Drilling etwas größer sein (Größe 2 oder 4). Der Drilling wird im hinteren Bereich des Köders fixiert. So werden auch vorsichtige Raubfische gehakt.

FARBWAHL

Welche Köderfarbe soll man wählen? Dafür gibt es eine einfache Faustregel. **Bei klarem Wasser kommen gedeckte Farben zum Einsatz, in trüben Gewässern punktet man hingegen mit grellen Köderfarben.**

VERTIKAL VOM BOOT

Bootsangler fischen oft direkt unter dem Boot. Diese Technik wird als **Vertikalangeln** bezeichnet. Hier wird der Köder meist nur ganz leicht angehoben und zwischendurch vorsichtig wieder abgesenkt. Manchmal bringt es auch Bisse, den Köder knapp über dem Grund schweben zu lassen. Bei dieser Angeltechnik kommen kurze Ruten um 2 Meter Länge zum Einsatz.

FÄNGIGER TREND: DROPSHOT

In den letzten Jahren hat eine Technik für Furore gesorgt, bei der häufig Gummiköder eingesetzt werden: Das **Dropshotting**. Hierbei wird der Köder nicht am Ende der Hauptschnur beziehungsweise des Vorfachs angeboten. Man bindet einen Haken in die Mitte eines Vorfachs aus Fluorocarbon oder Monofilament. Der Haken wird durch die Nase des Köders gestochen. Am unteren Ende des Vorfachs befindet sich das Blei. Nach dem Auswerfen und Absinken strafft man die Schnur und beginnt mit der Rutenspitze zu wackeln. Die Bewegungen werden auf den Köder übertragen. Wichtig ist, dass das Blei nicht angehoben wird. So kann man den Köder lange auf der Stelle tanzen lassen und die Räuber zum Biss verleiten. Hat man eine Stelle gründlich abgefischt, wird die Montage versetzt und das Köderspiel beginnt von neuem.

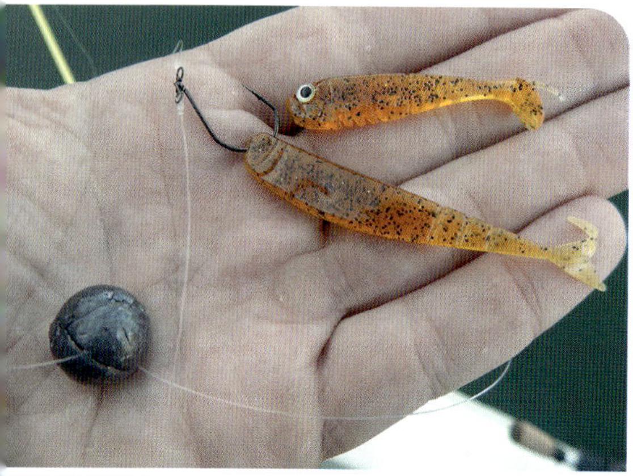

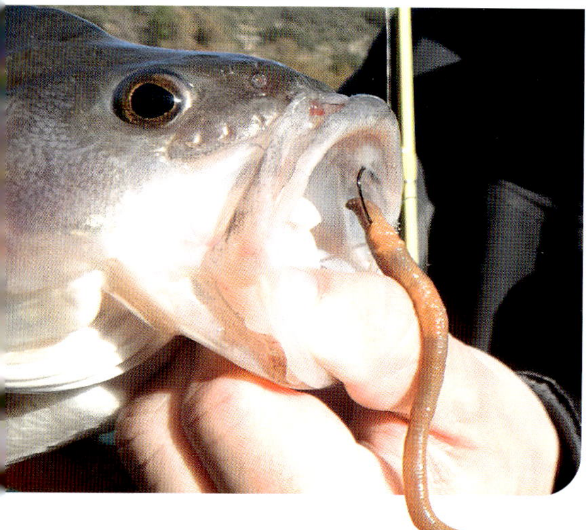

OBEN: *Bei der Dropshot-Montage befindet sich nicht der Köder, sondern ein Blei am Ende des Vorfachs. Der Köder wird an einem Haken angebracht, den man ins Vorfach knüpft.*

UNTEN: *Es muss nicht unbedingt Gummi sein. Die Dropshot-Montage funktioniert auch mit einem Tauwurm.*

STECKBRIEF: RAUBFISCHE

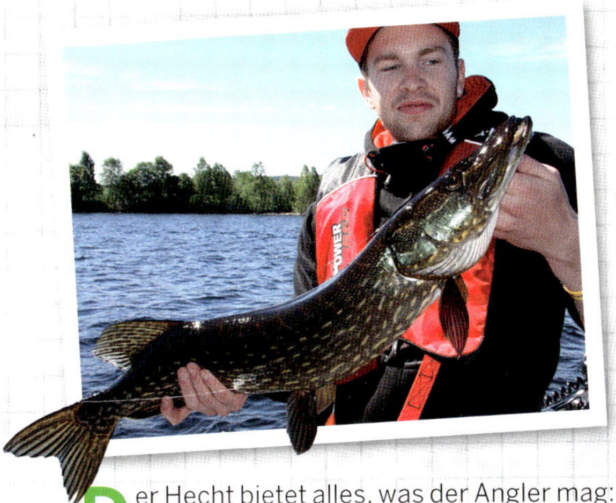

HECHT

(Esox lucius)

Der Hecht bietet alles, was der Angler mag: Räuberisches Verhalten sowie Kraft und Explosivität. Häufig passiert es, dass ein gehakter Fisch im Drill aus dem Wasser springt. Man kann den Räuber mit dem entenschnabelförmigen Maul sowohl mit dem klassischen Köderfisch als auch mit verschiedenen Spinnködern auf die Schuppen rücken. Der magische Meter – das ist die Schallmauer beim Hechtangeln. Knackt der Räuber die Meter-Marke hat man ein kapitales Exemplar gefangen, mit dem man ordentlich Eindruck schinden kann.

MERKMALE

Langgestreckter Körper, abgeflachtes Maul, stark ausgeprägte Zähne, Rückflosse weit hinten, Färbung: von gelbgrün über oliv bis bräunlich, mit helleren Flecken oder Querstreifen, weißlicher Bauch, Länge bis 150 Zentimeter

LEBENSRAUM

Stehende und langsam fließende Gewässer, vorwiegend mit relativ klarem Wasser, auch im Brackwasser, durch bessere Wasserqualität steigender Bestand in größeren Flüssen (Rhein)

LEBENSWEISE

Ziemlich standorttreuer Raubfisch, lauert bevorzugt im Schutz von Wasserpflanzen, im Schilf oder unter überhängenden Ästen, Nahrung: Fische (auch Artgenossen), gelegentlich Frösche, junge Wasservögel und kleine Säugetiere wie Mäuse

ANGELTECHNIKEN

Grund- und Posenangeln mit Köderfischen, Schleppangeln mit Kunstködern und Köderfisch, Spinnfischen mit größeren Kunstködern

HARTE DINGER: WOBBLER

Mindestens genauso beliebt wie Weichplastikköder sind Wobbler. Sie bestehen aus Holz oder Hartplastik. Auch bei dieser Ködergruppe ist das Angebot mittlerweile riesig: Groß, klein, schlank, bauchig – Wobbler gibt es mittlerweile in allen erdenklichen Ausführungen. Wobbler imitieren mehr oder weniger einen Beutefisch.

Man unterscheidet schwimmende (**floating**), sinkende (**sinking**) und schwebende (**suspending**) Wobbler. Möchte man relativ oberflächennah fischen, eignet sich ein schwimmender Wobbler, soll der Köder weiter hinunter, kommt ein sinkendes Modell zum Einsatz. Legt man beim Einkurbeln des Wobblers einen Stopp ein, wird ein sinkender Wobbler absinken, ein schwimmender Köder strebt zur Wasseroberfläche. Ein schwebendes Modell hingegen verharrt an Ort und Stelle. Dann hat der Räuber Zeit, den Köder anzuvisieren.

LINKS: *Die Beschriftung verrät's: »SK« steht für »sinking«, »SU« für »suspending«.*

MITTE: *Die Tauchschaufel bestimmt, wie weit der Köder hinuntergeht. Der Wobbler oben besitzt eine relativ lange Tauchschaufel, die in einem stumpfen Winkel zum Köder steht. Er wird tiefer laufen als das untere Modell.*

RECHTS: *Auf vielen Modellen ist die Lauftiefe des Köders angegeben.*

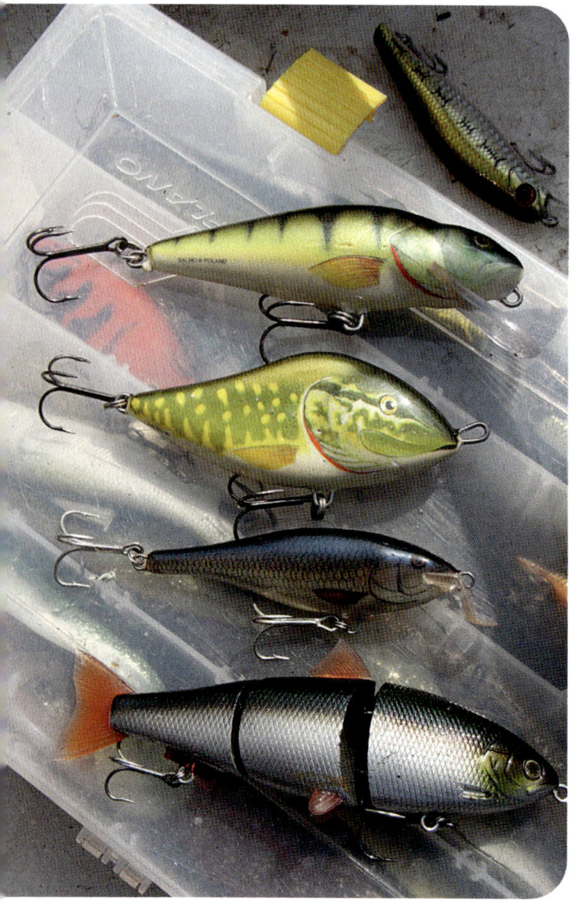

Wobbler sind Kunstköder aus Holz oder Hartplastik und imitieren einen Beutefisch. Sie sind meist mit mehreren Drillingshaken ausgerüstet.

Die meisten Wobbler sind am Kopf mit einer Lippe ausgerüstet, der sogenannten Tauchschaufel. Je nach Wobbler-Modell variieren Form und Größe dieser Schaufel: Manche Wobbler sind mit einer kurzen und ziemlich senkrecht nach unten zeigenden Tauchschaufel ausgestattet. So ein Wobbler wird relativ flach laufen, also knapp unter der Wasseroberfläche. Besitzt der Wobbler hingegen eine etwas längere Schaufel die nach vorne zeigt, wird er deutlich tiefer abtauchen. Je länger die Tauchschaufel und je stumpfer der Winkel, in dem sie zum Köder zeigt, desto tiefer wird der Wobbler laufen. Auf vielen Wobblern findet man auch einen Aufdruck, der die Lauftiefe angibt. Das ist eine große Hilfe, um das Einsatzspektrum des Köders einschätzen zu können.

Es gibt **ein- und mehrteilige** Wobbler. Besteht der Köder aus mehreren Gliedern, verhält er sich im Wasser etwas agiler als ein einteiliges Modell. Bei manchen Wobblern findet man integrierte Kugeln, die aufeinanderschlagen, wenn man den Köder einholt. So wird unter Wasser Aufmerksamkeit erzeugt. Ob diese Geräuschkulisse wirklich erforderlich ist, um die Räuber zum Biss zu verleiten, ist umstritten. Aber an manchen Tagen bringen laute Wobbler offenbar tatsächlich mehr Bisse. Man sollte also auf jeden Fall auch ein paar Krawallmacher in die Köderbox packen.

KRAWALL-MACHER

In den letzten Jahren hat sich die Wobbler-Vielfalt noch einmal vergrößert und der Angler sieht sich mit Bezeichnungen wie Twitchbaits, Stickbaits oder Jerkbaits konfrontiert. Da fällt es gar nicht so leicht, sich für einen bestimmten Köder zu entscheiden.

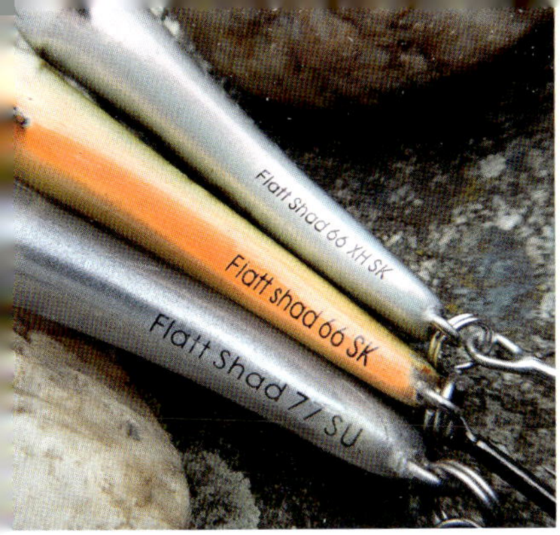

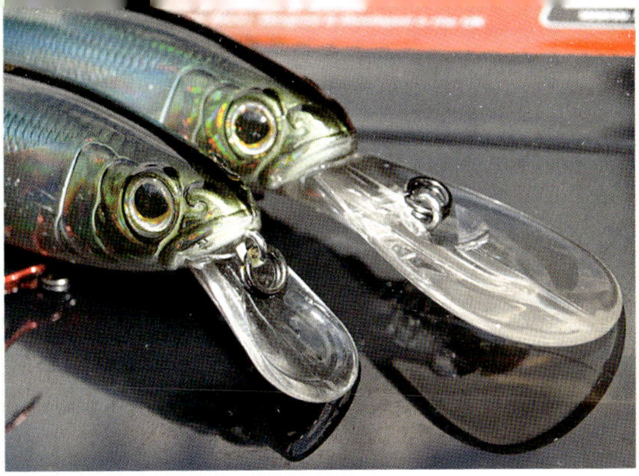

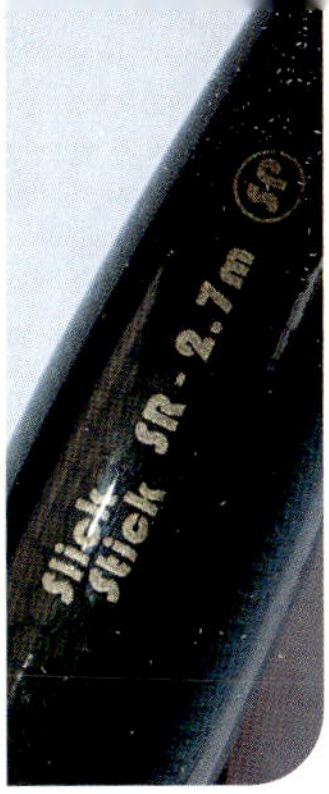

SCHAULAUFEN DER WOBBLER

Persönlich mag ich es gerne einfach und fische daher häufig mit so genannten **Crankbaits**. Bei diesen Ködern handelt es sich um bauchige, voluminöse Wobbler. Das Tolle an diesen Wobblern ist, dass der Angler nicht viel tun muss, um sie fängig zu präsentieren. Es genügt, sie auszuwerfen und danach gleichmäßig einzukurbeln. Die meisten Crankbaits arbeiten im Wasser, ohne dass der Angler sie großartig zusätzlich bewegen muss. Crankbaits senden starke Schallwellen aus, die von den Raubfischen sehr gut wahrgenommen werden. Ich besitzte Crankbaits, bei denen ich die Vibrationen des Köders mehr als deutlich in der Rute spüren kann. Viele große Barsche habe ich mit Crankbaits gefangen, deshalb gebe ich diesen Ködern fast immer eine Chance, wenn ich mit der Spinnrute unterwegs bin.

Schlanke Wobbler gibt es in vielen Ausführungen. Sie laufen schon recht attraktiv, wenn man sie lediglich einkurbelt, aber gerade bei den so genannten **Twitchbaits** kann der Angler aktiv werden. Der Begriff »Twitchen« kommt aus dem Englischen und bedeutet übersetzt »zucken«. Das lässt schon vermuten, wie man mit diesem Köder arbeiten sollte: Er wird nicht monoton eingeleiert, sondern vom Angler zwischendurch mit der Rute mit Rucken zusätzlich aktiviert. Dadurch bricht der Köder seitlich aus und diese Bewegung provoziert die Räuber zum Biss.

Es gibt einteilige und mehrteilige Wobbler.

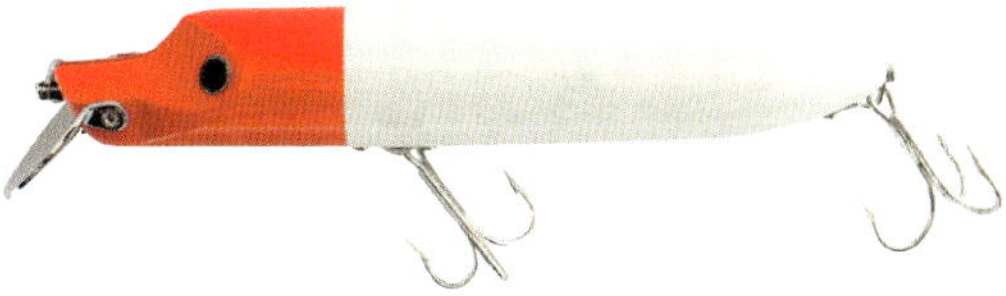

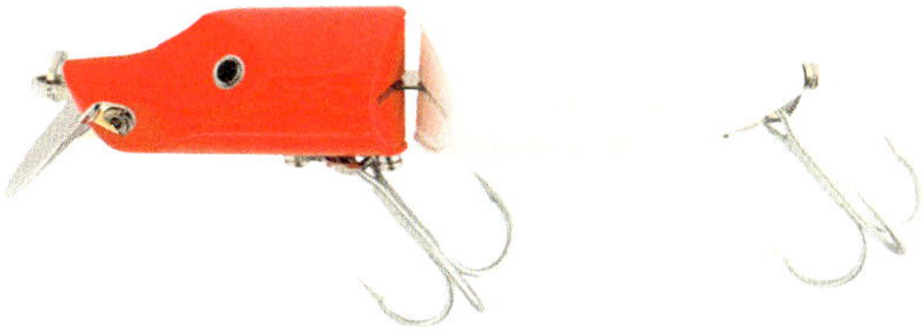

LINKS: *Befinden sich Kugeln im Körper des Wobblers, macht er unter Wasser ordentlich Alarm.*

RECHTS: *Das sind Wobbler-Modelle in unterschiedlichen Farben.*

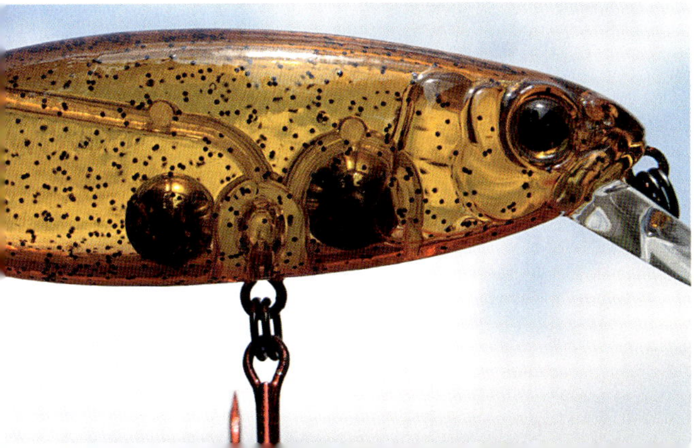

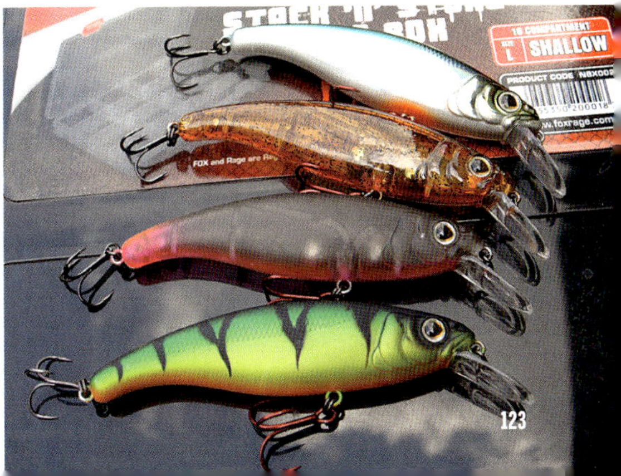

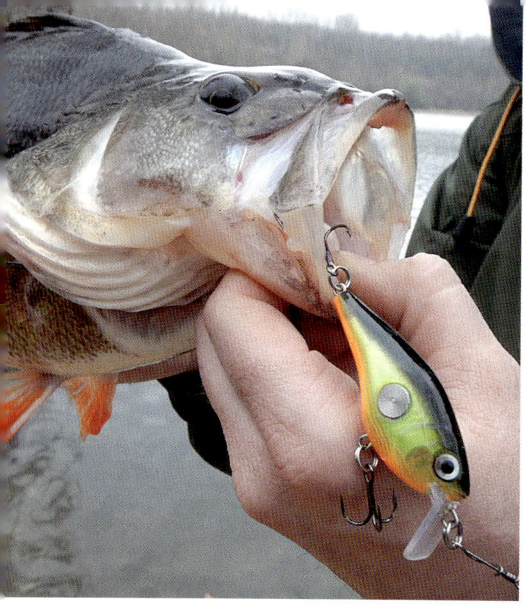

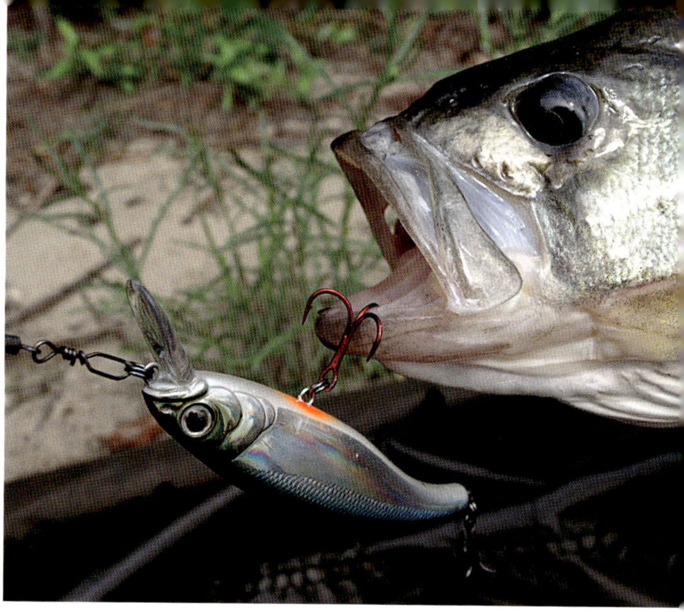

LINKS: *Crankbaits sind »einfache« Köder, da sie eine besonders wirkungsvolle, starke Aktion besitzen und nur eingekurbelt werden müssen.*

RECHTS: *Der Twitchbait hat zugeschlagen. Diese schlanken Wobbler lässt man durch leichte Schläge mit der Rute seitlich ausbrechen.*

SPINN-VARIANTEN

Generell sollte man Wobbler nicht nur monoton einkurbeln, sondern in unregelmäßigen Abständen Stopps, Beschleunigungsphasen einlegen und den Köder ausbrechen lassen. So eine Köderführung bringt bessere Resultate – wie auch beim Spinnfischen mit Blinker, Spinner oder Gummiködern.

Bei der Wahl der **Ködergröße** sollte man sich wie beim Angeln mit Naturködern und anderen Kunstködern an der anvisierten Fischart und den Futterfischen orientieren. Hat man es auf einen großen Hecht abgesehen, sollte man einen größeren Wobbler verwenden. Auch wenn ein größerer Köder keine Garantie auf einen Kapitalen bietet, kann man die Zahl kleinerer Räuber minimieren, die an den Haken gehen. Barsche lassen sich gut mit Wobblern zwischen fünf und zehn Zentimeter Länge fangen und fürs Spinnfischen auf Forellen gibt es noch viel kleinere Miniwobbler.

Hat man es auf Forellen, Barsche oder Zander abgesehen, kommt man in den meisten Fällen ohne Stahlvorfach aus. Dann genügt ein Monofil- oder Flurocarbon-Vorfach, das zwischen die geflochtene Hauptschnur (0,10 oder 0,12 Millimeter) und den Köder geschaltet wird. **Angelt man gezielt auf Hecht, muss es ein bissfestes Vorfach sein.** Neben klassischem Stahl eignen sich Vorfächer aus Titanium oder Hardmono. Bei sehr großen Wobblern werden manchmal auch starre Spinnstangen eingesetzt.

LINKS: *Miniwobbler kommen beim Spinnfischen auf Forellen zum Einsatz.*

RECHTS: *Barsche stehen auf kleinere Wobbler.*

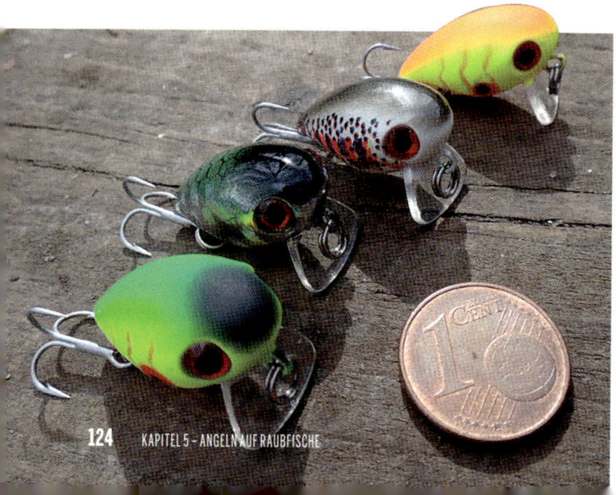

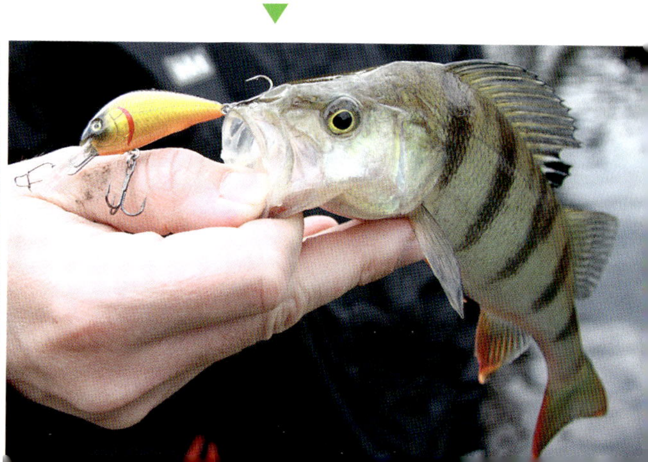

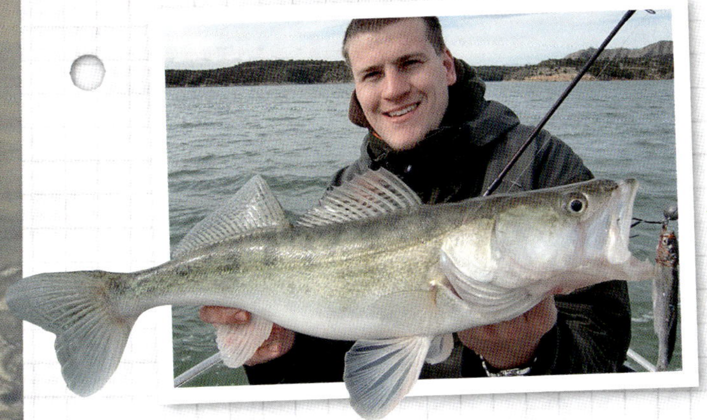

ZANDER

(Sander lucioperca)

Früher war der Hecht der Zielfisch Nummer eins für Raubfischangler. Mittlerweile hat der Zander diesem Räuber den Rang abgelaufen. Fragt man an den großen Flüssen einen Spinnfischer, auf welche Fischart er es abgesehen hat, wird die Antwort meistens lauten: Zander. Die Gründe für die Beliebtheit des Räubers mit den Glasaugen hat mehrere Gründe: Wenn der Zander auf den Köder knallt, spürt man einen Ruck in der Rute, der den Adrenalinspiegel nach oben treibt. Darüber hinaus gehört der Zander zu den leckersten Fischarten, die unsere Seen und Flüsse hergeben.

MERKMALE

Spindelförmiger Körper, endständiges Maul, je zwei große Fangzähne im Ober- und Unterkiefer, vordere der beiden Rückenflossen mit Stachelstrahlen, Färbung: grünlich-grau oder golden mit silbrigem Glanz, dunkle Flecken an der Rückenflosse, Querstreifen an den Flanken vorwiegend bei Jungtieren, Länge bis 130 Zentimeter

LEBENSRAUM

Flüsse mit trübem Wasser und hartem Gewässergrund, Seen und im Brackwasser

LEBENSWEISE

Junge Zander ernähren sich von Kleintieren, schon bald Umstellung auf Fische, jagt in Trupps im Freiwasser aber auch in Grundnähe

ANGELTECHNIKEN

Grund- und Posenangeln mit Köderfisch, Spinnfischen mit Gummifisch, Wobbler, Dropshot-Angeln

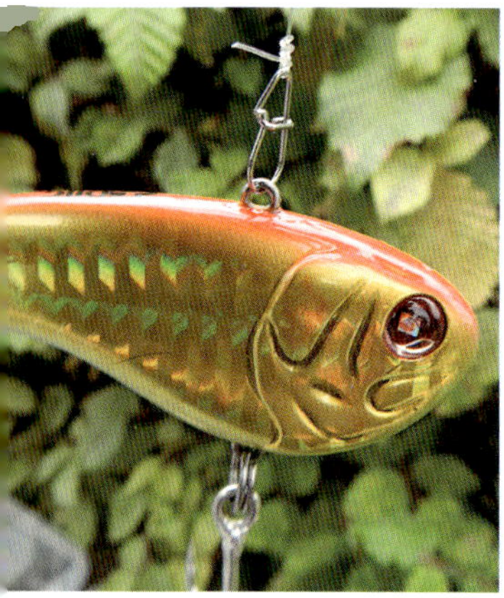

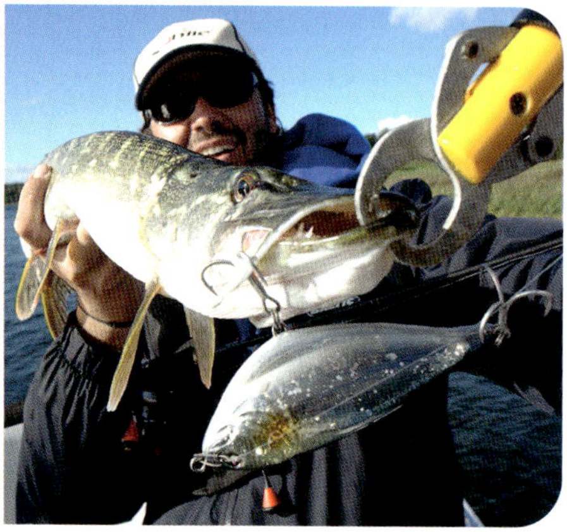

LINKS: *Jerkbaits sind große Wobbler ohne Tauchschaufel. Sie werden mit harten Schlägen der Rute geführt.*

RECHTS: *Der Jerkbait brachte den Hecht an die Haken.*

Dieser Lipless Crank wird an einer am Kopf befindlichen Öse angeködert.

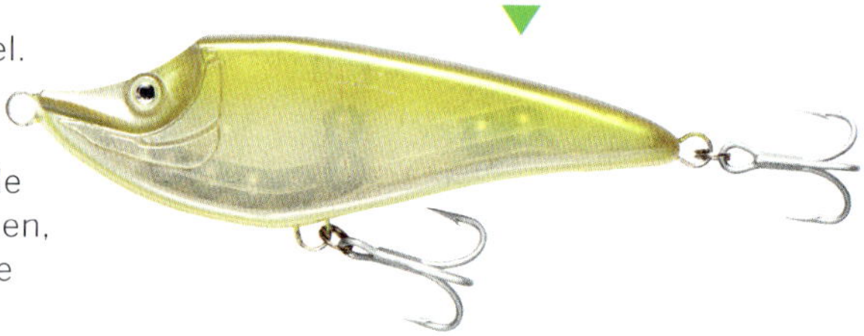

OHNE SCHAUFEL

Es gibt auch Wobbler ohne Tauchschaufel. Dazu gehören **Jerkbaits oder Lipless Crankbaits**. Jerkbaits fallen manchmal ziemlich groß aus und sind hervorragende Hechtköder. Man fischt sie mit einer kurzen, harten Rute. Durch kräftige Rutenschläge verleiht man dem Jerkbait eine variable Aktion. Lipless Crankbaits können hingegen monoton eingeleiert werden. Sie vibrieren stark und provozieren Bisse auf die Weise.

FRIEDLICHE RÄUBER

Das Spinnfischen lohnt sich nicht nur auf »anerkannte« Raubfische wie Barsch, Hecht und Zander. Auch einige Friedfische wie etwa der Döbel, der allerdings fast alles frisst, oder der Aland gehen auf die Jagd und attackieren gerne kleinere Wobbler und Gummifische.

Kommt gar nicht so selten vor: Auch Friedfische, wie der Döbel (eigentlich ein echter Allesfresser), beißen auf Wobbler.

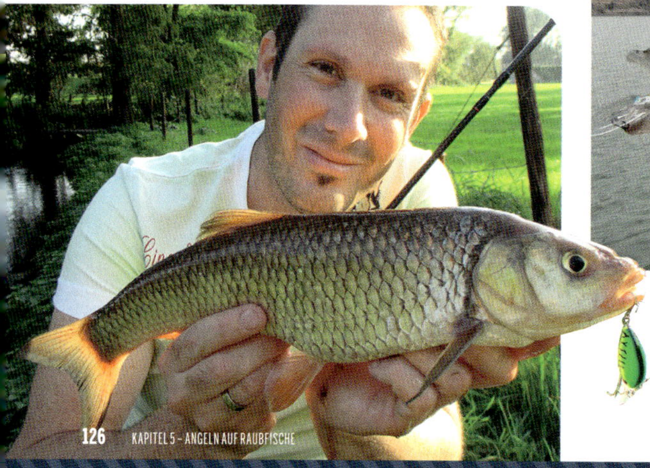

ABGESCHLEPPT

Wobbler kann man nicht nur auswerfen und einholen. Wem ein Boot zur Verfügung steht, kann auch mit einer oder mehreren Ruten schleppen. Dabei wird der Wobbler vom fahrenden Boot gezogen. **Gerade auf großen Seen ist das Schleppangeln mit Wobblern eine äußerst erfolgreiche Taktik**, da man so große Bereiche eines Gewässers absuchen kann.

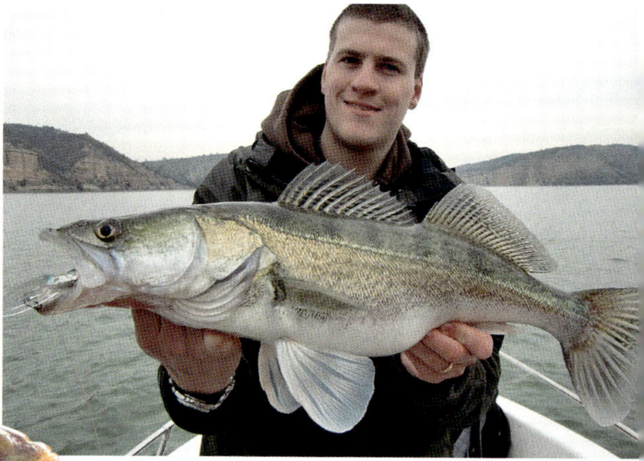

Dieser Zander knallte auf einen geschleppten Wobbler.

GANZ KAPITAL: WELSANGELN

Ähnlich wie im Friedfischbereich hat sich auch beim Raubfischangeln in den letzten Jahren eine Disziplin herausgebildet, bei der man gezielt eine großwüchsige Fischart beangelt. Die Rede ist vom **Wels oder Waller**. Der Wels hat sich in den vergangenen Jahren in Deutschland stark ausgebreitet, so dass man mittlerweile in den meisten Gewässern diese urigen Raubfische fangen kann.

Er ist der kapitale Unbekannte, der beim Aal- oder Zanderangeln das Wurmbündel oder den Köderfisch nahm, während des Drills die Rolle leerte und schließlich verloren ging. Solche Geschichten hört man häufig – und meistens handelte es sich nicht um einen Rekord-Aal oder einen Meter-Zander, sondern eben um einen Wels.

Und heute schwimmen nicht nur kleinere Welse in deutschen Gewässern: Musste man früher nach Spanien oder Italien reisen, um einen wirklich großen Wels an den Haken zu bekommen, kann man nun auch in Deutschland Exemplare über 2 Meter Länge fangen. Im Rhein wurden beispielsweise Fische über 2,50 Meter Länge gefangen – und das Ende der Fahnenstange ist nicht in Sicht.

JAGD AUF DIE GANZ DICKEN BROCKEN

Es liegt in der Natur der Dinge, dass man diese Fischgrößen nicht in jedem Gewässer erwarten kann. Aber Exemplare zwischen einem und zwei Meter Länge gibt es in vielen Seen oder Flüssen. Aufgrund der Größe und Kampfkraft der Welse sollte man über etwas anglerische Erfahrung verfügen,

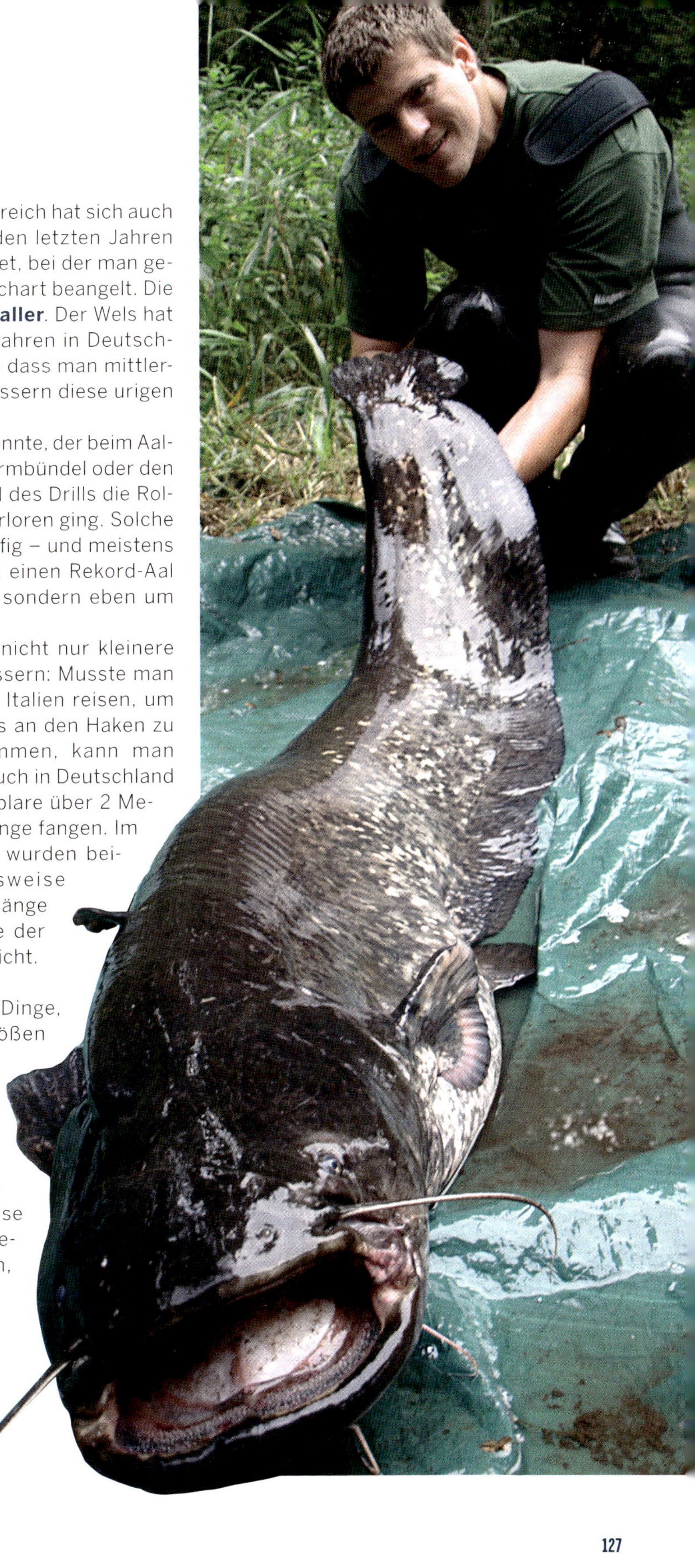

In Deutschland kann man mittlerweile richtig große Welse fangen.

bevor man sich mit ihnen anlegt. Auch starkes Gerät ist für dieses Großfischangeln erforderlich. Die Hersteller haben auf den Wels-Trend reagiert und bieten mittlerweile abgestimmtes Gerät an.

Der Top-Köder fürs Ansitzangeln auf Wels ist der lebende Köderfisch. Weil aber in Deutschland nur der tote Köderfisch gestattet ist, schränkt diese Regelung den Welsangler ein. Denn mit einem toten Köderfisch fängt man deutlich schlechter. Alternativ kann man an einer Grundbleimontage ein Tauwurmbündel anbieten. Damit das Wurmbündel auftreibt, wird etwa 10 Zentimeter vor dem Köder eine so genannte Unterwasserpose auf dem Vorfach angebracht. Beim Uferangeln kommen schwere Grundruten mit einem Wurfgewicht bis 250 oder 300 Gramm zum Einsatz. Die große Stationär- oder Multirolle wird mit einer 0,45er oder 0,50er Geflechtschnur bespult.

SCHWERE GESCHÜTZE AUFFAHREN

Nicht nur beim Ansitzangeln kann man Welse fangen, die Räuber sprechen auch auf Spinnköder wie große Blinker, Wobbler oder Gummifische an. Für das Spinnfischen auf Wels braucht man leicht nachvollziehbar robusteres Material als für den Hecht- und Zanderfang. Die Rolle sollte stabil sein und eine Schnurfassung von etwa 250 Metern 0,40er Schnur aufweisen. Das Wurfgewicht der Rute liegt bei rund 150 Gramm. Als Schnur bietet sich Geflecht in der Stärke 0,30 oder 0,35 Millimeter an.

Große Gummiköder mit stabilem Einzelhaken eignen sich fürs Spinnfischen auf Wels.

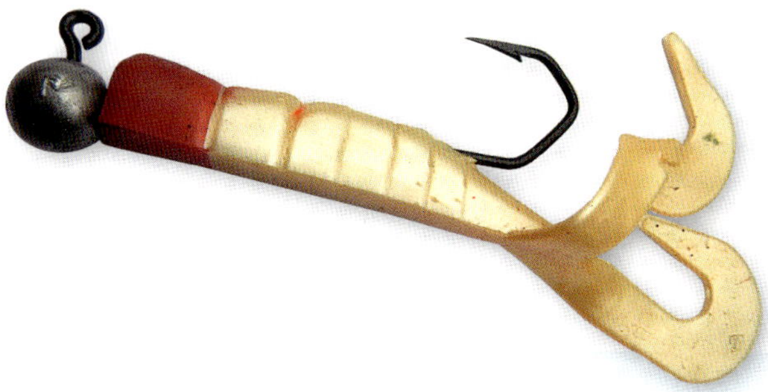

Da in Deutschland das Angeln mit dem lebenden Köderfisch verboten ist, beködert man die Unterwasser-Posen-Montage mit einem Tauwurmbündel.

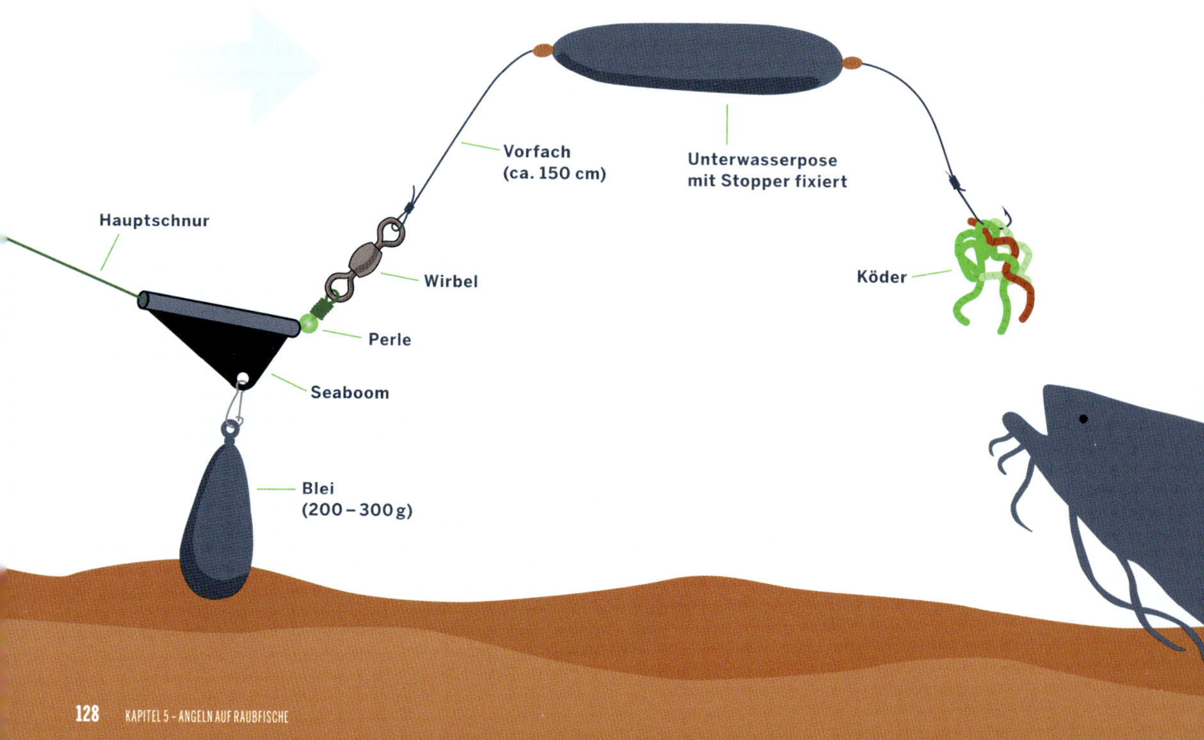

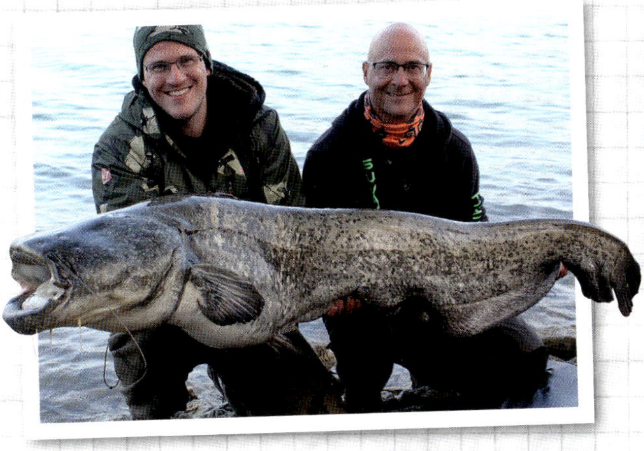

WELS

(Silurus glanis)

Um keinen anderen Fisch ranken sich so viele Mythen und Geschichten wie um den Wels: Angeblich soll er dafür verantwortlich sein, dass in Parkteichen schwimmende Hunde verschwunden sind und auch Schwimmer sollen schon von Welsen attackiert worden sein. Meistens entpuppen sich diese Erzählungen als Märchen, aber fest steht: der Wels ist der größte Räuber in unseren Gewässern, er erreicht Größen über 2,50 Meter. Und das macht das Angeln auf den Wels so spannend: Man kann einen Fisch fangen, der größer und schwerer ist als der Angler.

MERKMALE

Langgestreckter, massiger Körper ohne Schuppen, breiter und abgeflachter Kopf, sehr kleine Augen, großes Maul, bürstenartige Zähne, zwei lange Barteln an der Oberlippe, Unterlippe mit vier kurzen Barteln, kleine Rückenflosse, sehr lange Afterflosse (bis zur Schwanzflosse), Färbung: Oberseite gräulich bis blaugrau, Flanken marmoriert, weiße Bauchseite, Länge über 2,60 Meter

LEBENSRAUM

Stehende und fließende Gewässer, vorzugsweise mit trüberem Wasser und weichem Boden, Welse präferieren höhere Wassertemperaturen

LEBENSWEISE

Vorwiegend nachtaktiv, frisst hauptsächlich Fische, aber auch Krebse, Amphibien, Wasservögel und kleine Säugetiere

ANGELTECHNIKEN

Spinnfischen mit großen Kunstködern (Gummifische, Blinker, Wobbler), Posen- und Grundangeln mit Köderfischen oder Würmern

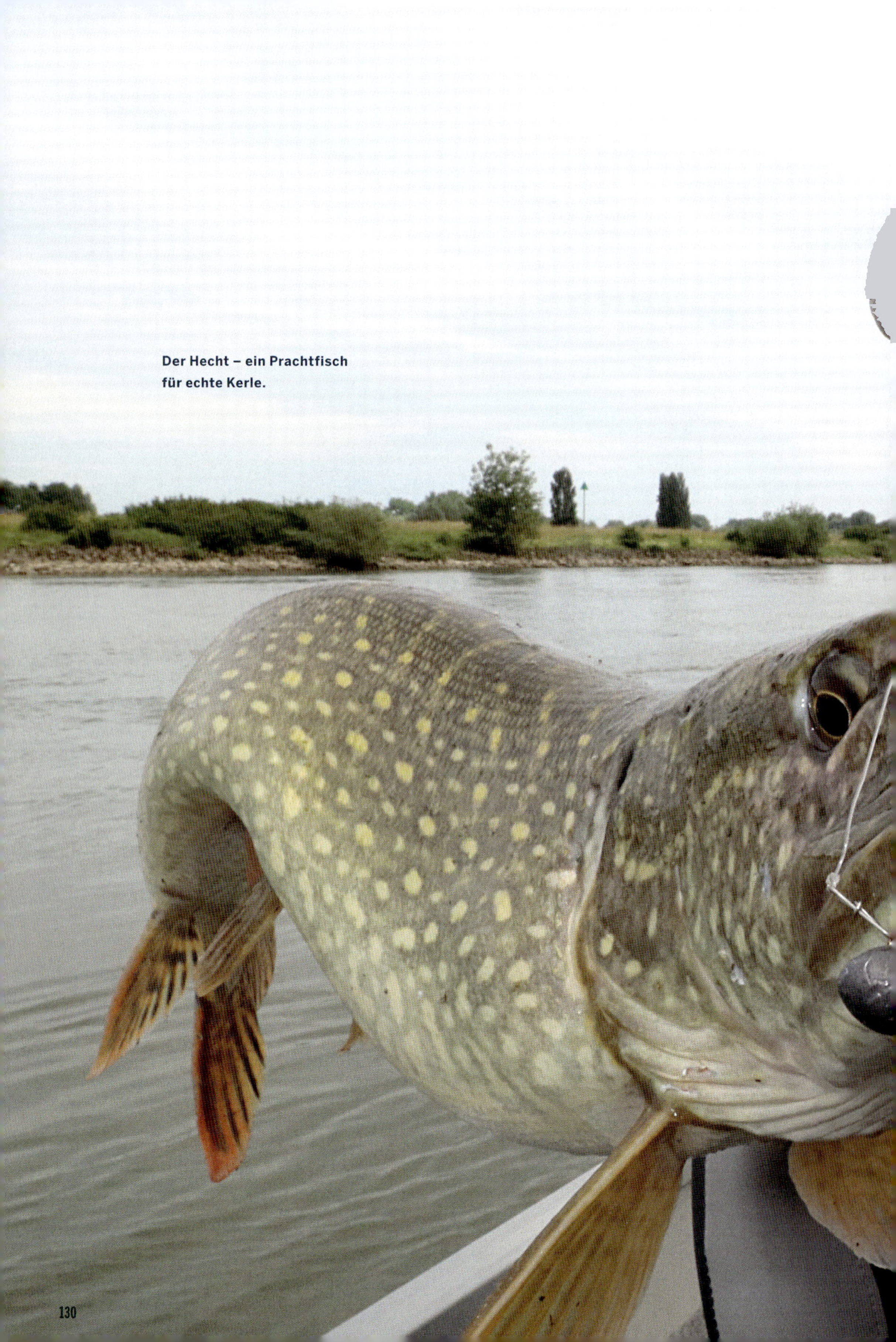

Der Hecht – ein Prachtfisch für echte Kerle.

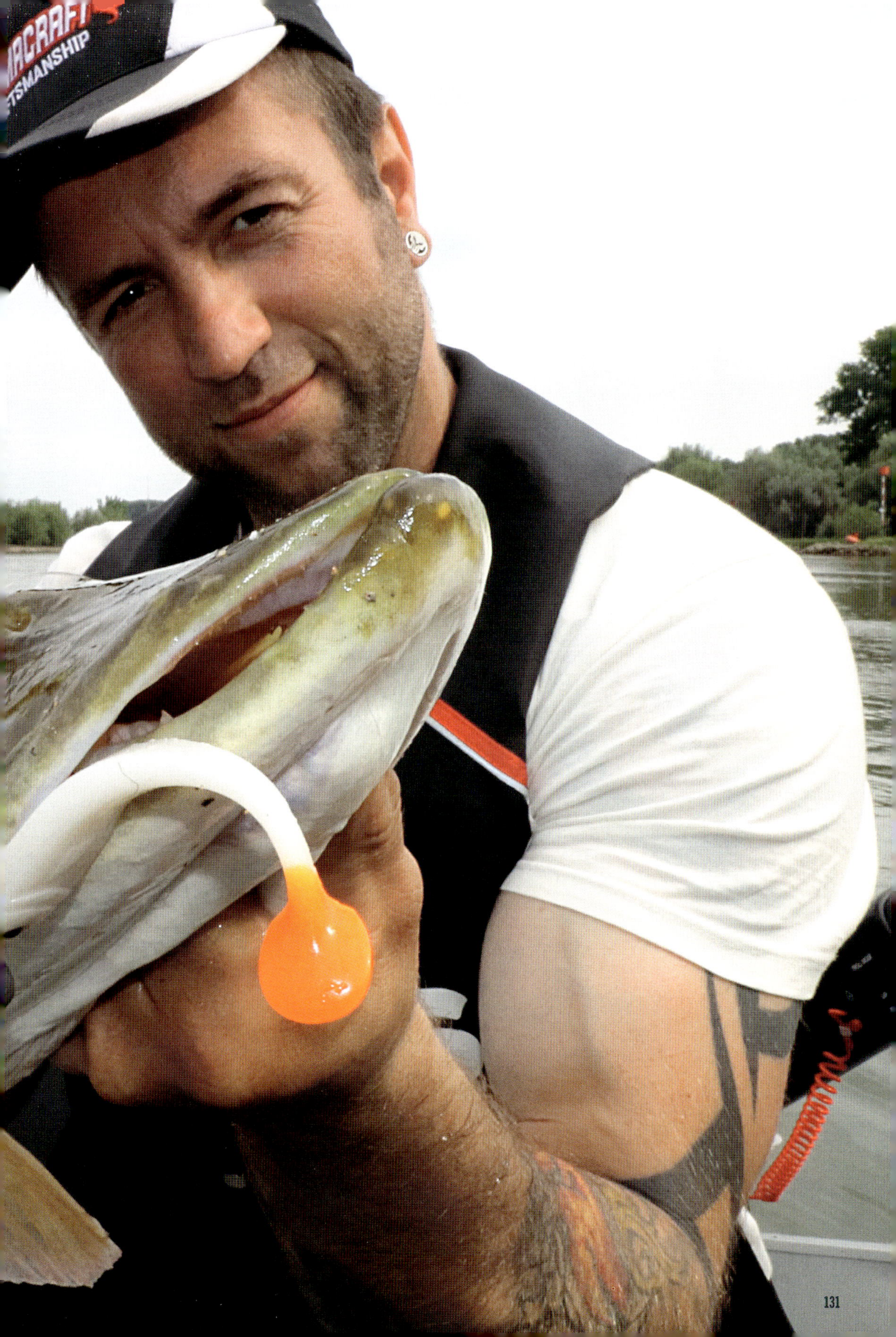

Sich nachts am Wasser herumtreiben – muss das sein? Ist das nicht unheimlich? Bringt das überhaupt was? Nein, das muss nicht sein. Und ja, manchmal kann es schon unheimlich sein. Aber: Wer bei Nacht zu Hause sitzt, verpasst oft richtig viel. Denn es gibt Zeiten, in denen die Fische ihre Futtersuche fast völlig in die Dunkelheit verlegen. Wer das nicht berücksichtigt, fängt am Tag nur wenig oder gar nichts und verpasst unter Umständen ein Abenteuer. Nachtangeln ist einfach cool – egal ob am See, Fluss oder Meer.

KAPITEL 6

NACHTSCHICHT-ANGELN IM DUNKELN

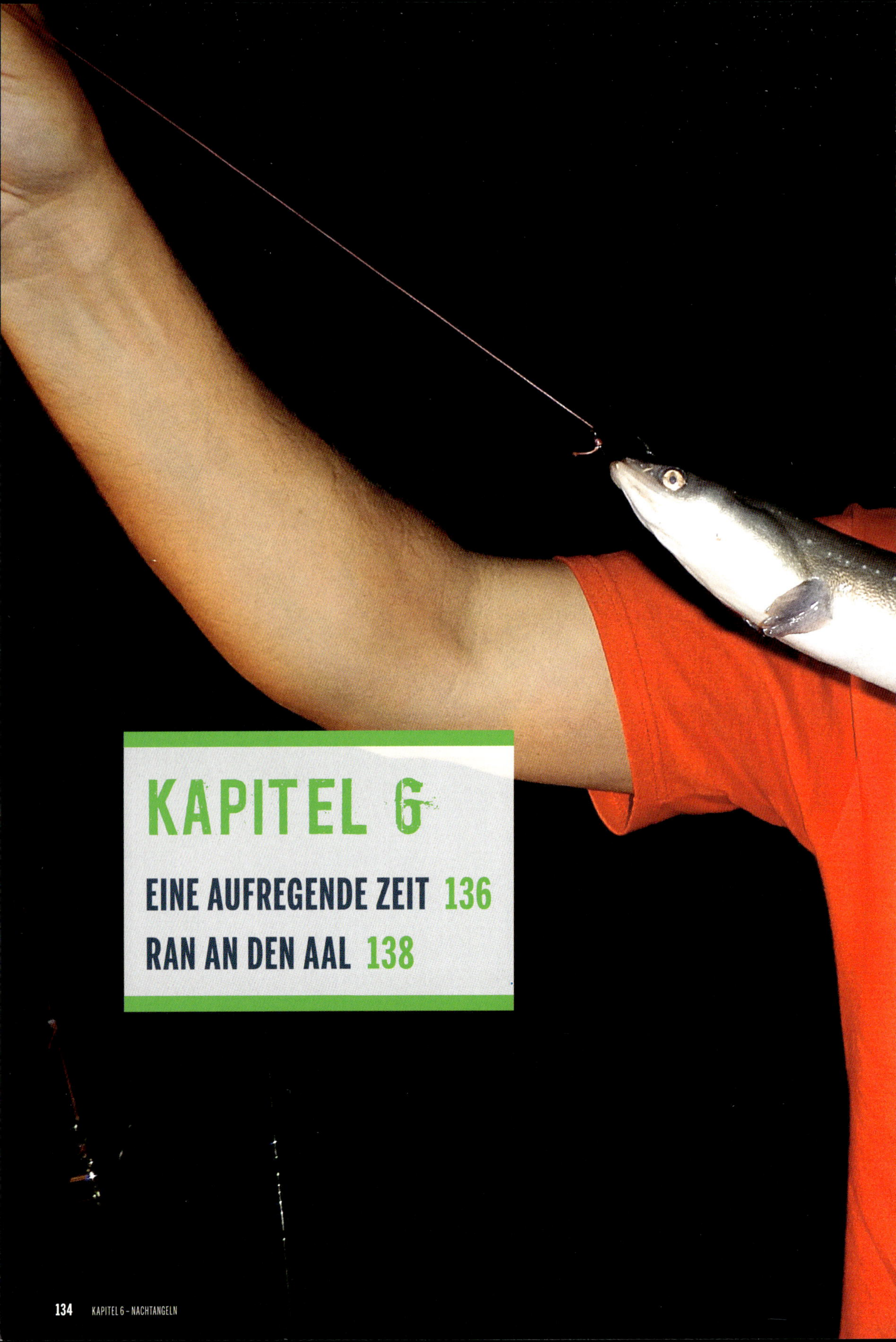

KAPITEL 6

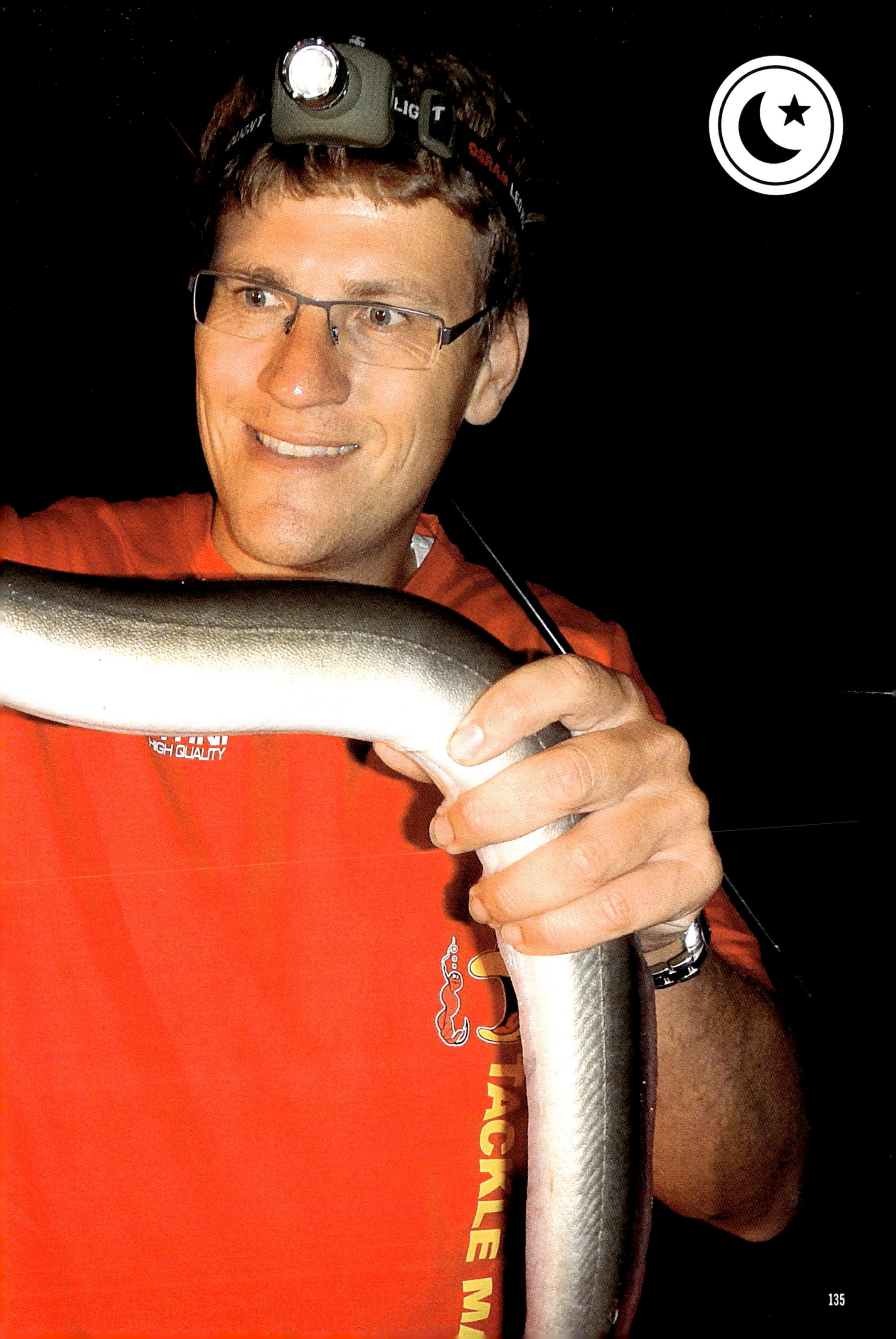
HIGH QUALITY
TACKLE

NACHTS LÄUFT'S

Grundsätzlich kann man beim Angeln immer mit einem Biss rechnen, aber die Nachtstunden sind häufig besonders produktiv. Warum die Dunkelheit eine so Erfolg versprechende Phase bietet, hat mehrere Gründe: Zum einen gibt es Fischarten, die besonders nachtaktiv sind, wie etwa der Aal oder der Wels. **Wer diese Räuber an den Haken bekommen will, steigert seine Fangchancen enorm, wenn er nachts seine Montagen auswirft.**

Der zweite Grund für die Produktivität der dunklen Stunden liegt darin, dass es zu dieser Zeit einfach ruhiger ist. Nachts laufen keine Spaziergänger an den Ufern entlang, es springen keine Hunde ins Wasser, um Bälle oder Stöcke zu apportieren – und es sind auch weniger Angler unterwegs. Da wagen sich die Fische aus der Deckung und ziehen auch in die flachen Uferzonen, um dort nach Nahrung zu suchen. Dann gelangen sie auch in Reichweite des Uferanglers.

Auch habe ich die Erfahrung gemacht, dass ein Zusammenhang zwischen **Angeldruck** während der Tagesstunden und Produktivität der Nacht besteht. Da gibt es einen See, an dem ich vor mittlerweile über 15 Jahren fast der einzige Angler war, der sein Glück auf Karpfen versuchte. In dieser Zeit konnte ich 90 Prozent meiner Karpfen in den frühen Morgenstunden fangen. Wenn die Sonne aufging und es langsam hell wurde, war Aufmerksamkeit angesagt. Denn fast immer biss dann einer der Bartelträger.

BEISSZEIT IN DEN NACHTSTUNDEN

Meine Fangerfolge blieben nicht unbemerkt und im Laufe der folgenden Jahre versuchten immer mehr Angler ihr Glück an diesem See. Es war daraufhin eine Verschiebung der Beißzeit in die Nachtstunden zu beobachten. Früh morgens bekomme ich mittlerweile kaum noch einen Biss – die meisten Aktionen habe ich in den tiefen Nachtstunden zu verzeichnen.

Die Fische scheinen sich **nachts sicherer** zu fühlen und fressen mit weniger Argwohn als tagsüber. Entsprechend habe ich meine Vorgehensweise an diese Begebenheit angepasst und fische dort fast ausschließlich nachts – und das mit guten Ergebnissen. Wer also ein Gewässer beangelt, das einem hohen Befischungsdruck ausgesetzt ist, sollte unbedingt mal eine Nachtschicht einlegen.

EINE AUFREGENDE ZEIT

Auch wenn das Nachtangeln für mich mittlerweile zur Routine geworden ist, kann ich mich noch ganz genau daran erinnern, wie aufregend meine ersten Ansitze in den dunklen Stunden waren. **Denn nachts ist alles anders als tagsüber:** Man achtet deutlich mehr auf das, was um einen herum passiert. Bei knackenden Ästen im Busch befürchtet man sofort das Schlimmste und fragt sich, welches große und gefährliche Tier da im Unterholz lauert. Meistens entpuppt sich die vermeintliche Bestie als Maus oder im schlimmsten Fall als Fuchs, der den Angler vielleicht schon entdeckt hat und erschrocken das Weite sucht. Auch der Ruf des Kauzes gehört zu einem ordentlichen Nachtangeln einfach dazu.

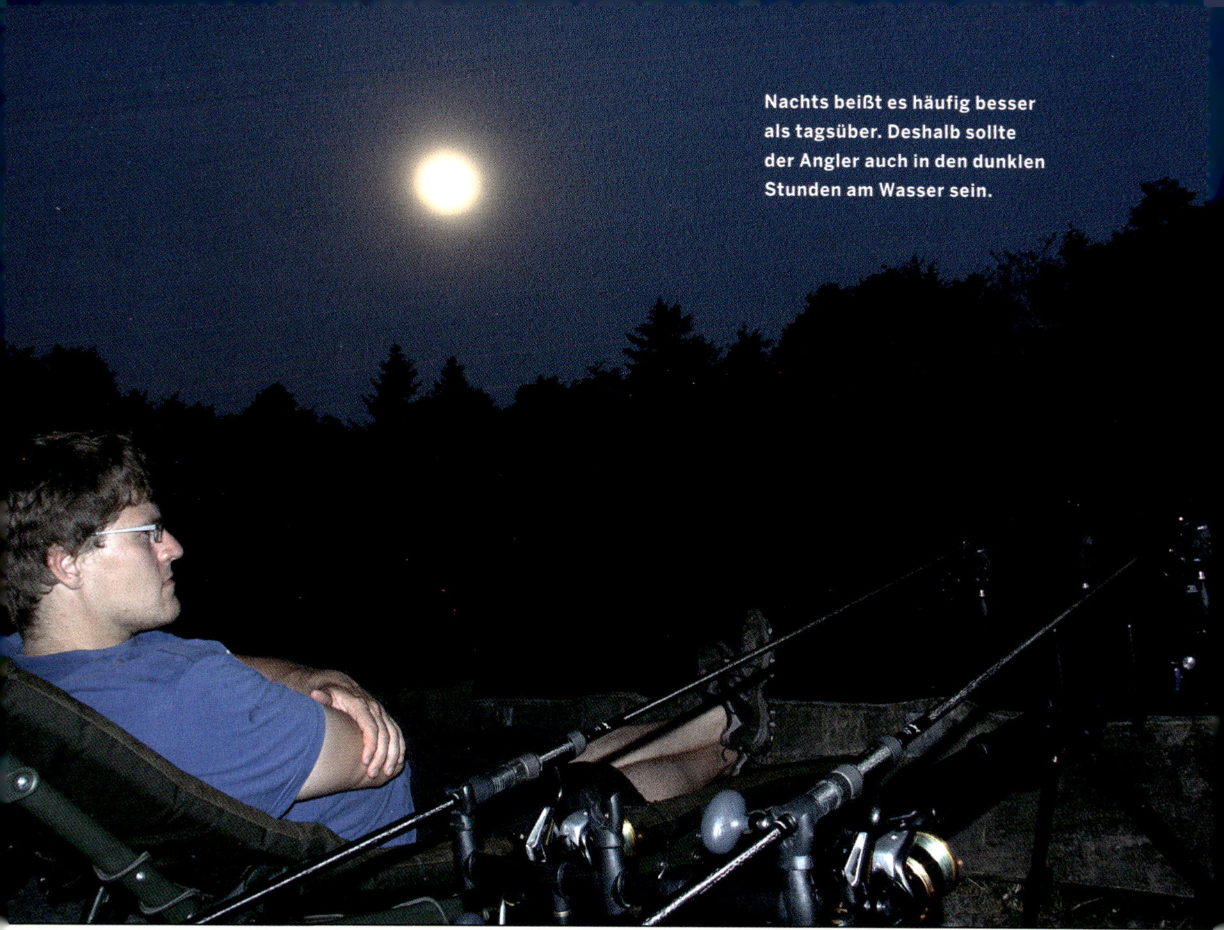

Nachts beißt es häufig besser als tagsüber. Deshalb sollte der Angler auch in den dunklen Stunden am Wasser sein.

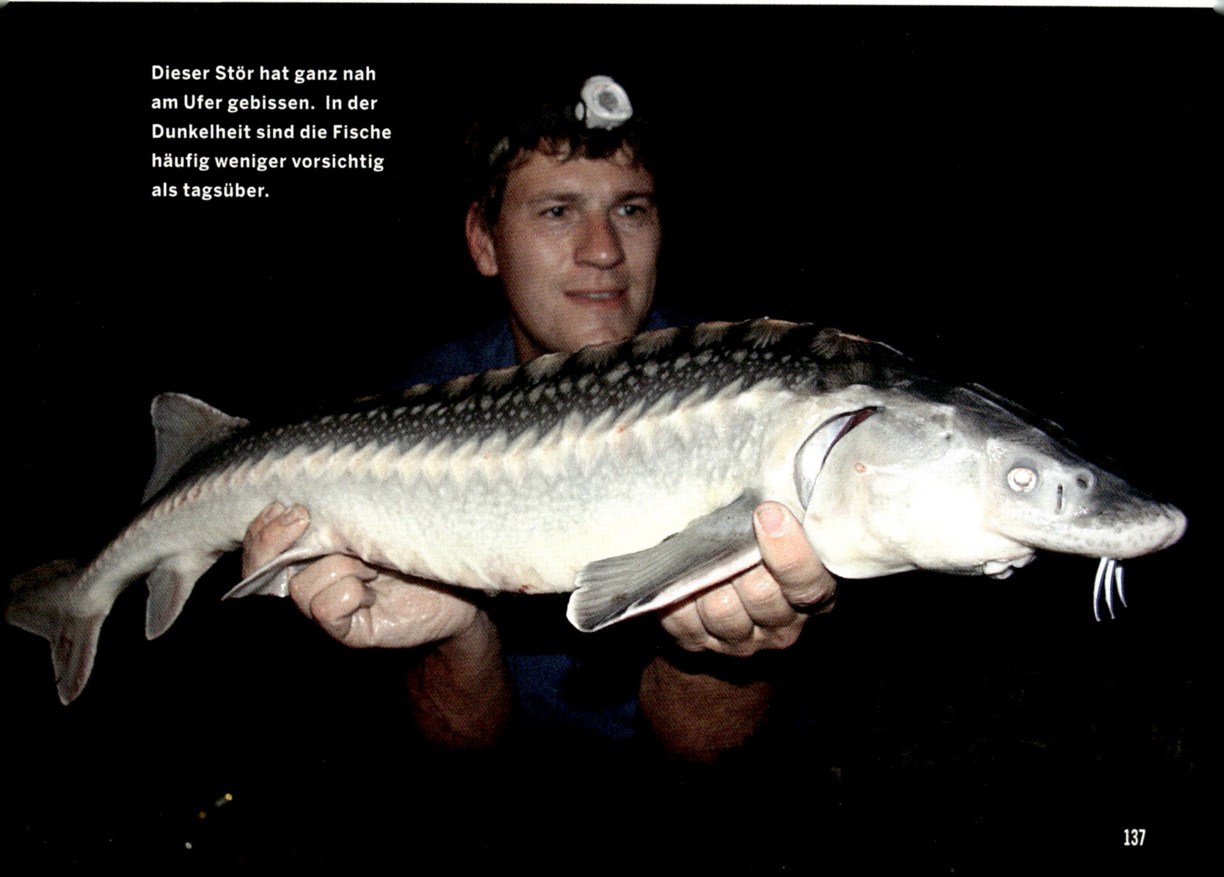

Dieser Stör hat ganz nah am Ufer gebissen. In der Dunkelheit sind die Fische häufig weniger vorsichtig als tagsüber.

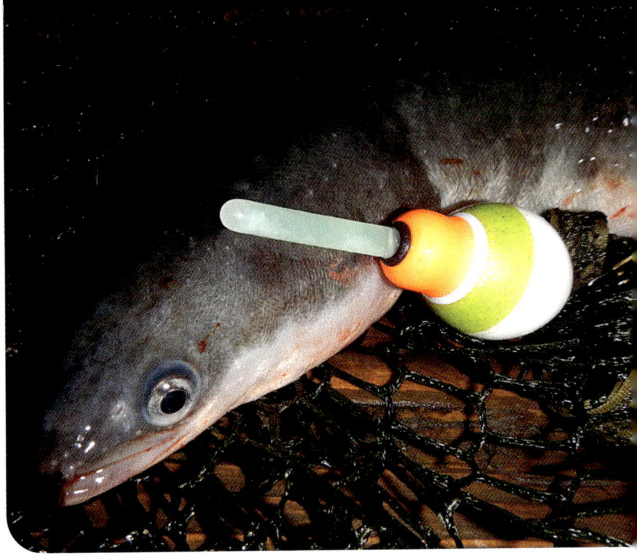

Der Aal ist der Fisch Nummer 1 für Nachtangler.

Wer nachts am Wasser ist, angelt mit geschärften Sinnen.

Auch wenn man nachts mit der Spinnrute und beispielsweise flach laufenden Wobblern erfolgreich sein kann, so bedeutet Nachtangeln doch in den meisten Fällen **Ansitzangeln** an einem aussichtsreichen Platz. Da man nachts deutlich schlechter sieht als tagsüber, ist eine gewisse Vorbereitung dabei Pflicht.

DIE LAGE CHECKEN

Man sollte die fürs Nachtangeln anvisierte Stelle in den hellen Stunden erst einmal in Augenschein nehmen. Dann erkennt man wichtige Details, die in der Nacht zunächst einmal verborgen bleiben. Gibt es gefährliche Bereiche, die man gerade nachts meiden sollte, um nicht ins Wasser zu fallen? Wo befinden sich offensichtliche Hindernisse im Wasser, in denen sich ein gehakter Fisch im Drill festsetzen könnte? Außerdem fällt es tagsüber leichter zu erkennen, wo man den Köder am besten platziert. Eventuell kann man sich markante Punkte am anderen Ufer merken, etwa Baumkronen oder Gebäude, die sich auch im Dunkeln vom Horizont abheben und als Anhaltspunkt beim nächtlichen Auswerfen dienen können. **Das Auskundschaften erspart dem Nachtangler so manchen Ärger und steigert außerdem die Erfolgschancen.**

RAN AN DEN AAL

Wie schon erwähnt, ist der Aal der klassische Fisch für Nachtangler. Um die Schlängler an den Haken zu bekommen, kann man den Köder an einer Posen- oder Grundmontage anbieten. Eine Posenmontage bietet sich besonders fürs Angeln im Stillwasser an, eine Grundbleimontage sowohl für stehende als auch für fließende Gewässer.

Man glaubt es kaum, aber **Aale besitzen Bärenkräfte** – und wissen diese im Drill auch zu nutzen. Dabei kann es leicht passieren, dass der Aal in ein Hindernis flüchtet und sich dort mit seinem Körper um etwas herumwindet und auf diese Weise festsetzt. Voll dagegenhalten, lautet deshalb das Motto. Und das funktioniert nur mit starkem Gerät. Eine stabile Grund- oder Posenrute, kombiniert mit einer robusten Stationärrolle und einer 0,35 Millimeter starken Hauptschnur dürfen es schon sein.

Als Köder eignet sich ein Tauwurmbündel. Gerade die größeren Aale, auch Raub- oder Breitkopfaale genannt, stehen auf ordentliche Portionen wie etwa einen Fischfetzen oder ein halbiertes Köderfischchen.

In der Dunkelheit die Pose oder die Rutenspitze im Auge zu behalten, ist ziemlich schwierig. Deshalb ist Beleuchtung notwendig. Speziell fürs Nachtangeln gibt es **Knicklichter**.

HALTEN DIE GANZE NACHT DURCH: KNICKLICHTER

Sie sind in unterschiedlichen Farben und Größen erhältlich. Dabei handelt es sich um mit Leuchtmittel gefüllte Stäbchen. Knickt man das Stäbchen an, beginnt es zu leuchten. Die Leuchtkraft reicht aus für eine komplette Nacht.

Mit Hilfe von transparentem Klebeband oder einer speziellen Halterung kann man das Knicklicht an der Rutenspitze befestigen. Es gibt zudem spezielle **Posen fürs Nachtangeln,** die unter der Bezeichnung »Knicklichtposen« oder »Leuchtposen« verkauft werden. Das aktivierte Knicklicht lässt sich in den Posenkörper stecken und dient als beleuchtete Antenne. Mittlerweile haben sich auch bei Nachtanglern elektronische Bissanzeiger etabliert. Diese Geräte ersparen es, die ganze Zeit voll konzentriert auf die Rutenspitze oder die Leuchtpose starren zu müssen. Dieses Beob-

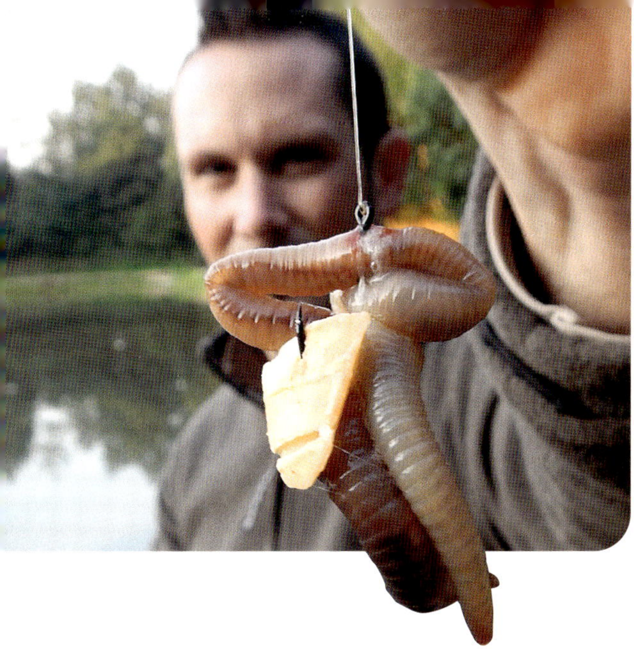

Der Tauwurm, hier kombiniert mit einem Stück herzhaftem Käse, gehört zu den besten Aal-Ködern.

OBEN: *Das ist eine Posenmontage fürs Nachtangeln, wobei die Pose mit einem Knicklicht ausgestattet werden kann.*

UNTEN: *Mit Hilfe einer Laufbleimontage präsentiert man den Köder hart am Grund – dort lauern die Aale.*

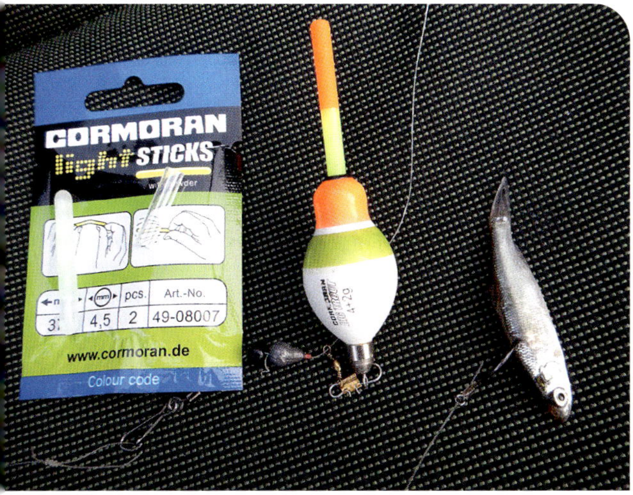

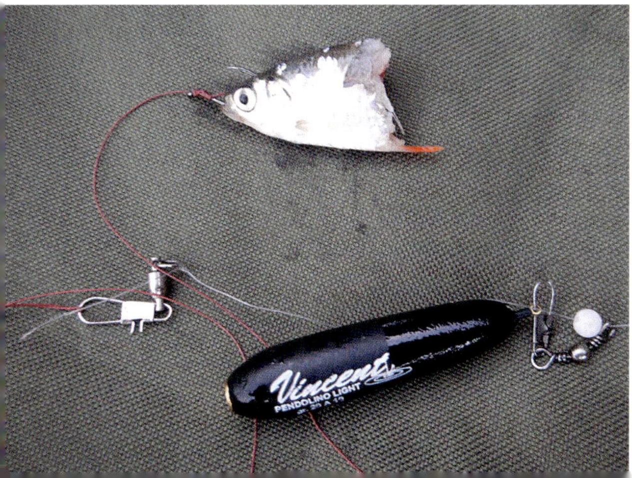

achten ist extrem anstrengend: Mehrmals ist es mir passiert, dass ich nach mehreren Stunden auf einmal glaubte erkennen zu können, dass die Pose wandern würde. Es handelte sich allerdings nur um eine Form der Sinnestäuschung hervorgerufen durch Ermüdung.

Der elektronische Bissanzeiger übernimmt die Überwachung der Montage und sorgt dafür, dass sich der Angler entspannen und auch mal ein kurzes Nickerchen halten kann. Man sollte die Lautstärke des Bissanzeigers allerdings nicht zu stark aufdrehen.

NACHT-WÄCHTER

Schließlich möchte nur man selbst über einen Biss informiert werden, es soll nicht der komplette See mitbekommen. Beim Spannen der Schnur schalte ich übrigens den Bissanzeiger aus und aktiviere ihn erst, wenn die Montage »scharf« ist. Ständiges Piepsen ist nervig und völlig überflüssig.

Auf die bei vielen Nachtanglern immer noch beliebten **Aalglocken**, die an der Rutenspitze befestigt werden, verzichte ich völlig. Denn sie bimmeln nicht nur beim Biss, sondern auch beim Auswerfen, Spannen der Schnur sowie beim Einkurbeln der Montage und während des Drills.

Nicht nur Rutenspitze und Pose müssen beleuchtet sein, der Angler braucht beim nächtlichen Ansitz zudem eine gute Lampe, sonst wird das Montieren, Beködern und Abhaken des Fisches zum Problem. Eine Taschenlampe ist zwar brauchbar, hat aber den Nachteil, dass man sie in der Hand halten muss. In den meisten Situationen braucht man aber beide Hände. Daher ist fürs Nachtangeln eine Kopf- oder Stirnlampe ideal. Der Angler verfügt über Licht in Blickrichtung und hat beide Hände frei. Der Fachhandel bietet viele verschiedene Modelle an. Leicht, hell und energiesparend sind moderne Stirnlampen mit LED-Technologie.

Drei wichtige Utensilien sollte der Aal-Angler auf keinen Fall vergessen: Erstens einen großen **Kescher**. In der Dunkelheit einen starken Aal in einen kleinen Kescher schaufeln zu

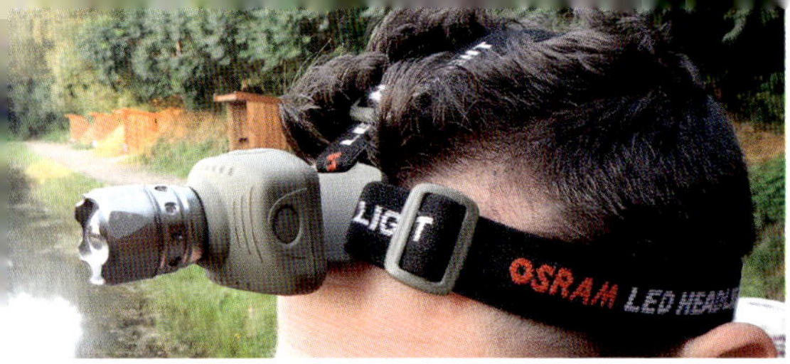

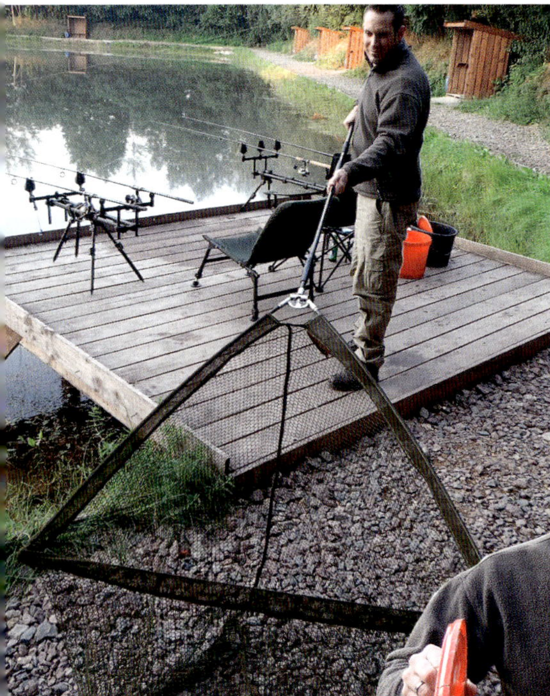

wollen, ist ein riskantes Unterfangen. Nicht selten erhält man nur eine Chance, den Fisch zu landen – und dieser Versuch sollte gelingen. Ein großer Kescher hilft dabei ungemein. Leider ist der Kescher nach dem Fang von mehreren Aalen so stark verschleimt, dass man ihn gründlich säubern muss. Danach das Netz am besten draußen trocknen lassen. Sonst kann es im Haus oder in der Wohnung sehr unangenehm riechen.

Zweitens benötigt man einen **Eimer mit Deckel**. Darin lässt sich ein gefangener Aal ausbruchssicher versorgen und unterbringen. Man glaubt nicht, wie häufig ein scheinbar toter Aal doch noch ausgebüchst ist. Im verschlossenen Eimer hat er keine Chance.

Drittes wichtiges Utensil ist ein **Handtuch**. Wer schon einmal mit einem Aal zu tun hatte, der weiß, dass das Handling des Schlänglers keine leichte Angelegenheit ist. Aale sind extrem schleimig und nur schwierig zu greifen. In Windeseile haben sie sich aus der Hand gewunden. Das Handtuch hilft dabei, den Schlängler sicher in den Griff zu bekommen.

OBEN: *Eine Kopf- oder Stirnlampe eignet sich optimal fürs Nachtangeln. Sie sorgt zum einen für Licht und ermöglicht es außerdem, dass der Angler beide Hände frei hat.*

UNTEN: *Der Kescher darf gerne groß ausfallen. Das erleichtert die Landung des Fisches in der Dunkelheit.*

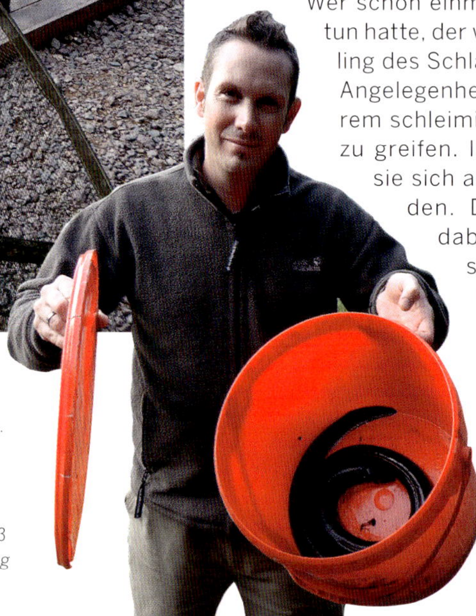

Aus einem großen Eimer mit Deckel kann der Aal nicht entwischen.

SICHTBARE ABLAGE

Besonders in der Dunkelheit müssen wichtige Ausrüstungsteile wie Hakenlöser, Köder oder Messer immer griffbereit sein. Liegen diese Gegenstände im hohen Gras, ist man aufgeschmissen. Deshalb platziere ich sie auf einem hellen, gut sichtbaren Handtuch und lege sie nach Benutzung auch dorthin zurück. So weiß ich immer, wo die Sachen sind und muss in der Nacht nicht danach suchen.

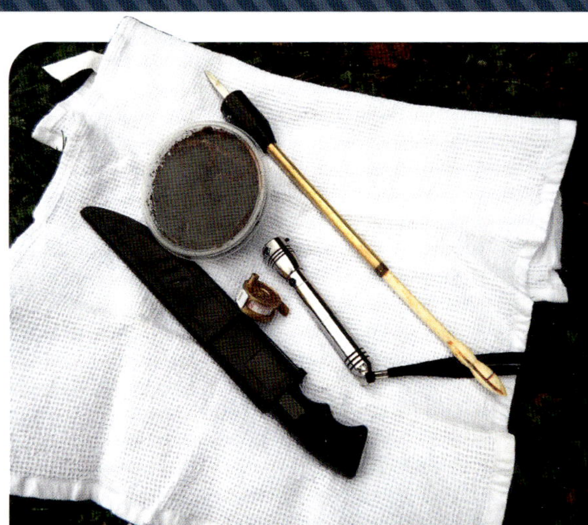

Liegen wichtige Ausrüstungsteile auf einem weißen Handtuch, sind sie auch in der Dunkelheit stets gut zu sehen.

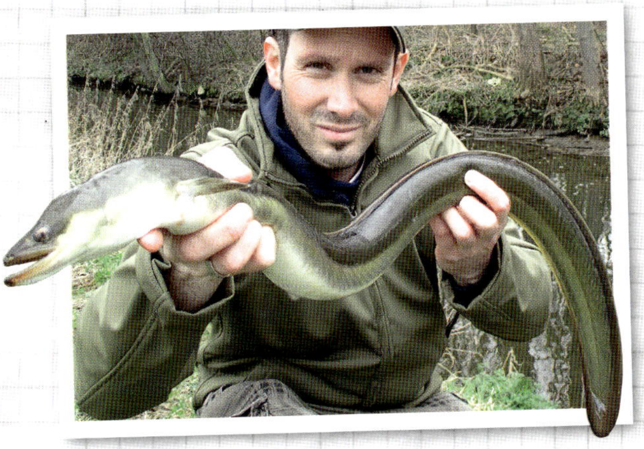

AAL

(Anguilla anguilla)

Einfach unverwechselbar – das ist der Aal. Denn er erinnert eher an eine Schlange als an einen Fisch. Dass Aale auch über Land »gehen« können, ist kein Ammenmärchen, sondern entspricht durchaus der Wahrheit. Schon häufig sind gefangene Aale aus dem Eimer entwischt und sind wieder in ihr feuchtes Element geflüchtet. Aufgrund ihres schmackhaften Fleisches sind Aale unter Anglern sehr beliebt. Da die Bestände aufgrund von Gewässerverbauung und Überfischung in den letzten Jahren stark rückläufig sind, sollte man bei der Entnahme Maß halten.

MERKMALE

Langgestreckter, schlangenförmiger Körper, Rücken-, Schwanz- und Afterflosse bilden einen einheitlichen Flossensaum, keine Brustflossen, Länge bis etwa 150 Zentimeter

LEBENSRAUM

Fließende und stehende Gewässer, kommt auch im Brackwasser vor. Zieht zum Laichen in die Sargasso-See (Westatlantik)

LEBENSWEISE

Vorwiegend nachtaktiv, tagsüber in schlammigem Sediment oder in Unterständen sowie an unterspülten Ufern. Man unterscheidet Spitzkopf- und Breitkopfaal. Die kleineren Spitzkopfaale fressen meist Kleintiere wie Würmer, Schnecken oder Larven. Breitkopfaale sind Räuber und ernähren sich eher von Krebsen und kleinen Fischen

ANGELTECHNIKEN

Grundangeln und Posenfischen mit Naturködern (Wurm, Köderfisch)

Vertrauen in das Angeln stellt sich erst dann wirklich ein, wenn auch etwas beißt. Gerade Einsteiger haben da ihre Zweifel – spätestens nach Stunden vergeblichen Wartens. Für Abhilfe kann hier der Forellensee sorgen. Aufgrund der meist recht hohen Fischdichte und den vergleichsweise unerfahrenen Wasserbewohnern stellt sich der Erfolg in aller Regel rasch ein – wobei es auch hier keine Fanggarantie gibt. Vielmehr kann hier ebenfalls der Angler punkten, der sein Handwerk samt einigen speziellen Angeltaktiken beherrscht.

KAPITEL 7

FÜR FORELLENFANS – PUT & TAKE-GEWÄSSER

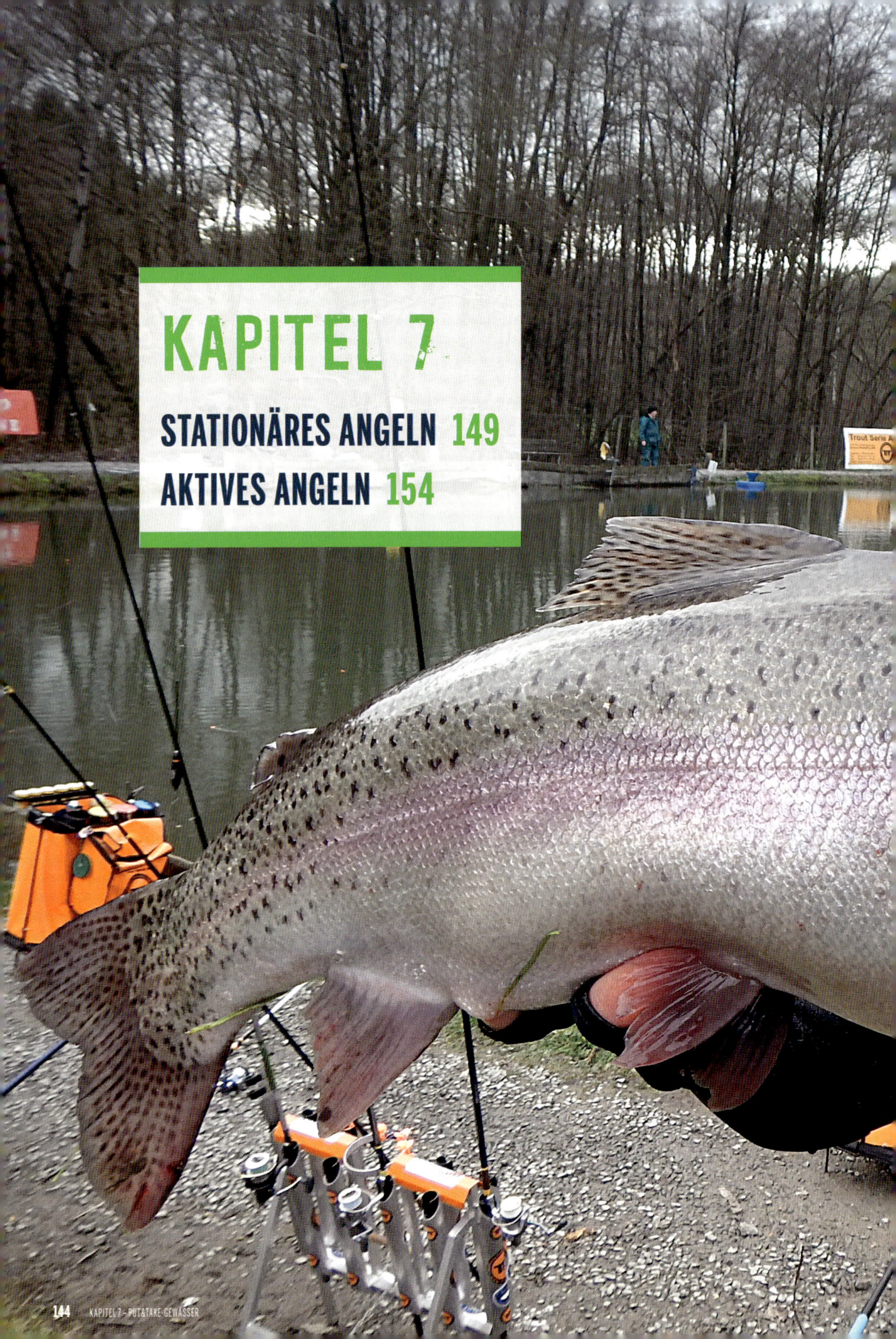

KAPITEL 7

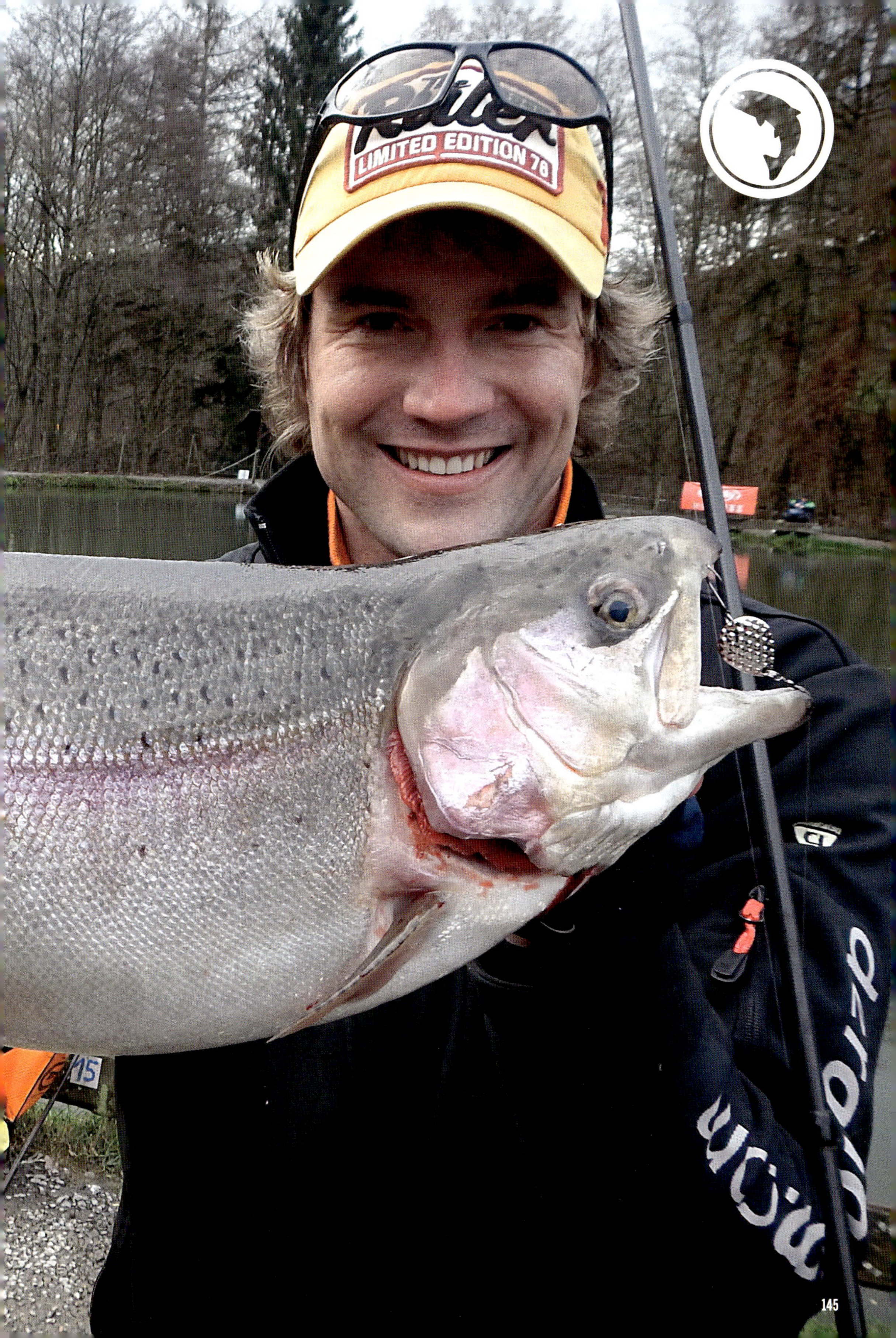
LIMITED EDITION 78

SOFORT-ERFOLG

Eine Angeldisziplin, die immer mehr Anhänger gewinnt, ist das Befischen von **Put & Take-Gewässern, auch Forellenteiche oder Forellenseen** genannt. Bei diesen Gewässern handelt es sich um Teiche oder Seen, die kommerziell bewirtschaftet und besetzt werden, meist mit Forellen, aber mittlerweile auch mit anderen Fischarten.

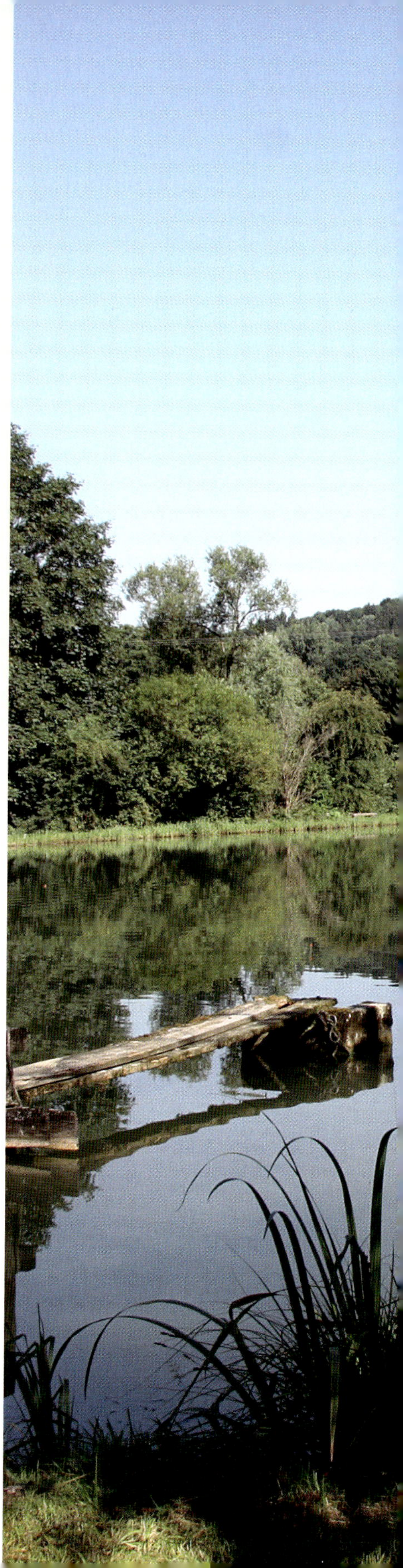

Eine Angelerlaubnis für diese Gewässer zu bekommen, gestaltet sich recht einfach: Einfach vor Ort eine Tages-, Halbtages- oder Stundenkarte kaufen. Es gibt auch Gewässer, in denen man nach Fanggewicht bezahlt. Vorteile der Put & Take-Gewässer: **Man muss nicht** Mitglied **in einem Angelverein sein oder eine** (manchmal recht teure) **Jahreserlaubnis kaufen.**

Da Forellenseen meist über einen guten Fischbestand verfügen, dauert es meist nicht allzu lange, bis man zum Erfolg kommt. Ein Ausflug an den Forellensee oder an den Forellenteich ist daher ideal für Angler, die nur über ein kleines Zeitkontingent verfügen. Denn hier lohnt sich auch ein Versuch nach Feierabend, für einen Vormittag oder einfach zwischendurch.

AUS DEN VOLLEN SCHÖPFEN

Meist sind die Angelplätze gut erreichbar, so dass weites und nerviges Tragen von Angelgerät entfällt, auch Köder kann man häufig vor Ort kaufen und sich so die zeitraubende Fahrt zum Angelladen sparen.

Weil das Angeln am Put & Take-Gewässer so kurzweilig ist, eignen sich diese Gewässer perfekt, um den Nachwuchs mitzunehmen: Denn muss der angehende Jungangler mehrere Stunden auf einen Biss warten, verliert er schnell die Lust. Geht die Pose hingegen nach relativ kurzer Zeit auf Tauchstation, ist Begeisterung vorprogrammiert.

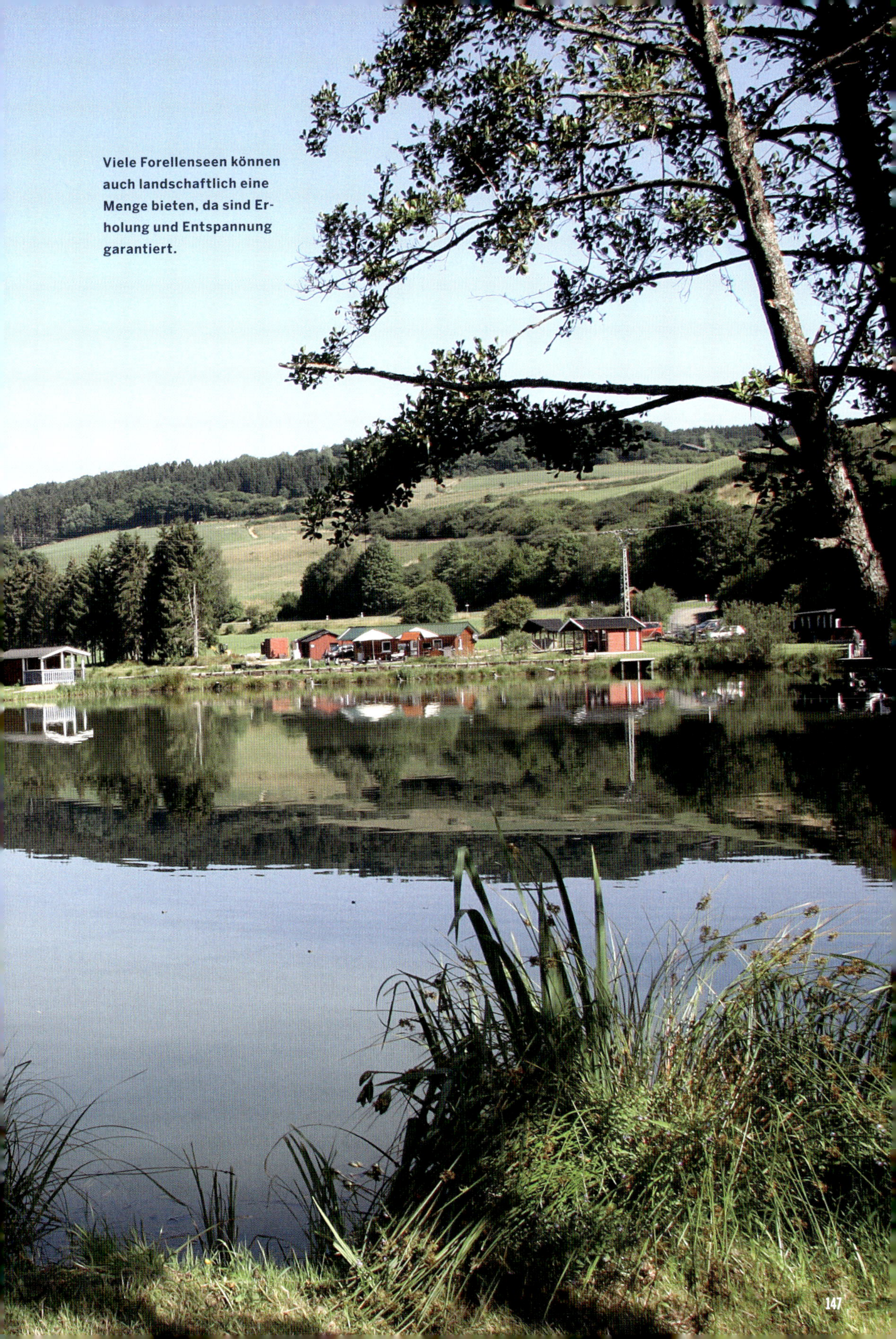

Viele Forellenseen können auch landschaftlich eine Menge bieten, da sind Erholung und Entspannung garantiert.

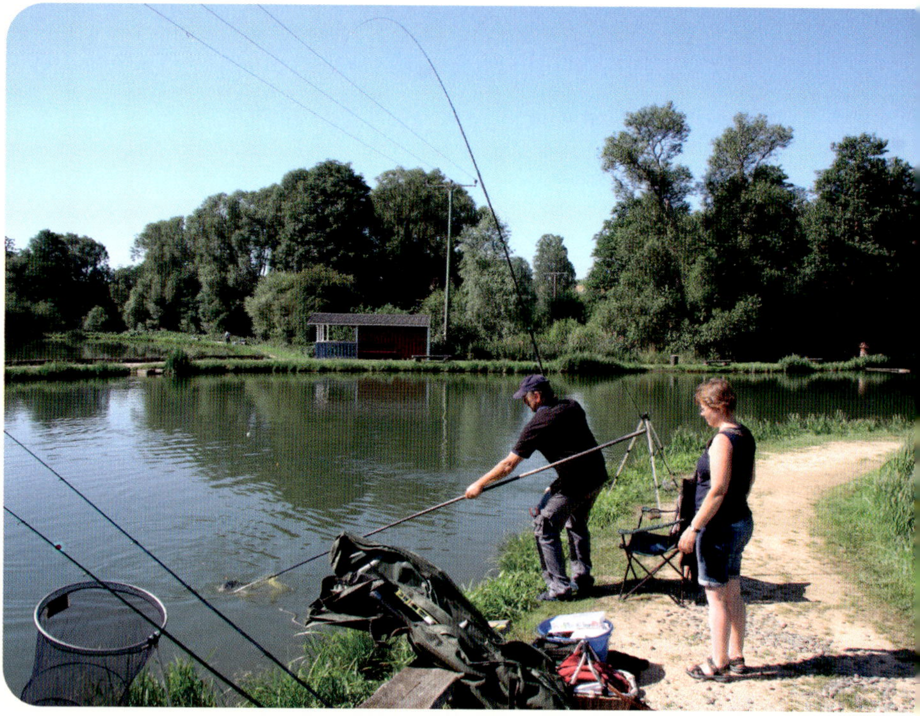

Krumme Rute am Forellensee. Hier stehen die Fangaussichten bestens – auch für den Anfänger oder für Angler, die nur wenig Zeit haben.

Hier muss man angeln: Zu- und Abläufe der Forellenseen sind echte Hotspots.

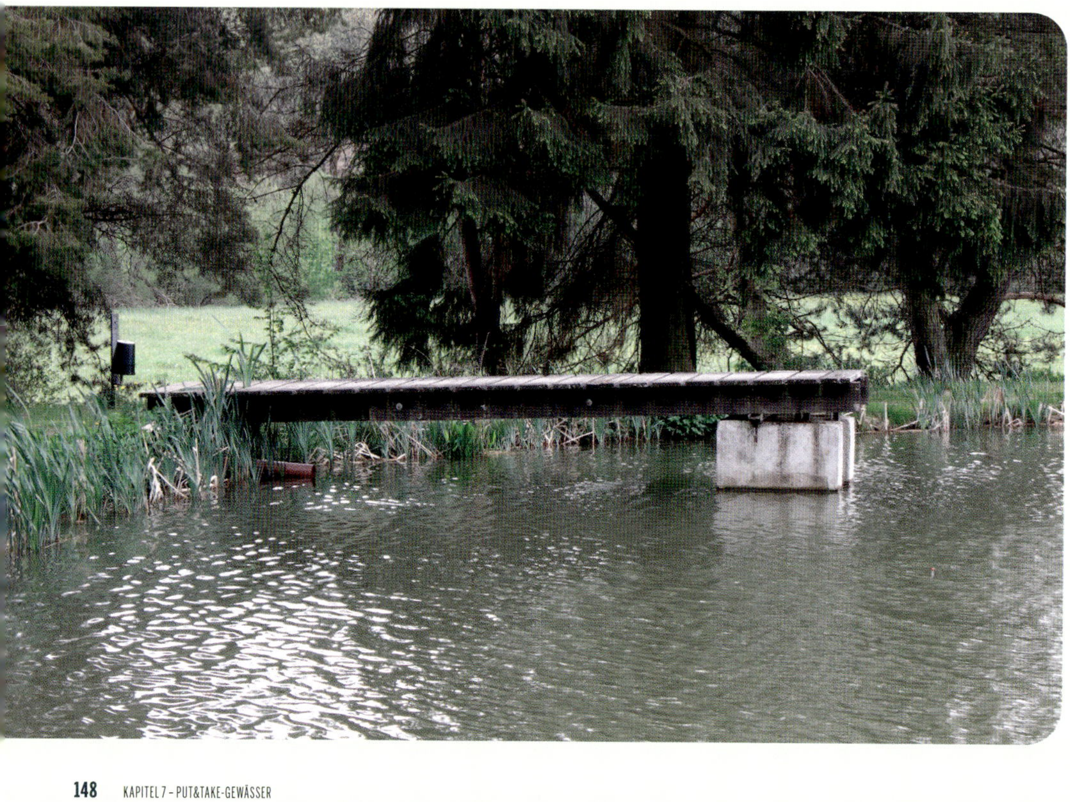

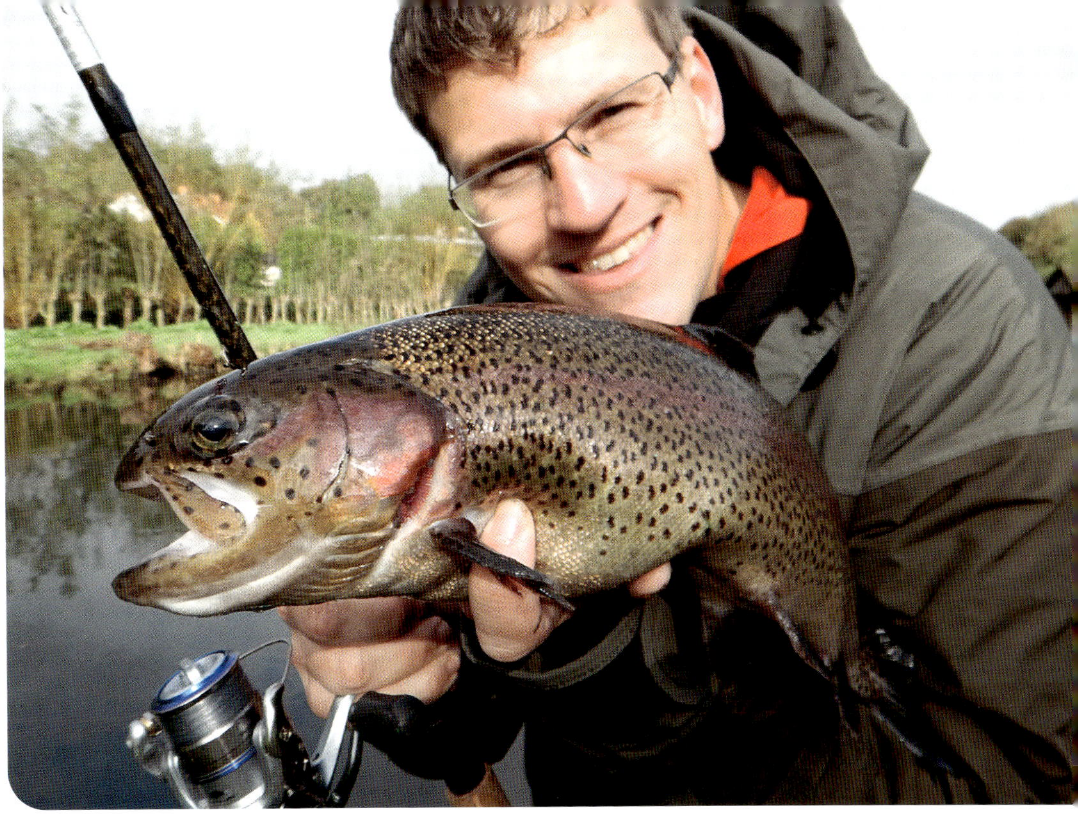

Regenbogenforellen sind die Hauptbeute am Put & Take-Gewässer.

Noch vor einigen Jahren wurden viele Forellenseen ausschließlich mit **Regenbogenforellen** in Portionsgröße besetzt. Heute ist die Situation anders und man weiß nie, was als nächstes beißt: Neben Regenbogenforellen kommen in machen Gewässern kapitale Forellen bis etwa 20 Pfund vor. Diese Großforellen werden im Anglerjargon gelegentlich als **Lachsforellen** bezeichnet. Es handelt sich hierbei allerdings nicht um eine besondere Art, sondern lediglich um eine aus dem Fischhandel übernommene Bezeichnung für eine größere Forelle, die mit farbstoffhaltigem Futter aufgezogen wurde, so dass sie über rotes Fleisch, ähnlich dem Lachs, verfügt.

Saiblinge sind eine weitere Attraktion in Put & Take-Gewässern. Sie werden vornehmlich in den kalten Monaten besetzt und stehen bei vielen Anglern noch höher im Kurs als Forellen. Darüber hinaus kann man in vielen Forellenseen **Störe** fangen. Diese urigen Räuber sind kampfstark und bereiten auch in der Küche viel Freude.

DOPPELT PUNKTEN!

Wer nach einem erfolgreichen und entspannenden Angeltag am Forellensee nach Hause kommt, kann dort auch gleich punkten: Eine leckeres Forellenfilet, eine Lachsforelle aus dem Backofen oder ein Stück Stör vom Grill – bei diesen Argumenten wird die Ehefrau oder Freundin einen erneuten Angelausflug sicherlich befürworten.

Auch wenn sich in den letzten Jahren das Angeln am Forellensee stark entwickelt und sich neue Methoden herausgebildet haben, kann man grundsätzlich zwischen **stationärem und aktiven Angeln** unterscheiden.

AUS DEM STAND: STATIONÄRES ANGELN

Stationäres Angeln, auch Stand- oder Ansitzangeln genannt, ist eine gemütliche Sache. Man wirft die Montage aus und wartet auf einem Stuhl sitzend auf den Biss. Aus diesem Grund bezeichnet mancher Forellensee-Spezialist diese Methode mit einem Augenzwinkern als »Rentner-Angeln«. Aber das Standangeln ist fängig und manchmal sogar fängiger als aktive Angeltechniken, besonders wenn man es auf große Forellen abgesehen hat.

NICHT NUR SALMONIDEN IN PORTIONSGRÖSSE

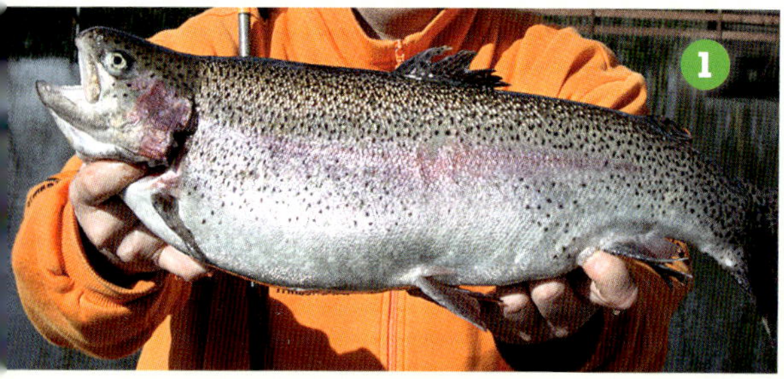

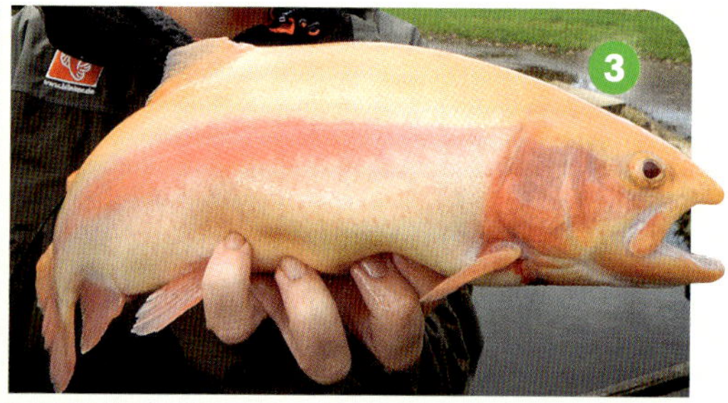

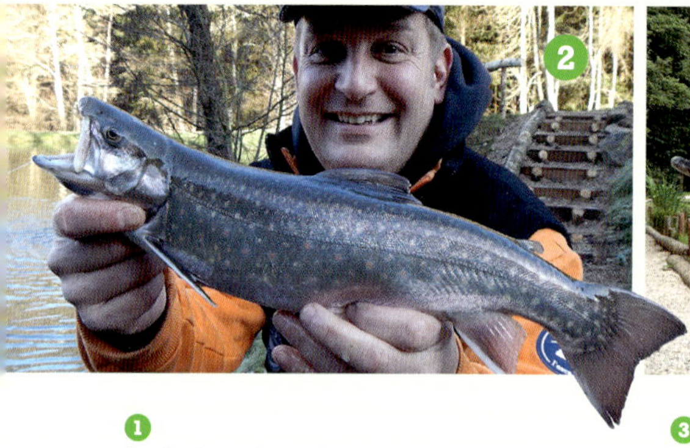

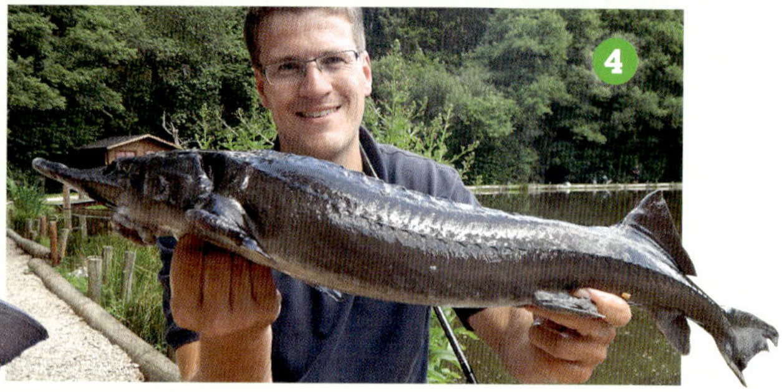

1 *Große Regenbogenforellen erreichen beeindruckende Gewichte um 20 Pfund.*

2 *Saiblinge sind besonders lecker und unter Forellensee-Anglern heiß begehrt.*

3 *Goldforellen sind aufgrund ihrer Färbung ein echter Blickfang.*

4 *Störe gehen beim Grundangeln an den Haken.*

Es gibt zwei Möglichkeiten, um den Forellen gemütlich nachzustellen: Zum einen das Posenangeln, zum anderen das Grundangeln mit auftreibenden Ködern. **Posenangeln** bietet sich an, wenn die Forellen in den mittleren oder oberen Wasserschichten auf Beutezug gehen. Man kann eine herkömmliche Posenmontage einsetzen, die auch beim Friedfischangeln zum Einsatz kommt. Speziell fürs Forellenangeln hat sich allerdings die so genannte Pilotposen-Montage herausgebildet.

ZWEI POSEN AUF EINMAL

Hierbei handelt es sich um eine Montage mit zwei Posen. Eine große Pose, die auf der monofilen Hauptschnur (0,16 bis 0,22 Millimeter) läuft und als Wurfgewicht dient. Eigentlicher Bissanzeiger ist die zweite, deutlich kleinere Pose, die als Pilot oder manchmal auch als Vorschwimmer bezeichnet wird. Der Pilot wird auf dem im Vergleich zur Hauptschnur etwas schwächeren Vorfach fixiert, allerdings so, dass er sich verschieben lässt. So dient er nicht nur als Bissanzeiger, sondern legt auch fest, wie tief der Köder absinkt. Schiebt man die Pilotpose auf dem Vorfach nach hinten Richtung Rute, sinkt der Köder tiefer ab, versetzt man den Piloten weiter Richtung Haken, fischt man näher an der Wasseroberfläche. So kann man die Höhe finden, in der die Forellen fressen.

Top-Köder für diese und auch andere Montagen ist die so genannte **Bienenmade**. Der Begriff ist etwas irreführend, denn es handelt sich bei diesem Tier, das deutlich größer ist als eine herkömmliche Fleischmade, nicht um die Larve der Biene, sondern um die Wachsmottenlarve.

Die zweite stationäre Erfolgstaktik ist das **Grundangeln**. Diese Technik bietet sich besonders in der kalten Jahreszeit an, wenn sich die Salmoniden in Grundnähe aufhalten. Eine Laufblei-Montage sorgt dafür, dass die Forelle

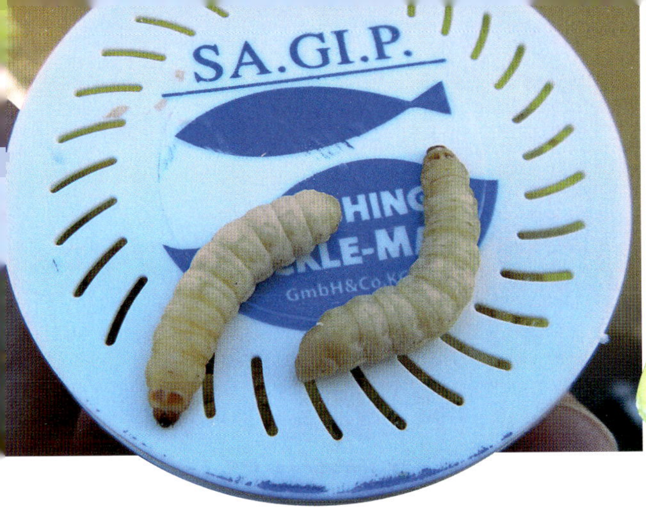

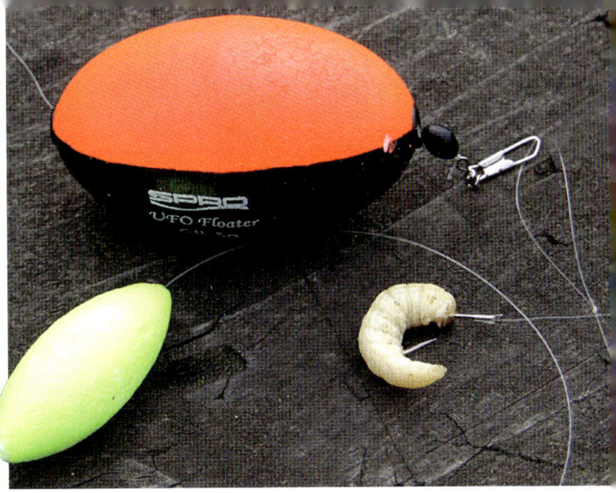

LINKS: *Bienenmaden sind ein Topköder für viele Angeltechniken am Put & Take-Gewässer.*

RECHTS: *Hat sich beim Posenangeln am Forellensee bewährt: die Pilotposenmontage.*

den Köder nehmen und abziehen kann, ohne Widerstand zu spüren. Da man im Stillwasser fischt, müssen die Bleie nicht zu schwer ausfallen, Gewichte zwischen 10 und 20 Gramm reichen meist aus. Anstelle eines herkömmlichen Laufbleies kann man auch einen Bodentaster einsetzen. Der Bodentaster ist ein schlankes Gewicht, das mit einem Stäbchen und einer Öse ausgestattet ist. Der Bodentaster soll dafür sorgen, dass die Schnur auch bei weichem Bodengrund, in den ein herkömmliches Blei einsinken könnte, frei laufen kann.

Der Köder sollte nicht auf dem Boden liegen, sondern ein Stück auftreiben. So kann er von den Forellen besser gesehen werden und man bekommt mehr Bisse. Man benötigt also einen Köder, der auftreibt. Spezieller **Forellenteig** schwimmt und eignet sich optimal für eine auftreibende Köderpräsentation. Es klingt zwar etwas komisch, aber Teichforellen fahren auf

Beim Grundangeln kommen Laufbleimontagen zum Einsatz. Speziell fürs Angeln am Forellensee wurde der so genannte Bodentaster (rechts) entwickelt.

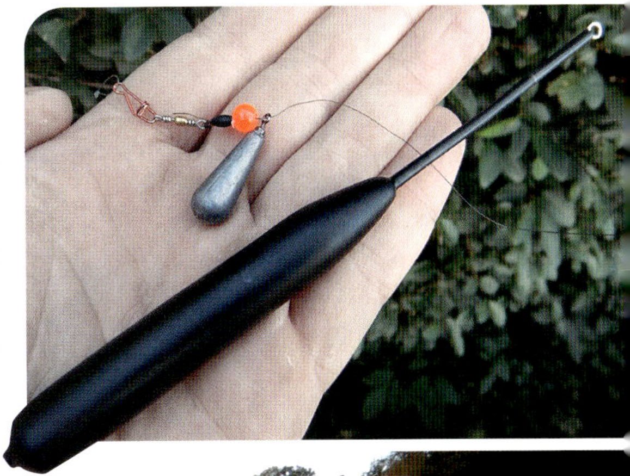

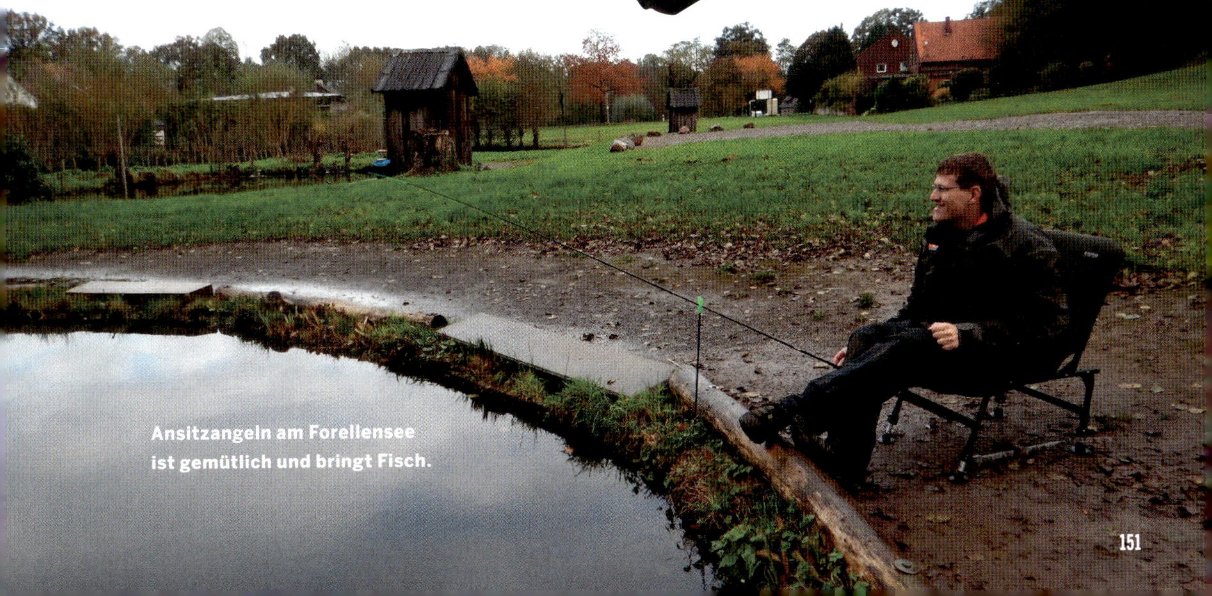

Ansitzangeln am Forellensee ist gemütlich und bringt Fisch.

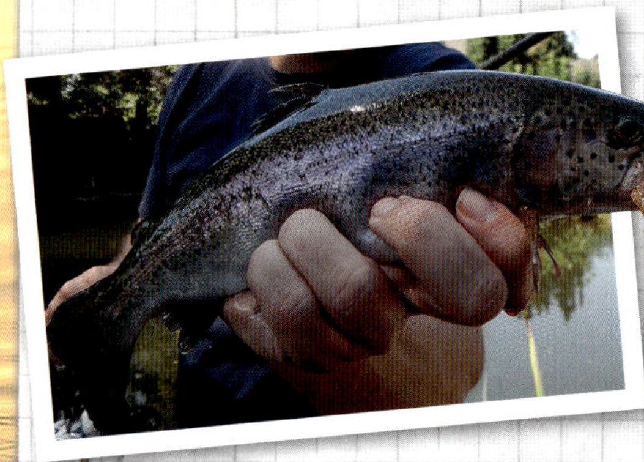

REGENBOGEN-FORELLE

(Oncorhynchus mykiss)

Die Regenbogenforelle stammt aus Nordamerika und wurde ab der zweiten Hälfte des 19. Jahrhunderts in England gezüchtet. Von dort breitete sie sich auch in den Gewässern des europäischen Kontinents aus. Die Regenbogenforelle ist deutlich anspruchsloser an die Wasserqualität als unsere heimische Bachforelle. Deshalb ist sie mittlerweile in fast an allen Gewässertypen zu Hause – vom kleinen Bach über den Forellenteich bis hin zum großen See. Und sogar an der Ostseeküste werden Regenbogenforellen gefangen.

MERKMALE

Langgestreckter Körper, weite Maulspalte, Fettflosse, Rücken meist grünlich oder bräunlich, helle silbrige Flanke mit vielen Tupfen (auch auf Flossen), markanter violetter Streifen auf jeder Flanke, Durchschnittslänge 25 bis 50 Zentimeter, Exemplare in kommerziellen Angelseen erreichen Gewichte über 20 Pfund, größere Exemplare mit orangefarbenem Fleisch werden als Lachsforellen bezeichnet, es gibt auch gelb gefärbte Zuchtformen, die Goldforellen

LEBENSRAUM

Ursprünglich stammt die Regenbogenforelle aus Nordamerika und wurde Ende des 19. Jahrhunderts in Europa ausgesetzt. Vorkommen in stehenden und fließenden Gewässern, auch in kommerziellen Angelseen

LEBENSWEISE

Unempfindlich gegenüber höheren Wassertemperaturen und niedrigerer Sauerstoffkonzentration, Regenbogenforellen fressen Kleintiere, Larven und Insekten, größere Exemplare auch Kleinfische

ANGELTECHNIKEN

Fliegenfischen, Spinnfischen, in kommerziellen Angelseen Schleppen mit Naturködern (Teig, Maden, Bienenmaden), auch stationäres Grundangeln (auftreibende Köder) und Posenmontagen Käse, Boilies, Räucherschinken)

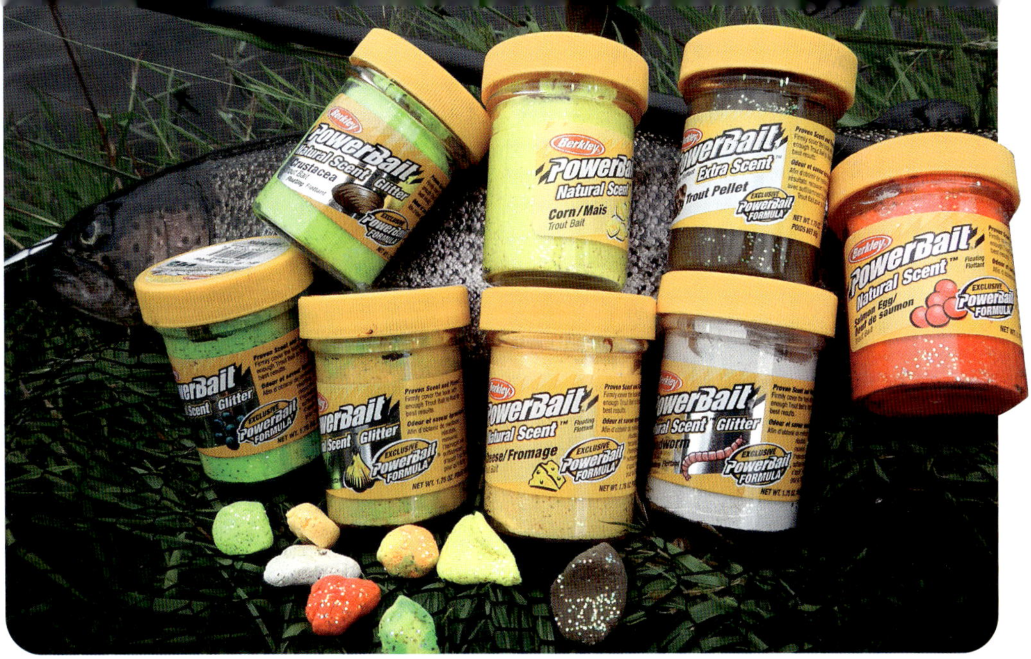

Man glaubt es kaum, aber die eigentlich räuberischen Forellen stehen auf Teig. Forellenpaste ist in vielen verschieden Farben und Geschmacksrichtungen erhältlich.

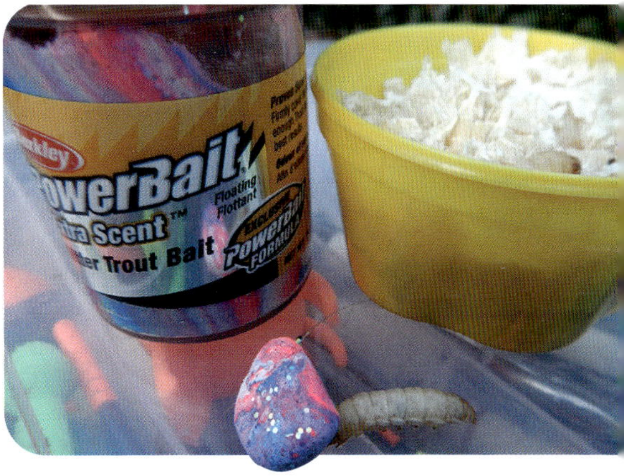

Kombiköder fürs Grundangeln: Eine Kugel Paste garniert mit einer Bienenmade.

den Teig total ab und lassen sich damit sehr gut fangen. Die Paste gibt es übrigens in nahezu unendlich vielen Farben und Geschmacksrichtungen. Da kann man nach Herzenslust experimentieren.

TEIG-KOMBINATIONEN

Man formt eine Teigkugel um den Haken (Größe 6 bis 12) und schon hat man einen auftreibenden Köder. Der Teigköder lässt sich auch mit einer Bienenmade kombinieren. Entweder lässt man den Teig mit der gesamten Vorfachlänge auftreiben oder die Auftriebshöhe wird durch ein auf dem Vorfach angebrachtes und verschiebbares Bleischrot festgelegt. Ähnlich wie bei der Pilotposenmontage kann man so auch die Präsentationshöhe des Köders variieren.

Beim Grundangeln dient die Rutenspitze als Bissanzeiger. Leichte Grundruten, eine leichte Feeder- oder eine Winkelpickerrute mit sensibler Spitze ermöglichen in Verbindung mit der gespannten Schnur eine gute Bissanzeige. Zittert die Rutenspitze, sollte man nicht sofort den Anhieb setzen, sondern erst einmal Fühlung aufnehmen. Zieht die Forelle ab, setzt man einen wohl dosierten Anhieb – dann kann der Tanz an der leichten Rute beginnen.

Störe fängt man in Grundnähe. Entweder stellt man die Posenmontage so ein, dass der Köder auf dem Grund liegt oder man verwendet gleich eine Grundbleimontage. Störköder Nummer Eins ist Räucherlachs. Da Störe größer werden als Forellen und auch daher auch kampfstärker sind, dürfen Hauptschnur und Vorfach etwas stärker ausfallen als beim Forellenangeln. Mit einer 0,25er Hauptschnur ist man gut beraten. Beim Drill sollte der Angler sich Zeit lassen, dann bekommt er die urigen Fische auch in den Kescher.

SCHWIMMENDE KRABBLER

Bevorzugen die Forellen kleine Köder, macht es keinen Sinn, eine voluminöse Teigkugel und eine große Bienenmade anzubieten. Dann werden auf den Haken zwei Fleischmaden gezogen. **Für Auftrieb sorgt ein kleines Stück Styropor.**

Ein Köder für schwierige Tage: Zwei Fleischmaden garniert mit einem Stück Styropor.

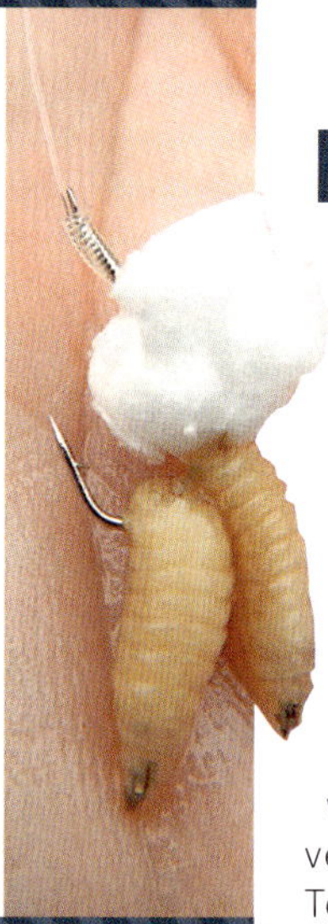

OBEN: *Räucherlachs ist der bekannteste und fängigste Köder fürs Störangeln.*

UNTEN: *Der Stör konnte dem Lachsfilet, hier mit einem Stück Gummiband am Haken fixiert, nicht widerstehen*

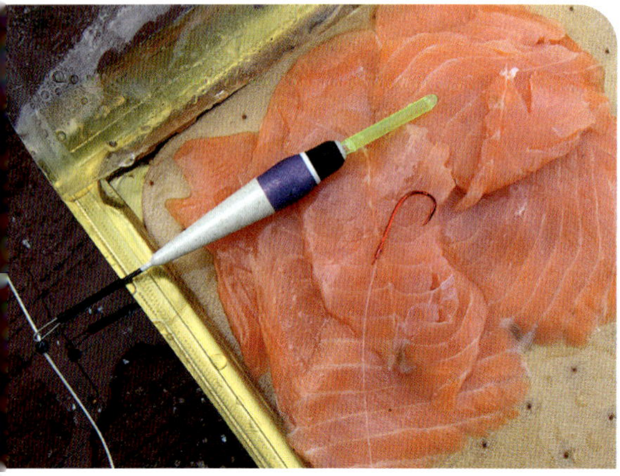

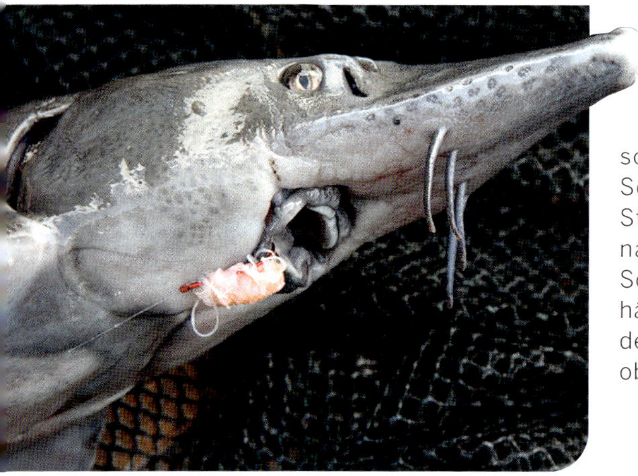

BEWEGTE FÄNGE: AKTIVES ANGELN

Wer lieber in Bewegung ist, für den sind aktive Angeltechniken ideal. So kann man das Gewässer nach Fischen absuchen. Ähnlich wie beim Spinnfischen verleiht der Angler dem Köder mehr oder weniger viel Bewegung und reizt so die Forelle zum Biss.

Das so genannte **Schleppen,** nicht zu verwechseln mit dem richtigen Schleppfischen vom Boot aus, mit Forellenpaste wird besonders häufig praktiziert. Dabei verwendet man eine Posenmontage, die mit Teig beködert wird. Den Teig formt man so um den Haken der Größe 6 bis 12, dass er einen Propeller bildet und beim langsamen Einkurbeln verführerisch um die eigene Achse rotiert. Meist werden schlanke Posenmodelle eingesetzt, die dem Fisch beim Biss wenig Widerstand bieten. Ein sehr guter Posentyp fürs Schleppen ist der Federkiel. Er wird mit Hilfe mehrerer Silikonringe auf der 0,18er Hauptschnur angebracht. So ist der Kiel fixiert, lässt sich aber dennoch auf der Schnur nach oben oder unten schieben, um die Angeltiefe variieren zu können.

SPINNEN MIT TEIG

Nach dem Auswerfen lässt man den Köder kurz absinken und kurbelt die Montage dann langsam ein. **Der rotierende Teigpropeller reizt das Seitenlinienorgan der Forelle.** Bei der Farbe des Teigpropellers sollte man flexibel sein: Bei trübem Wasser und wenig Licht eignen sich grelle Farben wie rot oder gelb, im klaren Wasser sind gedeckte Farben wie schwarz oder braun besser.

Ein **Biss** macht sich durch ein Zucken der Pose bemerkbar. Verwendet man eine feinfühlige Rute, spürt man den Biss manchmal bis ins Handteil. Auf keinen Fall sollte man jetzt sofort den Anhieb setzen. Sonst ist die Gefahr eines Fehlbisses groß. Stattdessen führt man zunächst die Rute nach vorne, nimmt so Spannung aus der Schnur und wartet ab, wie sich die Forelle verhält. Geht die Pose auf Tauchstation und zieht der Fisch entschlossen ab, wird die Rute nach oben geführt.

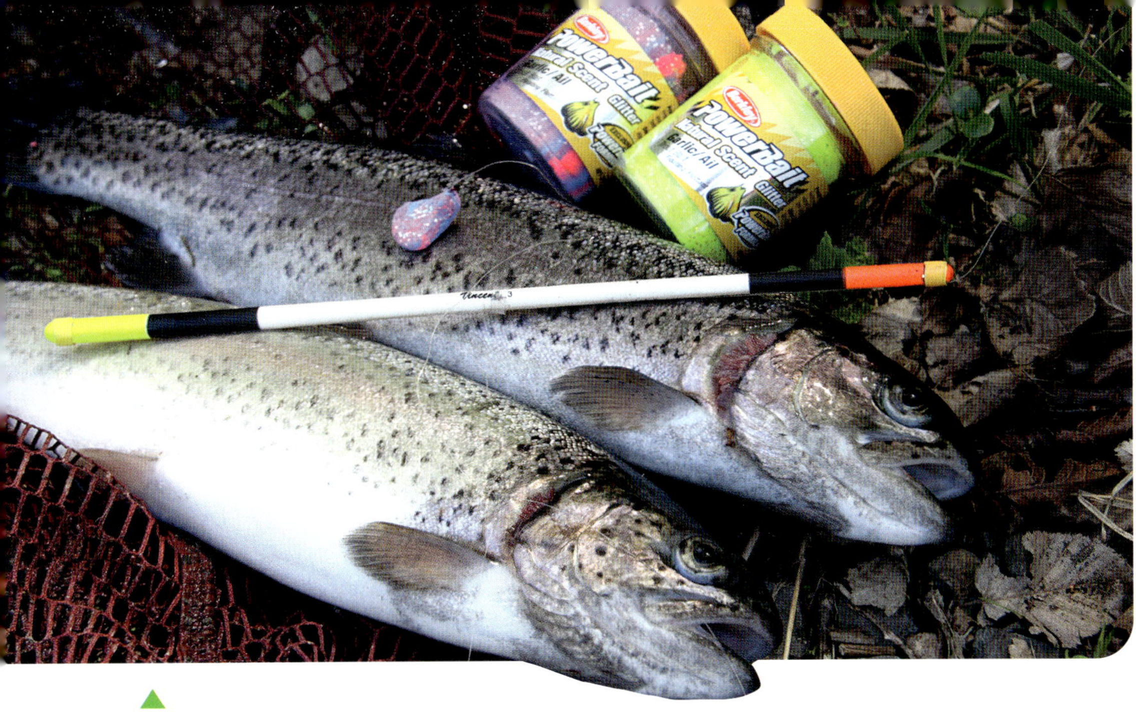

Ideal fürs Schleppen: Teigpropeller und Federkielmontage.

SO BAUT MAN DEN TEIGPROPELLER

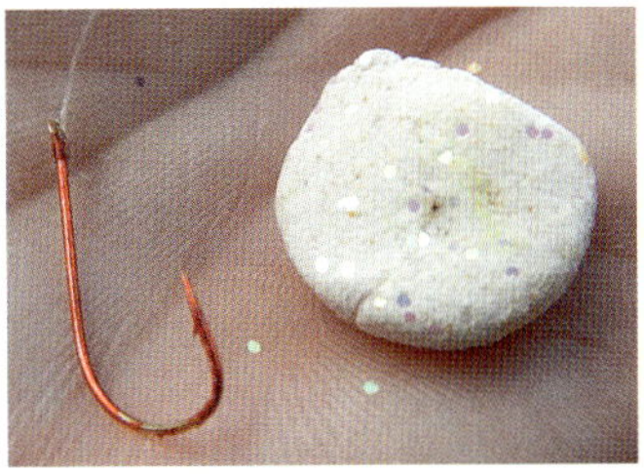

Zunächst nimmt man eine Portion Teig aus dem Glas und formt ein Plättchen.

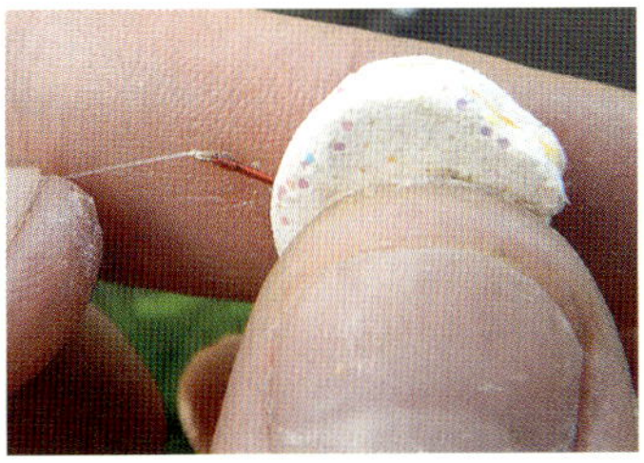

Nun wird der Haken seitlich in das Teigplättchen gesteckt.

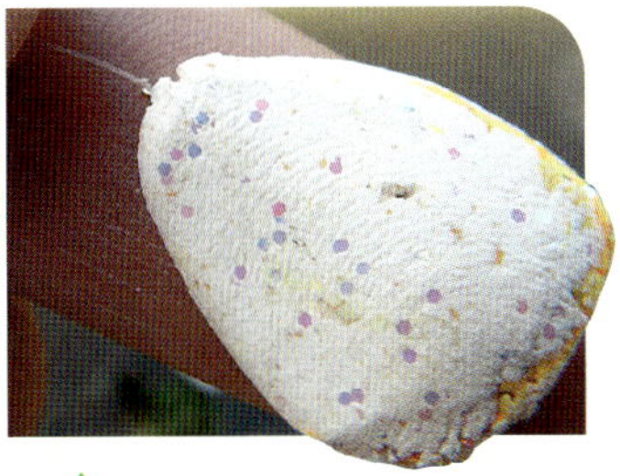

Dann formt man auf dem Zeigefinger ein auf einer Seite spitz zulaufendes »Auge«.

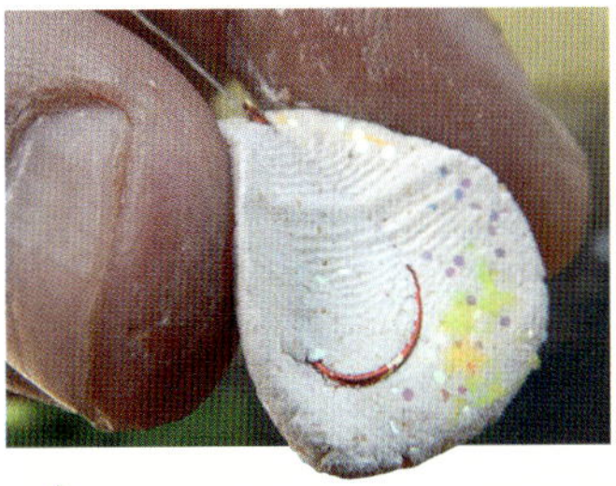

Der Haken liegt im Teigplättchen verborgen.

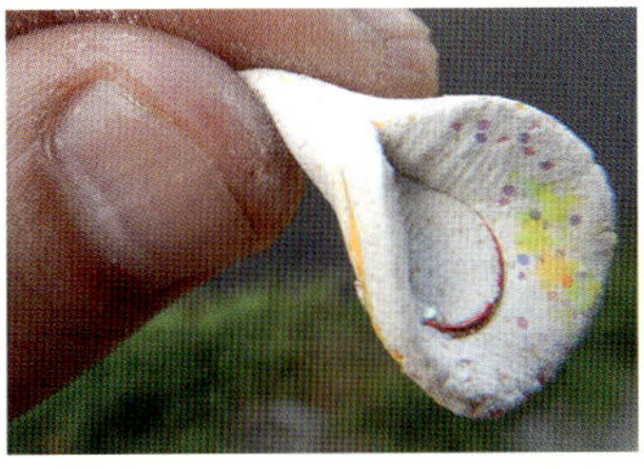

Jetzt nimmt man das spitze Ende zwischen Daumen und Zeigefinger und rollt es vorsichtig hin und her.

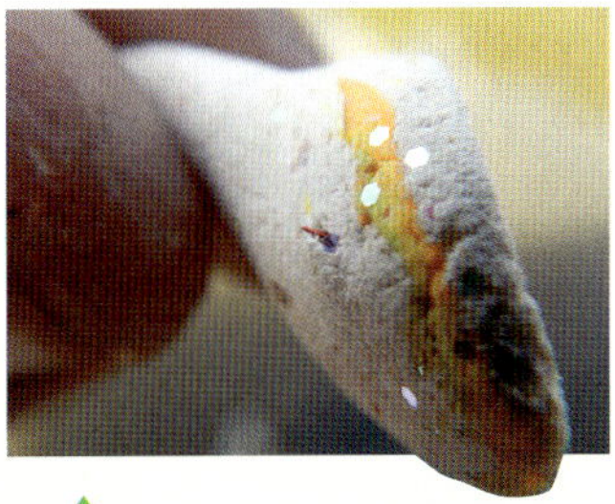

Optimal ist es, wenn die Hakenspitze leicht austritt. Dann kommt der Anhieb besser durch.

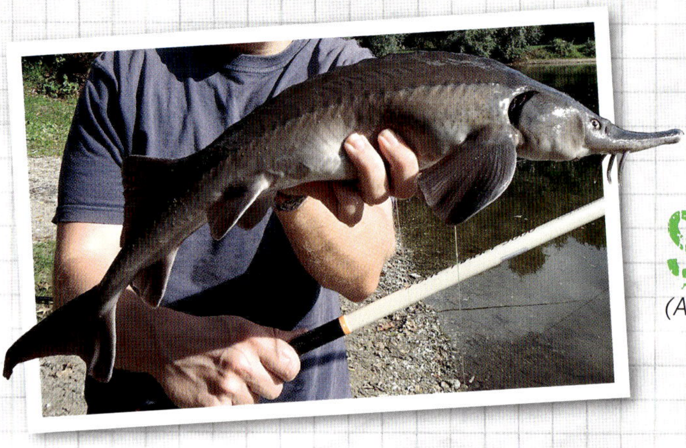

STÖRE

(Acipenserida)

Störe sind Knochenfische und lassen sich als die Dinosaurier unter unseren Fischarten bezeichnen. Bekannt sind die Fische für ihre schmackhaften Eier, den Kaviar. Aus diesem Grund gilt die ursprüngliche Form des Störs in Deutschland auch als ausgerottet. In unseren Gewässern finden sich mittlerweile ausschließlich verschiedene Zuchtformen. Gefangen werden die am Grund auf Nahrungssuche gehenden Fische auf aromatische Köder wie Räucherlachs, Teig oder Boilies. Auf Kaviar kann der Fänger nicht hoffen, aber auch das Fleisch des Störs ist nicht zu verachten.

MERKMALE

Langgestreckter, im hinteren Bereich schlanker Körper, Rückenflosse weit hinten, asymmetrische Schwanzflosse (oben länger), Maul vorstülpbar, an der Unterseite der Schnauze vier Barteln, knöcherne Panzerung, Färbung: Oberseite grau bis braun, mehrere, unterschiedlich große Arten, maximale Länge bis 8 Meter und Gewichte bis über 1 Tonne, in Deutschland und Österreich vor allem in kommerziellen Angelseen

LEBENSRAUM

Flüsse und Flussmündungen, auch Vereinsseen und kommerzielle Gewässer

LEBENSWEISE

Lebt in Grundnähe, durchwühlt den Boden nach Kleintieren, Würmern, Krebsen, Schnecken, Larven, größere Störe ernähren sich auch räuberisch und jagen Fische

ANGELTECHNIKEN

Grundangeln mit aromatischen Ködern (Fischfetzen, Räucherlachs, Käse, Boilies, Räucherschinken)

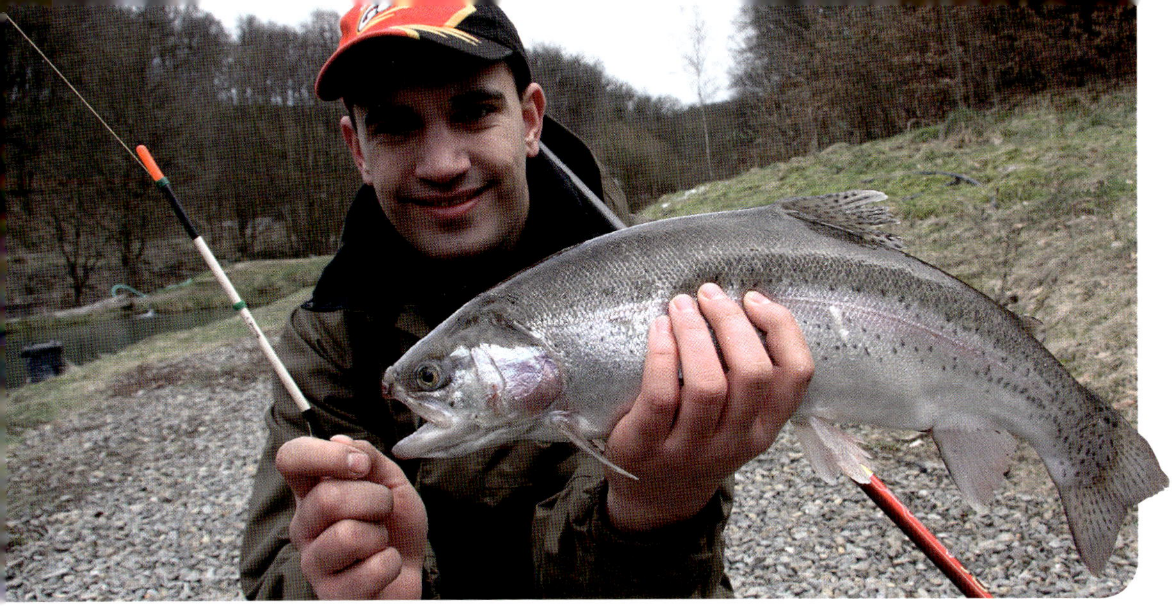

Der sensible Federkiel hat zugeschlagen.

Fürs Bombardenfischen eignen sich Teigpropeller oder zwei in L-Form aufgezogene Bienenmaden.

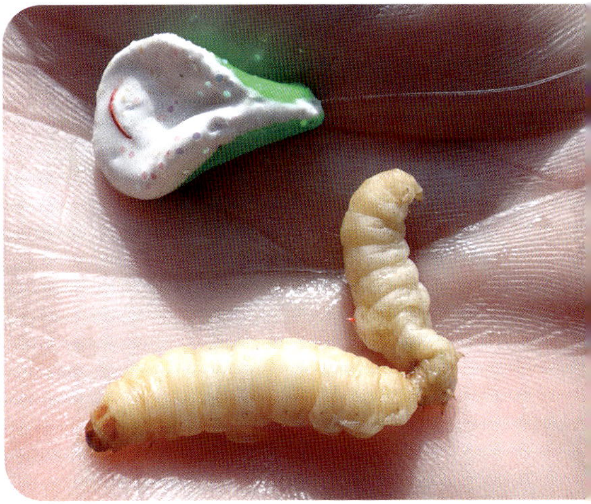

Eine weitere bewegte Technik ist das Angeln mit der **Bombarde**, auch unter dem Namen **Sbirolino** bekannt. Sbirolinos sind Wurfgewichte, die in verschiedenen Gewichten sowie in sinkender oder schwimmender Ausführung erhältlich sind. Sie lassen sich sehr weit auswerfen und eignen sich besonders fürs Angeln in größeren Forellenseen.

Da von der Bombarde eine gewisse Scheuchwirkung ausgehen kann, wird mit relativ langen Vorfächern gefischt: Sie sind zwischen 1,50 und 3,50 Meter lang. **Als Köder finden Teigpropeller oder auch zwei Bienenmaden Verwendung, die in L-Form auf den Haken gezogen werden.** Die beiden Larven drehen sich um die eigene Achse und üben eine hohe Lockwirkung aus. Nach dem Auswerfen lässt man die Montage absinken und kurbelt sie dann langsam ein. Bisse werden über die Rutenspitze wahrgenommen. Macht sich eine Forelle am Köder zu schaffen, kurbelt man langsam weiter und lässt den Fisch sozusagen in die Rute laufen. Dann wird der Anhieb gesetzt.

LOCKEN MIT MADEN

Beim Angeln mit der Bombarde werden lange Vorfächer eingesetzt.

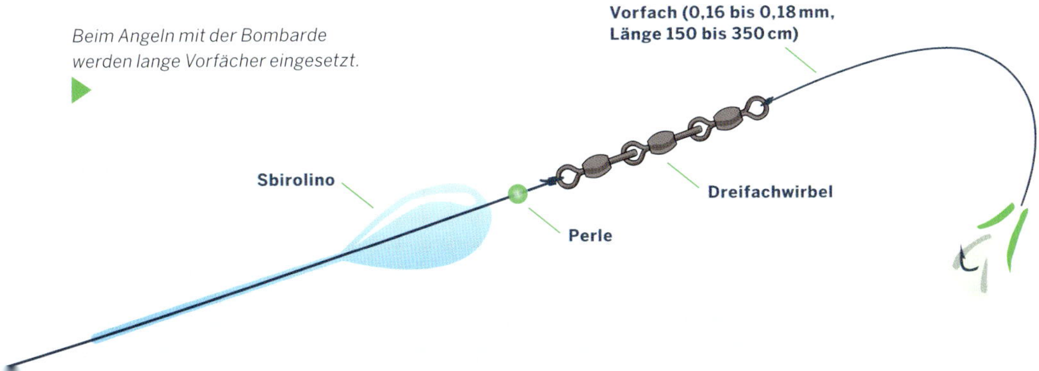

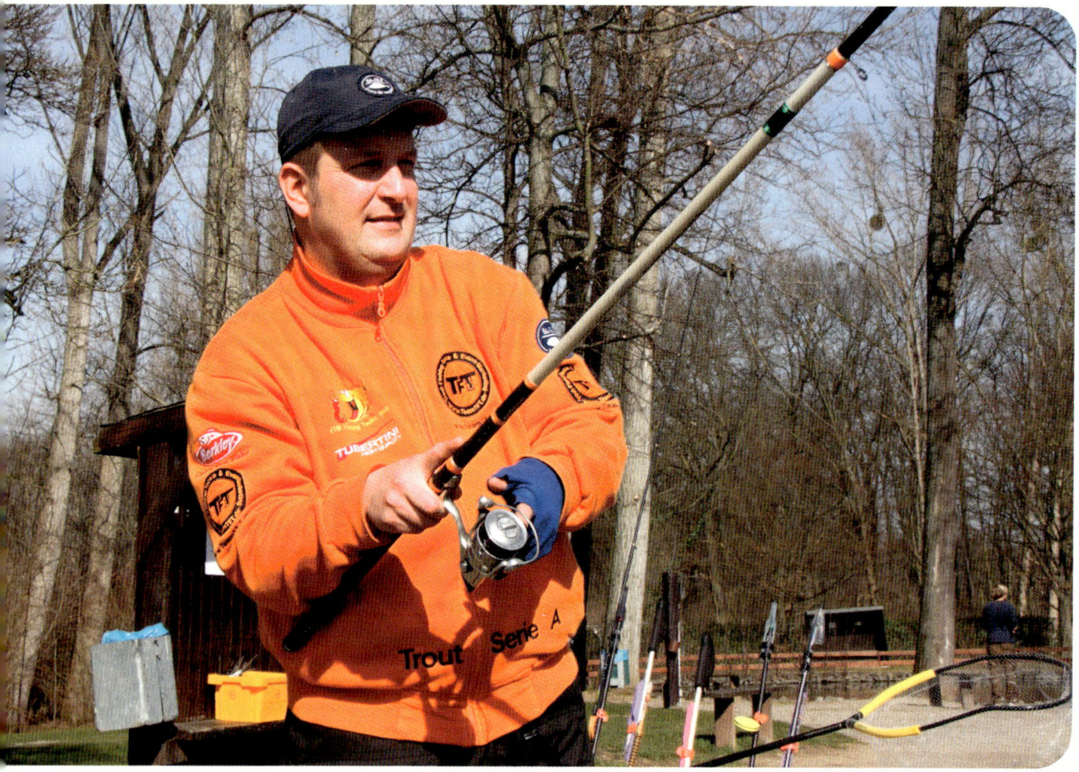

Volle Konzentration ist gefragt. Bisse werden über die Rute wahrgenommen.

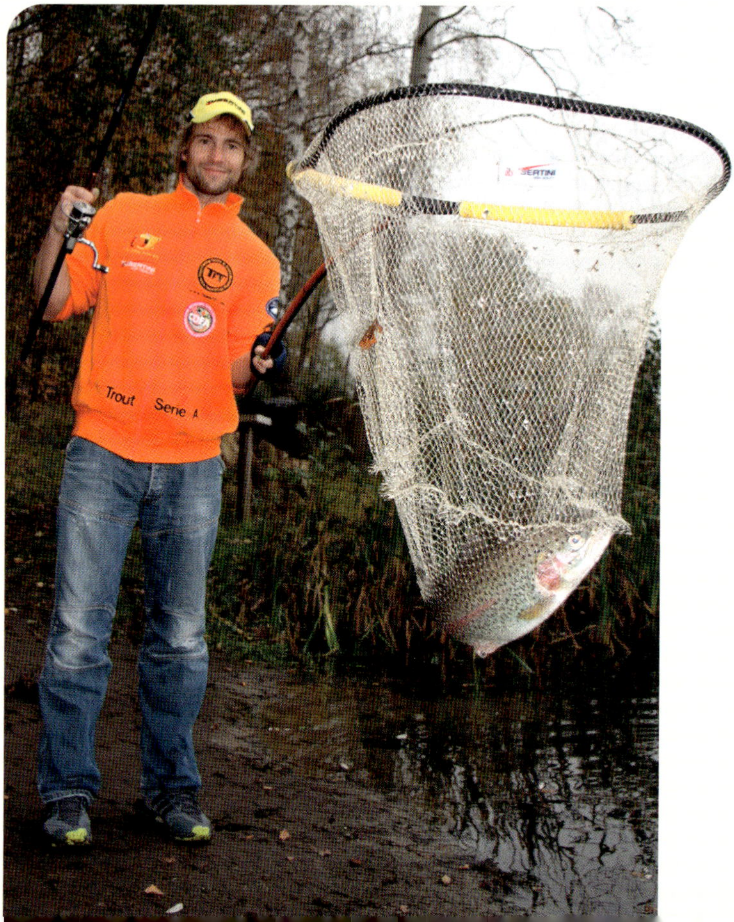

Die Forelle stand weit draußen im See. Mit Hilfe der Bombarden-Montage konnte der Angler sie erreichen.

DAS BIENENMADEN-L

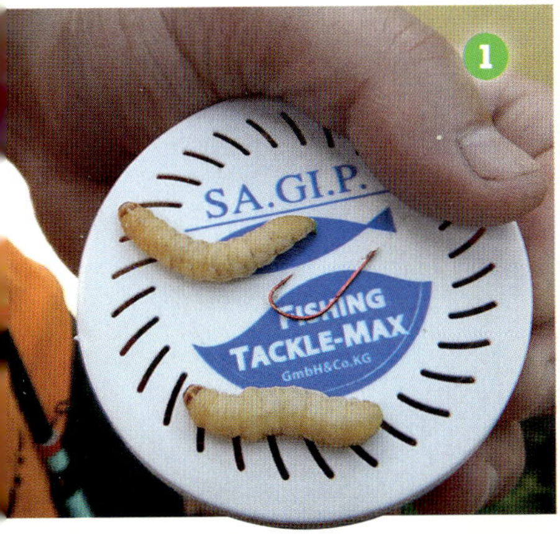

Für die Herstellung des Bienenmaden-L benötigt man zwei Bienenmaden.

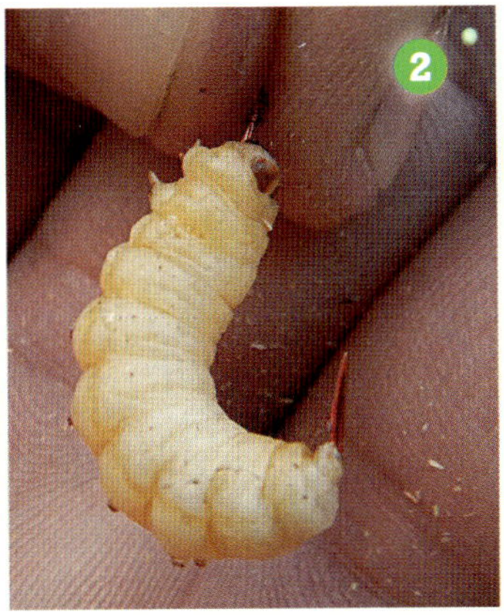

Zuerst sticht man den Haken knapp unterhalb des Kopfes der Bienenmade ein und schiebt die Larve auf den Haken.

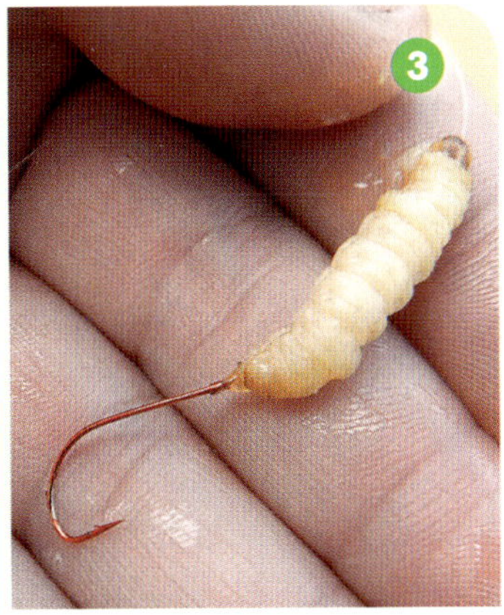

Nun wird die Bienenmade bis aufs Vorfach geschoben.

LINKS: *Danach führt man den Haken durch die zweite Bienenmade und zwar quer unterhalb des Kopfes.*

RECHTS: *Jetzt wird die untere Made umgeschlagen.*

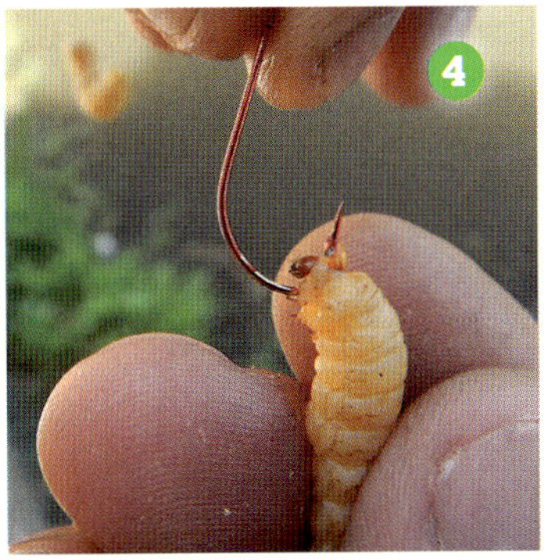

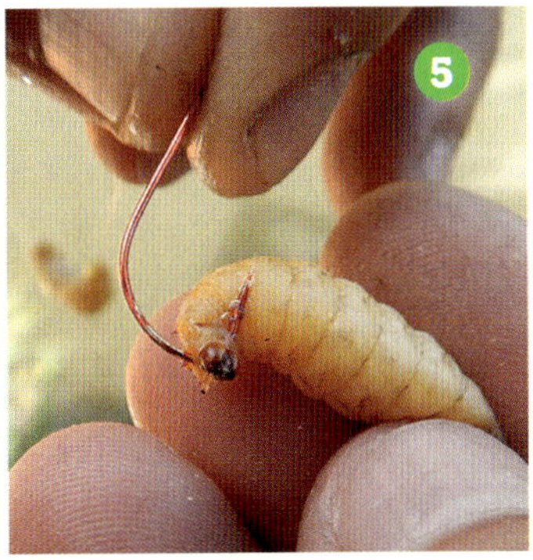

LINKS: *Die Larve wird erneut durchstochen.*

RECHTS: *Obere Bienenmade nach unten schieben, fertig ist das L.*

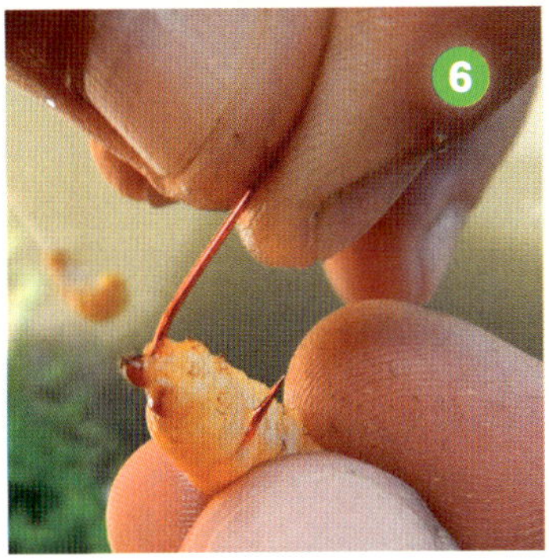

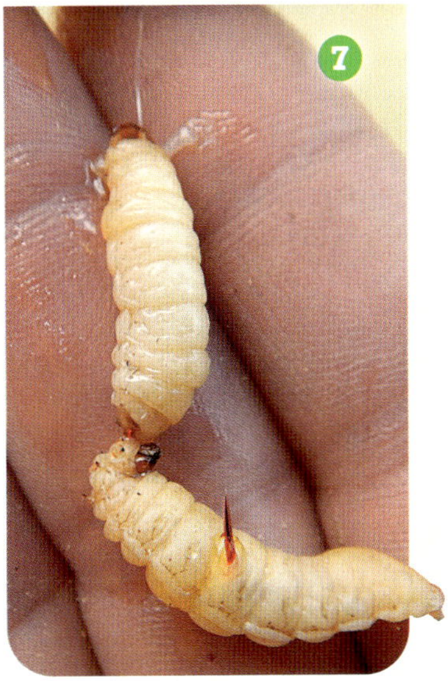

VERSUCH'S MAL MIT SPINNER

Herkömmliche Metallköder mit Drillingen sind an vielen Forellenseen nicht gestattet. Aber ein kleiner Spinner mit Einzelhaken ist häufig erlaubt. Dieser Köder lässt sich mit einer Bombarde sehr weit auswerfen.

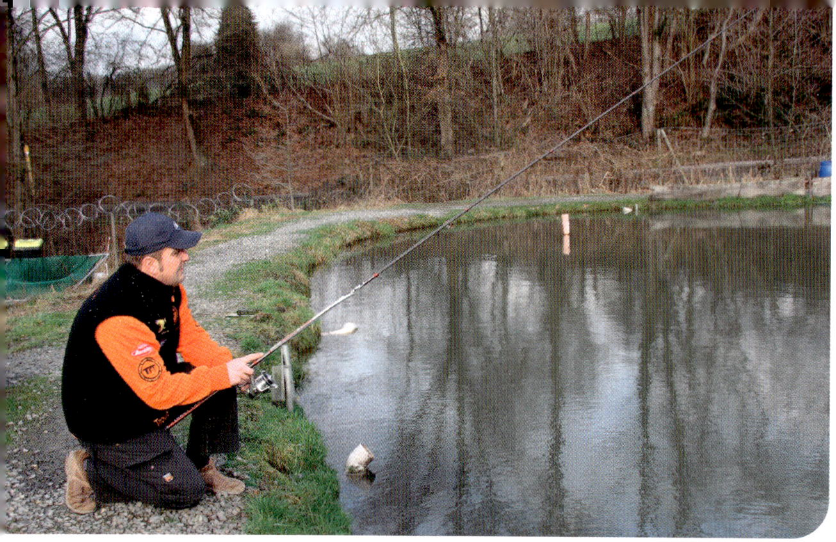

Für die Tremarella-Technik hält man die Rute im 45-Grad-Winkel zur Wasseroberfläche und versetzt die Rute durch Zitterbewegungen aus dem Handgelenk in Schwingungen.

Tremarella lautet der Trend am Forellensee. Auch bei dieser aus Italien stammenden Angeltechnik handelt es sich um eine aktive Methode. Der Begriff »Tremarella« lässt sich mit »Zittern« übersetzen. Und genau darum geht es bei dieser Methode: Montage und Köder werden langsam eingekurbelt, während man mit der Rute zittert. Die Zitterbewegungen werden auf die Montage und den Köder übertragen. Die richtige Zittertechnik muss man ein wenig üben. Die Bewegung kommt lediglich aus dem Handgelenk. Wer mit dem ganzen Arm zittert, ermüdet schnell und kann sich im schlimmsten Fall einen Tennisarm einhandeln.

Für diese Technik empfiehlt sich eine Rute mit sehr sensibler Spitze, von der die Zitterbewegungen übertragen werden. Fürs Angeln mit der Tremarella-Methode gibt es deshalb spezielle Teleskopruten-Serien. Zudem existieren verschiedene Montagen für das Angeln mit der Zittertechnik. Für Anfänger und Gelegenheitszitterer bietet sich eine Posenmontage an. Die Pose setzt die Angeltiefe fest und erleichtert die Bissanzeige.

Zur Beschwerung der Montage wird **Glas oder Blei** eingesetzt. Glas sorgt dafür, dass der Köder weniger schnell absinkt. Es eignet sich, wenn die Forellen in den oberen Wasserschichten zu finden sind. Blei hingegen sinkt schneller. So erreicht man Salmoniden, die im tieferen Wasser jagen. Wie beim Angeln mit der Bombarde sollte man beim Biss nicht sofort den Anhieb setzen, sondern kurz abwarten, damit die Forelle den Köder richtig nehmen kann.

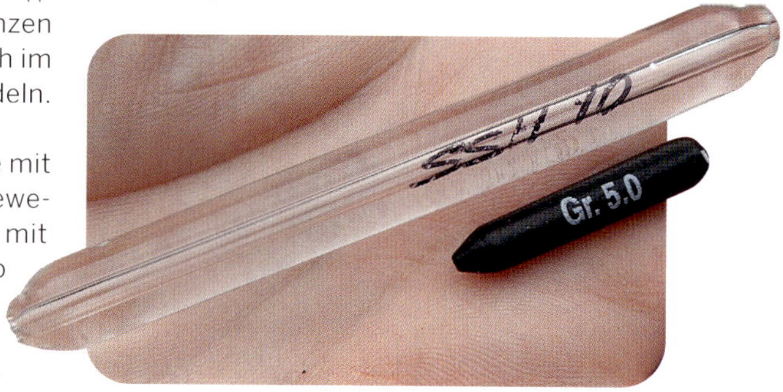

Zur Beschwerung der Montage wird Blei oder Glas eingesetzt. Glas sinkt langsamer als Blei.

Eine Posenmontage eignet sich für den Einstieg ins Tremarella-Angeln.

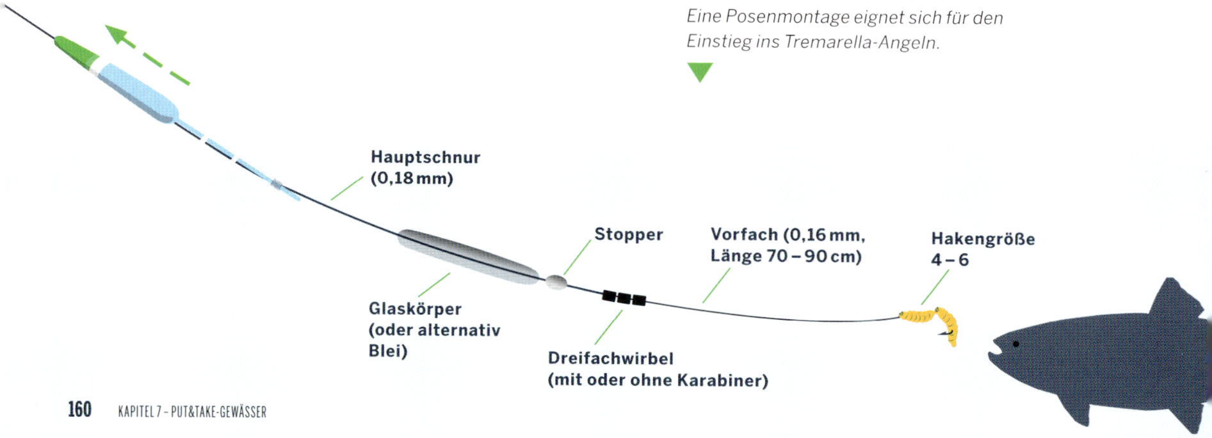

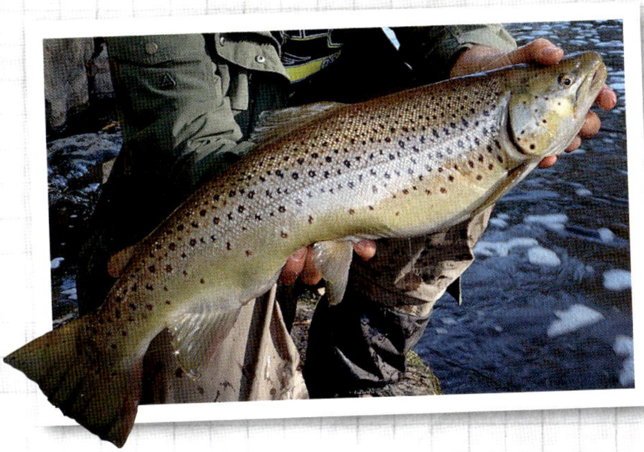

BACH-FORELLE

(Salmo trutta fario)

Ein dunkelgrüner oder brauner Körper, häufig mit roten Flecken auf der Flanke – die Bachforelle gehört zu den schönsten Fischen, die unsere Fließgewässer zu bieten haben. Ob bei Fliegen- oder Spinnfischer – die Bachforelle steht bei allen Anglern hoch im Kurs. Kleine und mittlere Exemplare beißen sehr gut auf Fliege und kleine Spinner. Größere Bachforellen sind waschechte Räuber und stehen auf kleine Fische. Wenn erlaubt, sollte man sein Glück mit einem Wobbler oder einem Köderfisch am System versuchen.

MERKMALE

Spindelförmiger Körper, Maulspalte reicht bis hinter die Augen, Fettflosse, Färbung: Rücken und Flanken dunkelgrün, braun oder grau, charakteristisch sind die hell umrandeten rötlichen Flecken auf der Flanke, weißer Bauch

LEBENSRAUM

Fließgewässer mit klarem, kühlem und sauerstoffreichem Wasser, kommt auch in Seen und alpinen Gewässern vor

LEBENSWEISE

Standorttreu, benötigt Unterstände sowie harten Gewässergrund (Kies, Steine), Nahrung: Insekten, Insektenlarven, kleine Krebse, größere Fische ernähren sich auch räuberisch (Fische, Amphibien)

ANGELTECHNIKEN

Fliegenfischen und Spinnfischen (kleine Spinner, Wobbler, Gummiköder), wenn erlaubt auch Angeln mit Naturköder (Wurm, Köderfisch)

Fliegenfischen gilt bei vielen Anglern als die Königsdisziplin ihrer Passion schlechthin. Obwohl der Nimbus der Exklusivität nach und nach verblasst, erscheint diese wirklich besondere Angeltechnik noch immer in einem besonderen Licht, nicht zuletzt dank eines Spielfilms von Robert Redford, der das Fliegenfischen bei einem größeren Publikum bekannt machte. Mit Recht: Schließlich muss der Fliegenfischer ganz spezielle Wurftechniken beherrschen und sich mit völlig anderen Ködern befassen, als bei anderen Angelmethoden.

KAPITEL 8

FLIEGENFISCHEN MIT FRANK WEISSERT

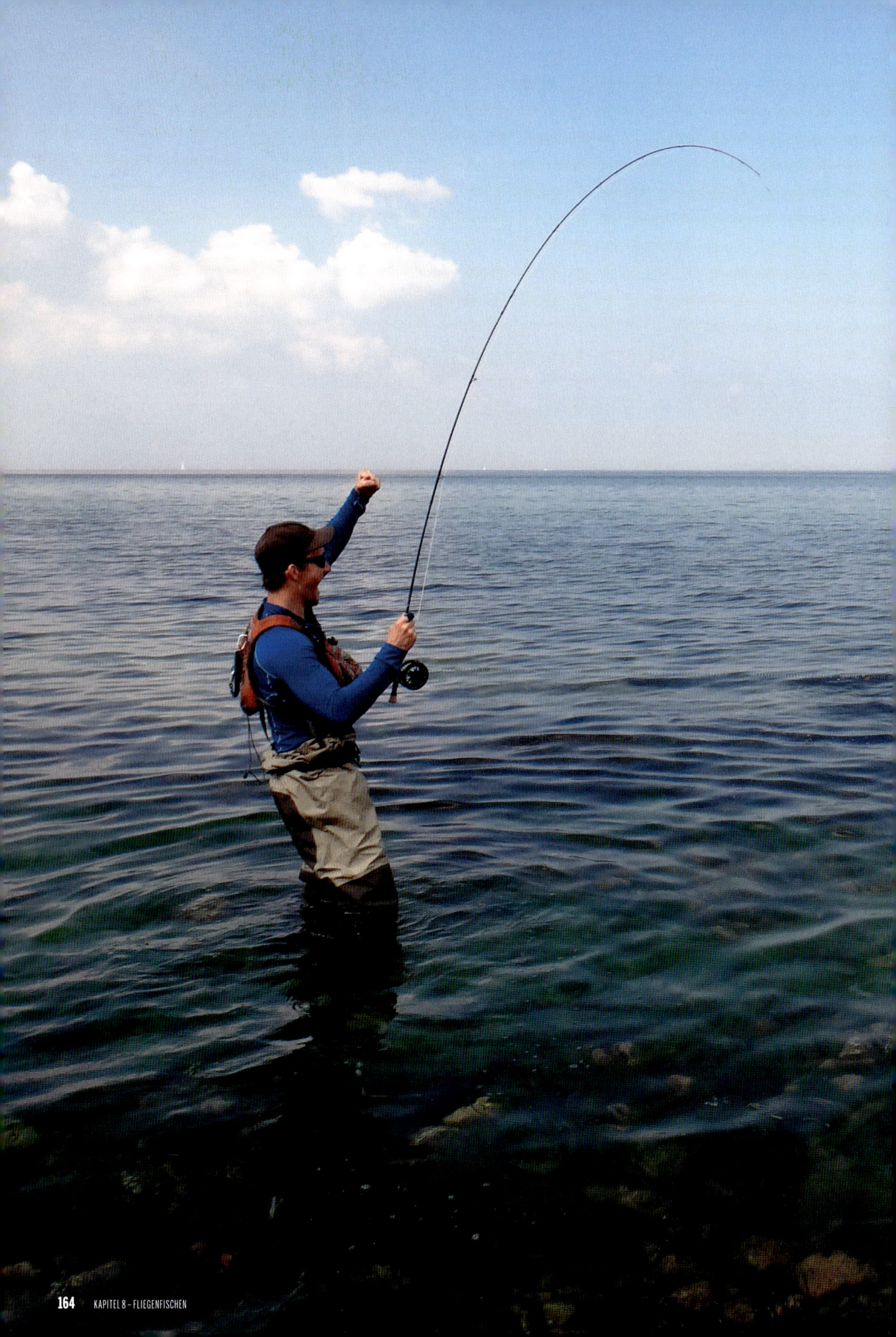

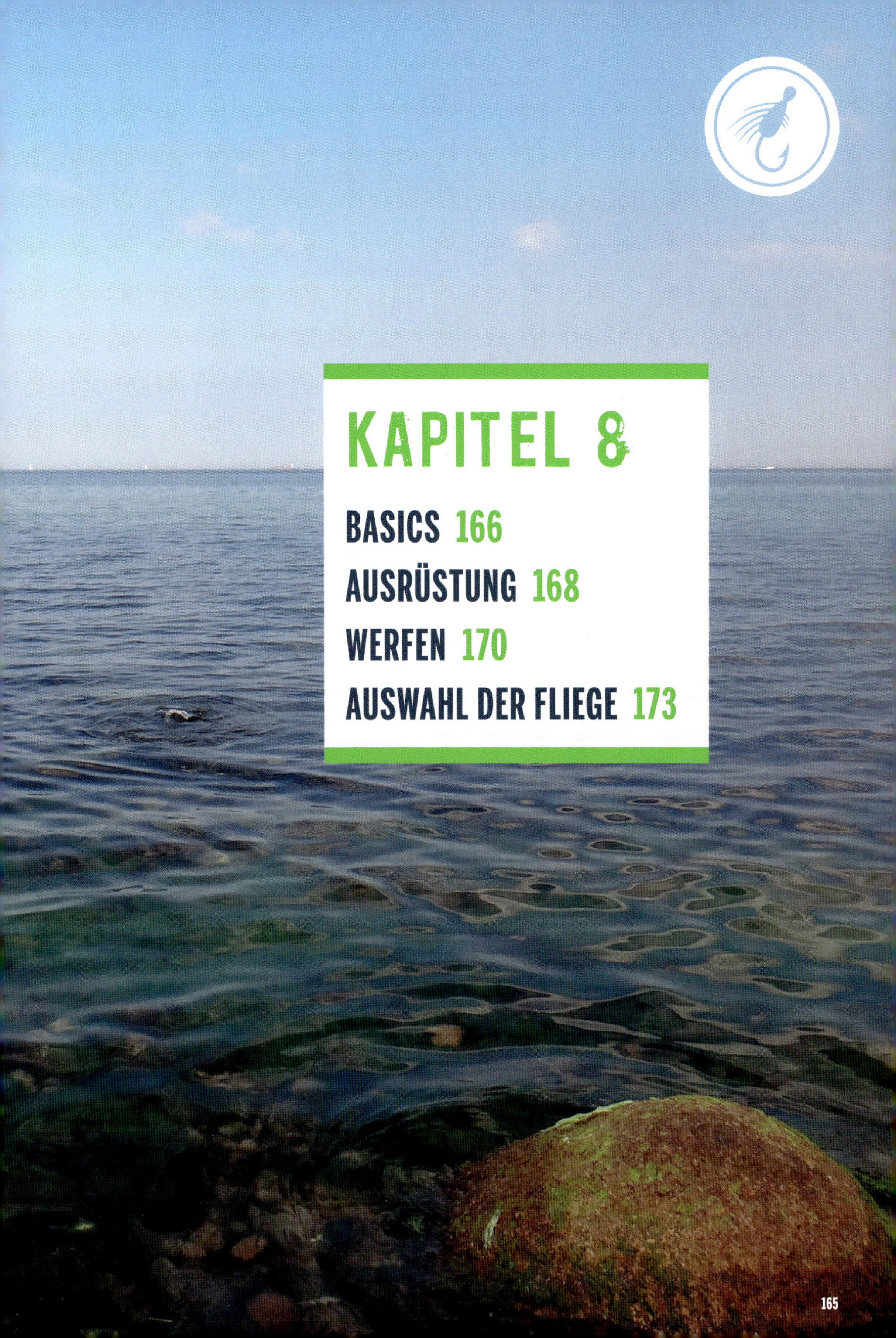

KAPITEL 8

DIE KRÖNUNG DES ANGELNS

Das Fliegenfischen ist sicherlich die Angeltechnik schlechthin, die auf den ersten Blick etwas geheimnisvoll wirkt. Schließlich unterscheidet sich die Ausrüstung doch markant von allen anderen Methoden und alleine schon das Werfen scheint eine Kunst für sich zu sein. Und das ist richtig: **Fliegenfischen ist etwas Besonderes – von der Technik und vom überaus großen Reiz her.**

Ohne Frage bilden die meisten Fliegenfischer eine spezielle Gruppe unter den Anglern, die sich besonders intensiv mit ihrer Passion befasst und sie sich auch oft einiges kosten lässt, wobei insbesondere die Reisen zu entlegenen Gewässern zu nennen sind. Die gute Nachricht: Fliegenfischen lässt sich leichter lernen, als es aussieht, und ist auch mit preisgünstiger Ausrüstung vor der Haustür machbar. Was sich daraus entwickelt, wird sich zeigen.

Dieses Kapitel kann nicht die ganze Welt des Fliegenfischens erklären, dafür ist sie viel zu groß. Jedoch erklärt dieses Kapitel in jedem Fall die wichtigsten Grundlagen, um mit dieser faszinierenden Angelwelt in Kontakt zu treten.

BASICS

Die Köder beim Fliegenfischen wiegen oft nicht mal ein Gramm – weit werfen lässt sich so etwas nicht. Ein zusätzliches Bleigewicht, wie bei anderen Angeltechniken, funktioniert nicht, da der Köder häufig auf der Wasseroberfläche schwimmend oder frei unter Wasser treibend angeboten wird.

Und doch sollte der Fischer seinen Köder wenigstens einige Meter weit auswerfen können. Möglich wird das mit einer dicken, eigenschweren Wurfschnur, der **Fliegenschnur**. Mit ihr erreichen gute Werfer 20 Meter und teilweise eine ganze Ecke mehr. In Verbindung mit einer darauf von der Stärke her abgestimmten,

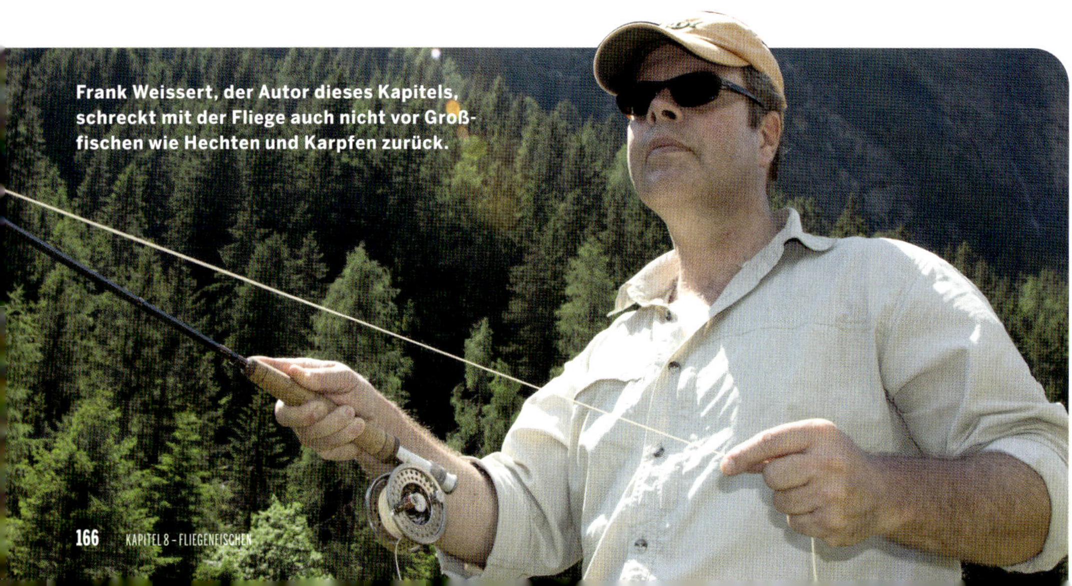

Frank Weissert, der Autor dieses Kapitels, schreckt mit der Fliege auch nicht vor Großfischen wie Hechten und Karpfen zurück.

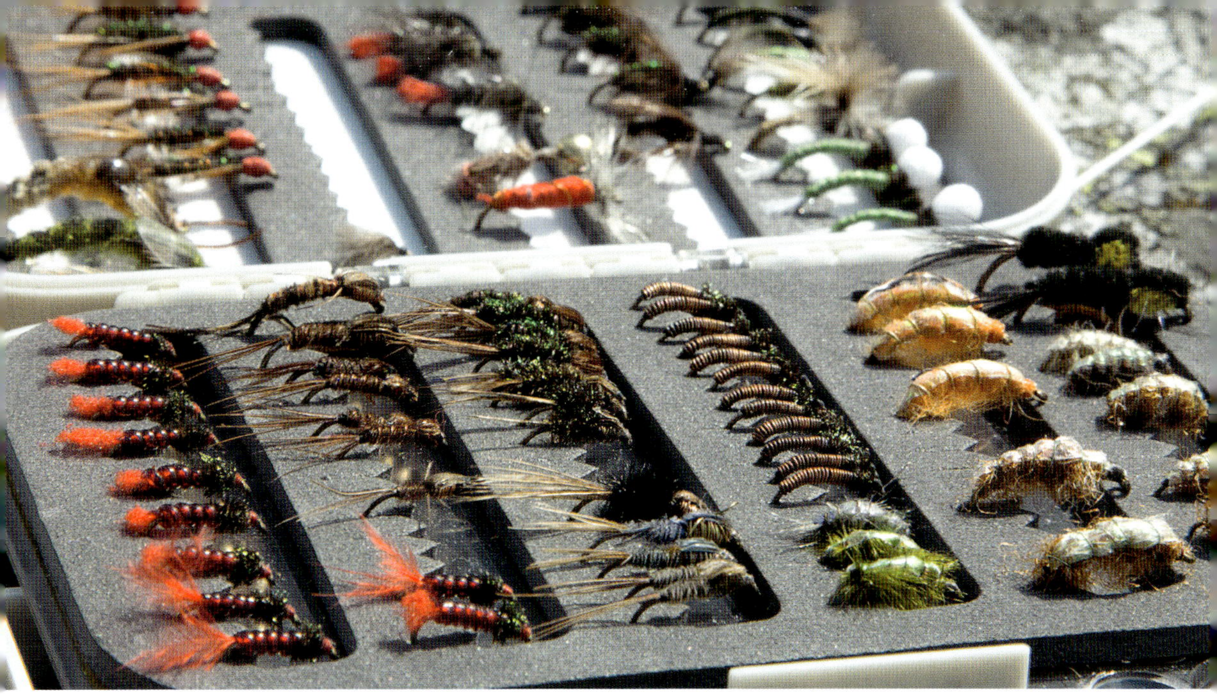

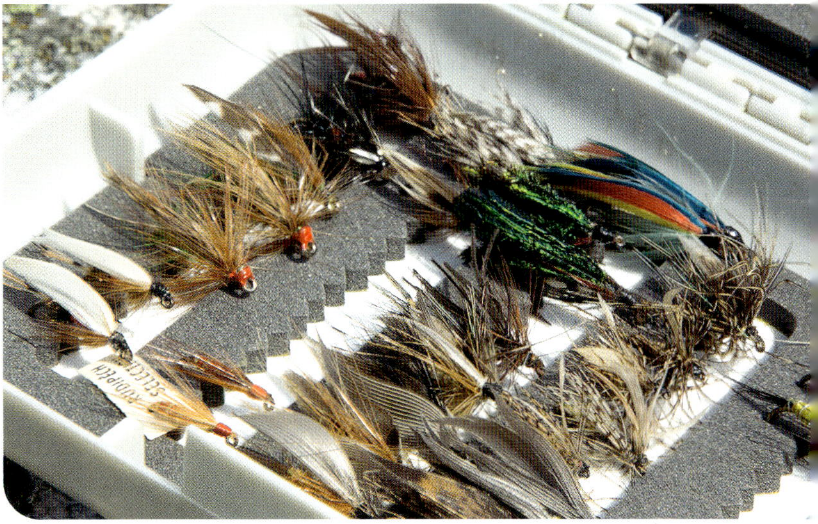

▲ Nymphen imitieren unter Wasser lebende Insektenlarven beziehungsweise Flohkrebse.

▶ Nassfliegen täuschen aufsteigende Insektenlarven vor.

FLIEGEN OHNE ENDE

etwas besonderen Rute, einer Rolle und einem unauffälligen Vorfach wird daraus die Fliegenausrüstung – dazu gleich mehr.

Bei den **Fliegen**, sprich den Ködern, unterscheidet man hauptsächlich vier grundlegende Ausführungen: Trockenfliegen, Nassfliegen, Nymphen und Streamer.

TROCKENFLIEGEN

Trockenfliegen heißen so, da sie auf der Oberfläche schwimmend angeboten werden. Damit imitiert man Insekten, die versehentlich ins Wasser gestürzt sind, gerade nach dem Nymphenstadium beim Umwandeln in ein flugfähiges Insekt an der Oberfläche treiben, dort bei der Eiablage immer wieder das Wasser berühren oder nach der Eiablage sterbend oder tot an der Oberfläche treiben.

NYMPHEN

Nymphen imitieren Insektenlarven, die unter Wasser leben und in diesem Stadium den größten Teil des Lebens des Tiers verbringen. Zu dieser Gruppe rechnen Fliegenfischer auch andere Tiere, vor allem den Bachflohkrebs, der eben nicht zu den Insekten, sondern zu den Krebsen gehört.

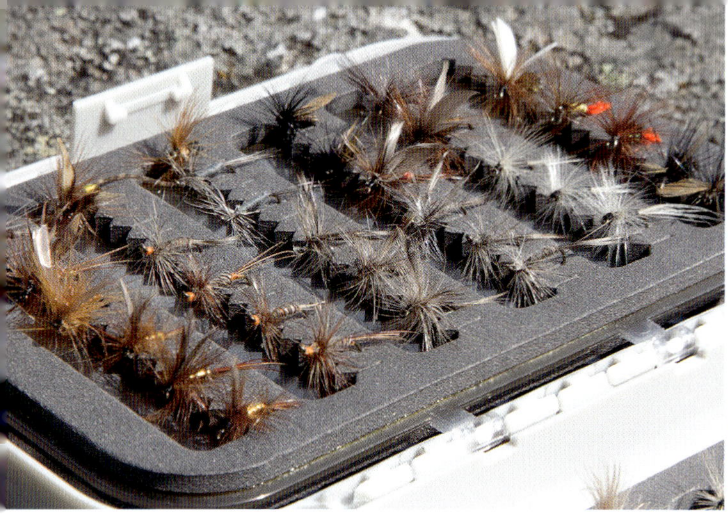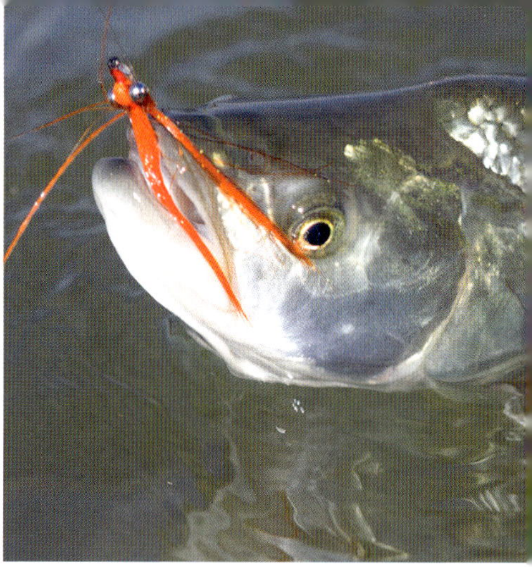

LINKS: *Mit Trockenfliegen bildet man auf dem Wasser treibende Insekten nach.*

RECHTS: *Streamer imitieren in natürlichen Farben kleine Fische oder reizen wie hier diesen Rapfen durch auffällige Farben zum Biss.*

NASSFLIEGEN

Nassfliegen stellen Nymphen kurz vor dem Schlupf dar. Sie treiben bereits nahe unter der Oberfläche und streben ihr entgegen. Dabei beginnen sie bereits mit dem Entfalten der Flügel.

STREAMER

Streamer sind im Sinne des Begriffs keine Fliegen. Denn sie täuschen Kleinfische vor, die Raubfischen als Futter diesen. Und doch lassen sie sich mit der Fliegenrute perfekt präsentieren.

Alles gar nicht so wild und überschaubar? Genau – so kurz lässt sich das Fliegenfischen umreißen.

AUSRÜSTUNG

Wie oben bereits angerissen, kommt zum Fliegenfischen eine spezielle **Rute** zum Einsatz – bitte eine Steckrute wählen: gegenüber einem Teleskopmodell schlanker, leichter, korrekt verteilte Rutenringe.

Eine vielseitige Länge liegt bei 2,75 Metern, wobei diese gerne als 9 Fuß angegeben wird, der englischen Maßeinheit. Der Rollenhalter liegt am hinteren Ende, davor in aller Regel ein Korkgriff. Der von dort aus gesehen erste Rutenring, der Leitring, besitzt meist eine besonders glatte, harte Einlage, da er vor allem beim Werfen besonders beansprucht wird, die übrigen Ringe bestehen meist aus poliertem oder verchromtem Stahldraht (Schlangen- oder Einbeinringe). Das gilt auch für den Spitzenring.

Der wesentliche Punkt bei der Fliegenrute ist ihre Stärke. Sie muss genau zum Gewicht der verwendeten Fliegenschnur passen. Damit das Abstimmen leicht gelingt, gibt es die AFTMA-Klasse. Hier passt zum Beispiel eine Schnur der Klasse 6 zu einer 6er Rute.

KLASSEN-GESELLSCHAFT

Die Aktion, also in welchem Maß die Rute sich biegt, wenn man die Spitze der waagerecht gehaltenen Rute in die Senkrechte nach unten zieht, ist ebenfalls entscheidend. Speziell für den Einstieg aber auch darüber hinaus empfiehlt sich eine Mittelteilaktion. Dabei biegt sich die Rute beim genannten Test nur etwa bis zur Mitte. Dadurch verzeiht sie beim Werfen so manchen Fehler, bietet jedoch genügend Rückgrat zum Beispiel für das Werfen bei Wind und für den Drill kampfstarker Fische.

Speziell wer mit der Rute verreisen möchte, wählt eine vierteilige Ausführung – mittlerweile zumindest bei besseren Fliegenruten fast ein Standard. Damit passt eine 9-Fuß-Rute auch prima in einen Reisekoffer.

EINFACH REICHT

Die **Fliegenrolle** ist in aller Regel ein Modell ohne Übersetzung. Die Spule läuft also auf einer Achse und wird über eine daran angebrachte Kurbel direkt bedient. Von der Größe

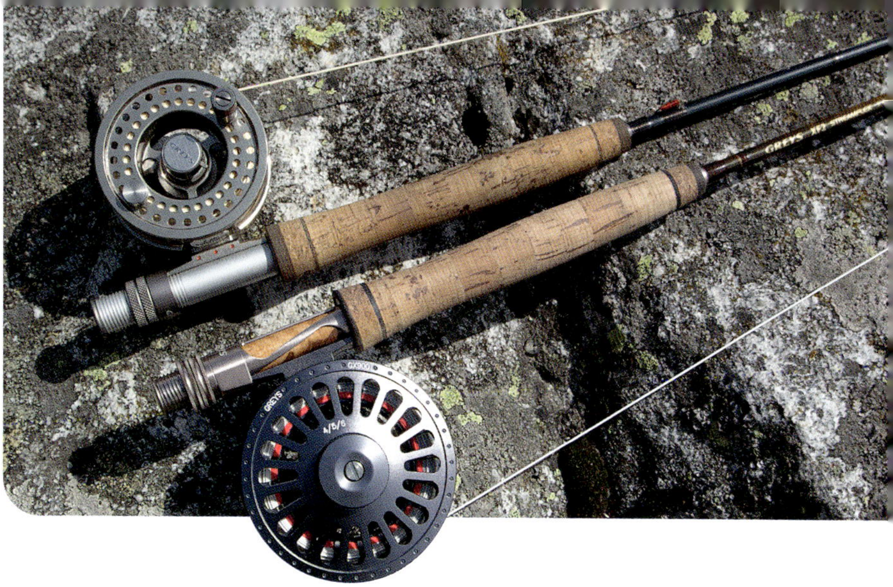

Eine Fliegenausrüstung besteht im Wesentlichen aus Rute, Rolle und Schnur – alles speziell auf die Angeltechnik zugeschnitten.

her muss sie die Fliegenschnur und die so genannte Nachschnur aufnehmen – dazu später mehr. Wer nicht gerade auf sehr kampfstarke Fische im Meer angelt, kommt in aller Regel mit einer Rolle ohne Bremse zurecht. Es gibt dann lediglich eine eingebaute Rätsche (engl. Click check), die das Überdrehen der Spule verhindert, wenn man beim Werfen oder wenn ein Fisch plötzlich ruckartig Schnur abzieht. Mehr muss nicht sein, selbst wenn es auf große Fische wie Lachse, Hechte oder Karpfen geht. Gebremst wird mit dem Handballen am Spulenrand, über den eine moderne Rolle verfügen sollte. Alternativ dazu gibt es Rollen mit einer justierbaren Bremse, an welcher der Spulenrand nur zum Verstärken der Bremskraft dient.

Schnur gut in Form

Eine **Fliegenschnur** besitzt, wie oben bereits angesprochen, ein Gewicht, das zur Rute passen muss. Für den Einstieg macht eine 6er am meisten Sinn, da sich damit das Spektrum der für Fliegenfischer üblichen Fischarten und Gewässer abdecken lässt. Auch große Forellen lassen sich mit so einer Ausrüstung bändigen und auch ein größerer Fluss oder schwerere Fliegen, wie Streamer, bilden kein Hindernis.

Die meist um 27 Meter lange Schnur sollte im vorderen Bereich etwas dicker und somit schwerer sein, da man mit ihr mehr Geschwindigkeit im Wurf aufbauen kann und so zum Beispiel bei Wind gut werden kann. So eine Schnur heißt »Weight Forward«, was soviel wie »Gewicht vorne« bedeutet und mit »WF« abge-

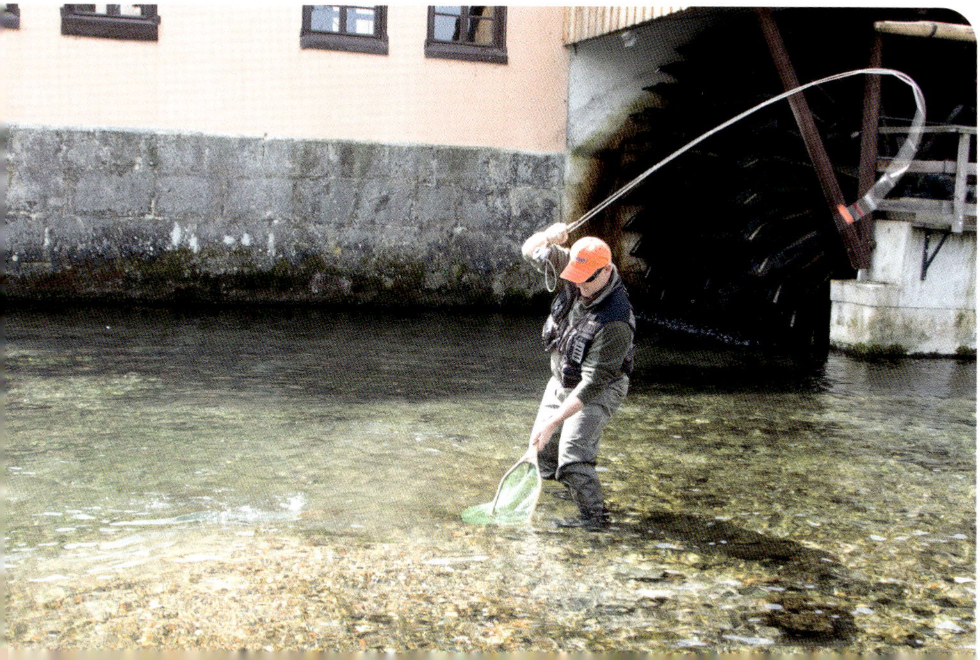

Action am Forellenfluss – gleich sollte die Bachforelle im Kescher liegen.

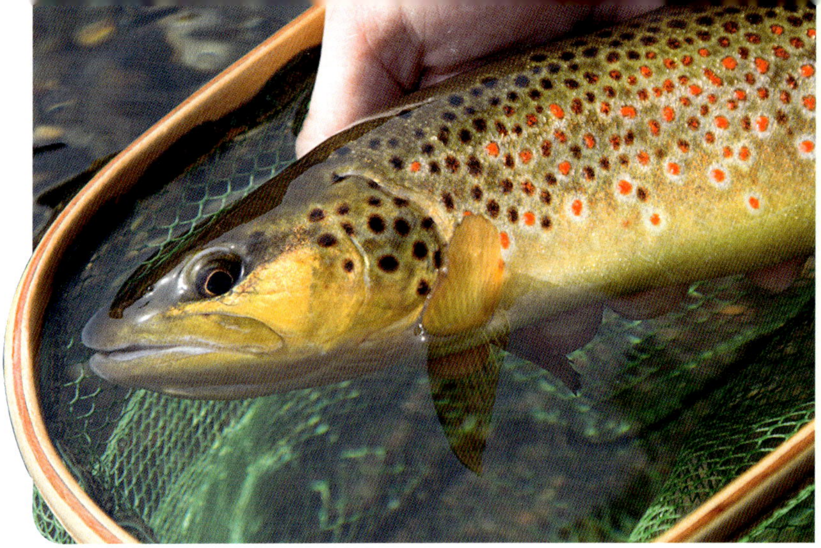

Ein wirklicher Traumfisch an der Fliege.

LINKS: *Wer mit der Fliege auf Karpfen fischt, wird häufiger die Nachschnur sehen.*

LINKS: *Fliegenwerfen hat schon etwas Dynamisches an sich, funktioniert jedoch mehr durch Technik als mit Kraft.*

kürzt wird. Eine schwimmende Leine macht am meisten Sinn, da sie die meisten Bereiche beim Fischen abdeckt – hier steht »F« für »Floating«, also »schwimmend«. Kurzum: Eine »WF 6 F« ist richtig.

Beim Vorfach kauft man am besten ein Fertigvorfach, das an einem Ende dick, am anderen dünn ist. Die dicke Seite kommt zur Fliegenschnur, die dünne bildet die so genannte Vorfachspitze, an die man die Fliege knotet – oder besser noch einen Vorfachring, an dessen andere Seite die eigentliche Spitze kommt.

KEINE VORFACH-EXPERIMENTE!

Einkaufsliste, um unnötige Experimente zu vermeiden: Fliegenvorfach Stroft GTM Nr. 5 240 cm, 0,20 mm, Vorfachring Typ 2 aus gleichem Haus und je eine 25-Meter-Spule GTM in 0,16 mm, 0,18 mm und 0,20 mm. Damit fische ich seit Jahren mit bestem Erfolg.

Bleibt noch die **Nachschnur** (engl. Backing). Unter normalen Umständen bekommt man sie selten, wenn überhaupt, zu sehen, wenn einmal ein sehr starker Fisch mehr Leine als die Länge der Fliegenschnur abzieht. Mehr als 30 oder 50 Meter müssen bei der oben genannten Ausrüstung eigentlich nicht sein. Statt einfachem Monofil oder geflochtener Angelschnur verwendet man besser spezielle Backing, da sie dicker und steifer ist. Dadurch verwickelt sie sich weniger leicht und lässt sich auch mit den Händen kontrollieren, wenn nötig.

Damit steht die grundsätzliche Ausrüstung.

WERFEN

Ein zielgenauer, sauberer Wurf trägt auch beim Fliegenfischen entscheidend zum Fangerfolg bei. Dazu kommt noch die Befriedigung, das Zusammenspiel von Rute und Schnur zu beherrschen. **Basis ist der Überkopfwurf** als Standard, den ein Einsteiger unabdingbar beherrschen sollte.

Er eignet sich für sicherlich 90 Prozent aller Situationen am Fischwasser. Man sollte ihn zunächst auf einer Wiese üben, bevor es ans Wasser geht – oder ihn sich noch besser von einem erfahrenen Fliegenfischer oder besser noch einem Wurflehrer beibringen lassen.

Als Übungsvorfach dient ein etwa 1,5 Meter langes Stück Nylonschnur mit 0,25 Millimetern Durchmesser an dessen Spitze ein zwei Zentimeter langer Wollfaden als Fliegenersatz geknotet wird. Den Wurf zeige ich für Rechtshänder, Linkshänder müssen entsprechend umdenken.

Generell umfasst die Hand den Rutengriff nur sanft und darf sich keinesfalls um den Kork verkrampfen. Der Zeigefinger liegt oben auf dem Griff, während ihn der Daumen von links stützt und ihm die übrigen Finger von unten Halt geben. Als weiterer Grundsatz gilt, dass der Wurf nie aus dem Handgelenk sondern in der Hauptsache aus der Schulter erfolgt.

SCHÖN LOCKER BLEIBEN!

Wenn das Werfen in Arbeit ausartet, fuchtelt meistens jemand in viel zu weiten Schwüngen herum, anstatt die Rute in einem eng begrenzten Bereich arbeiten zu lassen. Auf dem

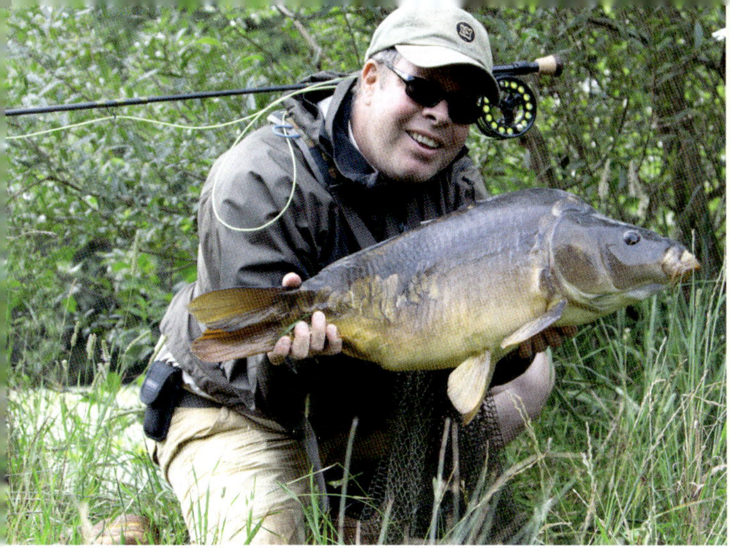

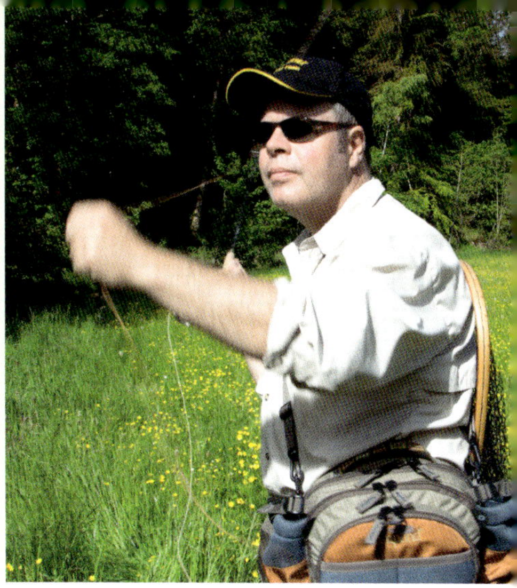

Zifferblatt einer Uhr dargestellt bedeutet das zwischen 11 und 1.30 Uhr. Nur beim Aufnehmen und Ablegen der Leine geht die Rute bis in die Waagerechte herunter, sprich auf 3 Uhr.

DIE EINZELNEN SCHRITTE

Zunächst vier grundsätzliche Punkte:

>> Die linke Hand hält die Schnur stets etwa 25 Zentimeter seitlich von der Rolle und folgt jeder Bewegung ohne an der Schnur zu ziehen oder nachzugeben.

>> In keiner Phase des Wurfs sollte das Handgelenk die Höhe der Schulter überschreiten.

>> Wurfweite ist nicht alles, vielmehr zählt in 98 Prozent aller Situationen am Wasser die Zielgenauigkeit auf Entfernungen zwischen 3 und 15 Meter. Deshalb sollten die Wurfübungen grundsätzlich mit kurzer Leine erfolgen.

>> Denke immer an den Wurf eines Schneeballs: Du nimmst ihn in die Hand, holst seitlich vom Körper in einem von unten nach oben führenden Bogen aus und wirfst ihn vom hintersten Punkt aus **immer schneller werdend bis zum plötzlichen Stopp** in geradem Weg am Kopf vorbei zum Ziel – genauso und anatomisch richtig funktioniert der wirksamste Wurf mit der Fliegenrute.

SCHRITT 1: Etwa sieben Meter Fliegenschnur gestreckt auf den Boden legen. Man steht im Winkel von 45 Grad zur Schnur, der linke Fuß ist vorn. Die Rute zeigt gerade vom Körper weg leicht in Richtung Boden.
SCHRITT 2: Die Rute und damit die Schnur bei gestrecktem Handgelenk anheben und gleichzeitig mit einem gleichmäßigen aber nachdrücklichen Zug nach hinten führen, wobei sie wie beim schon genannten Schneeballwurf einen nach oben offenen Bogen beschreibt. Die Rute weist dabei zwangsläufig etwas schräg vom Körper weg. **Beim richtig ausgeführten Rückwurf läuft die Schnur unterhalb der Rutenspitze.**
SCHRITT 3: Dieser Bewegungsablauf endet abrupt etwa bei 11.00 Uhr, bei nach wie vor **gerade gehaltenem Handgelenk**.
SCHRITT 4: Die Schnur und das Vorfach haben sich hinter dir ebenfalls gestreckt und zwar **schräg nach oben gerichtet**, was nebenbei das Überwerfen von Büschen oder Felsen im Hintergrund ermöglicht. Bevor die Leine fallen kann, beginnt der Vorschwung. Er verläuft im Unterschied zum bogenförmigen Rückwurf in gerader Linie von der hintersten und damit obersten Position etwas schräg nach unten. Die Hand passiert den Körper dabei etwa auf Hals-/Wangenhöhe. **Immer an den Schneeball denken!** Die Rute stoppt etwa bei 13.00 Uhr.
SCHRITT 5: Die Leine streckt sich wieder und der Rückschwung setzt ein, bevor die Schnur fällt oder die Fliege den Boden berührt.

Damit ist ein Wurfzyklus abgeschlossen.

Video: Der Überkopfwurf

STECKBRIEF: SALMONIDEN & CO.

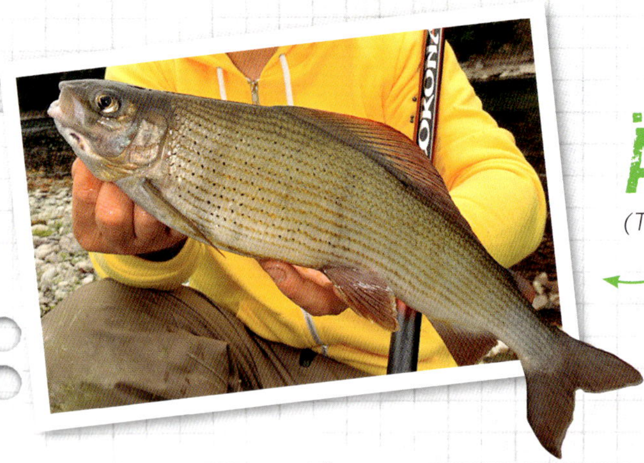

ÄSCHE

(Thymallus thymallus)

Eigentlich wäre die Äsche ein relativ unscheinbarer Fisch, wenn die bei den Männchen besonders ausgeprägte Rückenflosse, auch Fahne genannt, nicht wäre. Mit ihrer Fahne imponieren die Milchner und legen sie über den Rücken des Weibchens. Charakteristisch für die Äsche ist auch ihr Geruch, der an Thymian erinnert. Daher auch ihr lateinischer Name „Thymallus". Die Äsche ist empfindlich gegenüber Gewässerverschmutzung. Auch aufgrund der starken Kormoran-Population sind die Äschenbestände in den letzten Jahren zurückgegangen.

MERKMALE

Gestreckter, seitlich abgeflachter Körper, Fettflosse, spitze Schnauze mit leicht unterständigem Maul, lange, hohe Rückenflosse (Fahne), Rückenflosse beim Männchen ausgeprägter als beim Weibchen, Farbe: silber-weiß, grün-grau, bläulich-grau, schwarze Flecken im vorderen Körperbereich, Länge maximal 60 Zentimeter

LEBENSRAUM

Bäche und Flüsse mit stärkerer Strömung und sauerstoffreichem Wasser, kiesig-sandiger Gewässergrund

LEBENSWEISE

Vor allem die größeren Tiere sind Standfische, Nahrung: Insektenlarven, kleine Krebse, Schnecken, Würmer, Insekten, Jungfische

ANGELTECHNIKEN

Vorrangig Fliegenfischen, wenn gestattet auch Angeln mit Naturködern

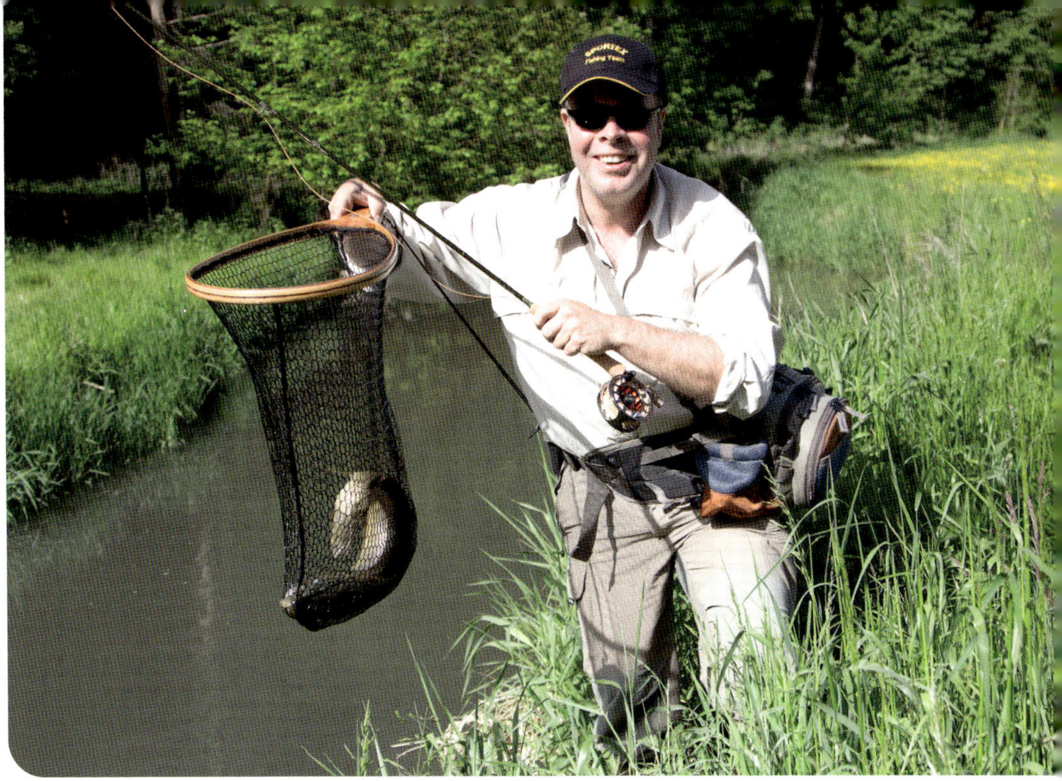

So massiv füllt eine Forelle nicht jeden Tag den Kescher, auch nicht beim Fliegenfischen. Aber es kommt vor ...

ABLEGEN

Soll die Fliege schließlich auf dem Wasser landen, wird der Vorschwung leicht abgewandelt. Die Rute wird nach dem Stopp bei 13 Uhr weiter bis 3 Uhr in die Waagerechte gesenkt. Jetzt streckt sich die Schnur samt Vorfach und die Fliege legt sich sanft auf die Wasseroberfläche beziehungsweise der Wollfaden auf die Wiese. Erst wenn alles bis zur Fliege wirklich gerade vor dem Werfer liegt, stimmt die Wurftechnik.

VERLÄNGERN DER WURFSCHNUR

Nachdem man die Wurftechnik mit den sieben Metern Schnur ganz ordentlich im Griff hat, geht es an das Verlängern der Leine während des Wurfs. Jetzt erhält die linke Hand die Aufgabe, zusätzliche Schnur von der Rolle zu ziehen und sie zu der bereits ausgespielten zu geben.

Das Abziehen erfolgt während des Rückschwungs, wobei die linke Hand synchron mit der Wurfbewegung der rechten durch einen Zug zur linken Körperseite etwa einen Meter von Spule holt. Sobald der folgende Vorschwung deutlich spürbar an der Leine zieht, lässt man die Schnur kontrolliert durch die linke Hand rutschen. Auf die gleiche Weise verlängert man im Laufe der Rück- und Vorschwünge die Schnur immer weiter.

AUSWAHL DER FLIEGE

Für den Fangerfolg besitzt die möglichst **naturgetreue Präsentation der Fliege** eine wesentlich größere Bedeutung, als Form, Farbe oder Größe der Fliege. Deshalb finden sich in meiner Fliegendose nur wenige Muster. Am einfachsten findet man die richtige Fliege durch das Beobachten der Natur.

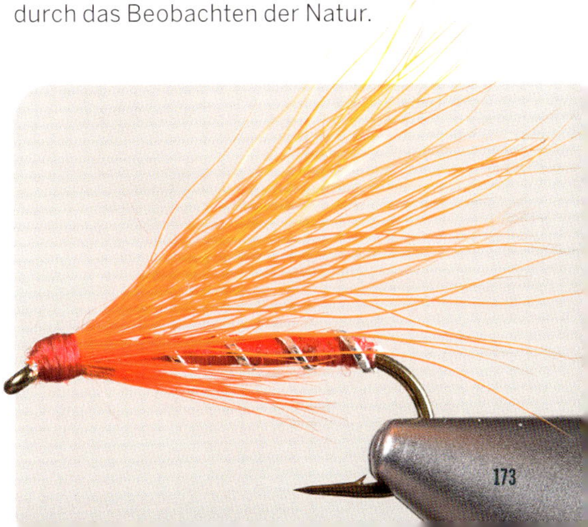

Der Whisky-Streamer – eine typische Reizfliege.

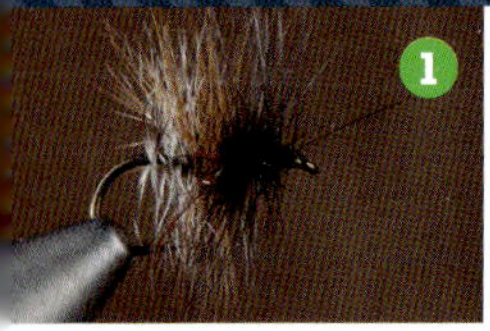

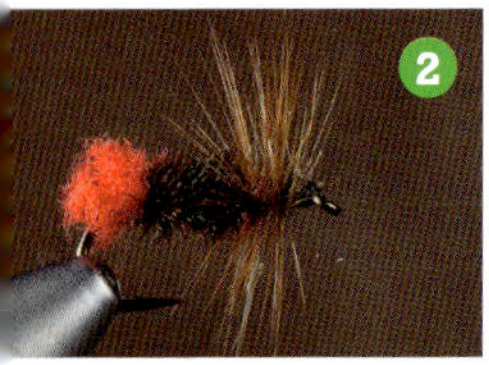

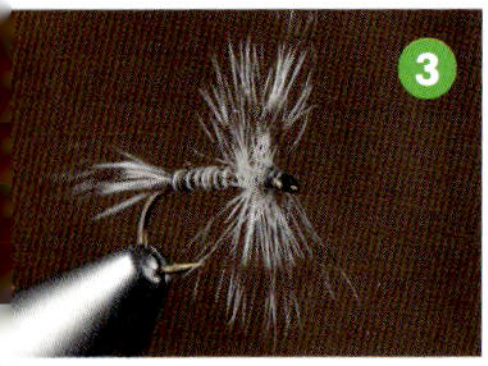

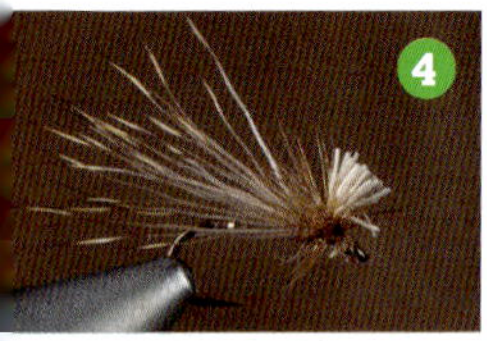

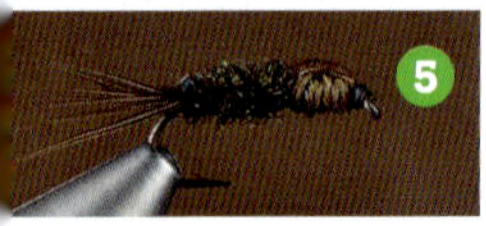

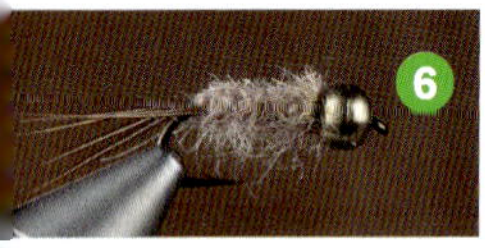

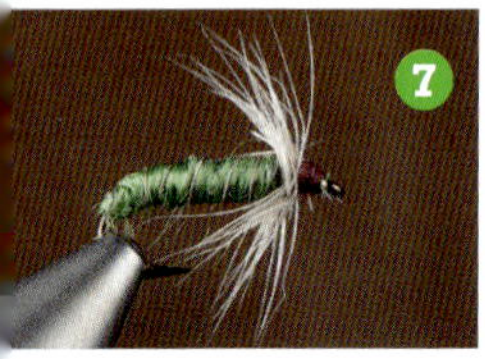

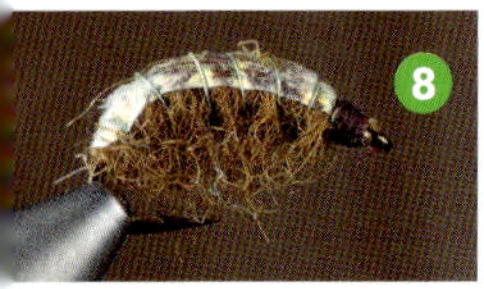

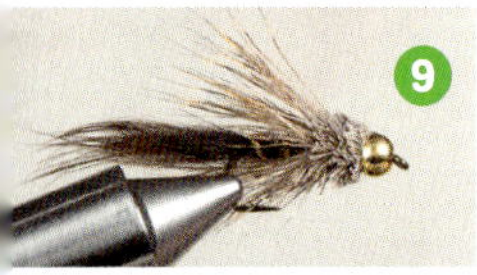

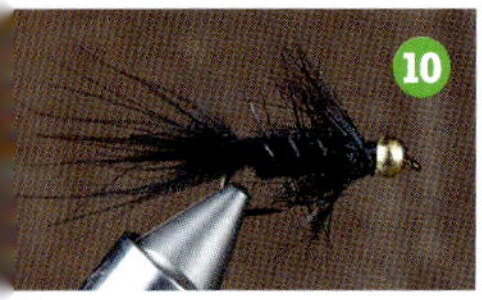

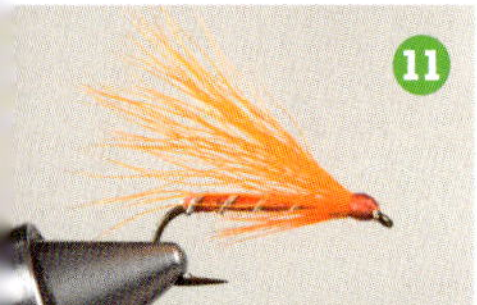

TROCKENFLIEGEN

Bei Trockenfliegen schaut man aufs Wasser, was dort treibt und wählt ein Muster in ähnlicher Form, Farbe und Größe aus. Schwimmt gerade nichts auf der Oberfläche, kann man sich an fliegenden oder auf Pflanzen sitzenden Insekten orientieren. Meist sind das Eintags- und etwas seltener Köcherfliegen, für die es beide entsprechende Muster gibt.

Eintagsfliegen	Beschreibung	Hakengröße
1 **Tricolore**	Sehr vielseitiges Muster für alle Fälle	14
2 **Red Tag**	Klassiker für bräunliche Insekten	14
3 **Mosquito**	Imitiert sehr gut helle Insekten	14

Köcherfliegen	Beschreibung	Hakengröße
4 **Buck Caddis**	Sehr gut schwimmendes Muster	12

NYMPHEN

Während die Nassfliegen für den Einstieg außen vor bleiben können, besitzen **Nymphen** eine große Bedeutung. Die natürlichen Vorbilder finden sich besonders unter Steinen und zwischen Wasserpflanzen – also einfach umdrehen beziehungsweise etwas Grünzeug durchsuchen. Hier einige empfehlenswerte Muster.

Eintagsfliegen	Beschreibung	Hakengröße
5 **Ritz D**	Sehr fängige Nymphe für viele Situationen	14 und 12
6 **Goldkopfnymphe**	Der Standard schlechthin in diversen Farben	14 und 12

Köcherfliegen	Beschreibung	Hakengröße
7 **RAM Caddis**	Auch für tiefes Wasser, da gut beschwert	12 und 10

Bachflohkrebse	Beschreibung	Hakengröße
8 **Bachflohkrebs**	Unverzichtbar in oliv, braun und orange	12

STREAMER

Für die räuberisch lebenden Fische machen einige **Streamer** in der Fliegendose Sinn, wobei man zwischen Imitationen von Kleinfischen und Reizfliegen unterscheidet, die mit ihrer Auffälligkeit die Fische an den Haken locken. Empfehlungen für den Einstieg:

Imitationen	Beschreibung	Hakengröße
9 **etheon Muddler**	Sehr fängig, auch wenn sonst nichts geht	10 und 8
10 **Wooly Bugger**	Besonders mit Goldkopf ein absoluter Hit	10 und 8

Reizfliegen	Beschreibung	Hakengröße
11 **Whisky**	Regenbogenforellen und Bachsaiblinge lieben ihn	10 und 8

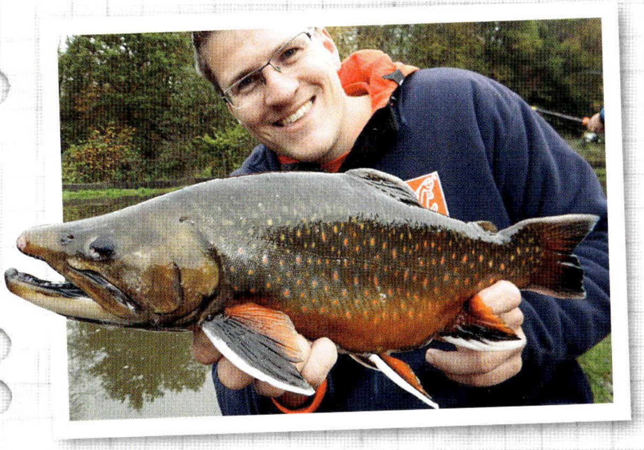

BACH-SAIBLING

(Salvelinus fontinalis)

Wie die Regenbogenforelle gehört auch der Bachsaibling eigentlich zu den in Europa nicht heimischen Fischarten. Er wurde vor über 100 Jahren bei uns eingebürgert. Besonders die Männchen sind sehr farbenprächtig und daher ein echter Blickfang. Man fängt sie in kalten und sauerstoffreichen Seen, aber mittlerweile werden Bachsaiblinge im Winter auch in vielen Angelteichen besetzt. Top-Köder sind in Grundnähe angebotene Spinner mit rotem Blatt, sowie Würmer und Rogen.

MERKMALE

Torpedoförmiger Körper, Maulspalte reicht bis hinter die Augen, Fettflosse, Färbung: Oberseite und Rückenflosse oliv- bis braungrün mit heller Marmorierung, Flanken mit gelblichen und roten Punkten, helle Bauchseite, Brust-, Bauch- und Afterflosse mit weißem Saum, Länge bis etwa 50 Zentimeter, wurde Ende des 19. Jahrhunderts aus Nordamerika nach Europa eingeführt

LEBENSRAUM

Kühle und sauerstoffreiche Fließgewässer und Seen, mittlerweile auch in kommerziellen Angelseen

LEBENSWEISE

Standorttreue Art, kommt auch in begradigten Bächen ohne Unterstände vor, Nahrung: Wirbellose, Insekten, Kleinfische

ANGELTECHNIKEN

Fliegenfischen, Spinnfischen, in kommerziellen Angelseen auch Grundangeln mit Naturköder (Wurm, Rogen)

WURF

Grundsätzlich sollte der Fisch mit **Trockenfliege** nicht von hinten angeworfen werden. Es sei denn, es besteht keine andere Möglichkeit. Im See kann sich gegebenenfalls das Warten auf eine Drehung des Fischs lohnen, im Fluss steht er dagegen stets mit dem Kopf zur Strömung. Im Idealfall geht der Wurf direkt stromab auf die Maulspitze des Fischs zu, häufiger ist jedoch der Wurf querab erforderlich.

Im See sollte der Köder vielleicht 30 bis 50 Zentimeter vor dem Fisch landen. Im Fluss setzt die Fliege etwa einen bis zwei Meter vor dem Fisch auf und man lässt sie auf das Tier zutreiben. Steht der Fisch sehr tief, muss sie noch einen oder zwei Meter früher aufsetzen. Der Biss erfolgt übrigens ein Stück flussabwärts vom Standplatz, da sich der Fisch ein Stück mit der Strömung treiben lässt und erst dann die Oberfläche erreicht.

PRÄZISE PRÄSENTATION PUNKTET

Beim Angeln mit der Trockenen ist der Biss nicht zu übersehen: Die Fliege verschwindet in einem Ring, den das Maul des Fischs beim Einschlürfen der Fliege verursacht. Normalerweise darf der Anhieb in stehenden und langsamer strömenden Gewässern erst nach einer kurzen »Gedenksekunde« erfolgen, da man dem Fisch sonst die Fliege wieder aus dem noch nicht ganz geschlossenen Maul zieht.

Das Anbieten einer Nassfliege erfolgt mit den gleichen Methoden wie bei der Trockenen, also locker ohne Schnurspannung. Allerdings kann man auch noch mit einem Biss rechnen, wenn die Fliege im Fluss unter den Zug des Vorfachs gerät. Im Unterschied zur Trockenfliege kann eine plötzliche Seitwärts-Bewegung geradezu einen Biss provozieren. Deshalb darf die Schnur auch von der linken Hand mit sanften Rucken eingeholt werden, wodurch die Fliege in verlockenden Sprüngen dicht unter der Oberfläche das Wasser durchschneidet.

Treibend gefischt erfolgen die Bisse wie beim Fischen mit der Trockenen, nur eben unter der Oberfläche. Das genaue Beobachten des Köders oder der Vorfachspitze, die bei einem Biss plötzlich stehenbleibt oder einen Ruck zeigt, ist jedoch etwas schwieriger.

Unter vielen Anglern gilt das Fischen mit der **Nymphe** als die Krönung schlechthin. Denn im Unterschied zur Trocken- oder Nassfliege fischt sie in vielen oder sogar den meisten Fällen nicht auf oder dicht unter der Oberfläche, sondern über dem Grund. Dadurch muss man besonders gut beobachten, wenn ein Biss nicht unbemerkt bleiben soll.

DAS RICHTIGE GEWICHT

Wie schnell die Nymphe sinkt, hängt hauptsächlich von ihrem Gewicht ab. Leichte Muster schweben förmlich zum Grund. Die mittleren

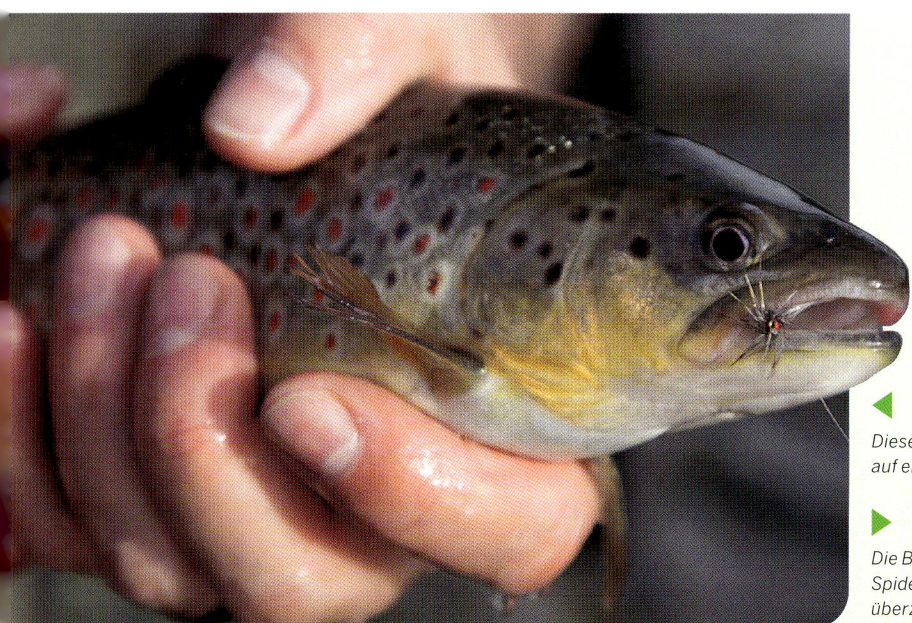

Diese Bachforelle ging auf eine Trockenfliege.

Die Black & Peacock Spider – eine Nassfliege – überzeugte diese Seeforelle.

Nymphen, beispielsweise die Pheasant Tail, fangen universell in den meisten Gewässerarten. Die richtig schweren Nymphen, wie eine große Arthofer oder der Bachflohkrebs mit dickem Bleirücken, kommen in besonders tiefen oder stark strömenden Stellen zum Einsatz.

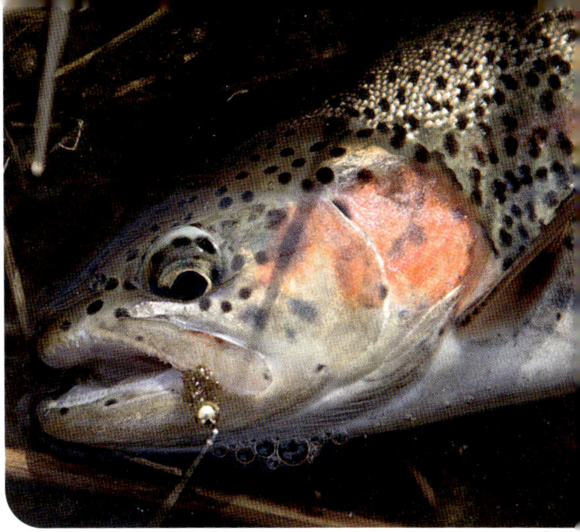

Die Goldkopfnymphe sitzt sauber im Maulwinkel.

PRÄSENTATION IM STILLWASSER

Im stehenden oder nur träge strömenden Gewässern ist das Anbieten der Nymphe recht einfach, da keine wesentliche Wassergeschwindigkeit zu berücksichtigen ist. Hat man einen Fisch entdeckt, sollte die Fliege nach dem Wurf bei einem auf der Stelle stehenden Tier etwa 10 bis 15 Zentimeter vor dem Maul absinken. Schwimmt die erhoffte Beute, muss man die Nymphe etwas weiter davor auf seinem vermutlichen Weg platzieren. Erfolgt kein Biss, verhilft ein sanftes Zupfen an der Schnur der Nymphe zu kleinen Sprüngen und verleitet den Fisch möglicherweise zum Biss.

PRÄSENTATION IM FLIESSGEWÄSSER

Die Nymphe lässt sich im Bach oder Fluss sowohl stromauf als auch stromab anbieten und sollte den Fisch möglichst genau auf Maulhöhe sowie mit möglichst geringer seitlicher Abweichung erreichen. Die Wahl der Technik hängt im Wesentlichen von der Standtiefe der Fisch ab. Steht er vielleicht nur einen halben Meter tief, sollte stromab präsentiert werden, zumindest wenn die Fliegenschnur bei einem Wurf stromauf über dem Fisch landen würde und ihn dadurch möglicherweise verscheucht.

Muss die Fliege dagegen tief hinunter, macht vor allem in schneller Strömung nur der Wurf stromauf Sinn. Dadurch hat die Fliege im Unterschied zum Wurf stromab erheblich mehr Zeit zum Absinken. Den richtigen Punkt des Einwurf muss man schätzen. Er hängt von drei Faktoren ab:

1. **Standtiefe des Fischs**
2. **Strömungsgeschwindigkeit**
3. **Gewicht der Nymphe**

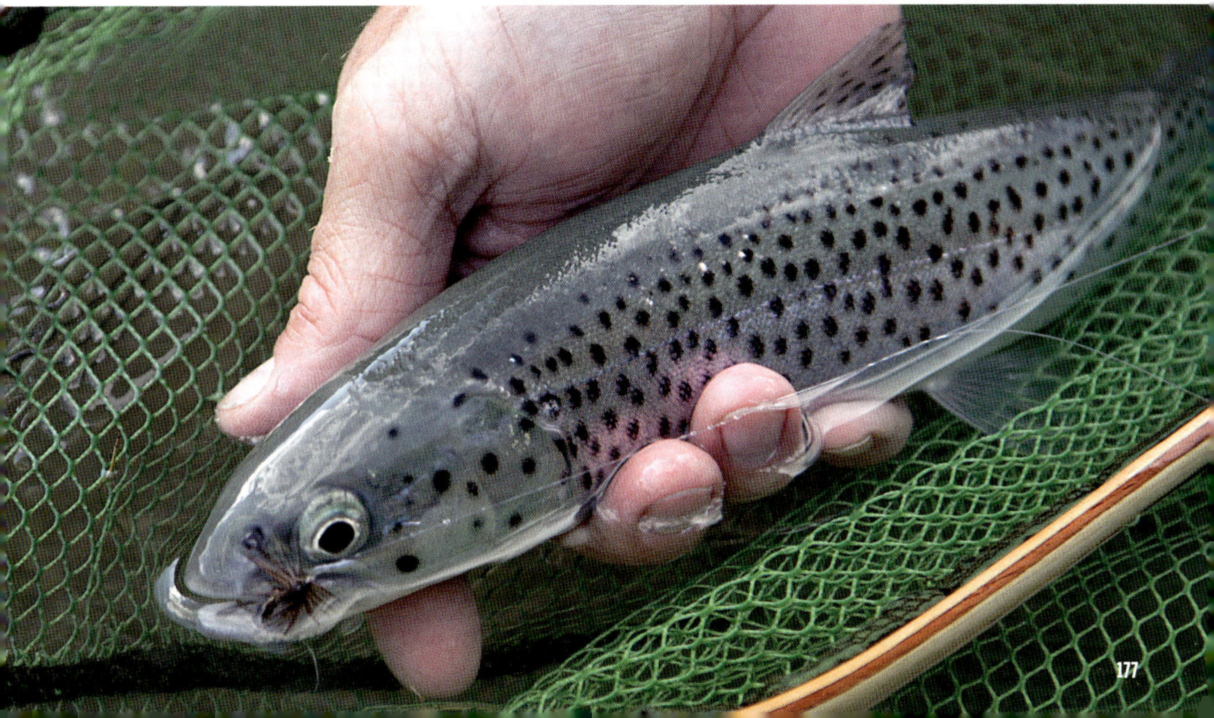

Nur in sehr langsam strömenden und sehr klaren Gewässern kann man den Fisch wie im See beim Einsaugen des Köders direkt beobachten. In den meisten Fällen lässt sich die Nymphe jedoch nicht erkennen, weshalb der Fischer häufig auf das Beobachten des Fischs angewiesen ist. Es können zwei Fälle eintreten:

AUF DEM FISCH-BEOBACHTUNGSPOSTEN

FALL 1: Der Fisch weicht in irgendeine Richtung kurz von seinem Standplatz weg oder das Maul öffnet sich, wobei manchmal das Weiße im Inneren des Mauls zu sehen ist. In diesem Fall handelt es sich mit größter Wahrscheinlichkeit um einen Biss.
FALL 2: Der Fisch bleibt ruhig stehen. Entweder ist die Nymphe vorher am Grund hängen geblieben, zu weit über beziehungsweise seitlich außer Reichweite vorbei getrieben.

Es gibt auch viele Situationen, wo beispielsweise in trübem oder stark sprudelndem Wasser einfach kein Fisch auszumachen ist. Dann hilft nur das **Anbieten der Nymphe an einem vermuteten Standplatz.** Den Biss erkennt man an einem ungewöhnlichen Verhalten des Endes der Hauptschnur, wobei man am dicken Ende des Vorfachs auch einen kleinen orangenen Bissanzeiger anbringen kann. Bleibt die Schnur plötzlich stehen, hat entweder ein Fisch gebissen oder die Nymphe hängt am Grund. Alles Ungewöhnliche sollte mit einem Anhieb quittiert werden.

Wie ein Spinnköder wird der **Streamer** einfach ausgeworfen und wieder eingeholt. Besonders lebendig sieht er aus, wenn die Schnurhand die Leine nicht gleichmäßig, sondern in kurzen Rucken heranzieht. Die Rutenspitze kann diese Bewegung ebenfalls ausführen oder unterstützen.

Die Bisse beim Streamerfischen können sich ganz unterschiedlich äußern. Möglicherweise hält ein Räuber den Köder nur fest, was sich ähnlich wie ein Hänger am Grund anfühlt. Oder der Fisch greift sich den Köder mit Schwung, was sich in einem Ruck in der Schnur äußert. Sitzt ein sofortiger Anhieb wieder holt nicht, sollte man beim Biss mit der Rutenspitze vielleicht 20 Zentimeter nachgeben und erst dann anschlagen. Dadurch erhält der Fisch Zeit zum Abdrehen und kann das Maul um die Fliege schließen.

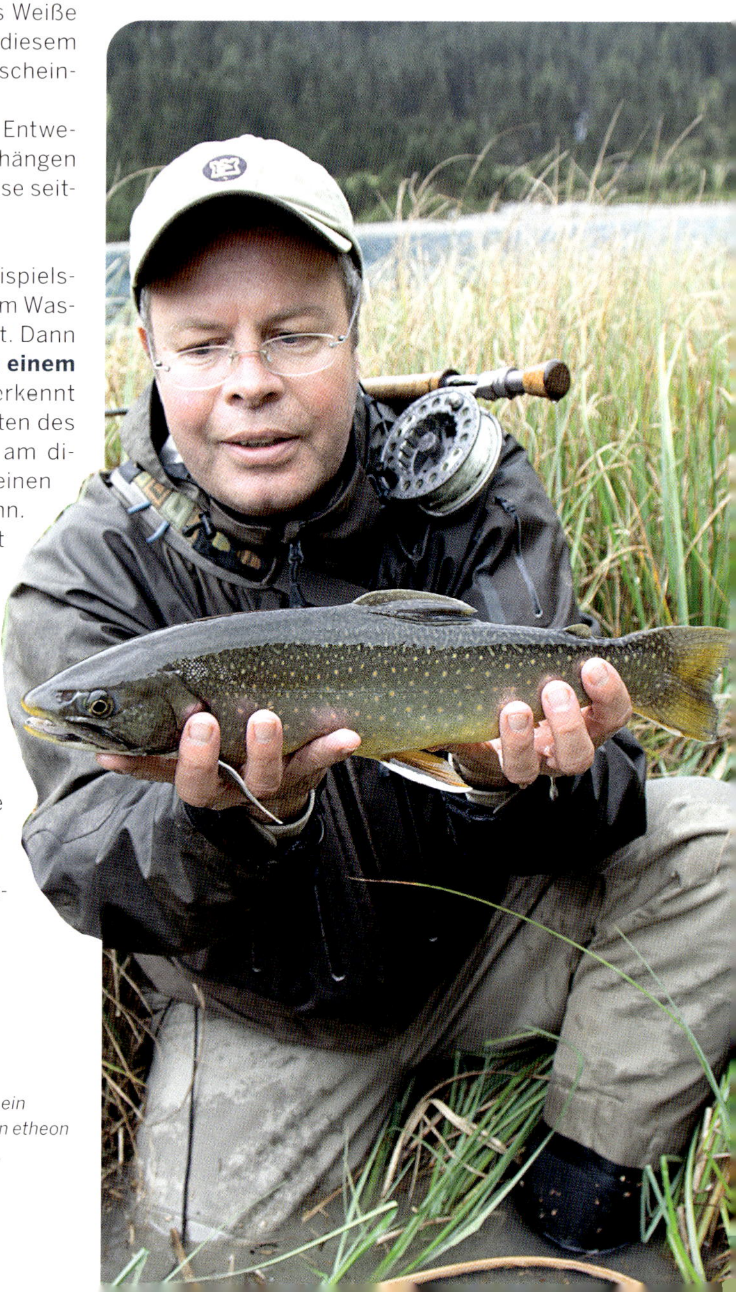

So ein Seesaibling ist schon ein Highlight des Angeltags – ein etheon Muddler machte es möglich.

STECKBRIEF: SALMONIDEN & CO.

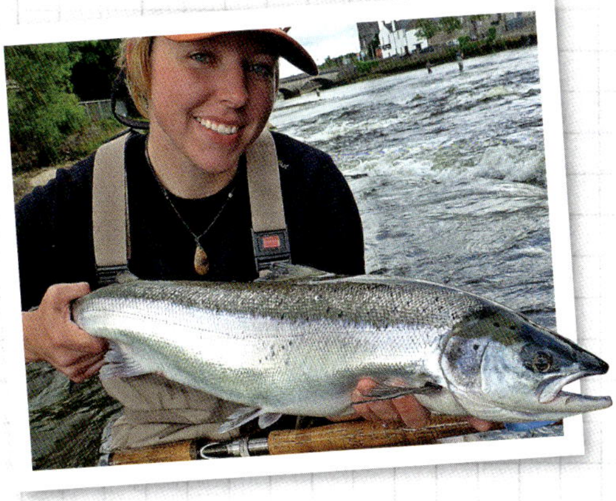

LACHS

(Salmo salar)

Welcher Angler träumt nicht davon, einmal im Leben einen Lachs an der Angel zu haben? Um diesen edlen Salmoniden zu fangen, werden Reisen nach Irland, Island oder sogar nach Übersee unternommen. Kein Wunder, denn der Lachs ist kampfstark und äußerst schmackhaft. Aufgrund der verbesserten Wasserqualität und Aufstiegsmöglichkeiten wird der einst fast als ausgerottet angesehene Atlantische Lachs langsam auch in unseren Gewässern wieder heimisch. Es besteht die Hoffnung, dass man zukünftig wieder mit Lachsfängen rechnen darf.

MERKMALE

Langgestreckter Körper, schlanker Schwanzstiel, junge Fische tragen mehrere Querstreifen auf den Flanken, Körper je nach Lebensstadium silberfarben bis grünlich-braun, zur Laichzeit bilden Männchen einen hakenförmig nach oben gekrümmten Unterkiefer aus (Laichhaken), Länge bis 150 Zentimeter

LEBENSRAUM

Sowohl im Süß- als auch im Süßwasser, Laichfische wandern vom Meer (Nord- und Ostsee, Nordatlantik) in Flüsse und laichen dort

LEBENSWEISE

Ein Großteil der Elterntiere verendet nach dem Laichen, Jungfische bleiben zwei bis drei Jahre im Süßwasser und wandern dann ins Meer ab, nach einem Aufenthalt von ein bis vier Jahren kehren sie zurück in ihren Heimatfluss, um dort abzulaichen. Nahrung der Jungfische im Süßwasser: Kleinstlebewesen und Insekten, im Meer Fische und Krebstiere

ANGELTECHNIKEN

Fliegen- und Spinnfischen, wenn erlaubt Posenangeln mit Naturköder (Wurm), im Meer Schleppfischen (Trolling)

»Da bläst er!« – ganz so dramatisch wie bei Moby Dick geht es beim Meeresangeln zwar nicht zu. Trotzdem ist das Fischen im Salzwasser eine besondere Erfahrung, egal ob vom Ufer aus oder auf See. Meeresangeln kann bereits im Hafen beginnen, wenn zum Beispiel die Heringe an die Küsten ziehen. Dazu kommt küstennahes Angeln mit Belly boat oder Kajak. Aber auch wirkliches Hochseeangeln ist problemlos machbar, wobei viele Angler dafür bis in den hohen Norden reisen und sich hier mit Giganten des Meeres anlegen.

KAPITEL 9

HERAUSFORDERUNG MEER – ANGELN IM SALZWASSER

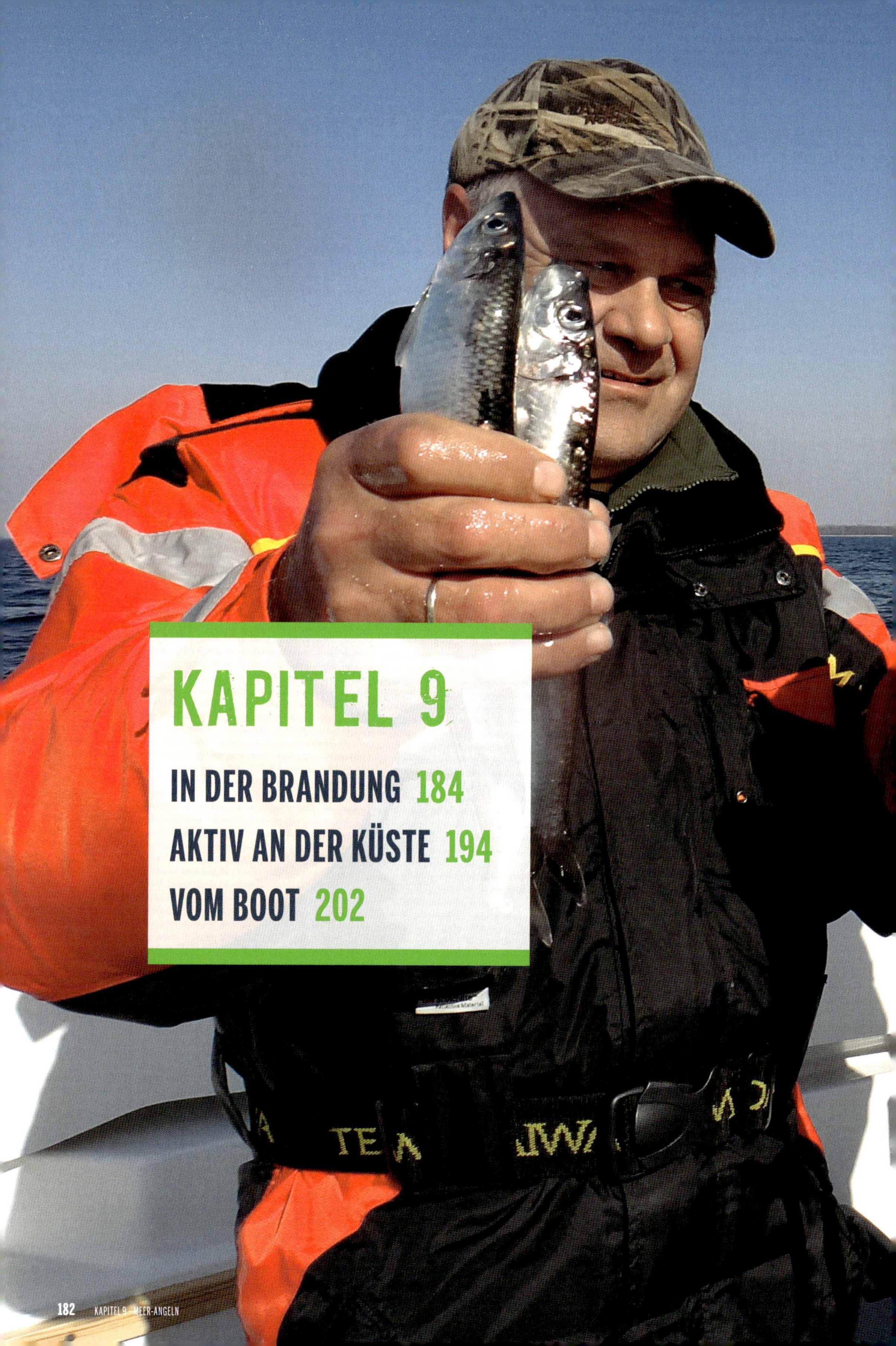

KAPITEL 9

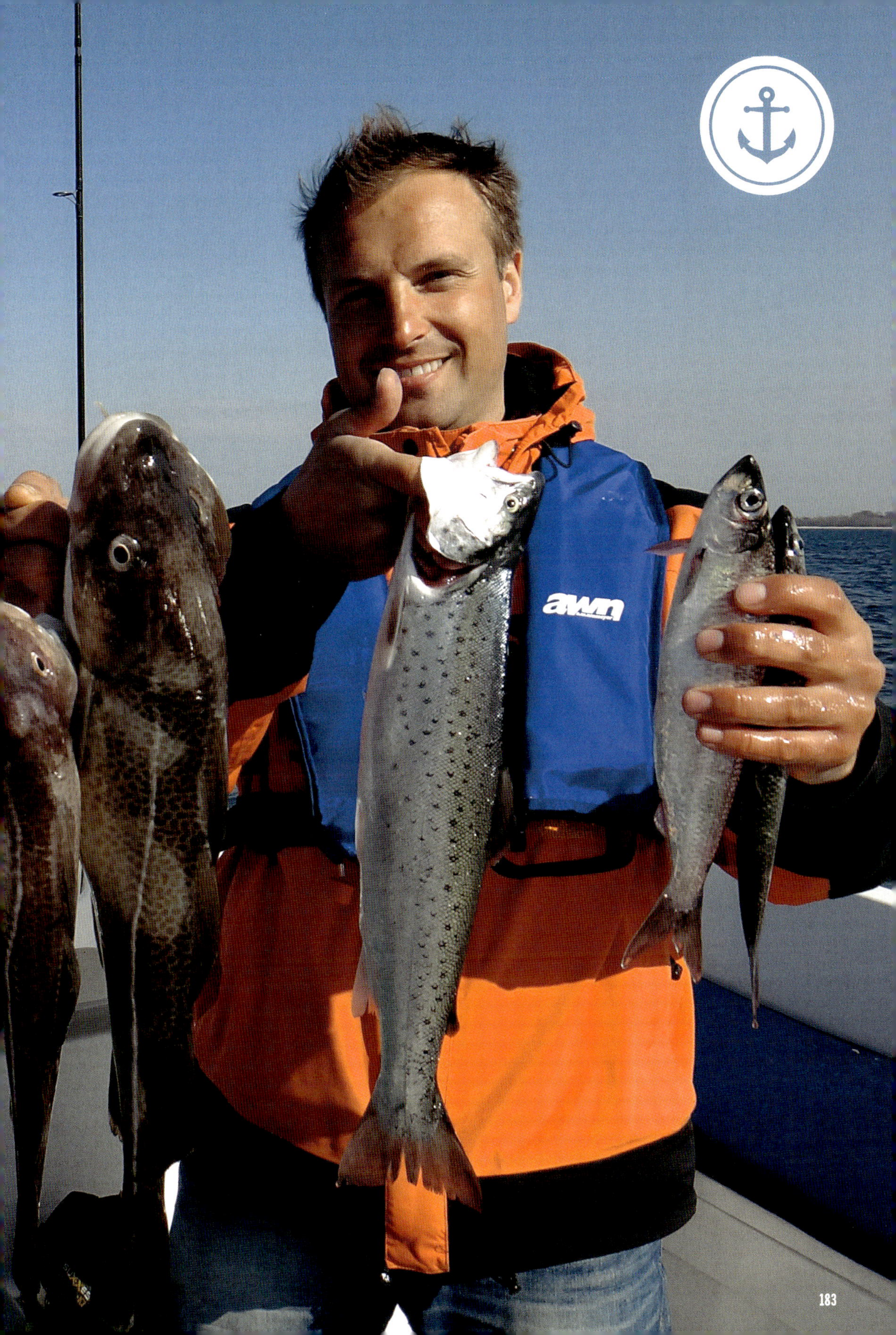

MEER FANGEN

Nicht nur in Teichen, Seen, Bächen und Flüssen kann man Fische fangen. **Auch das Meer ist ein hervorragendes Revier für Angler,** in unseren Breiten genauer gesagt Nord- und Ostsee. Hier kann man die Flossenträger gleichermaßen an der Küste und auf See an den Haken bekommen. Die Spannung steigt, wenn die Montage ins salzige Nass taucht, die Rute abgestellt wird und man voller Hoffnung auf den Biss wartet.

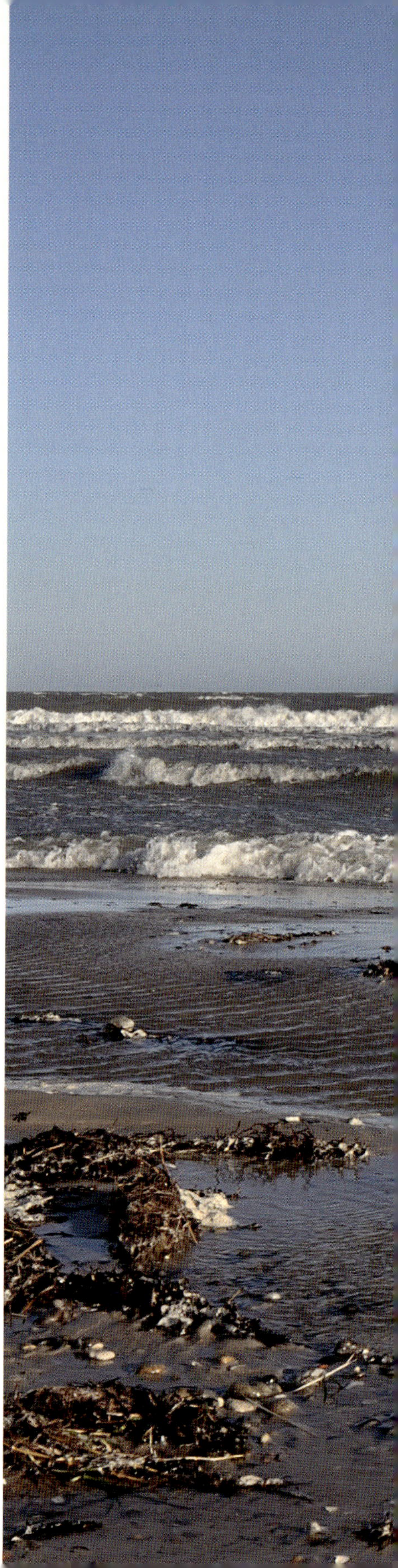

IN DER BRANDUNG

Wind, Wellen, Salz und Strand – so sieht das Revier des Brandungsanglers aus, der vom Ufer aus seine Montagen auswirft. Diese Form des Angelns gehört zu den ältesten Techniken des Meeresangelns. Ist die See in Bewegung, werden im ufernahen Wasser Sediment und Nahrung aufgewirbelt. Dann sind Dorsch und Plattfisch besonders aktiv. Günstige Winde versprechen also Fische. Besonders Erfolg versprechend ist auflandiger Wind, deshalb sollte man den Wetterbericht im Auge behalten. Bis zur Windstärke 6 ist das Angeln machbar.

WINDIGE SACHE

Der Tag des Brandungsanglers beginnt am frühen Nachmittag. Zur Kaffeezeit zieht es ihn an den Strand. Der Abend ist die heiße Phase an der Küste. Zuerst beißen Flunder & Co. Nach Sonnenuntergang kommen auch die Dorsche in Reichweite. Man sollte aber auf jeden Fall noch im Hellen am Wasser sein. Es gilt aussichtsreiche Angelstellen zu finden: Sandbänke, Rinnen und Krautfelder. Eine Pol-Brille hilft dabei enorm. Sie entspiegelt die Wasseroberfläche und ermöglicht einen guten Einblick in die Unterwasserwelt.

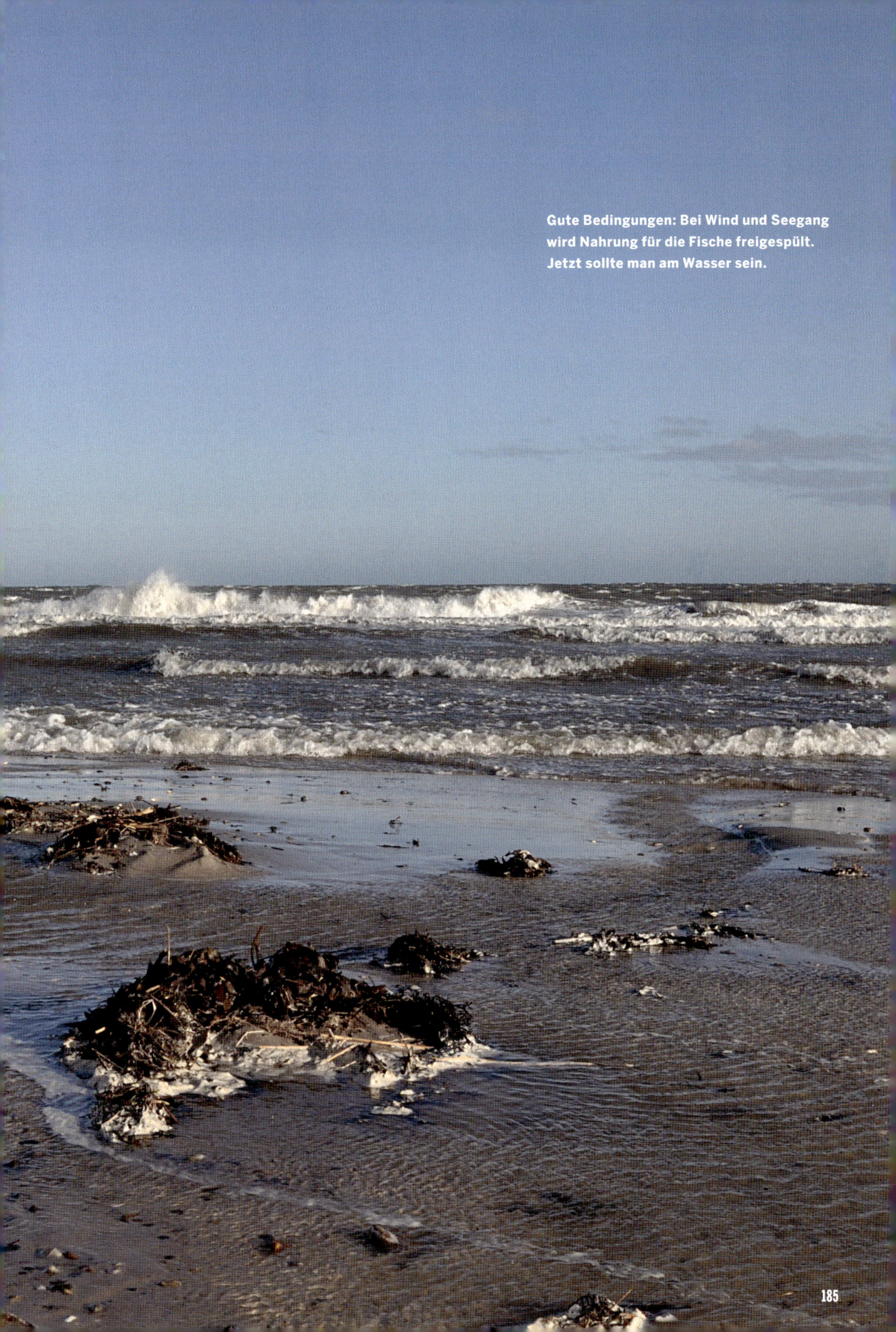

Gute Bedingungen: Bei Wind und Seegang wird Nahrung für die Fische freigespült. Jetzt sollte man am Wasser sein.

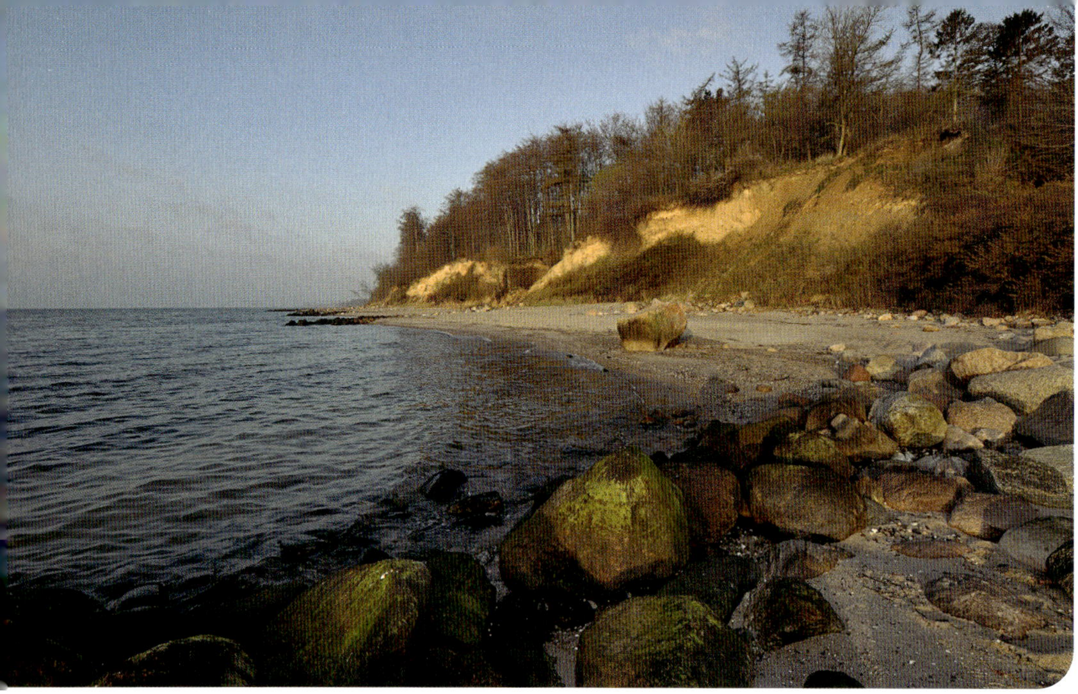

Die Küsten von Nord- und Ostsee sind das Revier des Brandungsanglers.

Der Süßwasser-Angler fängt häufig direkt vor den Füßen, beim **Brandungsangeln** sieht die Sache anders aus. Weit raus, lautet meistens die Devise: 60 bis 80 Meter muss man werfen, um die Fische erreichen zu können. Entsprechend ist die Ausrüstung fürs Brandungsangeln auf das Erreichen hoher Wurfweiten ausgelegt. Brandungs-Spezialisten sind Weitwurfkünstler und befördern ihre Montagen sogar bis an die 140-Meter-Marke.

Die klassischen Ruten fürs Brandungsangeln sind 3,90 bis 4,20 Meter lang. Ein Modell mit einer relativ weichen, parabolischen Aktion und einem Wurfgewicht von etwa 160 Gramm eignet sich sehr gut für den Anfänger und Gelegenheits-Brandungsangler. Steckruten sind generell beliebter als teleskopische Modelle, weil sie sich im Wurf besser aufladen und unempfindlicher gegen Sand, Feuchtigkeit oder Eis sind.

Den hohen Belastungen beim Brandungsangeln entsprechend kommen große **Weitwurfrollen** mit robustem Getriebe zum Einsatz. Um sich optimal auf eine Gerätekombination einstellen zu können, ist es sinnvoll, mit zwei Ruten und Rollen gleichen Typs zu angeln.

Auf die Rolle kommt häufig eine Monofilschnur, allerdings eine ganz besondere. Die Rede ist von einer konisch verjüngten **Keulenschnur** mit einer Lauflänge von 220 Metern. Auf den ersten Metern verjüngt sich die

Um die Fische zu erreichen, muss man weit auswerfen. Dafür ist stabiles, genau abgestimmtes Gerät erforderlich.

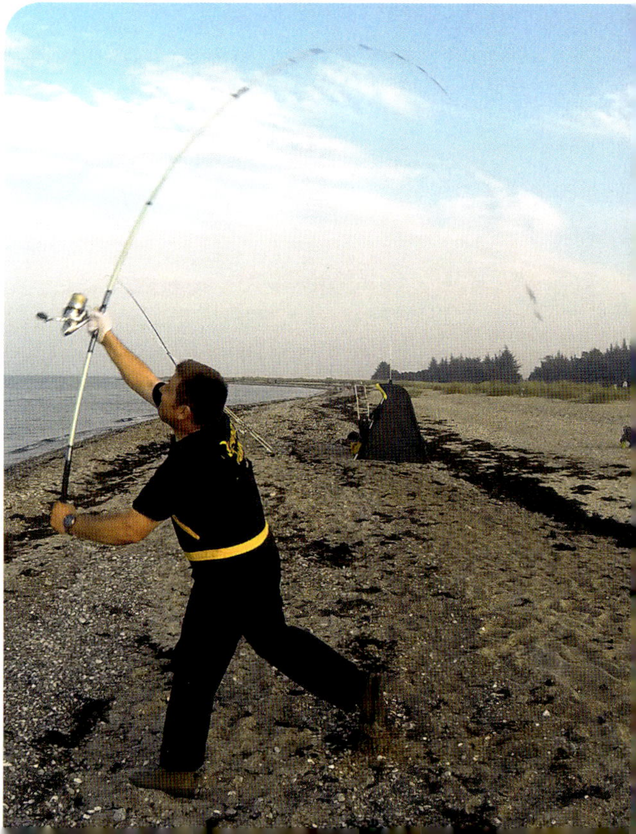

Schnur knotenlos von 0,57 oder 0,60 auf 0,28 bis 0,33 Millimeter. Die ersten, starken Meter fungieren als Puffer und verhindern, dass die Schnur bei kraftvollen Würfen reißt. Es muss also keine Schlagschnur angeknotet werden. Das Fehlen des Knotens bietet einige wichtige Vorteile: Zum einen kann der Schnur sauber von der Rolle und durch die Ringe laufen. Zum anderen kann sich kein Kraut am Knoten festsetzen. Ohne Knoten bleibt die Schnur somit deutlich sauberer.

Beim Brandungsangeln finden auch **geflochtene Schnüre** Verwendung. Aufgrund der fehlenden Dehnung garantieren sie eine deutlich bessere Bissanzeige als Monofilschnüre. Bei normalen Bedingungen wird meistens eine Geflechtschnur mit einem Durchmesser von 0,12 Millimeter verwendet, bei aufgewühlter See darf der Durchmesser mit 0,17 Millimetern etwas höher ausfallen. Zum Schutz gegen Abriss kommt man um eine 0,70 Millimeter starke Schlagschnur in doppelter Rutenlänge nicht herum.

WEITE WÜRFE ZÄHLEN

Das **Vorfach** entscheidet maßgeblich über Erfolg und Misserfolg. Im Fachhandel findet man deshalb viele unterschiedliche Fertig-Systeme. Ein Vorfach fürs Brandungsangeln besteht im Wesentlichen aus zwei Elementen: Zum einen das eigentliche Vorfach, welches das am Ende der Montage befindliche Blei mit der Hauptschnur verbindet, zum anderen aus einer so genannten Mundschur, die am eigentlichen Vorfach befestigt ist. Am Ende der Mundschnur befindet sich der Haken. Die Vorfachschnur sollte einen Durchmesser von mindestens von 0,70 Millimeter aufweisen, die Stärke der Mundschnur liegt bei 0,40 Millimeter.

Um die Fängigkeit des Köders zu unterstützen, sind Brandungsvorfächer häufig mit bunten Lockperlen versehen. Plattfische sprechen auf sie sehr gut an, so dass man beim Angeln auf diese Fischarten ruhig fleißig Gebrauch davon machen darf. Die Lockperlen treiben zudem auf und sorgen dafür, dass der Köder verführerisch über dem Meeresgrund schwebt. Weiterhin helfen die auftreibenden Perlen dabei, den Köder außerhalb des Aktionsradius von Krebsen zu halten, die sich nur allzu gern auf

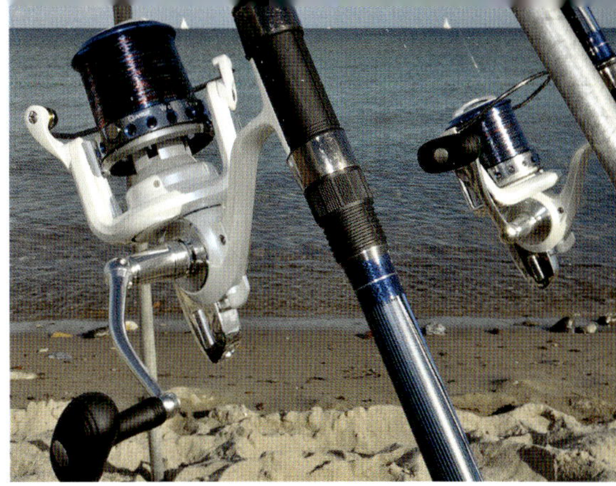

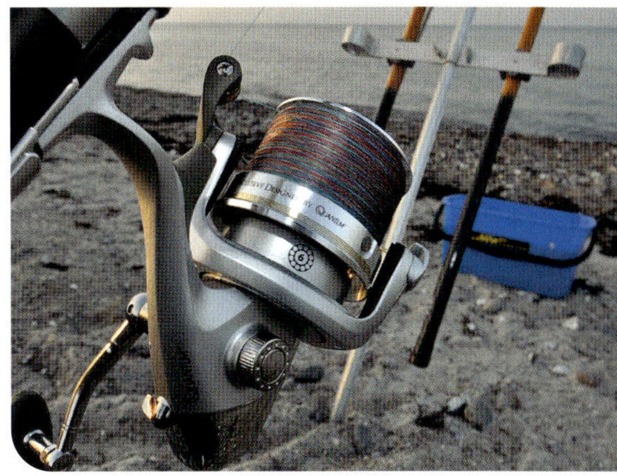

OBEN: *Wird mit monofiler Hauptschnur gefischt, kommt eine so genannte Keulenschnur zum Einsatz.*

UNTEN: *Auch geflochtene Hauptschnur findet Verwendung. Sie garantiert eine sehr sensible Bissanzeige.*

Brandungsangeln ist nicht nur etwas für echte Kerle, sondern auch für starke Frauen, wie diese Anglerin mit ihrer prächtigen Kliesche beweist.

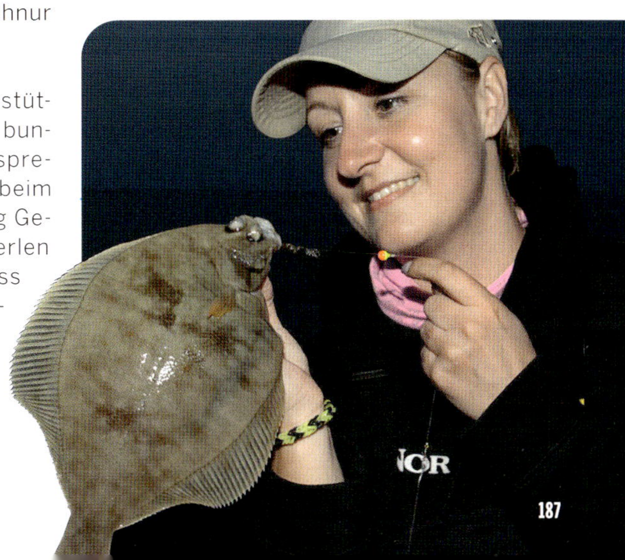

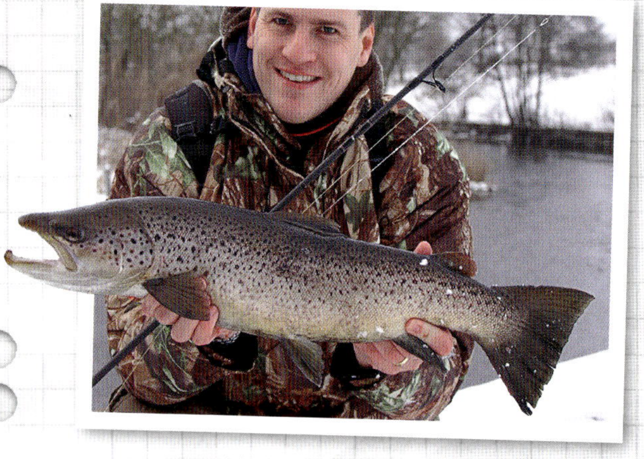

MEER-FORELLE

(Salmo trutta trutta)

Täglich schlüpfen viele Angler in ihre Wathose, waten in die Ostsee hinaus und werfen ihren Blinker aus – hier ist die Meerforelle der Zielfisch. Wer es auf diese Salmoniden abgesehen hat, muss Geduld mitbringen. Nicht umsonst gilt die Meerforelle als »Fisch der 1000 Würfe«. Aber wenn ein silberner Kämpfer den Köder genommen hat, sind kalte Finger und Füße im Nu vergessen. Meerforellen werden übrigens nicht nur mit dem Blinker gefangen, auch Fliegenfischer kommen auf ihre Kosten. Beim Schleppen (Trolling) vor der Küste gehen häufig die ganz großen Meerforellen an den Haken.

MERKMALE

Lachsähnlicher Körper, weniger schlank, Schwanzflosse hinten relativ gerade, Schwanzstiel kürzer, Maulspalte bis hinter Augen, Fettflosse, Färbung: wie beim Lachs abhängig von den Altersstufen, Länge bis etwa 1 Meter

LEBENSRAUM

Jungtiere und laichbereite Fische in Flüssen und Bächen, im Meer Küstenbereiche und Mündungsgebiete von Flüssen

LEBENSWEISE

Lebt im Meer küstennaher als der Lachs, laicht in Flüssen und Bächen, viele Laichfische wandern nach der Ei-Ablage wieder ins Meer ab, Jungfische leben zunächst im Süßwasser und ziehen nach zwei bis vier Jahren ins Meer, Nahrung im Süßwasser: kleine Krebse, Insekten, Insektenlarven, ältere Exemplare räuberisch

ANGELTECHNIKEN

Fliegenfischen, Spinnfischen, wenn erlaubt Angeln mit Naturködern, im Meer Spinn- und Fliegenfischen, küstennahes Schleppangeln

den Köder stürzen. Während für Plattfische die Hakengröße 1 optimal ist, sollte man beim Angeln auf großmäulige Dorsche Greifer in der Größe 1/0 verwenden.

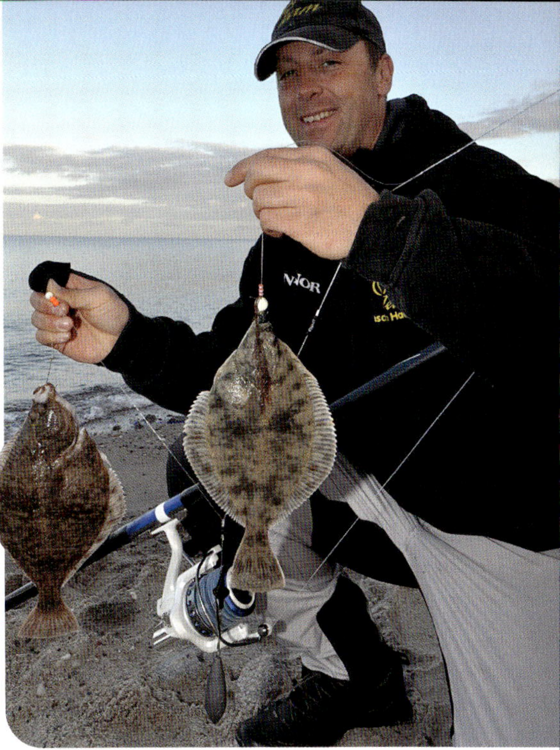

Beim Brandungsbereich unterscheidet man zwei Typen von Montagen: Nachläufer und starre Montagen. Nachläufer erlauben es dem Fisch, nach der Köderaufnahme zunächst widerstandsfrei abzuziehen und sich dann selbst zu haken. Bei starren Montagen hingegen wirkt das Bleigewicht sofort als Widerstand. Man findet Montagen mit einem oder zwei Haken. Zwei Haken erhöhen gegebenenfalls die Fangaussichten und ermöglichen im Optimalfall sogar eine Doublette. Eine Montage mit einem Köder lässt sich allerdings weiter hinaus befördern.

Damit sich die Montage auswerfen lässt und sie am Grund liegen bliebt, benötigt man Blei. Es bieten sich verschiedene Formen an. Während man im Frühjahr und im Sommer häufig mit relativ leichten Bleioliven fischt, sollte man bei starkem Wind nicht nur das Gewicht auf etwa 200 Gramm erhöhen, sondern auch Bleie verwenden, die sich gut am Boden festsetzen und so eine gute Köderpräsentation auch bei erschwerten Bedingungen ermöglichen. Der Klassiker für diese Bedingungen ist das Kral-

▲ *Ein Vorfachsystem mit zwei Haken kann im besten Fall zwei Fische bringen, lässt sich aber schlechter auswerfen.*

Gleich ist der Plattfisch gestrandet. ▼

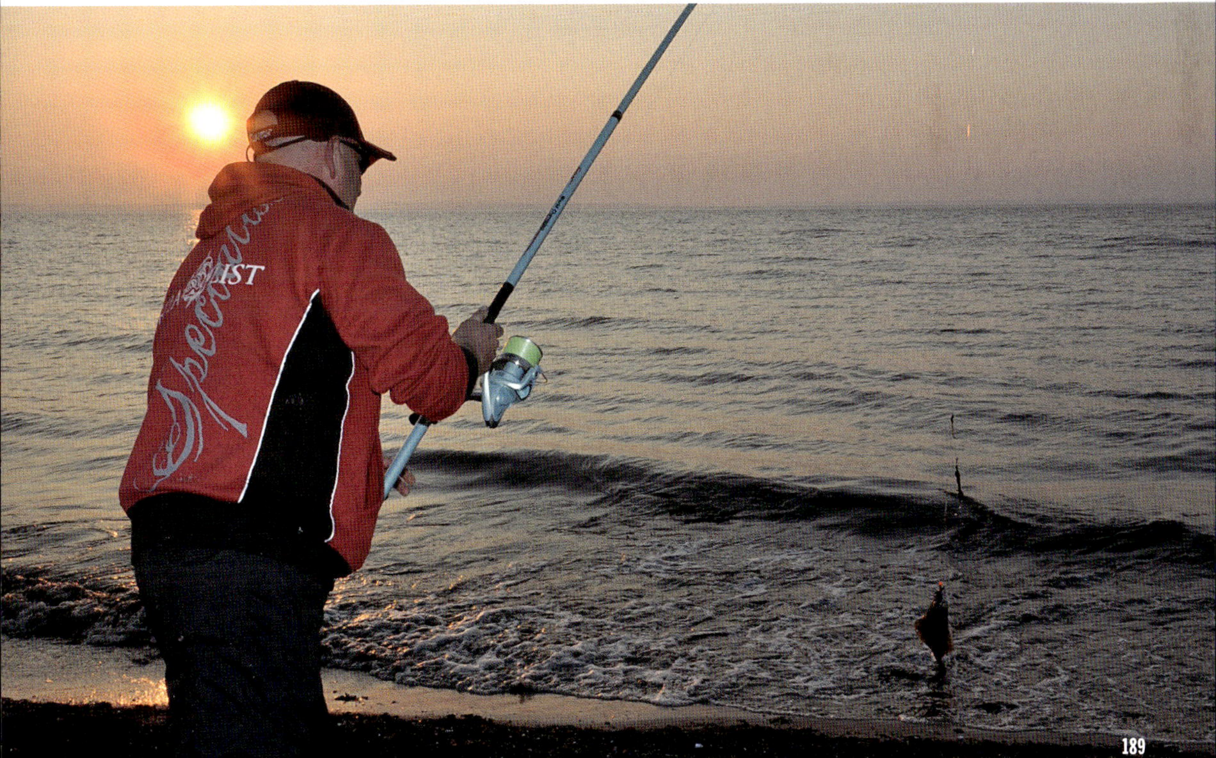

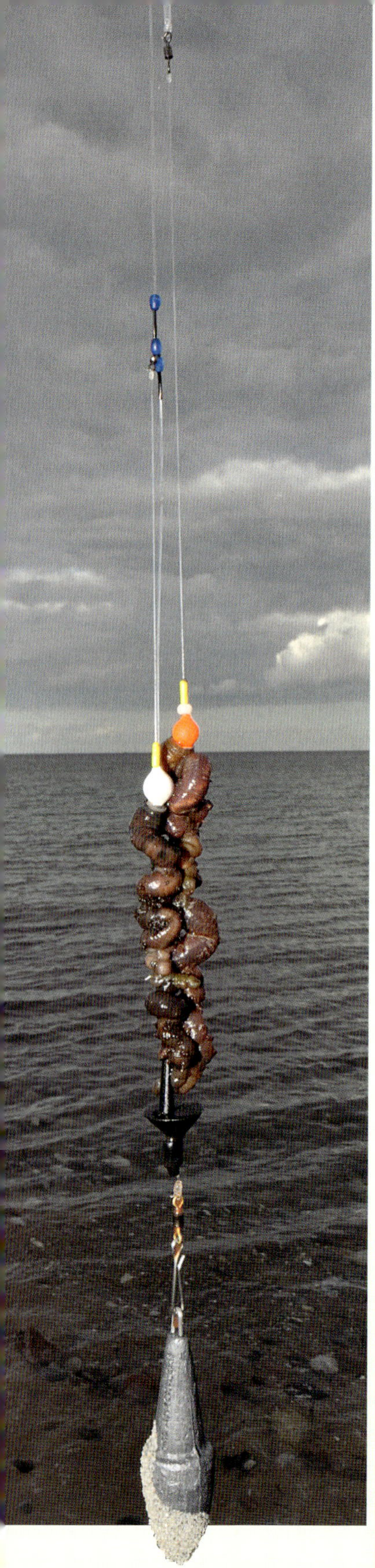

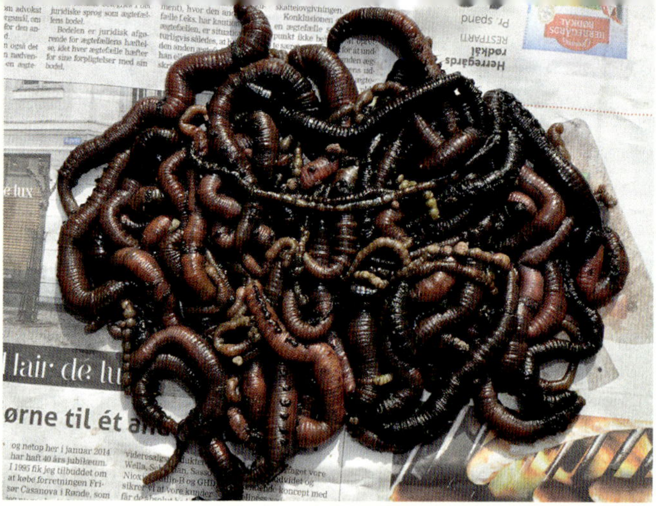

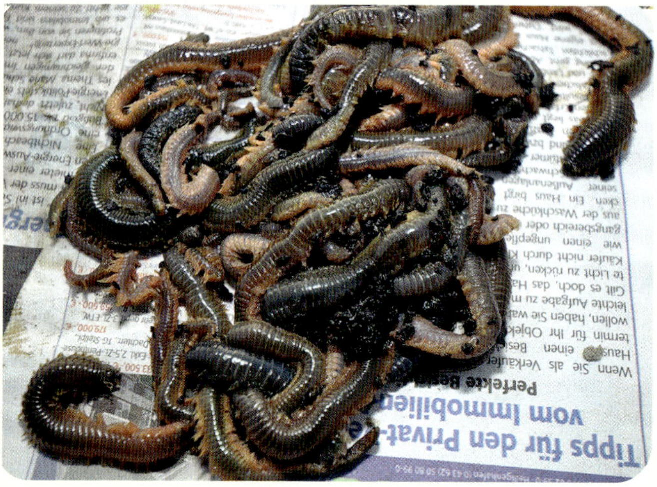

Die beköderte Montage: Am eigentlichen Vorfach befindet sich das Blei. An der Mundschnur, einer Art Seitenarm, werden Haken und Köder befestigt.

Wattwürmer(oben) sind der Top-Köder fürs Brandungsangeln. Sie werden häufig mit Seeringelwürmern (unten) kombiniert.

Der Wattwurm wird mit einer speziellen Ködernadel aufgezogen.

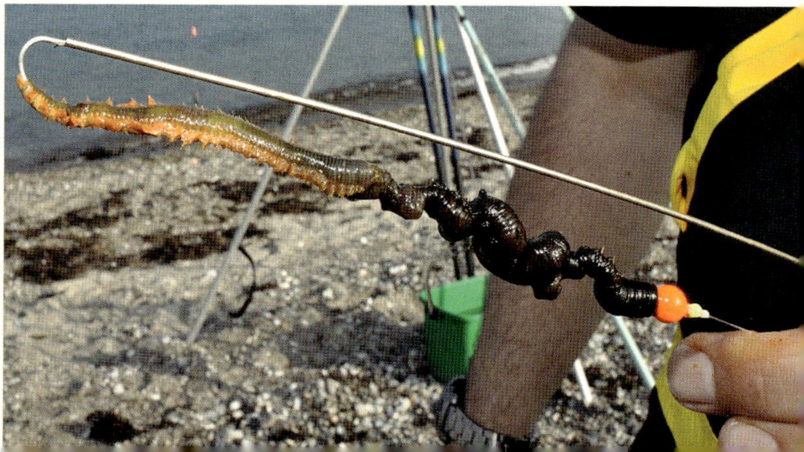

lenblei. Seine Drahtarme fixieren das Gewicht am Meeresboden. Möchte der Angler die Montage einholen, löst man das Blei mit einem kräftigen Zug.

Der wohl am häufgisten verwendete Köder ist der Wattwurm. Aber auch der **Seeringelwurm** findet Verwendung. Oft wird eine Kombination aus Watt- und Seeringelwurm auf den Haken gezogen. Bei den Wattwürmern sind hinsichtlich ihrer Herkunft Unterschiede bei der Fängigkeit zu beobachten. Wattwürmer aus der Nordsee weisen einen höheren Jodgehalt auf als Artgenossen aus der Ostsee. Es gibt Tage, da mögen es die Fische gerne etwas salziger. Im Frühjahr werden manchmal auch Tobiasfische für das Angeln auf Hornhecht oder Meerforelle angeködert. Und gelegentlich mögen Plattfische Garnelen oder kleine Heringsstücke. Aber der Wattwurm ist und bleibt der Top-Köder Nummer Eins für Brandungsangler.

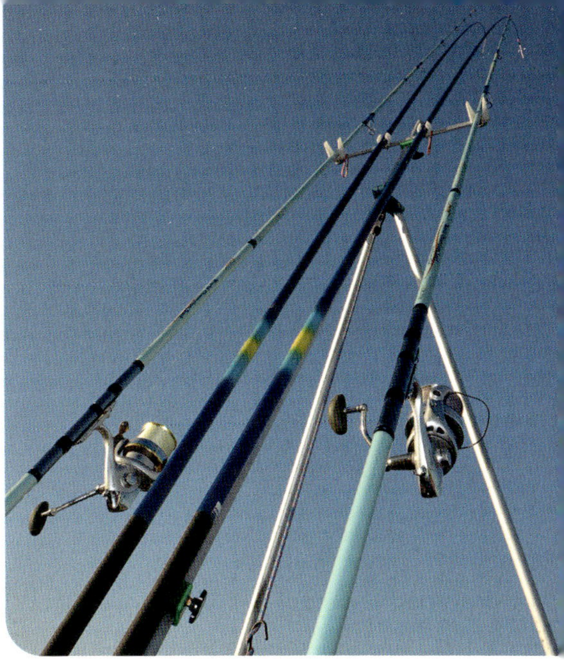

Ein Dreibein dient als Rutenablage.

ES WERDE LICHT

Um in der Dunkelheit das Zucken der Rutenspitze erkennen zu können, ist Licht unerlässlich. Man kann entweder Knicklichter oder spezielle **Spitzenbeleuchtungen** verwenden.

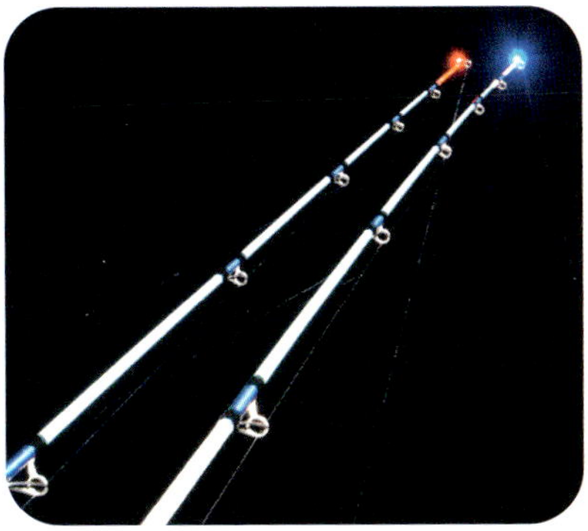

Um Bisse in der Dunkelheit ausmachen zu können, muss die Rutenspitze beleuchtet sein.

STRANDZELT

Der Beach Buddy ist ein sehr nützlicher Ausrüstungsgegenstand für Brandungsangler. Es handelt sich um ein kleines Zelt, in dem sich wichtige Utensilien unterbringen lassen und das als **Schutz vor Wind und Wetter** dient. Damit das Zelt nicht wegfliegen kann, wird es am Boden mit Sand beschwert. Für den Transport lässt es sich kompakt zusammenlegen.

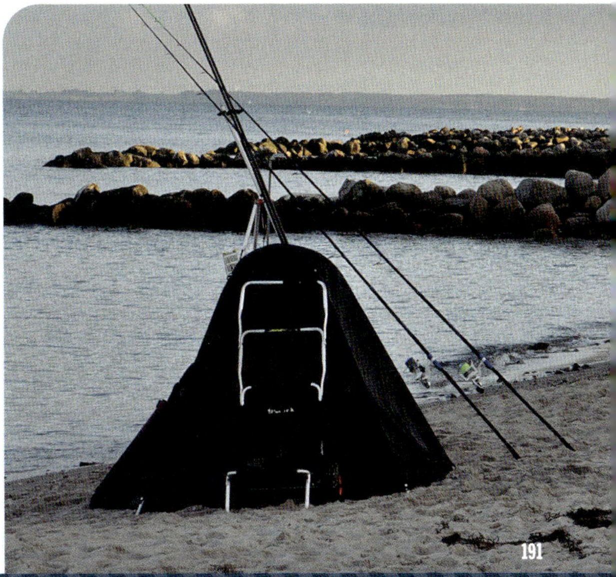

Der Beach Buddy ist ein kleines, nützliches Zelt für Brandungsangler.

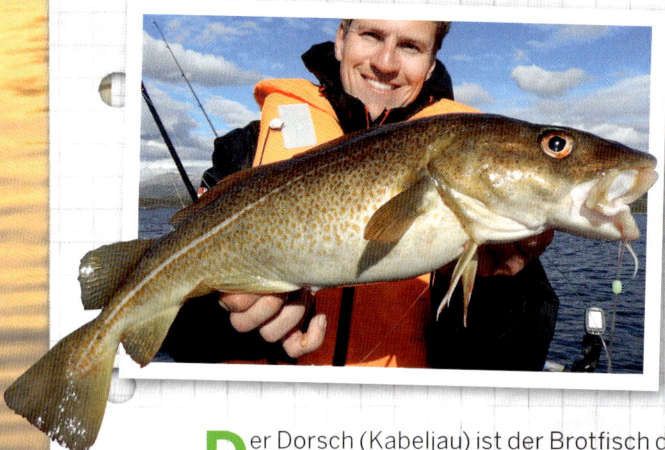

DORSCH/ KABELJAU

(Gadus morhua)

Der Dorsch (Kabeljau) ist der Brotfisch der Meeresangler. Er geht bei nahezu allen Angeltechniken an der Küste und auf dem Meer an den Haken. Beim Brandungsangeln nimmt er den Naturköder, beim Spinnfischen knallt er auf Wobbler und auf Gummifische und Kutter- oder Kleinbootangler haben es sowieso meist auf diese Fischart abgesehen. Charakteristisch für den Dorsch ist die einzelne Bartel am Kinn. Aufgrund dieses Merkmals ist er mit der im Süßwasser lebenden Quappe verwandt. Da sich Dorsche meist grundnah aufhalten, muss man den Köder auch hart am Grund anbieten.

MERKMALE

Langgestreckter Körper, drei Rückenflossen, doppelte Afterflosse, marmorierte Flanken, einzelne Bartel am Unterkiefer, Färbung je nach Lebensraum graubraun bis rötlich, Länge bis 1,40 Meter

LEBENSRAUM

Als Dorsch wird die in der Ostsee vorkommende Population bezeichnet, die im Nordatlantik und im Nordpolarmeer lebenden Tiere als Kabeljau. Dorsche sind sowohl küstennah (vorwiegend kleinere Exemplare) als auch im offenen Meer anzutreffen.

LEBENSWEISE

Schwarmfisch, vorwiegend grundnah lebend, gelegentlich auch im Mittelwasser, Nahrung: Kleintiere und Fische

ANGELTECHNIKEN

Brandungsangeln mit Wattwürmern und Fischfetzen, Spinnfischen vom Ufer (Blinker, Wobbler), küstennahes Schleppangeln, Pilkerangeln

STECKBRIEF: MEERESFISCHE

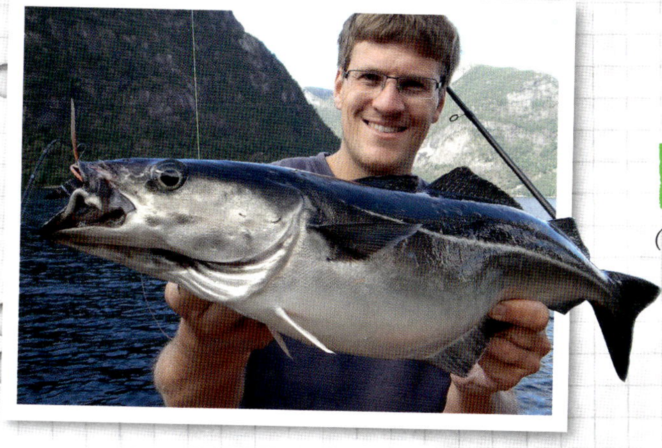

KÖHLER

(Pollachius virens)

Der Name dieses Fisches ist vielleicht nicht so geläufig, denn im Lebensmittelhandel wird der Köhler häufig unter einer anderen Bezeichnung angeboten, nämlich als Seelachs. Er ist als Speisefisch äußerst beliebt und macht auch an der Angel ordentlich Spaß. Denn der Seelachs ist im Drill ein äußerst kampfstarker Gegner. Bis vor kurzem wurden Köhler meist nur von Norwegen-Urlaubern gefangen, mittlerweile hat sich auch in der Ostsee ein Bestand gebildet, der die Palette unserer heimischen Meeresangelei absolut bereichert.

MERKMALE

Langgestreckter Körper, drei Rückenflossen, zwei Afterflossen, Seitenlinie gut erkennbar, meist schwarzer Rücken, Flanke silbrig-weißlich, im Lebensmittelhandel wird der Köhler unter der Bezeichnung Seelachs angeboten, Länge bis 1,20 Meter

LEBENSRAUM

Nordatlantik, nördliche Bereiche der Nordsee, zunehmend in der Ostsee, sowohl an der Küste als auch auf dem offenen Meer

LEBENSWEISE

Schwarmfisch, hält sich in allen Wasserschichten auf, Jungfische fressen Krebse und Fischlaich, größere Köhler fressen Fische

ANGELTECHNIKEN

Pilkangeln, Spinnfischen, gelegentlich Brandungsangeln

AKTIV AN DER KÜSTE

Neben dem eher stationären Brandungsangeln gibt es eine weitere Technik fürs Meeresangeln, die dem Aktiven eher entgegenkommt: Das **Spinnfischen** an der Küste. Ähnlich wie beim Spinnfischen im Süßwasser sucht der Angler größere Bereiche nach hungrigen Fischen ab.

Auch hier gilt: Die Küste ist lang und nicht überall stehen Fische. Man muss aussichtsreiche Abschnitte suchen, deren Befischung Sinn macht. Flache, sandige Uferzonen bieten keinen großen Erfolgsaussichten. Unter Küstenanglern ist der so genannte Leopardengrund schon legendär. Der Begriff ist darauf zurückzuführen, dass der Gewässerboden hier aufgrund von Sand, Steinfeldern und Wasserpflanzen abwechslungsreich und »gesprenkelt« aussieht, eben wie das Fell eines Leoparden. Hier kommen Garnelen und Kleinfische vor, die den größeren Meeresfischen als Nahrungsquelle dienen. Abschnitte mit Leopardengrund sind also hervorragende Reviere fürs Spinnfischen an der Küste. Darüber hinaus sollte man nach Rinnen, Steinriffen oder Flussmündungen Ausschau halten. Auch dort halten sich immer Fische auf.

UNRUHE BRINGT FISCH

Wie findet man Leopardengrund, Riffe oder Rinnen? Häufig hilft es schon, die Augen offenzuhalten. Denn zumindest die Ostsee ist gewöhnlich ziemlich klar. Von erhöhten Punkten am Ufer oder bei einem Spaziergang an der Steilküste lassen sich Erfolg versprechende Bereiche ausfindig machen. Darüber hinaus ist das Internet ein hilfreiches Instrument bei der Stellensuche. Bei Google Earth oder Google Maps findet man Satellitenfotos der Küstenregionen, in die man auch sehr gut »hineinzoomen« kann und sich so innerhalb kurzer Zeit einen guten Überblick über größere Küstenstrecken verschaffen kann. Wer zu Hause etwas Zeit investiert, wird Bereiche finden, in denen ein Versuch lohnenswert ist.

Genau wie beim Brandungsangeln spielt auch beim Spinnfischen der **Wind** an der Küste eine bedeutende Rolle. Leicht auflandiger Wand verbunden mit einer leichten Wassertrübung sind ideal, weil die Fische dann auf Nahrungssuche sind. Häufig ist der Übergang vom angetrübten zum klaren Wasser eine ganz heiße Zone. Hier patrouillieren Meerforelle & Co. auf der Suche nach Beute entlang. Stark ange-

Spinnfischen kann man nicht nur im Süßwasser, sondern auch an der Küste.

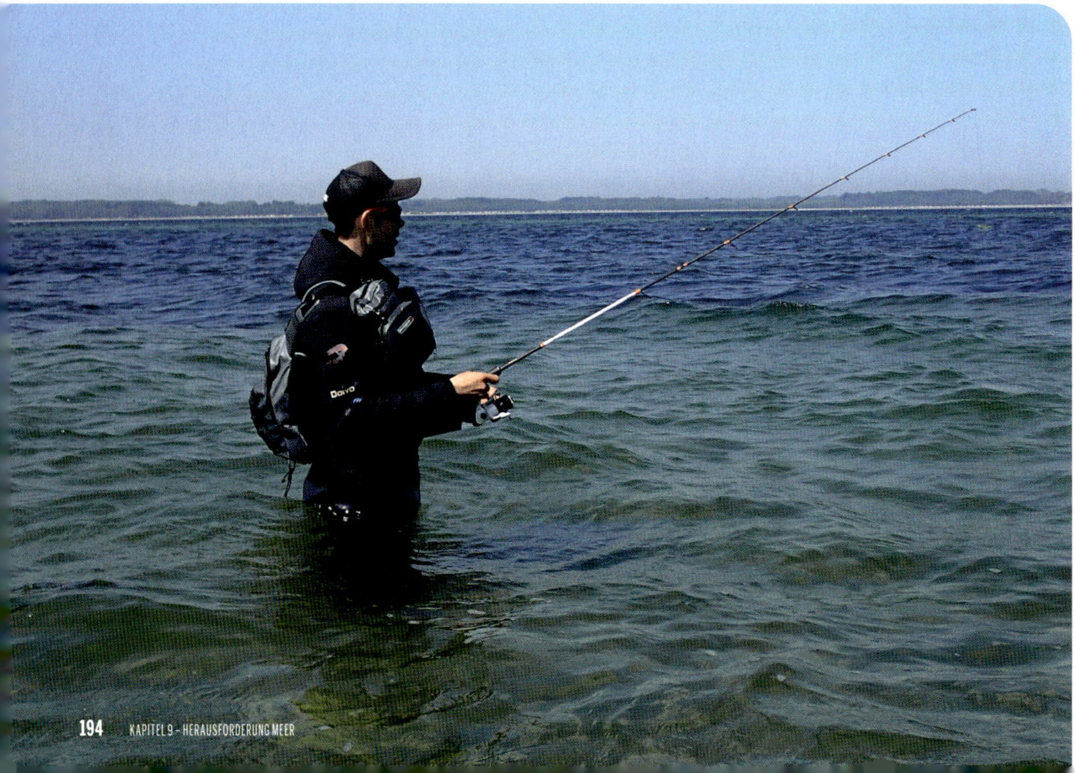

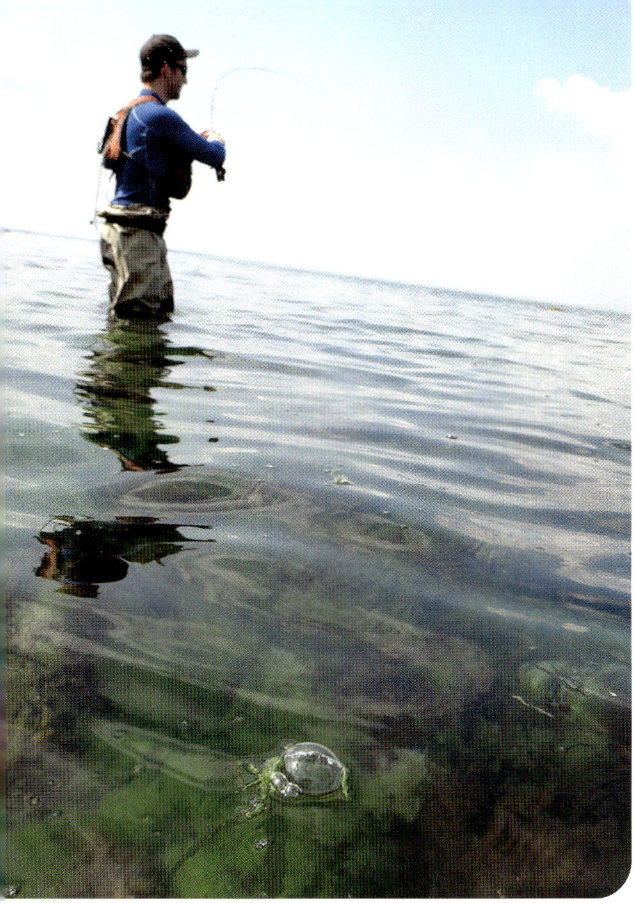

trübtes Wasser hingegen ist Gift für gute Fänge. Denn zu viel Sand im Wasser mögen die Fische nicht, außerdem würde es ihnen sehr schwer fallen, die Beute beziehungsweise den Köder zu orten.

EINE FRAGE DER ZEIT

Analog zu anderen Gewässern gehören auch an der Küste die Morgen- und Abendstunden zu den fängigsten Phasen. Dorsche kommen unter Land, wenn die Dunkelheit hereinbricht und lassen sich dann sehr gut mit der Spinnrute überlisten. Neben den Dorschen haben sich in der Ostsee mittlerweile auch Köhler etabliert. Sie sorgen für Abwechslung beim Spinnfischen und bereiten nicht nur beim Angeln selbst, sondern auch auf dem Teller viel Freude. Gerade im Sommer ist auch die Nacht eine aussichtsreiche Zeit. Wer in den dunklen Stunden ans Wasser geht, erhält gute Chancen auf einen schönen Fang.

Hier ist deutlich der strukturreiche Grund zu erkennen. In diesen Bereichen bestehen gute Fangaussichten.

Hilfsmittel für die Stellensuche: Bei Google Earth oder Google Maps findet man aufschlussreiche Satellitenbilder.

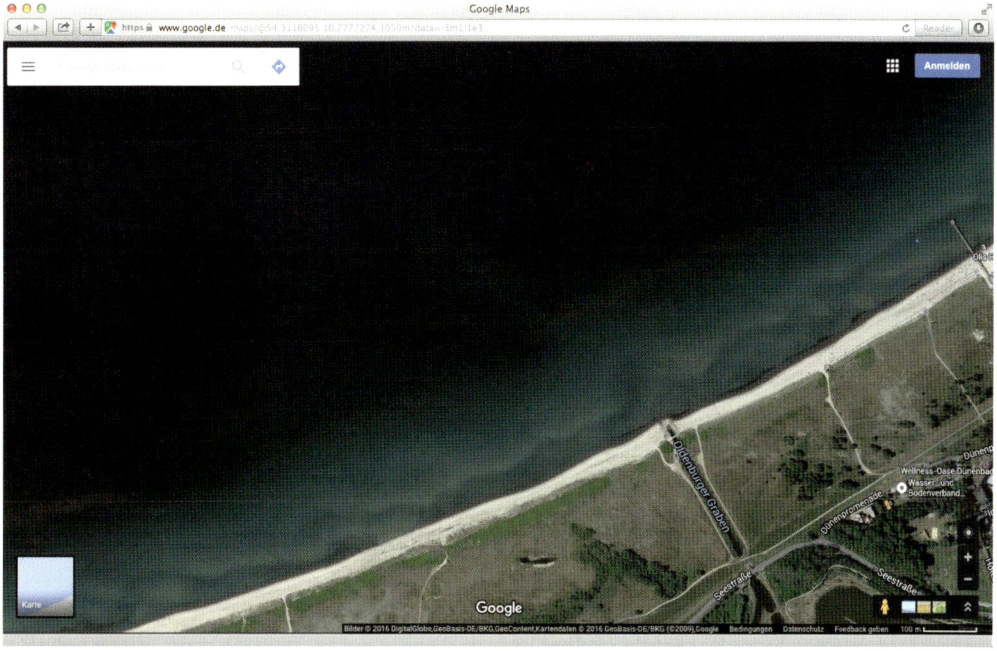

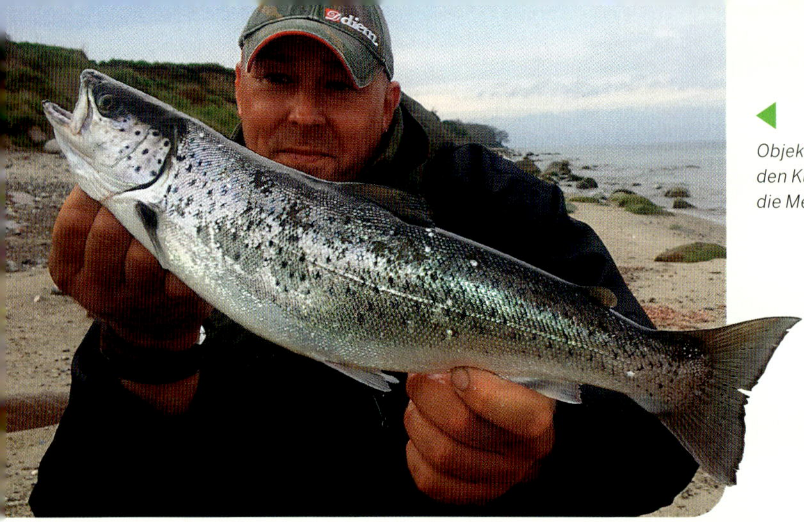

Objekt der Begierde für den Küstenspinnfischer: die Meerforelle.

Der Blinker ist der klassische Spinnköder fürs Spinnfischen an der Küste.

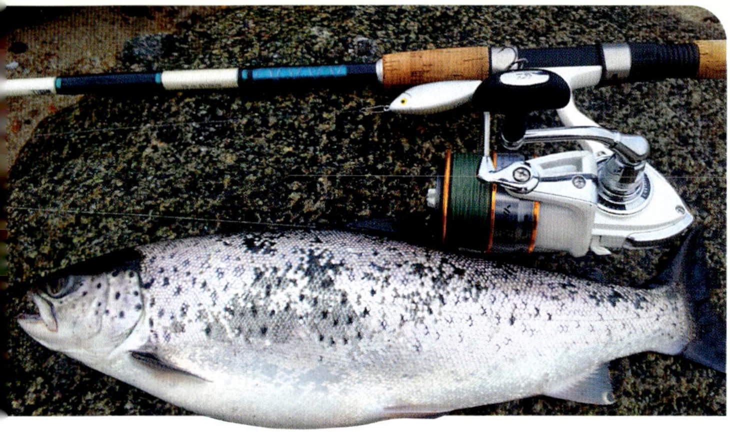

Ein weiterer fängiger Köder mit guten Flug- und Laufeigenschaften: der Küstenwobbler.

DER SPINNT, DER KÖDER

Der klassische **Spinnköder** fürs Küstenangeln ist der Blinker. Er kommt sehr häufig beim Angeln auf Meerforelle und Dorsch zum Einsatz. Die Meerforelle wird auch als »Fisch der 1000 Würfe« bezeichnet. Dieser Titel macht deutlich, dass der Küstenspinnfischer meistens Geduld und Ausdauer mitbringen muss. Man sollte also nicht nach zehn Würfen die Flinte ins Korn werfen. Manchmal kommt es allerdings auch vor, dass man innerhalb kurzer Zeit mehrere Salmoniden fängt.

Je nach Bedingungen, etwa Wind und Wassertiefe, kommen relativ schlanke Blinker zwischen 7 und 50 Gramm zum Einsatz. **Schwere Blinker lassen sich deutlich weiter werfen als leichte Modelle**. Viele Spinnfischer sind der Überzeugung, dass es weit draußen am besten beißt und versuchen, immer neue Weitwurfrekorde aufzustellen. Aber man muss den Blinker nicht unbedingt bis zum Horizont zu katapultieren, um Bisse zu bekommen. Oft beißen die Fische auf mittlere Distanz und manchmal sogar ziemlich nah vor den Füßen.

Da es manchmal passiert, dass der gehakte Fische den Blinker als Hebel benutzt um sich zu befreien, kann man den Drilling aus dem Sprengring des Blinkers lösen und ihn stattdessen mit Hilfe eines etwa fünf Zentimeter langen Stücks Monofilschnur befestigen. So kann der Hebel-Effekt nicht auftreten.

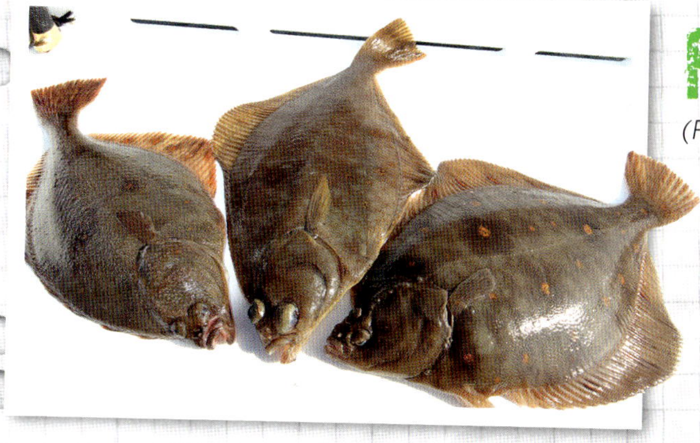

FLUNDER

(Platichthys flesus)

Neben der Flunder (rechts) kann man mit weiteren Plattfisch-Arten rechnen. Die Arten zu unterscheiden fällt nicht leicht. Die Flunder fühlt sich hinter dem Kopf und entlang der Seitenlinie sehr rau an. Die Seitenlinie der Kliesche (Mitte) verläuft am Kopf in einem Bogen. Streicht man ihr gegen den Strich über den Körper, fühlt sich die Oberfläche rau an. Die Scholle (links) hingegen fühlt sich beim Streichen in beide Richtungen glatt an und besitzt ein paar Höcker im Kopfbereich. Nicht nur im Salzwasser lohnt sich das Angeln auf die Platten. Auch in der Elbe oder in der Weser kann man erfolgreich auf Flundern angeln.

MERKMALE

Ovaler, asymmetrischer Körper, die Augen liegen in den meisten Fällen auf der rechten Körperseite, Knochenleiste zwischen den Augen, dornige Schuppen an der Seitenlinie sowie am Ansatz von Rücken- und Afterflosse, Oberseite dunkel (großes Farbspektrum) mit mehr oder weniger stark ausgeprägten Flecken, Unterseite hell (weißlich) gefärbt, Länge bis 50 Zentimeter

LEBENSRAUM

Küstenbereiche der Nord- und Ostsee, auch im Brackwasser an Flussmündungen, Flundern steigen auch in Flüsse auf

LEBENSWEISE

Gesellig in Grundnähe lebende Fischart, Nahrung: Würmer, Schnecken, kleinere Krebse, kleine Fische

ANGELTECHNIKEN

Brandungsangeln mit Würmern, gelegentlich auch Spinnfischen

Um einen guten Kontakt zum Köder und zum Fisch zu gewährleisten, verwenden viele Küstenspinnfischer eine **geflochtene Hauptschnur** mit einem Durchmesser von 0,12 Millimeter. Da bei einer durchgängigen Geflechtschnur die Gefahr bestehen würde, dass der Haken bei einer rasanten Flucht des Fisches aufgrund fehlender Pufferwirkung ausschlitzen könnte, schaltet man zwischen Hauptschnur und Köder ein Stück Monofilschnur. Die Monofilschnur ist etwa zweimal so lang wie die Rute und besitzt einen Durchmesser von 0,35 Millimeter. So erzeugt man etwas Schnurdehnung, welche die Fluchten des gehakten Fisches abfedert.

An tiefen, vom Ufer aus erreichbaren beziehungsweise anwerfbaren Bereichen bietet sich nicht nur das Blinkern, sondern auch das Spinnfischen mit Gummifisch an. Die Angeltechnik ähnelt stark dem Spinnfischen mit Weichplastikfischen auf Zander im Süßwasser: Man lässt den Gummifisch über den Grund hüpfen. Mit dieser Technik fängt man vorrangig Dorsche. Die Länge der Gummifische beträgt 7 bis 12 Zentimeter. Zum Einsatz kommt eine Spinnrute, die man auch beim Zanderangeln am Fluss einsetzt. Wer an der Küste Urlaub macht, kann dort also auch mit seiner »heimischen« Ausrüstung zum Erfolg kommen.

Im tiefen Wasser kann man auch mit Gummifischen am Bleikopf erfolgreich auf Dorsch angeln.

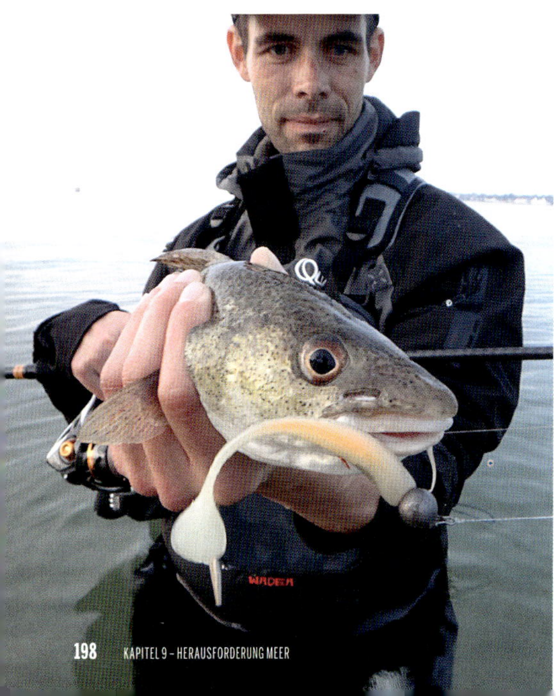

FLIEGENFISCHEN

Neben dem Blinker wird an der Küste auch mit der Fliege gefischt. Vor allem **Hornhechte, Meeräschen und Meerforellen** lassen sich mit dieser Methode überlisten. Unter eingefleischten Fliegenfischern verpönt aber ziemlich fängig ist eine Sbirolino-Montage mit langem Vorfach und einer glitzernden Fliege. Zum Spinnfischen an der Küste eignet sich eine 2,70 bis 3,30 Meter lange Spinnrute mit einem Wurfgewicht um 40 Gramm und einer parabolischen Aktion.

OBEN: *Auch mit der Fliege ist man erfolgreich. Es beißen Hornhechte, aber auch Meerforellen.*

UNTEN: *Eine Fliege mit roter Schlaufe brachte den Hornhecht ans Band.*

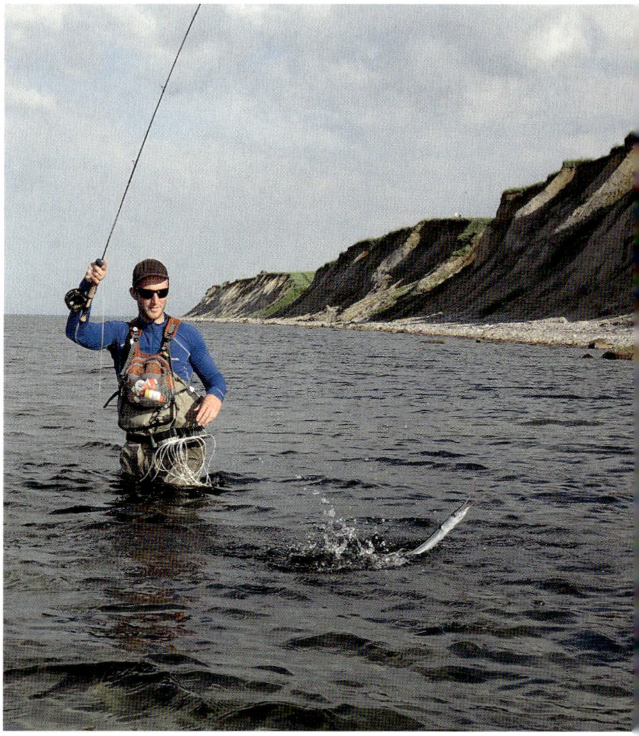

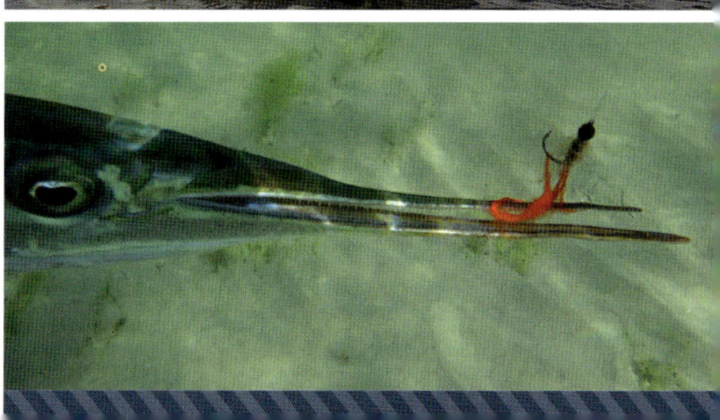

EIN ABSOLUTES MUSS: DIE WATHOSE

Beim Spinnfischen an der Küste ist eine Wathose unerlässlich, um ins Wasser gehen und tiefere Bereiche erreichen und befischen zu können. Das Angebot an Wathosen unterschiedlicher Bauweise und in verschiedenen Preisklassen ist groß. **Es gibt Neoprenwathosen mit fest angefügten Stiefeln, aber auch atmungsaktive Hosen mit Füßlingen, die man mit so genannten Watschuhen kombiniert.** Unabhängig von der Wathose sollte die Sohle auf jeden Fall rutschfest sein und einen sicheren Stand garantieren. Zu empfehlen sind Schuhe oder Stiefel mit **Filzsohle** sowie Modelle, die mit **Spikes** ausgerüstet sind. In schwierigem Terrain sollte man darüber hinaus einen Watstock mitführen, der beim Erkunden der Bodenbeschaffenheit hilft.

OBEN: *Wathosen aus Neopren gehören zu den günstigen Modellen.*

UNTEN: *Eine Filzsohle sorgt für Standsicherheit und verhindert, dass der Angler auf glitschigem Boden den Halt verliert.*

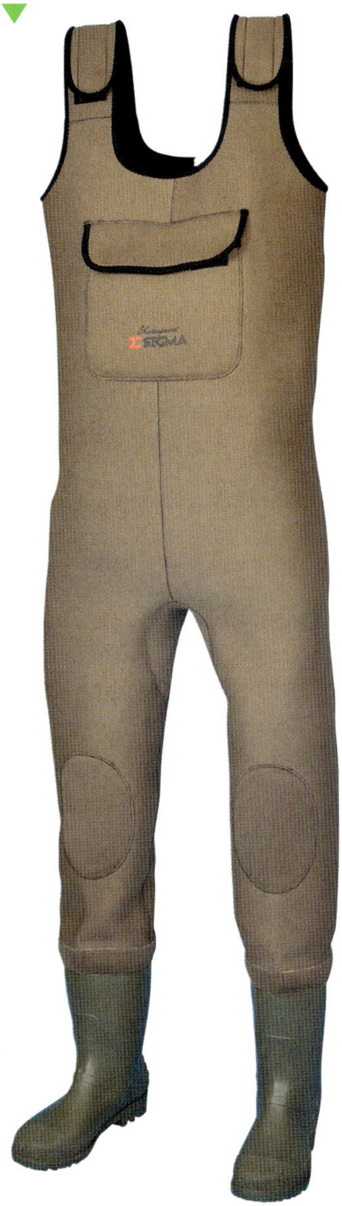

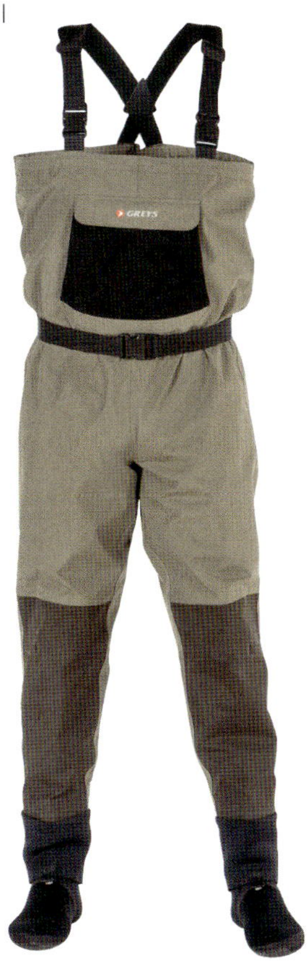

Küstenprofis setzen meist auf eine Kombination aus atmungsaktiver Wathose (rechts) und Watschuhen (unten). Diese Schuhe sind mit Spikes ausgerüstet.

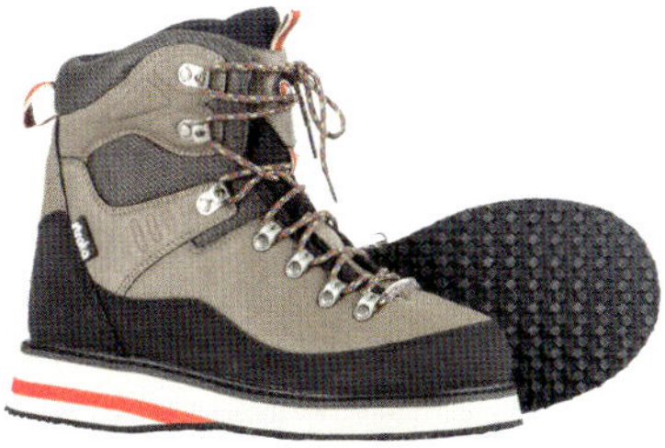

MIT DER POSE

Gerade auf Hornhecht kann man auch mit Pose angreifen. **Eine große Wasserkugel dient als Wurfgewicht und Bissanzeiger.** An den Haken kommen Heringsfetzen oder Stücke aus dem Bauchlappen eines bereits gefangenen Hornhechts. Wenn der Raps an der Küste blüht, ist die Top-Zeit für den Fang der silbernen Torpedos gekommen.

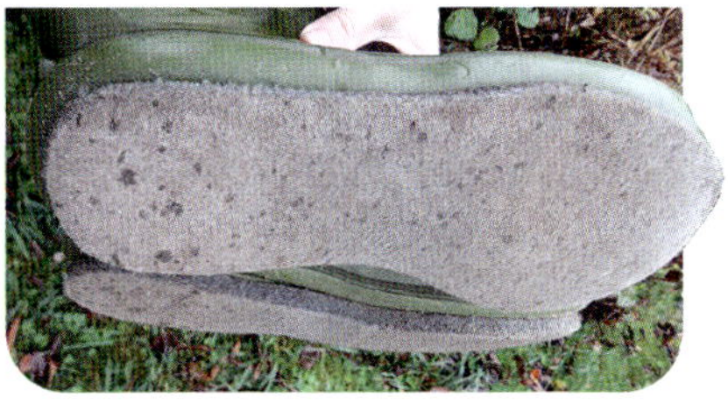

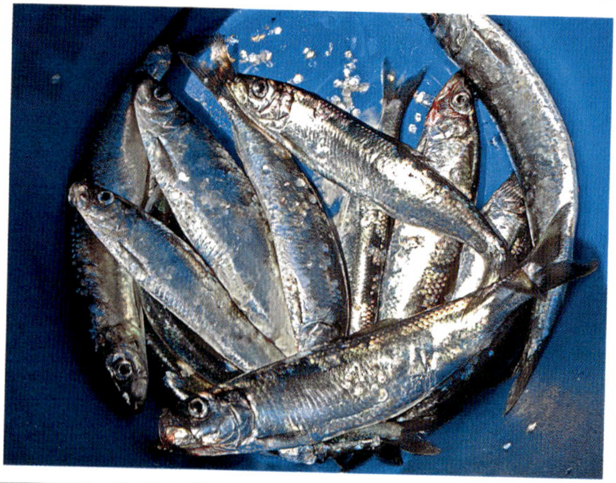

HERING

(Clupea harengus)

Der Hering gehört zu den wichtigsten Speisefischen auf der Welt. Er lebt in großen Schwärmen und zieht zum Laichen in küstennahe Gebiete. Zur Laichzeit stehen die Angler dicht gedrängt in Häfen und an Flussmündungen, um die Silberlinge zu fangen. Die beste Methode ist das Angeln mit einem sogenannten Heringspaternoster, einem Vorfach aus mehreren Haken. Wer zur richtigen Zeit am richtigen Ort ist, kann wahre Massenfänge erleben und sich einen leckeren Vorrat für die Küche anlegen.

MERKMALE

Schlanker Körperbau, Rücken des Herings leuchtet in verschiedenen Farben von blauschwarz über blaugrün bis hin zu gelbgrün, weißer Bauch, silberfarbene Flanken, langer Unterkiefer, Bauchflossen des Herings befinden sich hinter dem vorderen Ende der Rückenflosse, Länge bis 45 Zentimeter

LEBENSRAUM

Nordsee, Ostsee, Nordatlantik

LEBENSWEISE

Im Freiwasser lebender Schwarmfisch, Nahrung: Plankton, kleine Krebse, Schnecken und Fischlarven, laicht küstennah

ANGELTECHNIKEN

Ufer- und Bootsangeln mit speziellen Heringspaternostern

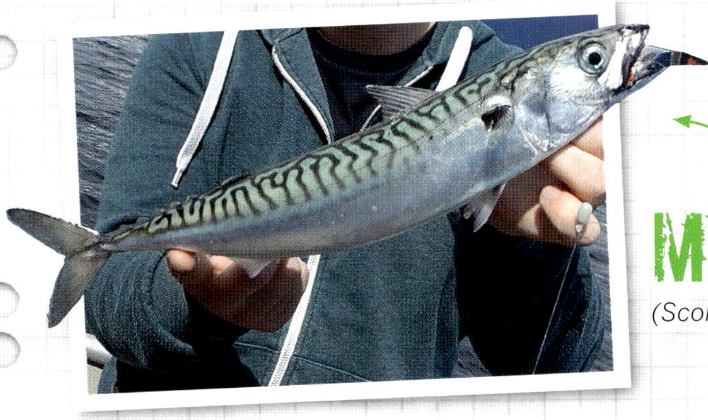

MAKRELE

(Scomber scombrus)

Makrelen werden auch als „Mini-Thune" bezeichnet. Denn sie sind wie echte Thunfische ständig in Bewegung und gemessen an ihrer Größe unheimlich stark. In der Nordsee sind die Makrelenbestände besser als in der Ostsee. Im Sommer fahren viele Angelkutter zum Makrelenangeln aufs Meer hinaus. Dann wird mit starkem Gerät geangelt, um schnell auf Tiefe zu kommen und Verhedderungen mit dem Nachbarn zu vermeiden. Die Kampfkraft der Makrele kommt bei dieser Angeltechnik allerdings nicht so recht zur Geltung. Mit einer Posenrute und Fischfetzen oder mit Spinngerät macht das Angeln auf die flinken Kämpfer deutlich mehr Spaß.

MERKMALE

Schlanker Körper, grünblau gefärbt mit dunkelblauen Querstreifen am Rücken, Reihe sehr kleiner Flossen im hinteren Rückenbereich, keine Schwimmblase, Länge bis 50 Zentimeter

LEBENSRAUM

Nordatlantik, Nordsee, mittlerweile auch in der Ostsee

LEBENSWEISE

Vorwiegend im offenen Meer, gelegentlich in Ufernähe, Schwarmfisch, Nahrung: Fischbrut und kleinere Fische

ANGELTECHNIKEN

Uferangeln mit Spinnködern (Blinker) oder Posenmontage (Fischfetzen), Bootsangeln mit Paternoster

VOM BOOT

Wer sich mit dem Befischen der ufernahen Küstenbereiche nicht zufriedengeben will, muss aufs Boot und raus aufs Meer. Von nahezu allen größeren Häfen an Nord- und Ostsee werden Ausfahrten zum so genannten Hochsee-Angeln angeboten. Auf einem Kutter sticht man gemeinsam mit anderen Anglern in See. Bei so einer Tour muss man sich nicht darum kümmern, aussichtsreiche Fangplätze zu finden. Diese Aufgabe übernimmt der Kapitän des Kutters, der das Revier bestens kennt und weiß, wo die Fische momentan zu finden sind.

Besonders auf der Nordsee sind Touren zum Makrelenangeln beliebt. In den Sommermonaten ziehen die Mini-Thune in großen Schwärmen in Küstennähe entlang. Die fürs Makrelenangeln benötigte Ausrüstung ist überschaubar und auch das Angeln selbst ist recht einfach. Man benötigt eine stabile Bootsrute mit einem Wurfgewicht von etwa 150 Gramm sowie eine große Stationärrolle, die mit einer 0,45er Monofilschnur bespult ist. An der Hauptschnur befestigt man mit Hilfe eines Wirbels ein Makrelenpaternoster. Ein Paternoster ist ein Vorfach, an dem sich mehrere kurze Seitenarme befinden. An diesen Seitenarmen sind mit Federn ausgestattete Haken angebracht. Die Federn gibt es in unterschiedlichen Farben, wobei ich sehr gut mit weißen und roten Federn fangen konnte. Ans untere Ende des Vorfachs kommt ein 100 bis 250 Gramm schweres Blei. Die Federn imitieren kleine Fischchen, die von den Makrelen gejagt werden.

Hat der Kapitän einen Makrelenschwarm gefunden und das Angeln freigegeben, meist durch ein Signal mit der Schiffshupe, wird das Paternoster abgelassen. Durch Auf- und Abwärtsbewegungen der Rute reizt man die Makrelen zum Biss. Wichtig ist, dass man die unterschiedlichen Wassertiefen absucht, um herauszufinden, wo sich die Makrelen aufhalten. Häufig hilft es, den Nebenmann im Auge zu behalten. Wenn er in einer bestimmten Tiefe fängt, sollte man seine Köder ebenfalls dort anbieten.

HUPT DER KÄPTN, DANN GILT'S

Durch das schwere Blei am unteren Ende der Montage hakt sich die Makrele selbst und man muss keinen Anhieb setzen. Hängt ein Fisch am Paternoster, sollte man die Montage nicht sofort einkurbeln, sondern besser ein bisschen warten und die Montage weiter auf- und abwärts führen. Häufig steigen dann noch weitere Fische ein. Je nach Zahl der Haken am Paternoster kann man auf diese Weise bis zu sechs Makrelen auf einmal fangen. Auch wenn mehrere Makrelen ordentlich Alarm an der Rute machen, muss man im Drill kompromisslos vorgehen und darf den Fischen nicht unnötig Schnur geben, sondern sollte sie zügig an

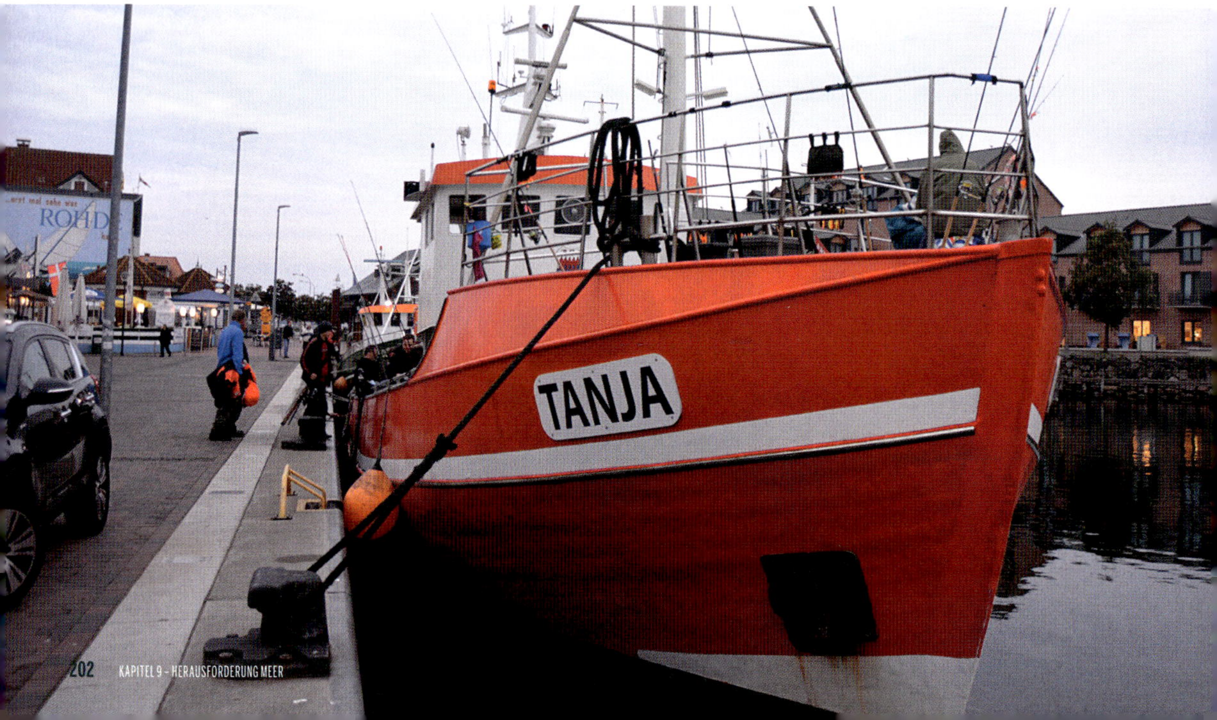

die Wasseroberfläche befördern. Sonst kann es leicht passieren, dass sich die Fische im Paternoster eines anderen Anglers festsetzen. Und zwei verhedderte Paternoster zu entwirren, an denen eventuell noch mehrere Fische hängen, ist nahezu unmöglich. Um Verhedderungen möglichst zu verhindern, sollte man auch kein allzu leichtes Blei verwenden, das von der Drift zu schnell seitlich versetzt wird.

Allerdings wird man während eines Angeltages auf einem gut besetzten Kutter ein paar unlösbare Verhedderungen nicht verhindern können. Sind die Verwicklungen zu kompliziert, opfere ich lieber das Vorfach und montiere ein neues Paternoster. Denn ein stark verheddertes Vorfach zu entwirren, kostet Zeit. Da Makrelen schnelle Schwimmer und ständig in Bewegung sind, haben sie sich nach einiger Zeit vom Boot entfernt. Wer die fängige Phase damit verplempert hat, ein Vorfach zu entheddern, verschenkt Fische. Hat man einen guten Tag erwischt, kann man eine große Anzahl Makrelen fangen und sich so einen Jahresvorrat für die Kühltruhe anlegen.

Auf der Ostsee ist das Angeln vom Kutter auf Dorsch äußerst populär. In den letzten Jahren haben sich die Dorschbestände spürbar erholt, so dass man mittlerweile wieder mit guten Fängen rechnen kann. Fast täglich fahren die Dorsch-Kutter nun wieder auf die Ostsee hinaus.

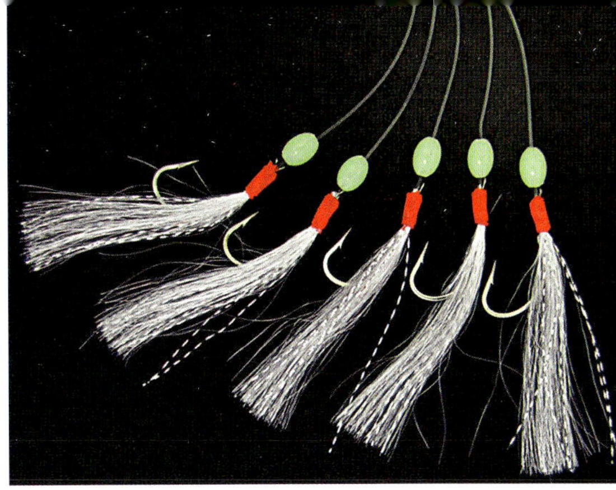

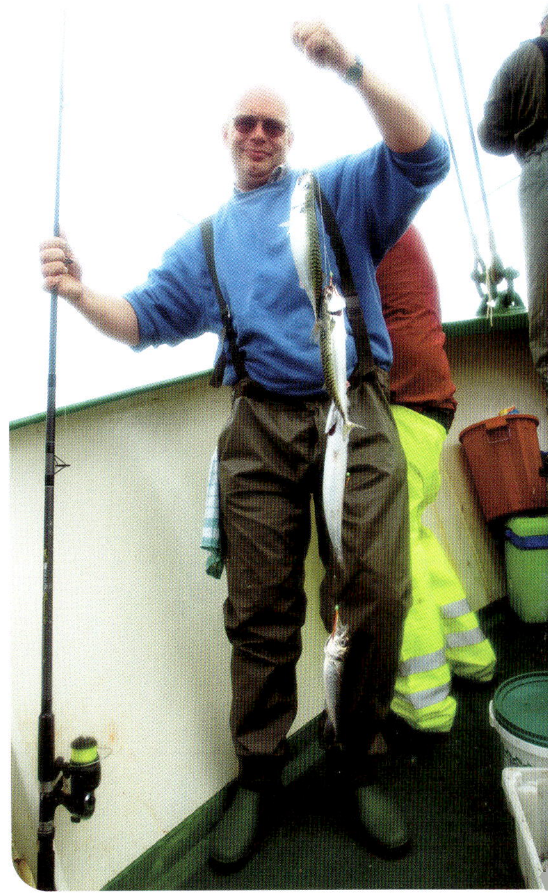

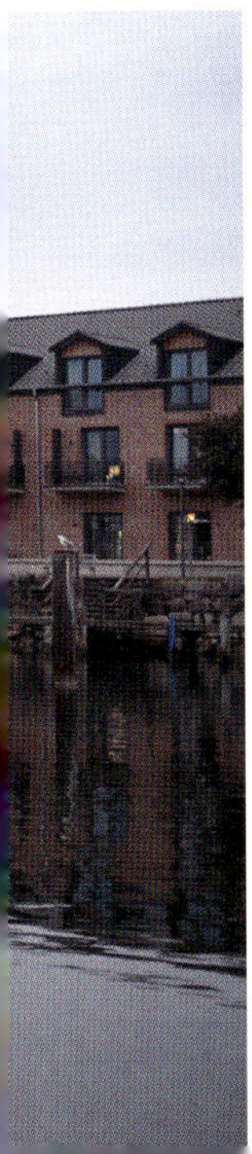

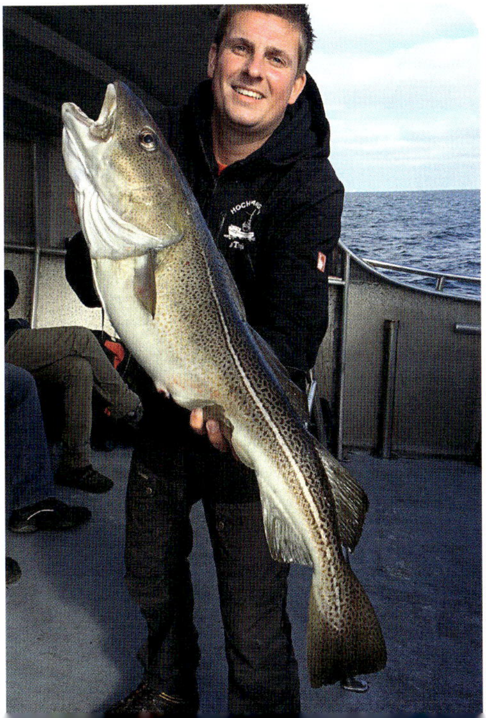

LINKS: *Mit dem Kutter zu den Hotspots. An Nord- und Ostsee bringen viele Boote die Angler zum Fisch.*

RECHTS: *In der Ostsee kann man mittlerweile wieder gute Stückzahlen an Dorschen fangen – und auch die Größe stimmt.*

OBEN: *Das Makrelenpaternoster besteht aus mehreren mit Federn garnierten Haken.*

UNTEN: *Full House nennt man es, wenn an allen Haken des Paternosters eine Makrele zappelt.*

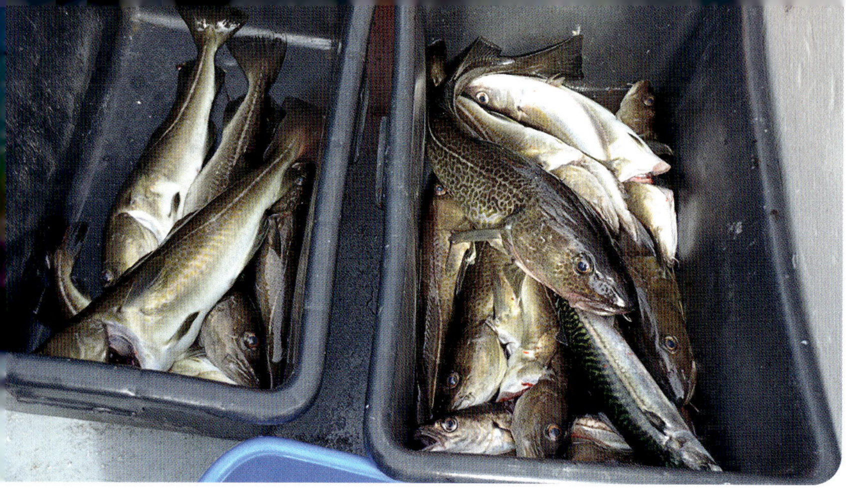

Die Fischkisten füllen sich. Und häufig ist auf der Ostsee auch eine Makrele dabei.

Auf dem Kutter ist die Rute krumm. Im Drill muss man darauf achten, dass es nicht zu Verhedderungen mit dem Nachbarn kommt.

TECHNIK UND TAKTIK FÜRS BOOT

Früher wurde beim **Pilken**, so heißt die am häufigsten auf Dorsch praktizierte Angeltechnik, ziemlich grobes Angelgerät eingesetzt: kurze Bootsruten mit hohem Wurfgewicht, große Rollen mit dicker Monofilschnur, schwere Pilker um 200 Gramm. Grobes Angelgerät ist allerdings überflüssig. Denn generell wird in der Ostsee relativ flach geangelt. Meist ist es an den befischten Stellen zwischen 7 und 35 Meter. Auch die Drift fällt häufig moderat aus, so dass man mit Pilkern zwischen 40 und maximal 150 Gramm auskommt.

Am häufigsten werden Pilker in Gewichten von 60 oder 80 Gramm verwendet. Für die auf der Ostsee eingesetzten Pilker genügt also eine Rute mit einem Wurfgewicht bis 100 Gramm und einer Länge von 2,70 oder 3 Meter. Man kann somit eine schwere Spinnrute einsetzen, mit der man auch auf Hecht angelt. Auf die Stationärrolle mittlerer Größe kommt entweder eine Geflechtschnur im Durchmesser 0,14 bis 0,17 Millimeter oder eine 0,35er bis 0,40er Monofilschnur.

Die schon erwähnten Pilker gibt es in den verschiedensten Formen und Farben. Kopflastige Pilker sinken schnell zum Grund, schlankere Modelle mit leichter Krümmung taumeln langsamer hinunter.

BODENSTÄNDIGE DORSCHE

Rote, rot-grüne oder rot-schwarze Pilker fangen generell gut. Aber auch weiße oder blau-weiße Pilker sollte man in der Tasche haben. Diese Pilker ähneln Heringen, die von den Dorschen gejagt werden. Wie schwer man den Pilker wählt, hängt von Angeltiefe und Drift ab. Denn man muss den Pilker dort anbieten, wo die Dorsche auf Beutezug gehen: hart am Grund. Bei starker Drift und größerer Tiefe

LINKS: *Topköder fürs Dorschangeln auf der Ostsee: Pilker in Gewichten zwischen 40 und 150 Gramm.*

MITTE: *Ein Beifänger-System fürs Pilken: Rote Twister haben sich bewährt.*

RECHTS: *Fürs Pilken auf der Ostsee benötigt man meist kein Hochsee-Gerät: Eine schwere Spinnrute mit einem Wurfgewicht von etwa 100 Gramm und eine Rolle mittlerer Größe reichen meist völlig aus.*

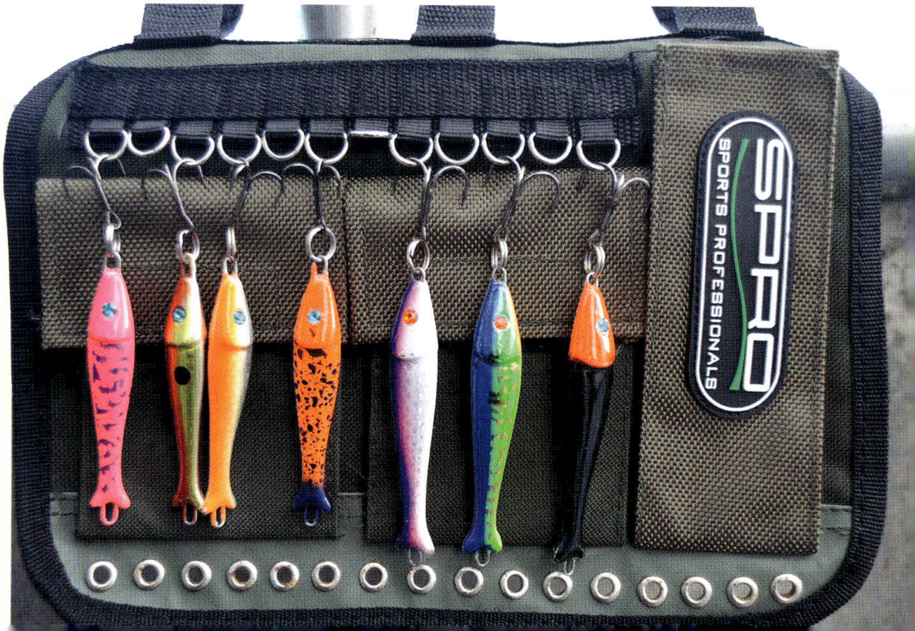

muss der Pilker schwer sein. Angelt man hingegen bei wenig Strömung an seichten Stellen, genügt ein leichter Pilker, der sich attraktiver führen lässt als ein schweres Modell.

Man kann den Pilker entweder solo fischen oder ihn noch mit einem Vorfach garnieren, das über einen oder zwei **Beifänger** verfügt. Rote Twister am Bleikopf haben sich als sehr erfolgreich erwiesen. Ein Beifänger-System ermöglicht zwar mehr Anbiss-Stellen, hat aber auch Nachteile: Die Montage ähnelt eher einem Tannenbaum und beeinflusst das Spiel des Pilkers negativ. Darüber hinaus werden auf Beifänger häufig sehr kleine Dorsche gefangen, die man nicht verwerten kann beziehungsweise darf.

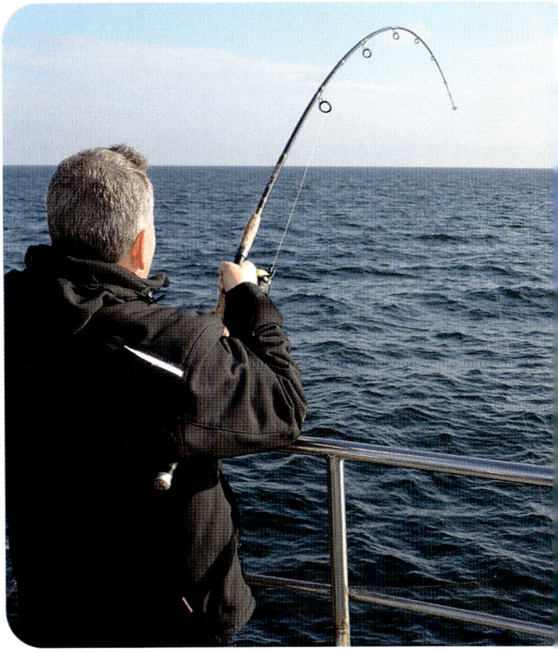

Grundkontakt ist meist das A und O beim Pilken. Hat man den Pilker zum Grund abgelassen, wird er mit Hilfe der Rute auf- und abgeführt. So hüpft der Pilker und gegebenenfalls auch das Vorfach mit den Beifängern über den Meeresboden und provoziert Bisse. Je nachdem an welcher Seite des Schiffes man steht, hat man es entweder mit An- oder Abdrift zu tun. Bei Andrift nähern sich Angler und Montage immer weiter an. Man muss also häufig Schnur einkurbeln, um den Kontakt zum Köder zu halten. Bei Andrift macht es Sinn, die Montage ein Stück auszuwerfen. So kann man die Drift länger und effektiver ausfischen. Dabei hilft eine lange Rute. Bei Abdrift hingegen entfernen sich Angler und Montage voneinander. Um Grundkontakt halten zu können, muss man ständig Schnur nachgeben, sonst befindet sich der Pilker nach einiger Zeit im Mittelwasser – und dort wird man nur selten einen Biss bekommen.

In den letzten Jahren gingen immer mehr Angler dazu über, vom Kutter aus mit Gummifischen am Bleikopf zu fischen. Die Weichplastikköder werden in Längen von 8 bis 15 Zentimeter gewählt, Der Bleikopf ist je nach Strömungsverhältnissen zwischen 40 und 100 Gramm schwer. Wie beim Zanderangeln wird der Gummifischen mit Sprüngen über den Grund geführt.

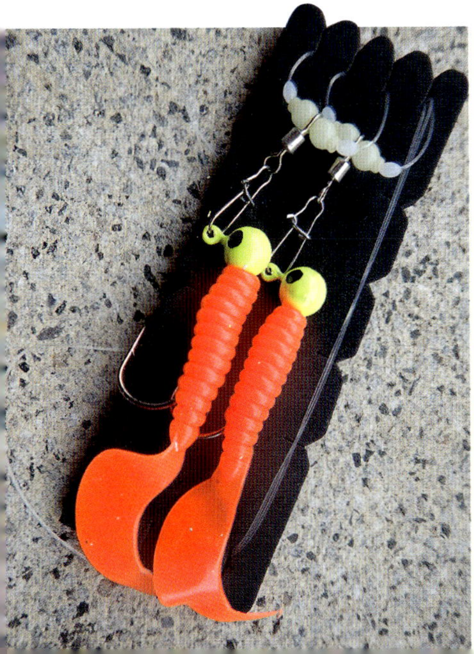

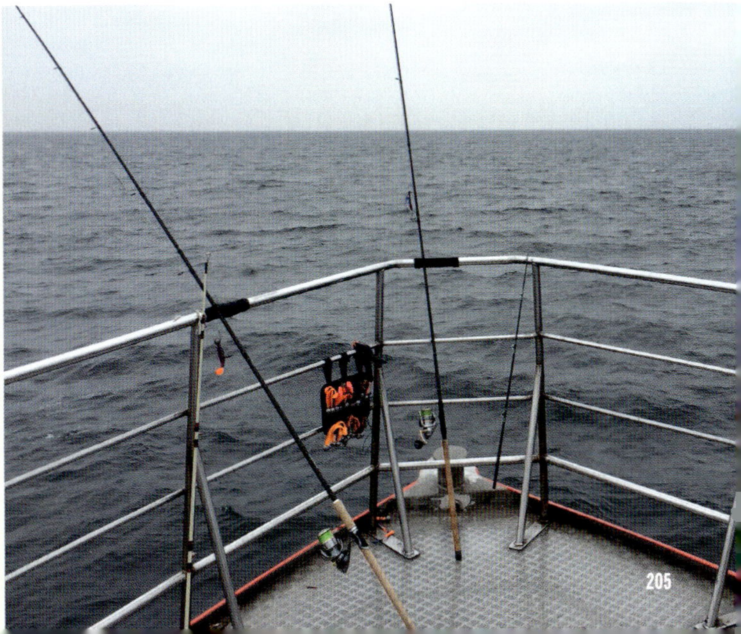

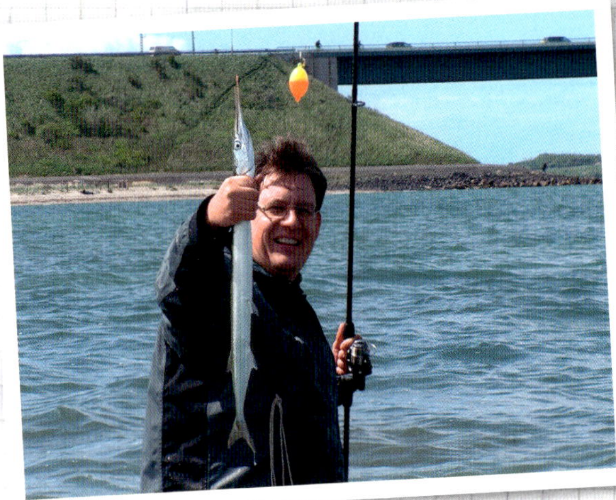

HORN-HECHT

(Belone belone)

Beim Hornhecht ist der Name Programm, denn er ist schlank und besitzt ein hartes, spitz zulaufendes Maul. Wer einen Hornhecht ausnimmt und verspeist, wird seine grünen Gräten bemerken. Aber keine Angst, der Fisch ist nicht krank, diese Färbung ist völlig normal. Beim Angeln auf die pfeilschnellen Räuber hat man aufgrund ihres harten Mauls häufig mit Fehlbissen zu kämpfen, die den Angler fast zur Verzweiflung treiben können. Wenn auf den Feldern an der Ostsee der Raps blüht, ist erfahrungsgemäß die beste Zeit für den Hornhecht-Fang.

MERKMALE

Sehr schlanker, pfeilförmiger Körper, langes schnabelartiges Maul mit zahlreichen spitzen Zähnen, Rücken- und Afterflossen weit nach hinten versetzt, Bauchflosse etwa in der Körpermitte, silbrige Flanken, weißer Bauch, grünliche Gräten, Länge bis 1 Meter

LEBENSRAUM

Nordsee, Ostsee, Ostatlantik, Mittelmeer

LEBENSWEISE

Freiwasserfisch, Nahrung: freischwimmende Krebse, Kleinfische, ab Anfang/Mitte Mai in Küstennähe in der Nord- und Ostsee zu finden

ANGELTECHNIKEN

Spinnfischen mit Blinker, Fliegenfischen, Posenangeln mit Fischfetzen

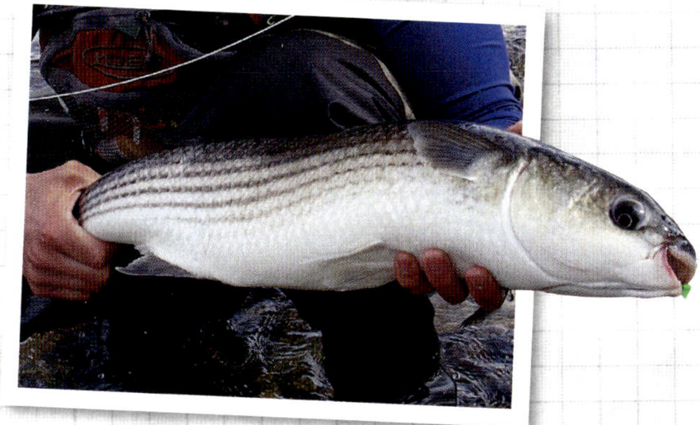

MEER-ÄSCHE

(Chelon labrous)

Befindet man sich in einem Hafen oder entdeckt bei einem Spaziergang an der Küste einen Fischschwarm an der Oberfläche, handelt es sich nicht selten um Meeräschen. Auch wenn Meeräschen sich häufig bereitwillig zeigen, sind sie alles andere als leicht zu fangen. Denn sie ernähren sich hauptsächlich von Algen und Wirbellosen. Mit Blinkern und anderen größeren Kunstködern braucht man es meist gar nicht versuchen. Angler, die sich auf Meeräschen spezialisiert haben, fangen mit der Fliege und manchmal auch mit Brot.

MERKMALE

Langgestreckter, spindelförmiger Körper, an der Oberseite abgeflachtes Maul mit großer Oberlippe, dunkelgrauer bis blauer Rücken, silbergraue Flanken, mehrere Längsstreifen, geteilte Rückenflosse, brustständige Bauchflossen, Länge bis 80 Zentimeter

LEBENSRAUM

Nordsee, westliche und südliche Ostsee, Mittelmeer, kanarische Inseln

LEBENSWEISE

Schwarmfisch, lebt in küstennahen Bereichen, gerade im Sommer häufig nahe der Wasseroberfläche zu finden, Nahrung: Algen, wirbellose Kleintiere

ANGELTECHNIKEN

Häufig schwierig zu fangen, Fliegenfischen, Angeln mit Naturködern (Brot)

EIN DRILLING

An schwierigen Tagen befestigen Kutterangel-Spezialisten einen **mit einem kleinen Gummi-Octopus garnierten Drilling** am oberen Ende des Pilkers. Häufig hängen die Dorsche dann an diesem Haken.

MEHR PRIVATSPHÄRE

Wer nicht so gerne mit vielen Anglern auf dem Boot unterwegs ist, kann es privater haben. **Es werden auch Fahrten mit Kleinbooten angeboten.** Diese Boote kann man mit kleineren Anglergruppen mieten. Weil diese Fahrzeuge meist auch schneller unterwegs sind als die großen Kutter, erreicht man Stellen, die weniger stark befischt werden.

FRÜH AUFSTEHEN FÜR GUTE PLÄTZE

Am Bug und am Heck des Kutters befinden sich die begehrtesten Angelplätze auf dem Angelkutter. Hier hat man einen großen Aktionsradius. Um solch einen Platz zu ergattern, muss man schon sehr früh vor Ort sein. Wer ausschläft, muss sich mit den übrig gebliebenen Plätzen begnügen.

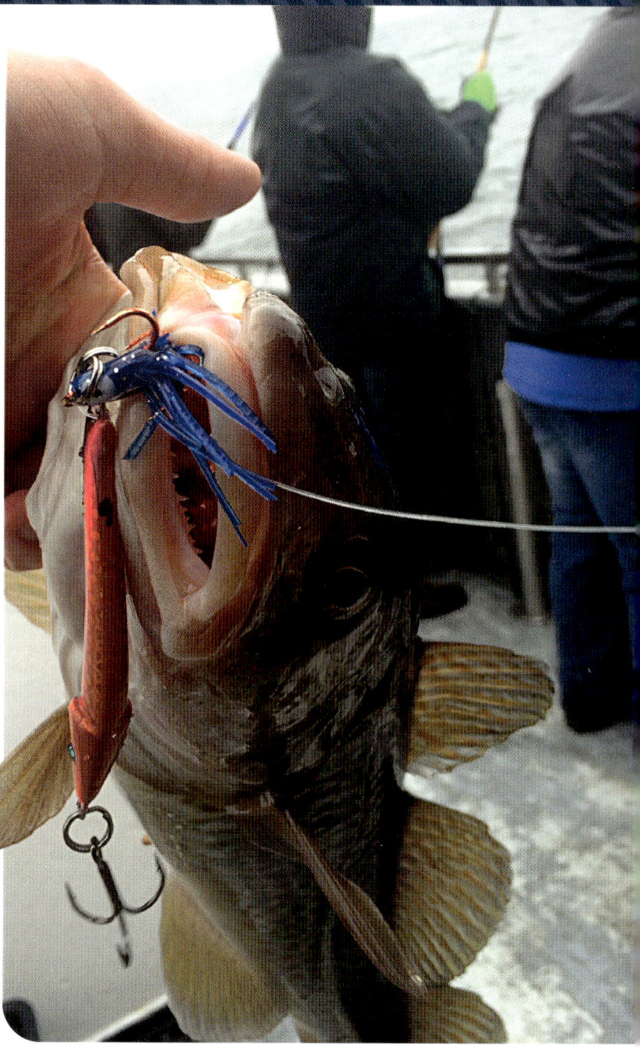

▲ *Dieser Dorsch hängt am Zusatzdrilling des Pilkers.*

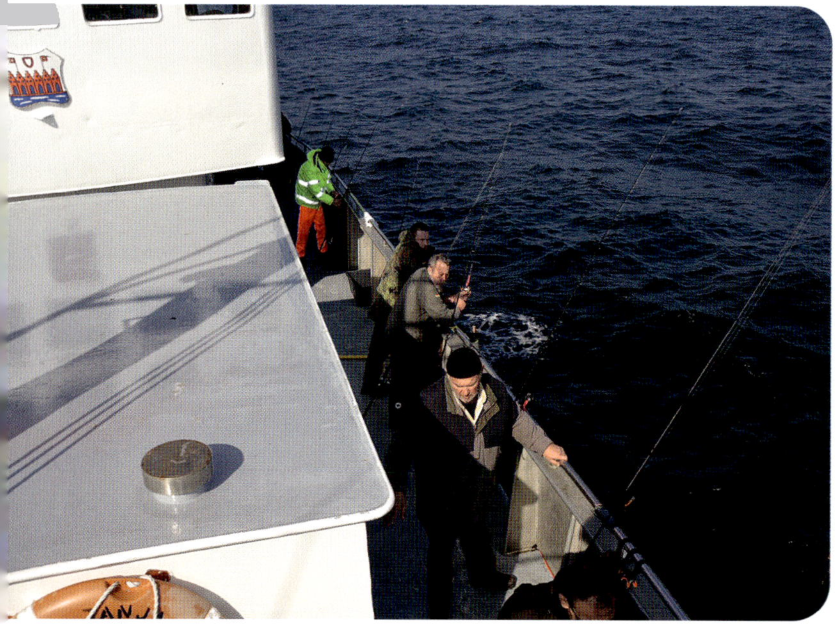

◀ *Auf dem Kutter steht man mit vielen Anglern an der Reling. Da ist gegenseitige Rücksicht angesagt.*

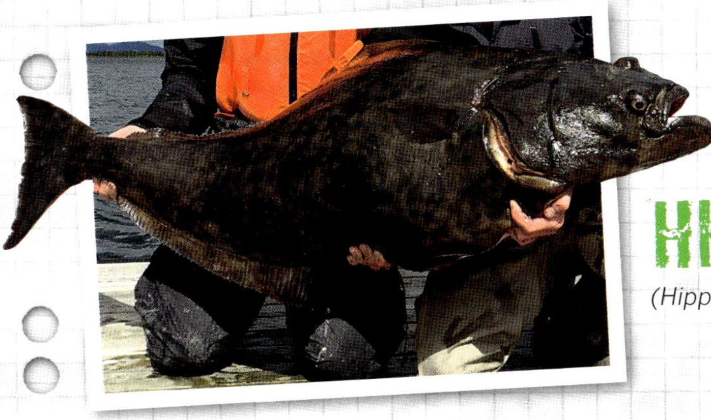

HEILBUTT

(Hippoglossus hippoglossus)

In der heimischen Nord- und Ostsee wird man vergebens auf Heilbutt angeln. Trotzdem hat der Heilbutt die Erwähnung in diesem Buch verdient, denn er ist mittlerweile der Traumfisch für Angler, die ihren Urlaub im Anglerland Nummer eins verbringen – in Norwegen. Der weiße Heilbutt, erkennbar an seiner weißen Unterseite, ist ein Räuber und kann gewaltige Gewichte bis über 300 Kilo erreichen. Er entwickelt im Drill Bärenkräfte und verlangt dem Angler alles ab. Ohne das entsprechende Gerät hat man keine Chance, einen kapitalen Heilbutt zu bändigen.

MERKMALE

Plattfisch (wie Flunder), Augen auf der rechten Körperseite, gefleckte Oberseite, weiße Unterseite, dreieckiger Schwanz, wird deutlich größer als alle anderen Plattfischarten, Gewicht bis 300 Kilo

LEBENSRAUM

Östlicher Atlantik, Barentssee, bis Island und Grönland. Der Heilbutt ist der Traumfisch der Norwegen-Angler

LEBENSWEISE

Eher Einzelgänger, hält sich in nahezu allen Wasserschichten auf, räuberischer Fisch, Nahrung: Krebse, Fische

ANGELTECHNIKEN

Pilkangeln, Naturköderangeln (auch im Mittelwasser), Spinnfischen mit schweren Gummiködern

Angeln bedeutet Umgang mit der Natur und ganz besonders mit Tieren – nicht umsonst gilt Angeln als praktizierter Naturschutz. Speziell den Fischen gilt es mit dem nötigen Respekt zu begegnen. Das beginnt mit dem Auswählen der richtigen Angelausrüstung, die Fischverluste während des Drills und unnötig lange Kämpfe vermeiden hilft. Weiter ist in diesem Zusammenhang die korrekte, sichere Landung ein Thema. Und schließlich geht es um das tierschutzgerechte Töten, wenn der Fisch für die Küche vorgesehen ist.

KAPITEL 10

RESPEKT – UMGANG MIT DEM FANG

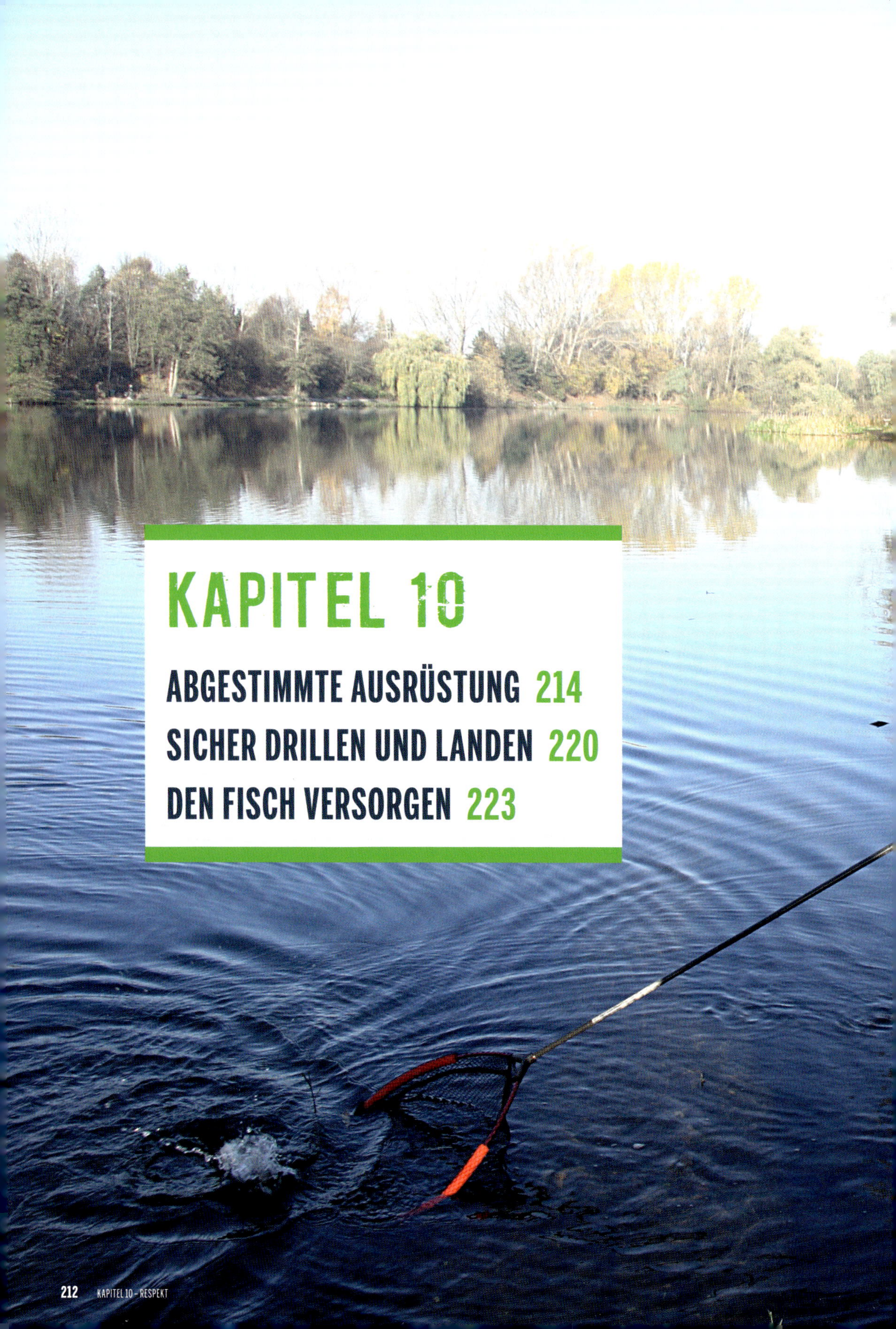

KAPITEL 10

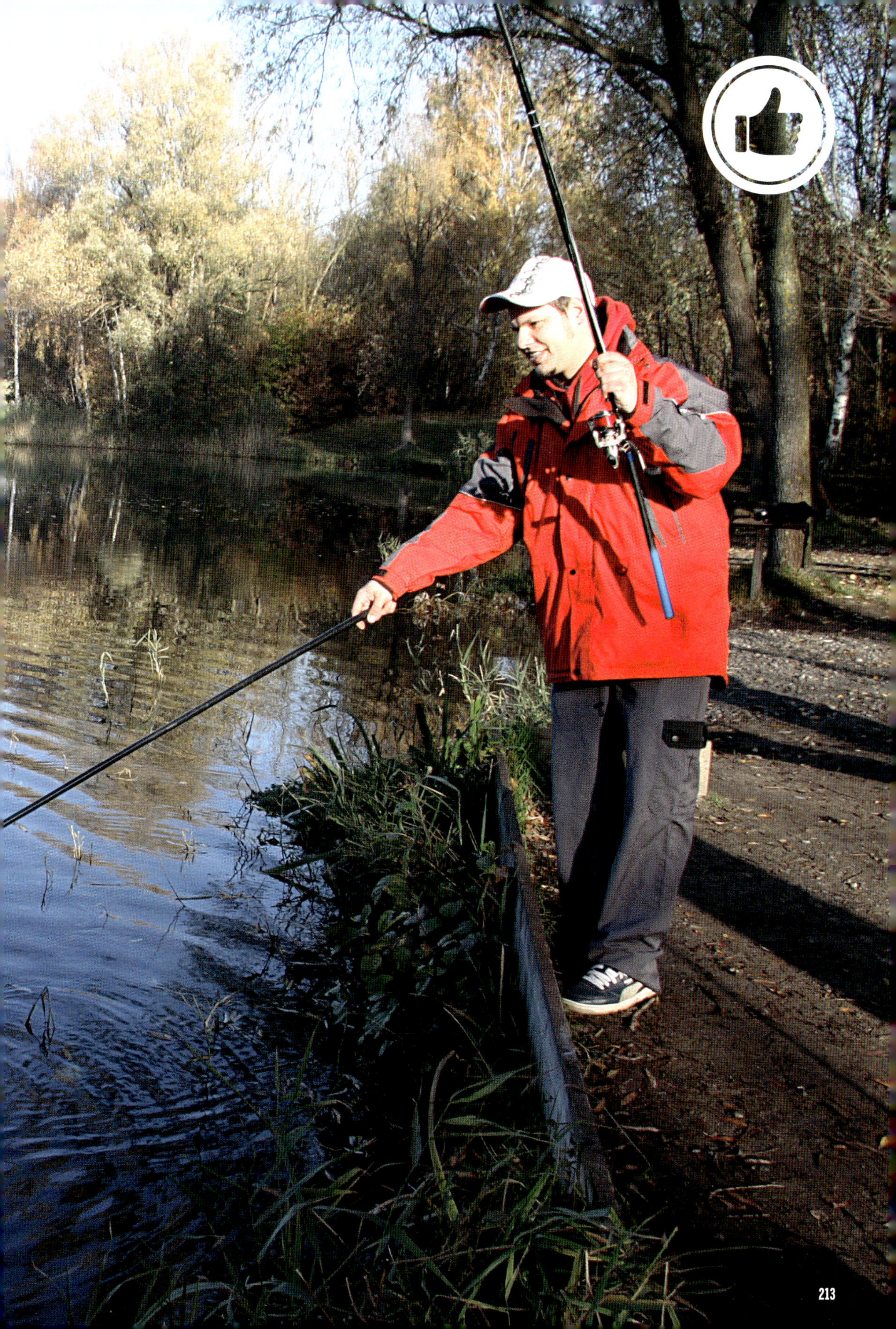

FAIR FISCHEN

Angeln ist eine Leidenschaft, bei der die Kreatur Fisch als Lebewesen eine große Rolle spielt. **Seiner Beute sollte der Angler deshalb mit Respekt begegnen.** Er muss verantwortungsbewusst zu Werke gehen. Nicht selten beobachte ich Angler, die perfekt darauf vorbereitet sind, einen Fisch zu haken. Hochwertige Ausrüstung, abgestimmte Montage, attraktiver Köder – an alles wurde gedacht. Wenn dann aber die Pose abtaucht oder die Rutenspitze zuckt und der Fisch am Haken hängt, ist es mit der Vorbereitung und der Souveränität vorbei.

Immer wieder passiert es: Das Gerät ist nicht auf die Kampfkraft und die zu erwartende Größe des Kontrahenten ausgelegt, im Drill werden Fehler gemacht, die im schlimmsten Fall zum Abriss des Fisches führen könnten. Und wenn der Gegner doch den Weg ins Netz gefunden hat, fehlen notwendige Gerätschaften für das Weitere und auch das Handling des gefangenen Fisches lässt zu wünschen übrig. Das ist nicht der richtige Weg. Der gehakte Fisch sollte möglichst schnell und sicher gelandet werden. Danach sollte man die Stressbelastung für den gefangenen Fisch so gering wie möglich halten. **Respektvolles und verantwortungsbewusstes Angeln hat viele Facetten** und jeder Aspekt sollte zum Wohle des Fisches bedacht werden.

ABGESTIMMTE AUSRÜSTUNG

Verantwortungsbewusstes Angeln beginnt mit der Wahl von Rute, Rolle und Schnur. Der Angler muss sich die Frage stellen, ob er mit der ausgewählten Gerätezusammenstellung nicht nur den Köder fängig anbieten, sondern auch, ob er damit den angepeilten Fisch, und im Falle eines Falles auch ein kapitales Exemplar, sicher landen kann.

Die Gerätewahl ist immer ein Kompromiss: Es geht nicht darum, eine möglichst stabile Rute zu nehmen und beispielsweise auf Rotaugen mit einer für große Meeresfische gedachten Gerätezusammenstellung zu angeln. Damit würde man ein gehaktes Rotauge zwar sicher landen können, aber man würde wahrscheinlich gar keinen Fisch ans Band bekommen, weil sich mit Meeresrute, großer Rolle und dicker Schnur eine den Rotaugen zugedachte sensible Posenmontage nicht auswerfen und attraktiv anbieten lässt.

BESSER ANGEPASST ANGELN

Auf der anderen Seite ist es aber auch bedenklich, zu leicht zu angeln. Ich kenne einen See, an dem gerade viele junge Angler mit so genanntem Ultra Light Tackle fischen. Dabei handelt es sich um sehr leichte Ruten mit einem Wurfgewicht bis 5 Gramm, kleine Rollen und sehr dünne Geflechtschnüre und Vorfächer aus Monofilament. Also Köder kommen kleine Wobbler zum Einsatz. Der gewünschte

Der Kescher kann eigentlich gar nicht groß genug sein, besonders wenn mit kapitalen Fischen zu rechnen ist.

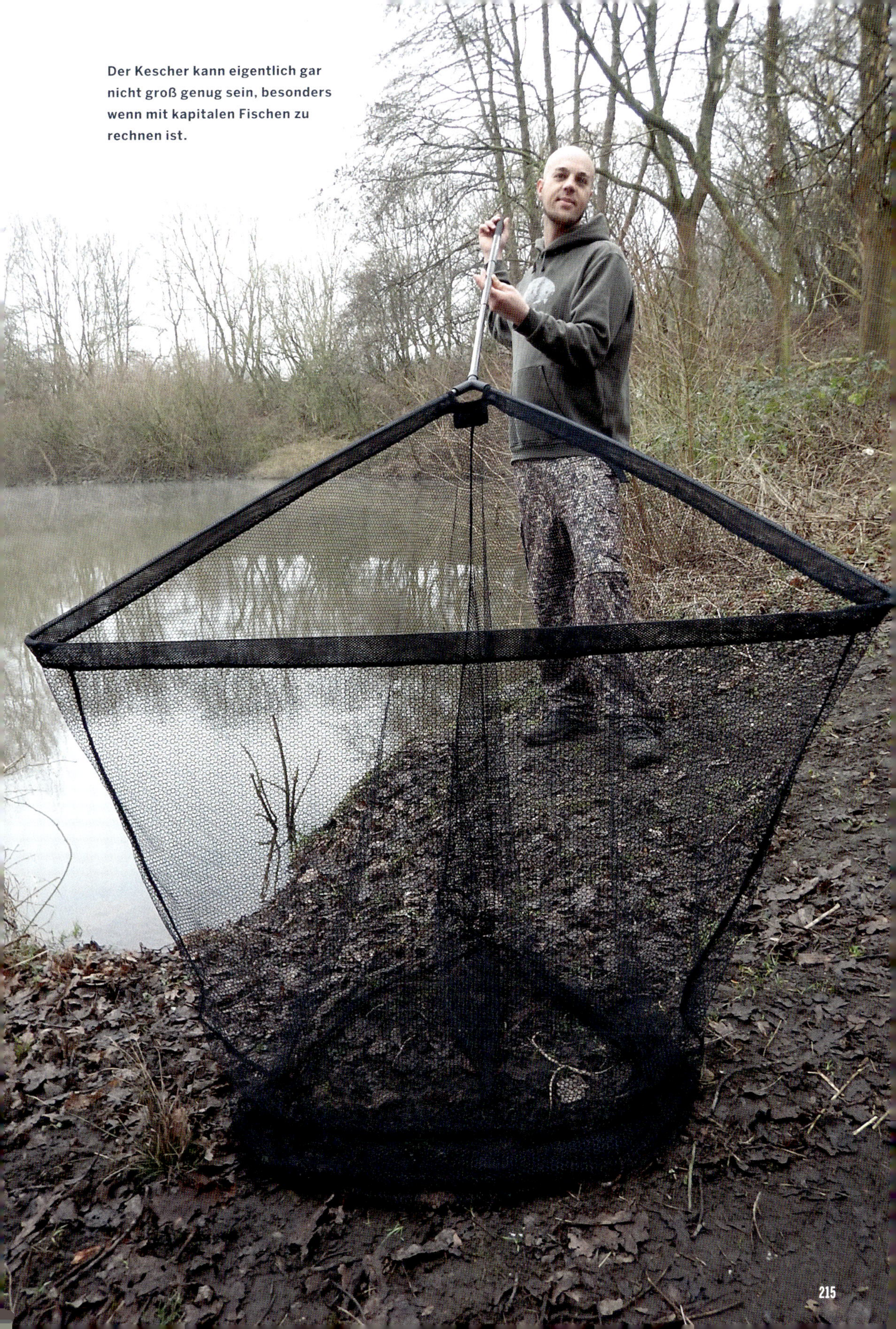

Fisch bei dieser Angeltechnik ist vorrangig der Barsch. Knallt ein gestreifter Räuber auf den Mini-Wobbler, ist die Rute ordentlich krumm und die Bremse kreischt. So ein Drill am leichten Gerät macht ordentlich Laune und gewöhnlich bekommt man den Fisch auch in den Griff.

Aber dieser See verfügt auch über einen sehr guten Hechtbestand. Und je nach Jahreszeit und Beißlaune stürzen sich auch Hecht auf die kleinen Wobbler. Da Hechte ein ganzes Stück größer werden als Barsche, verläuft der Drill meist folgendermaßen: Die Rute wird immer krummer, der Fisch ist nicht zu halten. Meistens folgt ein Sprung und dann oder ein paar Minuten später ist die Rute wieder gerade. Aber nicht, weil man den Fisch gelandet hat, sondern weil sich der Räuber entweder in einem Hindernis festgesetzt und man die Montage abreißen musste oder weil der Hecht mit seinen Zähnen das relativ dünne Monofilvorfach einfach durchtrennt hat.

WEGE FÜR AUSSTEIGER

Wenn im Gewässer keine Hechte vorkommen, ist eine Ultra Light-Ausrüstung praktikabel, aber an diesem See sehe ich solch eine Ausrüstung als höchst risikobehaftet an.

Ich habe schon einmal den Kommentar gehört, dass das Angeln mit leichtem Gerät sportlich und fair sei, denn so habe der Fisch auch eine Chance, dem Angler zu entkommen. Diese Meinung kann ich überhaupt nicht nachvollziehen, ganz im Gegenteil: Es ist verantwortungslos vom Angler zu riskieren, dass ein Hecht wegen zu leichter Ausrüstung abreißt und mit Köder und Vorfach im Maul umherschwimmen muss. Das kann im schlimmsten Fall dazu führen, dass der Fisch qualvoll verendet. Zum anderen ist es auch für den Angler mehr als ärgerlich, wenn er einen kapitalen Fisch an den Haken bekommt, dieser dann aber verloren geht. Aus diesem Grund sollte man bei der Gerätewahl auch immer mögliche Beifänge einkalkulieren und die Ausrüstung entsprechend auslegen.

Hat man einen gehakten Fisch ermüdet, steht die Landung an. Dafür gibt es mehrere Möglichkeiten beziehungsweise Hilfsmittel. Das auf alten Fangfotos und sogar in manchen Lehrbüchern zu sehende Gaff, also ein Metallstab mit einem spitzen Haken, der in den Körper oder ins Maul des Fisches geschlagen wird, hat abgesehen von bestimmten Situationen beim Meeresangeln ausgedient.

Rute und Rolle im »Trockentest«. Die Ausrüstung muss auf die anvisierten Fische und die Gewässerbedingungen passen.

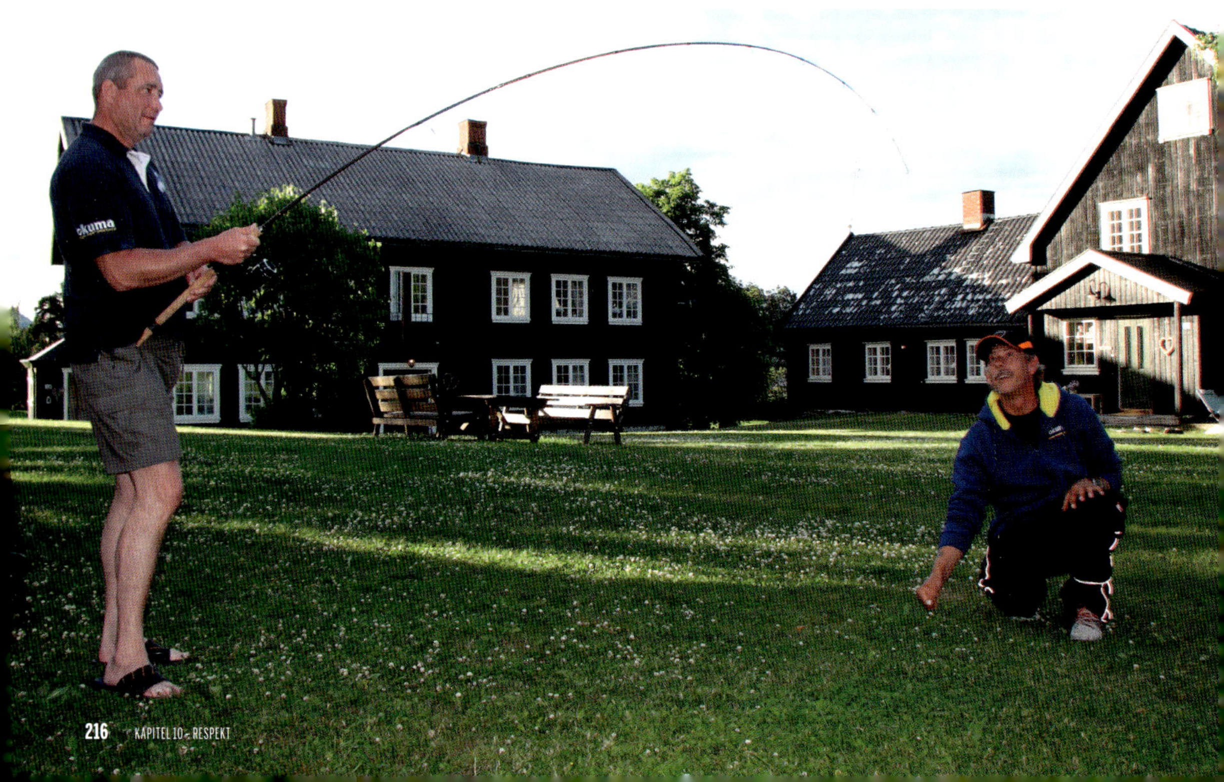

BEREIT ZUR LANDUNG

Durchgesetzt hat sich der **Unterfangkescher**, der am Ende des Drills unter den Fisch geschoben wird. Das Netz ist deutlich schonender für den Fisch und auch einfacher zu handhaben. Kescher sind in unterschiedlichen Größen, Längen, als klappbares Modell oder mit starrem Kopf erhältlich. Welches Modell man wählt, ist Geschmacksache des Anglers und auch von der Angelmethode abhängig. Ein großer Kescher mit langem Stab ist beim Ansitzangeln kein Problem. Man legt ihn einfach neben die Ruten ans Ufer. Dort wartet er auf seinen Einsatz.

Wer aktiv angelt, ständig unterwegs ist und mit der Spinnrute verschiedene Stellen abfischt, wird so einen sperrigen Kescher dagegen schnell verfluchen. Da ist ein zusammenklappbares Modell oder ein so genannter Watkescher mit kurzem Stab, der sich beispielsweise einfach am Rucksack transportieren lässt deutlich praktischer. Denke aber immer daran: Der Kescher sollte von der Länge her bis zum Wasser reichen und der Fisch muss auch ins Netz passen. Wenn ich auf Karpfen angle, habe ich immer einen sehr großen Kescher dabei. Der eine oder andere Mitangler mag sich darüber lustig machen: »Was willst Du denn mit diesem Kescher fangen – Wale?«. Aber wenn diese Kollegen einen größeren Karpfen gehakt haben und verzweifelt versuchen, den Kapitalen in ihren viel zu kleinen Kescher zu schaufeln, lernen sie mein überdimensioniertes Netz zu schätzen.

BLUTSPENDE AM HECHT

Gerade bei Raubfischanglern, die mit Spinnködern unterwegs sind, steht die **Handlandung** hoch im Kurs. Dabei greift man den Hecht mit einer Hand am Kiemendeckel. So kann man den Räuber aus dem Wasser heben. Vorteil dieser Methode: Man benötigt keinen Kescher und die Drillinge des Köders können sich nicht im Netz festsetzen. Darüber hinaus gilt die Handlandung als besonders cool – und das nicht ohne Grund. Denn die Handlandung ist keine ungefährliche Angelegenheit. Besonders Anfänger und Gelegenheits-Spinnfischer machen häufig Fehler bei der Handlung. Greift man falsch zu, kommen die Finger in Kontakt mit den Hechtzähnen. Dann fließt Blut beim Angler. Wunden von Hechtzähnen sind äußerst unangenehm und können sich

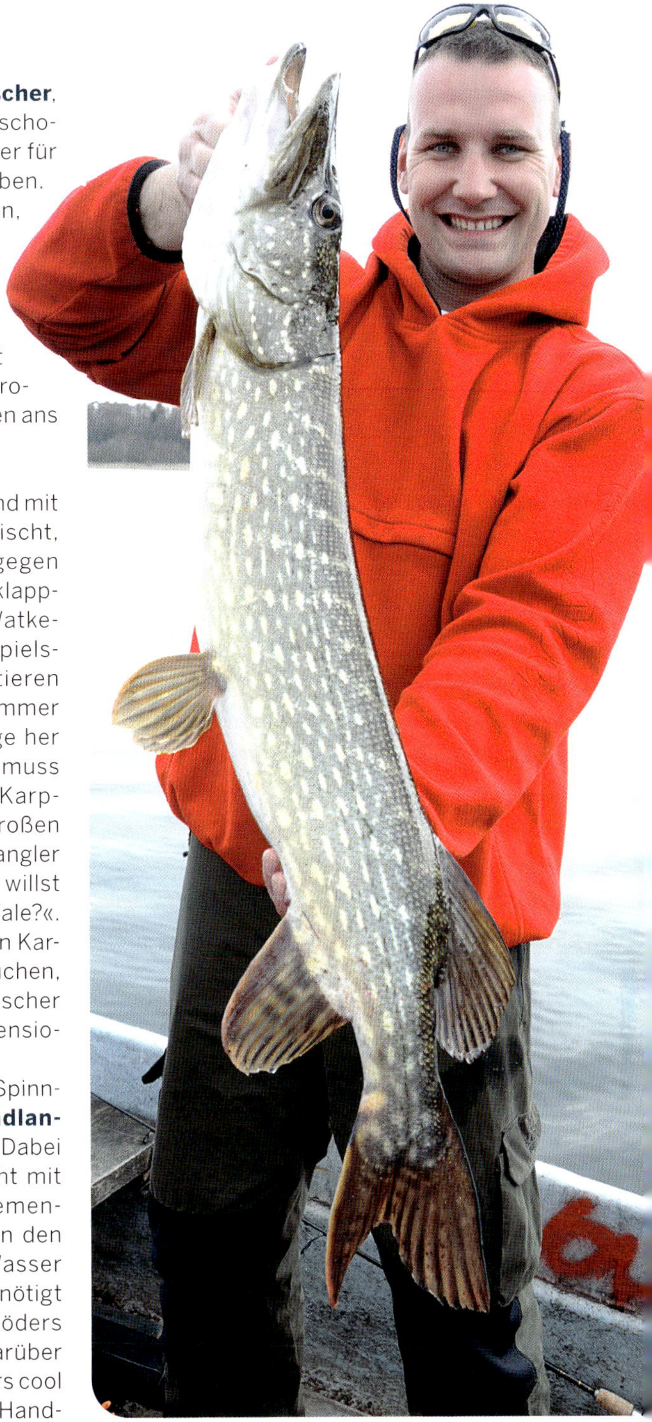

Dieser Hecht wurde sicher mit der Hand gelandet. Diese Technik ist Anfängern nicht zu empfehlen. Denn es besteht die Gefahr, dass sich der Angler verletzt oder der Fisch verloren geht.

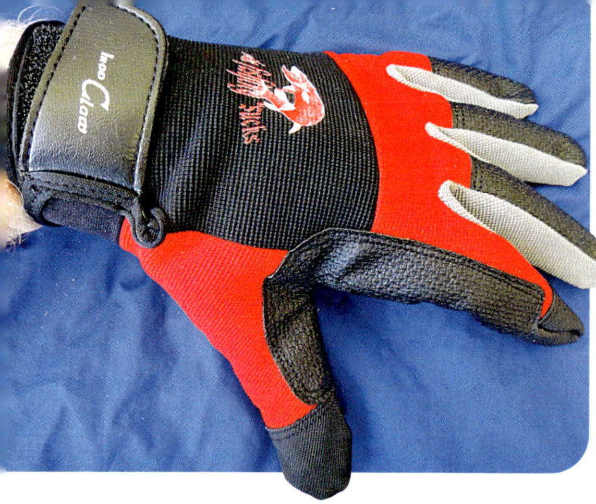

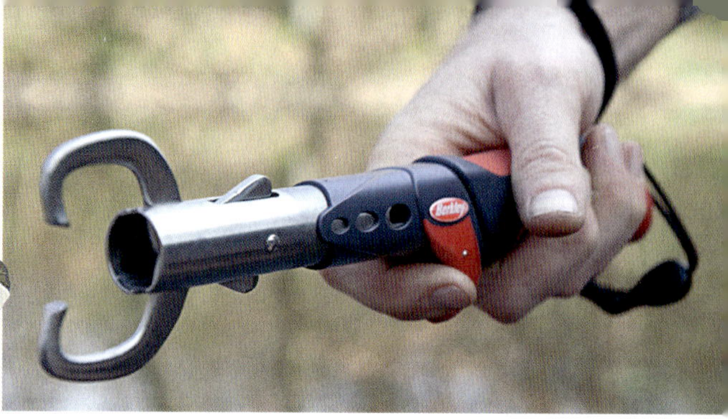

LINKS: *Ein Landehandschuh schützt bei der Handlandung vor scharfen, spitzen Räuberzähnen.*

RECHTS: *Raubfische können auch mit dem Greifer gelandet werden. Allerdings ist dieses Hilfsmittel nicht unumstritten.*

sogar entzünden. Ich war einmal dabei, als ein relativ unerfahrener Angler eine Handlandung versuchte. Als er den Räuber anhob, begann der Fisch zu zappeln und fügte dem Angler ordentliche Wunden an der Hand zu. Er hatte nicht richtig zugegriffen, wodurch der Fisch beim Anheben sogar herunterfallen kann. Es gibt auch so genannte **Landehandschuhe**, die Verletzungen vermeiden helfen. Diese Handschuhe haben mittlerweile relativ viele Anhänger. Aber ich bin kein Freund dieses Hilfsmittel. Wenn ich den Handschuh übergestreift habe, fehlt mir einfach das erforderliche Gefühl in den Fingern.

Darüber hinaus sind noch spezielle Zangen erhältlich, die als **Fischgreifer**, Lip Grip oder nach einem bestimmten Modell als Boga Grip bezeichnet. Auch diese Landehilfen haben ihre Anhängerschaft, sind aber nicht unumstritten, besonders bei Anglern, die ihren Fang zurücksetzen möchten. Ich habe schon mehrfach von Hechten gehört, die an der Zange hängend zu schlagen begannen und sich dabei ernsthaft verletzten.

Aus den oben genannten Gründen ist meiner Meinung nach der Kescher für Anfänger und Fortgeschrittene die beste und am einfachsten einsetzbare Landehilfe, auch wenn man beim Einnetzen vielleicht nicht ganz so cool wirkt wie bei einer Handlandung. Seit ich vor einigen Jahren einen 50er Barsch vor den Füßen verlor, weil ich zu bequem war, den Kescher mitzunehmen und mehrmals zu einer (erfolglosen) Handlandung ansetzte, geht bei mir nichts über das Netz. Denn mit dem Kescher hätte ich mir den Klopper garantiert gesichert.

Der im Netz befindliche Fisch kann weder den Angler noch sich selbst verletzen und auch nicht mehr das Weite suchen – das zählt für mich mehr als Coolness und ein paar juckende Wunden an den Fingern, mit denen ich allenfalls vor meinen Angelkollegen angeben kann. Dass der Haken ab und an mal in den Maschen des Keschers hängen bleibt, ist zwar gerade bei Drillingen etwas nervig, nehme ich aber angesichts der Vorteile, die das Netz bietet, in Kauf.

WEICHES BETT FÜR KAPITALE

Große Exemplare sind Laichfische, die für den Bestand des Gewässers von großer Bedeutung sind. Deshalb macht es Sinn, diese Fische vorsichtig vom Haken zu befreien und danach schonend zurückzusetzen. Damit die Organe und die empfindliche Schleimhaut beim Abhaken keinen Schaden nehmen, sollte man den Fisch auf eine **gepolsterte Abhakmatte** legen. So kann man Verletzungen vorbeugen.

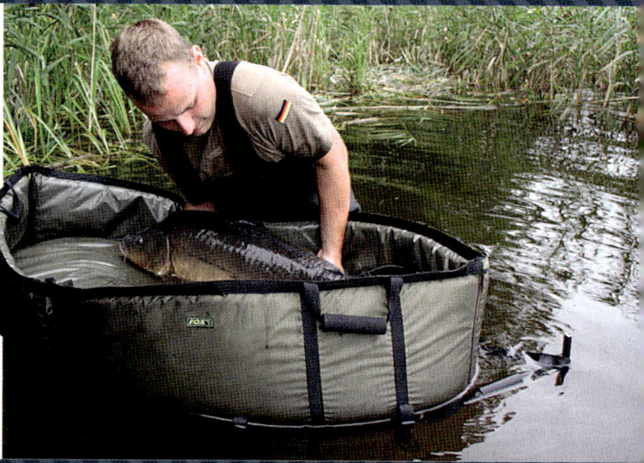

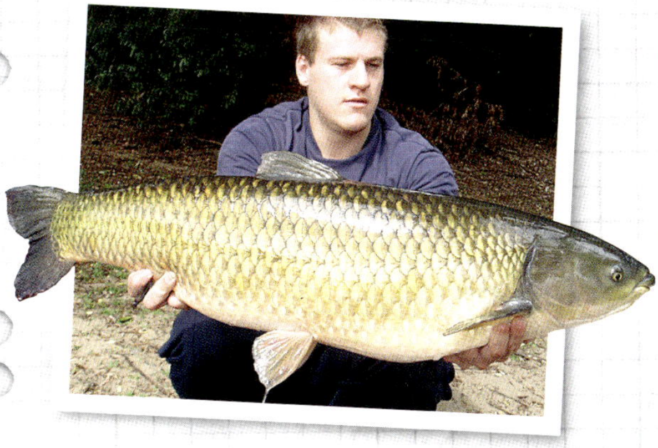

GRAS-KARPFEN

(Ctenopharyngodon idella)

Fast zwangsläufig bleibt der Blick an den großen Schatten hängen, die sich dicht unter der Oberfläche abzeichnen. Karpfen sind das nicht – dafür wirken die Fische zu gestreckt. Ein Rudel von Hechten? Unwahrscheinlich. Dann bleiben nur noch Graskarpfen – bingo! Denn sobald sich das Wasser im Frühjahr merklich erwärmt hat und die Sonne vom Himmel brennt, dann stellen sich die Pflanzenfresser an der Oberfläche ein und scheinen die wärmenden Strahlen zu genießen. Die Graser bilden ein wehrhaftes Ziel für Angler, wobei vom Schwimmbrot über Boilies bis zu einem Dill-Bündel am Haken etliche Köder gehen.

MERKMALE

Langgestreckter Körper, breiter, abgeflachter Kopf, leicht unterständiges Maul, große, dunkel umrandete Schuppen, Färbung silbrig bis hellbraun, Länge bis über 1 Meter, stammt aus Ostasien (Einzugsbgebiet des Flusses Amur), durch Besatz auch in Europa weit verbreitet

LEBENSRAUM

Flüsse und Seen

LEBENSWEISE

Wärmeliebende Art, vorwiegend pflanzliche Nahrung

ANGELTECHNIKEN

Grund- und Posenangeln mit pflanzlichen Ködern (Mais), aber auch oberflächennahes Fischen mit kleinen Büscheln aus Gras oder Wasserpflanzen

SICHER DRILLEN UND LANDEN

Hat der Fisch gebissen und hängt am Haken, beginnt der Drill. Auch bei diesem »Tauziehen« sollte man verantwortungsvoll zu Werke gehen. Wer falsch drillt, riskiert Schnurbruch und Fischverlust – mit den bereits beschriebenen Folgen. Bei kleineren Fischen stellt der Drill meist kein Problem dar. Aber bei großen und starken Fischen sieht die Sache anders aus. Da ist es etwas komplizierter: Den Fisch ziehen lassen und verhindern, dass die Schnur reißen könnte? Oder eher Druck ausüben, um zu vermeiden, dass er in ein Hindernis flüchten kann? Verantwortungsvolles Drillen ist eine Mischung aus beidem.

Man darf nicht zu nachgiebig sein, sonst zieht sich der Drill unnötig in die Länge, was unnötigen Stress für den Fisch bedeutet und außerdem das Risiko vergrößert, dass der Haken ausschlitzt oder sich der Fisch unlösbar festsetzt. Umgekehrt riskiert ein zu resolut vorgehender Angler, dass das Material bei hoher Belastung schlapp macht oder sich ein zu stark forcierter Fisch vom Haken schlagen könnte.

Drillen ist learning by doing, also Erfahrungssache. Mit der Zeit und nach einigen größeren Fischen weiß man, worauf es ankommt. Aber dennoch kann man einige Tipps geben, um den Drill sicher und erfolgreich gestalten zu können. Der wichtigste Ratschlag lautet: Ruhe bewahren. Das ist leichter gesagt als getan – das kann ich aus Erfahrung bestätigen. Ich kann mich noch gut an meine Junganglerzeit erinnern, als ich den ersten großen Fisch am Haken hatte: Ein großer Aal hatte den an der Grundmontage angebotenen Fischfetzen genommen. Meine Telerute krümmte sich bis ins Handteil und die Rollenbremse gab Schnur frei. Während des gesamten Drills zitterten meine Knie und auch als ich den Schlängler schon längst im Eimer verstaut hatte, war mein Puls noch weit entfernt von der Normalfrequenz.

ANGELN KANN STRESSEN

Trotzdem sollte man versuchen, ruhig zu bleiben. Denn wer hektisch ist, neigt zu Fehlern. Stelle die Rollenbremse vor dem Drill ein, also spätestens nach dem Auswerfen und/

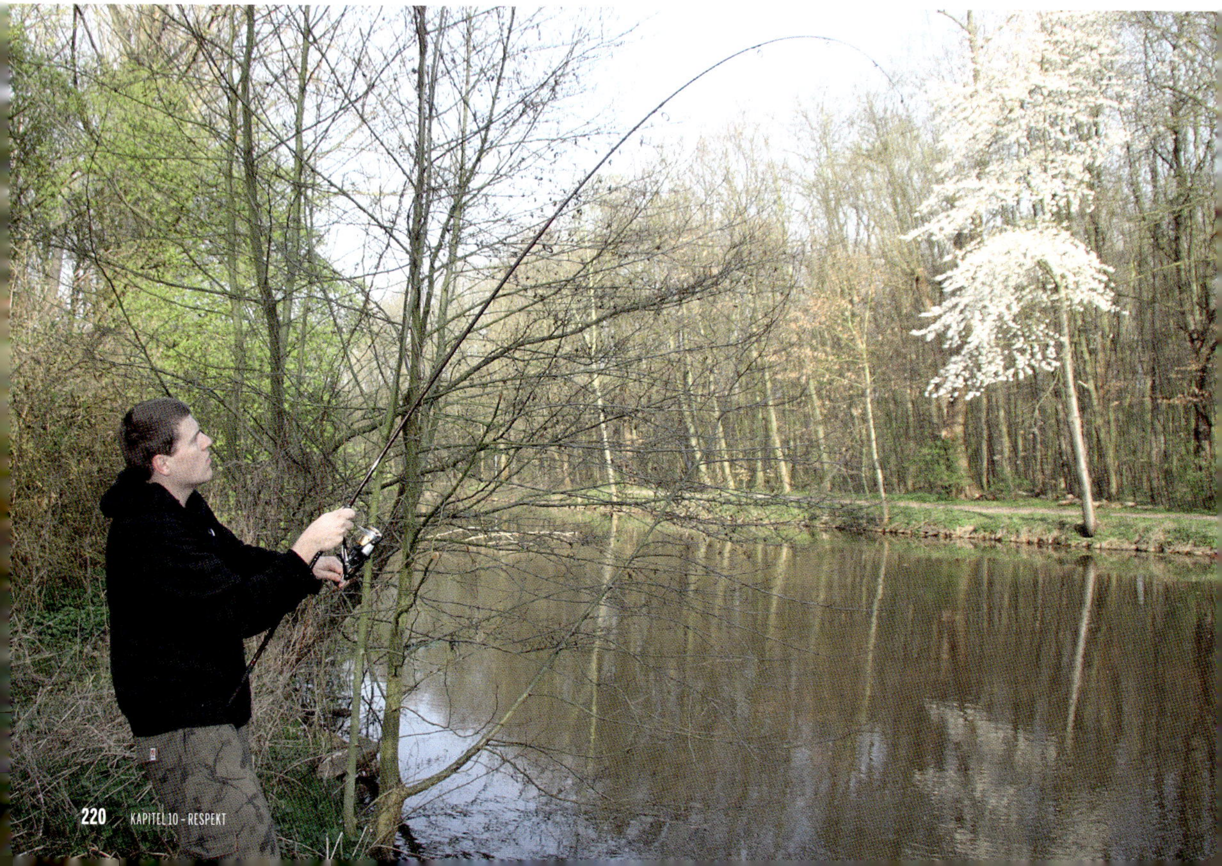

oder Ablegen der Rute. So musst du nicht in der hektischen Situation beim Biss am Bremsknopf drehen. Vielmehr kann der Drill mit einer ordentlichen Bremseinstellung begonnen werden, nachjustieren kann man bei Bedarf immer noch. Bei der Bremseinstellung lautet die Devise: nicht zu fest und nicht zu locker. Ist die Bremse zu fest eingestellt, kann es passieren, dass die Schnur bei der ersten Flucht des Fisches reißt. Bei einer zu lockeren Bremseinstellung kann zum einen der Anhieb nach dem Biss verpuffen und man kann auch keinen Druck auf den Fisch ausüben.

HIRN STATT KRAFT

Häufig sehe ich, dass **gegen die Bremse gekurbelt** wird. Der Angler dreht an der Rollenkurbel, kann aber keine Schnur gewinnen, weil die Bremse zu locker eingestellt ist. So kann man nichts bewirken, außer dass die Schnur verdrallt. Wenn du merkst, dass der Fisch sehr kraftvoll flüchtet, solltest du ihn gewähren und Schnur nehmen lassen. Der Widerstand der Bremse ermüdet ihn. Stoppt der Fisch, führt der Angler die Rute langsam nach hinten und danach wieder nach vorne. Während die Rute nach vorne geführt wird, kurbelt man Schnur ein. So bekommt man nach und nach Schnur auf die Rolle. Dieser Vorgang wird als »pumpen« bezeichnet.

Hindernisse, wie versunkene Bäume oder Krautfelder sind eine Gefahr, da sich der Fisch darin festsetzen kann. In Büchern und Angelmagazinen liest man, dass ein Fisch sich davon abhalten ließe, in eine bestimmte Richtung zu schwimmen, wenn man die Rute so führt, dass in diese Richtung Zug aufgebaut wird. Wolle man also den Fisch von einem Seerosenfeld fernhalten, müsse man so drillen, dass man den Fisch eigentlich in Richtung des Hindernisses ziehen würde. Der Fisch würde auf diesen Zug reagieren und in die entgegengesetzte Richtung schwimmen.

MASSIVE GEGENWEHR GEFRAGT

Das hört sich logisch an, aber bei mir hat diese Taktik fast nie funktioniert. Im Ernstfall muss man eher dagegenhalten und versuchen, den Fisch zur Umkehr zu bewegen, bevor er in seinen Unterstand flüchten kann. Es gibt allerdings eine Methode, die schon mehrfach

Der Fisch ist dran, die Rute krumm. Jetzt heißt es Ruhe bewahren und mit Gefühl zu Werke gehen.

Die entscheidende Phase im Drill: Der Fisch befindet sich vor dem Kescher.

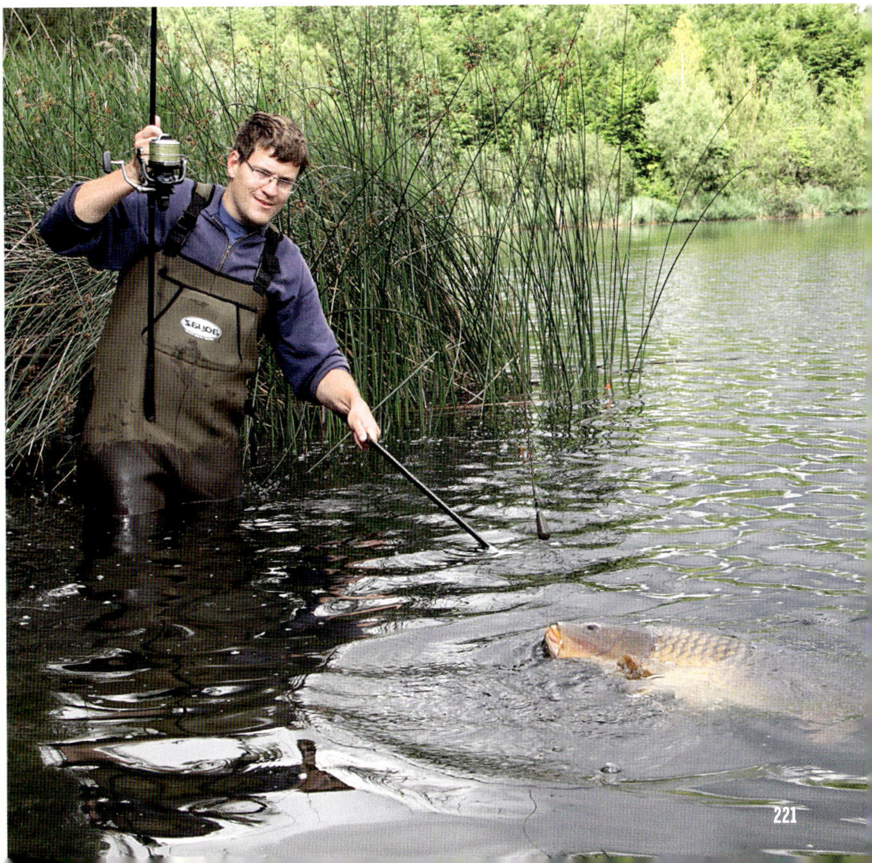

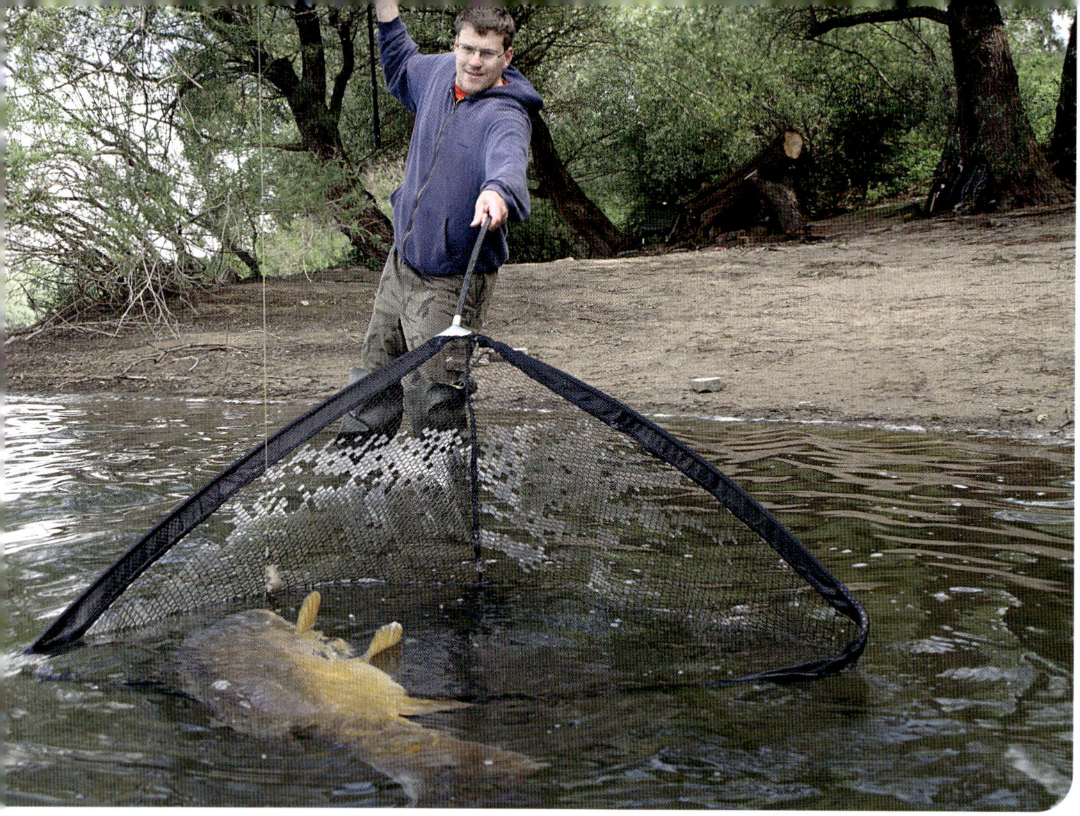

Nicht den Fisch mit dem Kescher jagen, sondern den Kontrahenten langsam und kontrolliert über das Netz führen.

den gewünschten Effekt hatte: Angelt man zu zweit, positioniert sich der Angelkollege in der Nähe des Hindernisses. Falls der Fisch darauf zuhält, wirft er dort größere Steine ins Wasser. Häufig nimmt der Kontrahent diesen Lärm wahr und dreht ab.

SCHWER GETÄUSCHT

Taucht der Fisch vor dem Kescher auf, könnte leicht der Gedanke aufkommen, dass man den Gegner schon im Sack beziehungsweise im Netz haben könnte. Aber weit gefehlt, jetzt beginnt noch einmal eine **kritische Phase**. Viele Fische gehen in den letzten Augenblicken des Drills noch verloren. Erblickt der Fisch den Kescher oder den Angler, mobilisiert er häufig die letzten Kräfte und setzt zu einer Flucht an. Wer darauf nicht vorbereitet ist, darf sich nicht wundern, wenn er den Kürzeren zieht. Ich lockere rechtzeitig vor der Landung die Bremse und blockiere die Spule mit dem Finger. Flüchtet der Fisch plötzlich, nehme ich den Finger von der Spule und der Fisch kann Schnur abziehen. Beim Keschern ist es übrigens wichtig, dass man das Netz nicht auf den Fisch zu schiebt und ihn somit erschreckt, sondern den Gegner über das ruhig gehaltene Netz zieht und es dann anhebt – dann ist der Fang sicher.

Alles richtig gemacht: Der Hecht ist eingenetzt.

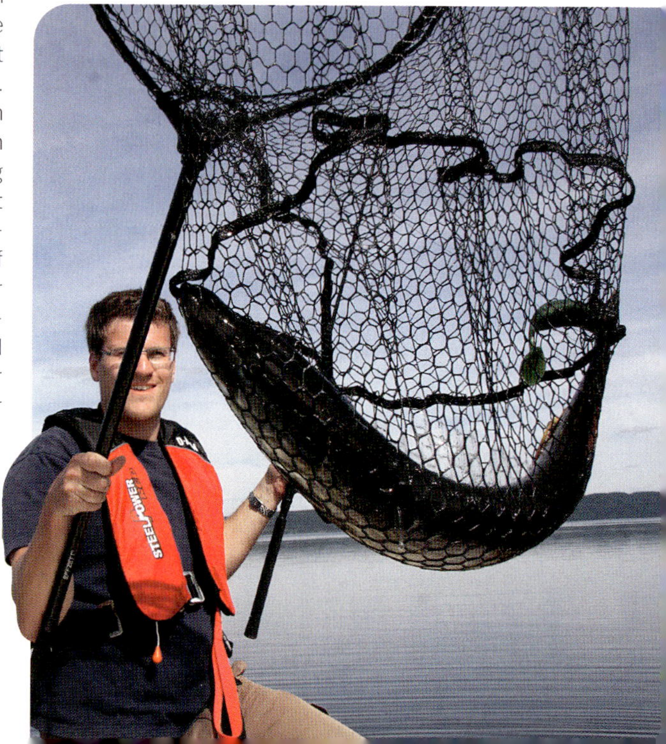

5 DRILL-TIPPS

- **>>Rollenbremse spätestens nach dem Auswerfen oder dem Ablegen der Rute justieren.**
- **>>Bremse nicht zu locker einstellen – man muss dem Fisch Widerstand entgegensetzen.**
- **>>Durch Pumpen bekommt man Schnur auf die Rolle.**
- **>>Volle Konzentration in der letzten Phase des Drills.**
- **>>Den Fisch über das ruhig im Wasser liegende Netz ziehen.**

SCHÖNE ERINNERUNG

Eine Erinnerung an den Fang, die man mit Angelkollegen, Freunden und Familie teilen kann – das gehört zum Angeln dazu. Schlecht gemachte Fischpräparate, die an Kellerwänden verstauben und ausbleichen, sind out. **Schöne Fangfotos sind in Zeiten der Digitalfotografie angesagt und auch relativ einfach zu erstellen.** Wichtig ist, dass der Fisch direkt nach dem Fang fotografiert wird und sich kein Sand oder Dreck auf dem Fisch befindet. Den Fisch ein bisschen vorhalten und das Lächeln nicht vergessen. Der Fotograf sollte nah herangehen, so dass der Fisch fast formatfüllend ist und auf die Augen des Fischs scharfstellen.

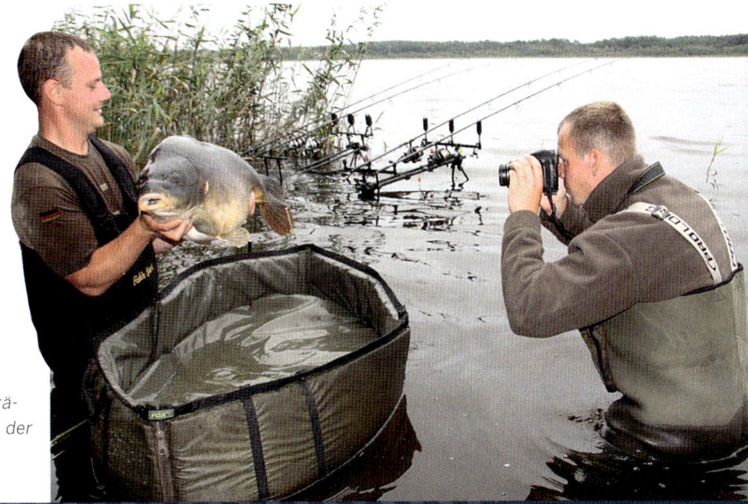

So wird der Fang für ein Foto präsentiert: Fisch leicht vorhalten, der Fotograf rückt nahe heran.

DEN FISCH VERSORGEN

Liegt der Fisch im Kescher, hat man seinen Fang sicher. Nun geht es daran, ihn zu versorgen. Zunächst muss der Fisch aus dem Netz geholt werden. Zeig keine Berührungsängste, sondern greif beherzt zu. Der Fisch kann und wird wahrscheinlich zappeln. Wer da nur halbherzig zupackt, riskiert, dass der Fisch aus der Hand fällt. Ein Tipp für Aal-Angler. Ein Handtuch hilft dabei, den schleimigen Gesellen besser in den Griff zu bekommen. Das Handling eines Schlänglers ist übrigens nicht ohne, denn nicht selten windet er sich um den Arm des Fängers.

Sitzt der Haken in der vorderen Maul-Partie, kann er mit den Fingern meist problemlos gelöst werden. Sitzt der Greifer im Schlund des Fisches wird es etwas schwieriger. Für das Lösen von Einzelhaken gibt es **Hakenlöser**. Diese besitzen eine längliche Form, ähnlich wie ein Stift mit einem geschlitzten Kopf, in dem man die Schnur platziert. Nun führt man den Hakenlöser ins Maul des Fisches und schiebt ihn bis zum Haken. Wichtig ist, dass die Schnur auf Spannung gehalten wird und eine Linie mit dem Hakenlöser bildet. Nun führt man den Hakenlöser ruckartig und doch vorsichtig nach vorne. Dadurch löst sich der Haken und kann an der Schnur herausgezogen werden.

Beim Angeln mit großen Haken oder mit Kunstködern, die mit Drillingen ausgestattet sind, hat man manchmal Probleme, den oder die Greifer per Hand zu lösen. Dann kommt eine Zange zum Einsatz. Besonders beim Hechtangeln kann es vorkommen, dass der Räuber den Köder tief inhaliert hat. Mit einer normalen Zange ist da kein Staat zu machen. Für diese Situation gibt es langstielige Lösezangen, mit denen man tief ins Räubermaul hineinkommt.

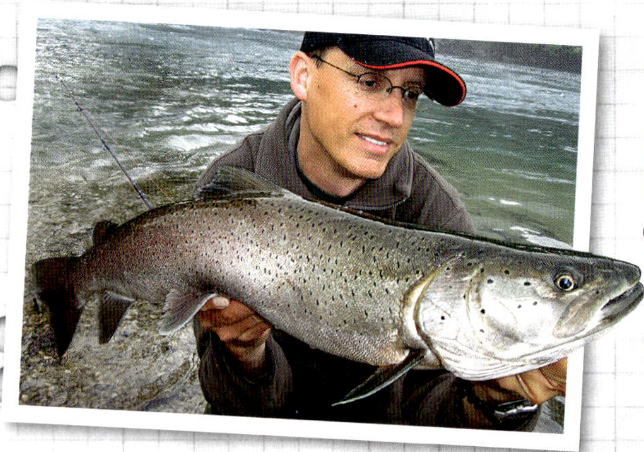

HUCHEN

(Ctenopharyngodon idella)

Wer sich mit dem größten Vertreter der Salmoniden in unseren Breiten anlegen möchte, muss auf Huchen angeln. Denn der Huchen wird bis zu 30 Kilo schwer und 1,50 Meter lang. Da Huchen sehr sauerstoffreiches Wasser und unverbauten Lebensraum benötigen, gibt es nicht mehr viele dieser Giganten. Sie kommen meist nur noch in bestimmten Flüssen vor und sind ziemlich standorttreu. Huchen bevorzugen tiefe Bereiche und halten sich hinter Wehren oder unter überhängenden Wurzen auf.

MERKMALE

Langgestreckter, im Querschnitt fast runder Körper, abgeflachter Kopf, Maulspalte reicht bis hinter die Augen, Fettflosse, Färbung: graubraun bis grünlich grau, oft mit rötlichem Schimmer, weißlicher Bauch, zahlreiche dunkle Tupfen auf Rücken und Flanken, Länge bis 150 Zentimeter

LEBENSRAUM

Ursprünglich nur im Donauraum beheimatet, durch Besatzmaßnahmen auch Vorkommen im Alpengebiet

LEBENSWEISE

Flüsse mit schneller Strömung und kühlem, sauerstoffreichem Wasser, präferiert tiefe Bereiche wie etwa Gumpen

ANGELTECHNIKEN

Aktives Angeln mit Kunst- und Naturködern

Soll der Fang verwertet, sprich mitgenommen und gegessen werden, muss man den Fisch waidgerecht töten. Im ersten Schritt betäubt man die Beute: Dafür schlägt man ihm mit einem stumpfen Gegenstand auf den Schädel. Dafür gibt es spezielle **Fischtöter**, aber es funktioniert auch ein abgesägter Besenstiel. Danach erfolgt der Herzstich. Das Herz befindet sich bei Fischen in der unteren Hälfte des Körpers zwischen den Kiemendeckeln. Den Herzstich setzt man mit einem schmalen Messer. Durch den Herzstich wird der Fisch getötet, außerdem blutetet er danach aus. Das ist wichtig, denn so bleiben keine Blutrückstände im Fleisch zurück, welche die Optik und den Geschmack negativ beeinflussen könnten.

Um noch einmal auf den bereits erwähnten Aal zurückzukommen: Das Töten eines Schlänglers gestaltet sich schwieriger als bei anderen Fischarten. Denn Aale sind zähe Burschen. Eine absolut schnelle und sichere Tötungsmethode für den Aal gibt es meiner Erfahrung nach nicht. Manche Angler schneiden ihm nach der Betäubung den Kopf ab, wodurch man ihn aber zum Räuchern nicht mehr so leicht aufhängen kann, oder setzen einen sogenannten Aal-Töter ein. Dabei handelt es sich um eine Art Mini-Guillotine, welche die Wirbelsäule direkt hinter dem Kopf durchtrennt, was auch mit einem Messer geht.

DURCHDACHT IN DEN OFEN

RICHTIG TÖTEN

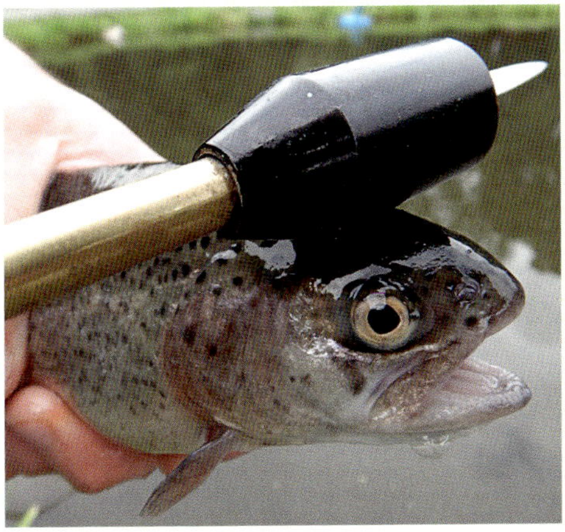

Mit Hilfe eines Fischtöters oder eines stumpfen Gegenstandes schlägt man dem Fisch auf den hinteren Bereich des Kopfes.

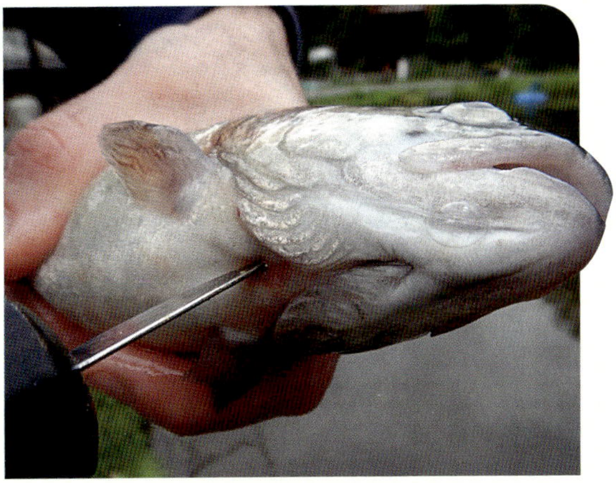

In der Unterseite unmittelbar hinter dem Kopf befindet sich das Herz des Fisches. Dort setzt man den Herzstich an.

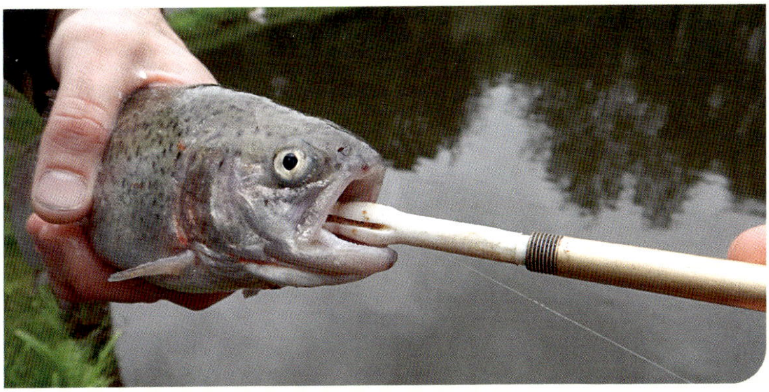

Hat der Fisch den Köder geschluckt, wird der Greifer mit Hilfe eines Hakenlösers aus dem Maul befreit.

Fisch ist ein wertvolles und leicht verderbliches Lebensmittel. Der Fang sollte auf jeden Fall kühl gehalten werden. Setz ihn niemals direkter Sonneneinstrahlung aus. Besonders im Sommer macht es Sinn, eine Kühltasche mit Kühlakkus dabei zu haben. Kühlakkus kann man sich übrigens auch ganz einfach selbst herstellen. Befülle einen ausgedienten Milchkarton mit Wasser und packe ihn in die Gefriertruhe. Nach einigen Stunden ist der Kühlakku Marke Eigenbau einsatzbereit. Der Fang lässt sich auch mit Hilfe von Eiswürfeln oder Crushed Ice länger frisch halten. Man bekommt es rund um die Uhr an vielen Tankstellen. Sind keine Kühlakkus und keine Kühlbox zur Hand, hilft es, den Fisch im Schatten zu platzieren und ihn mit einem feuchten Handtuch abzudecken – die Verdunstungskälte senkt die Temperatur.

SCHÖN COOL BLEIBEN!

KÜCHENFERTIGE VORBEREITUNG

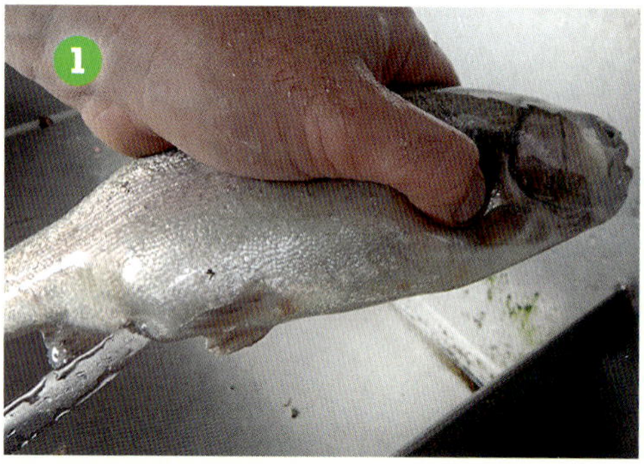

Das Messer wird am Darmausgang des Fisches eingestochen und dann nach vorne geführt.

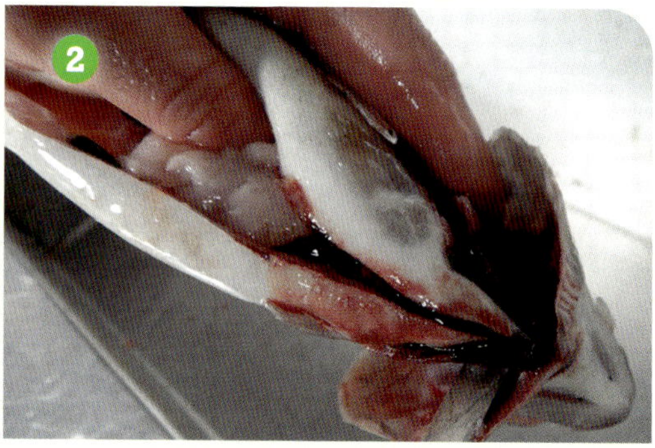

Danach durchtrennt man den zwischen den Kiemen gelegenen Schlund.

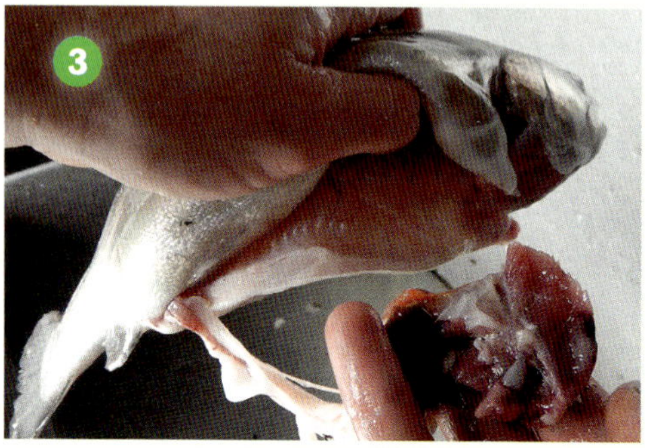

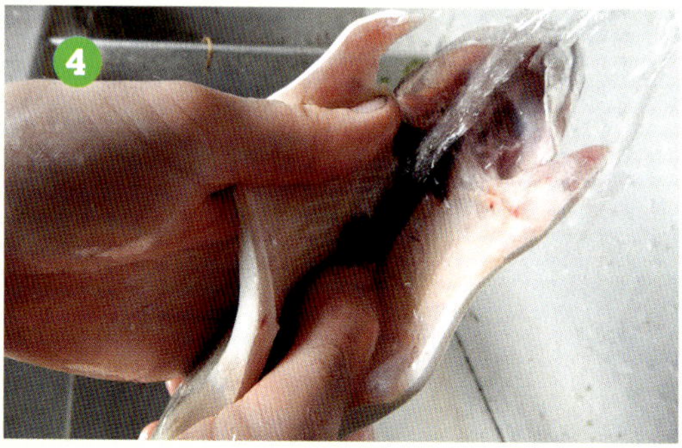

Kiemen und Innereien lassen sich nun entnehmen. Bauchhöhle ausspülen und die Nieren (schwarz am Rückgrat erkennbar entfernen).

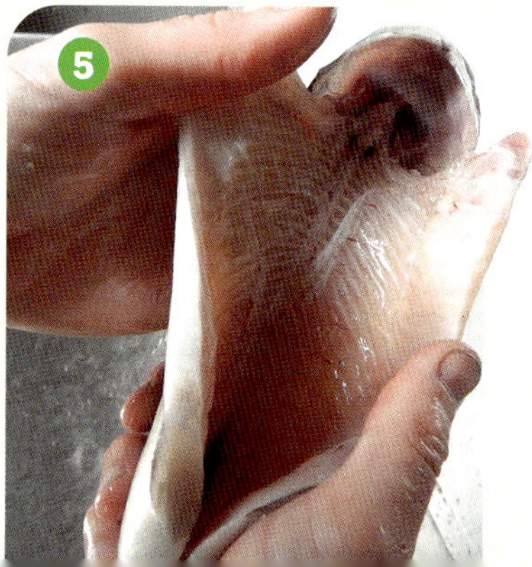

Der Fisch ist sauber ausgenommen und bereit für die Zubereitung.

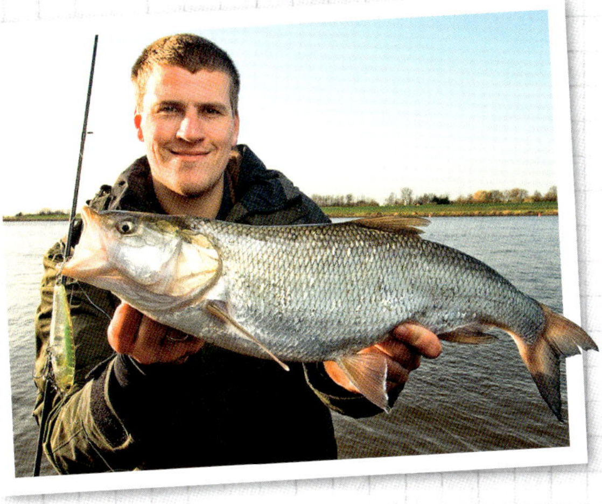

RAPFEN

(Aspius aspius)

Den Rapfen kann man getrost als Wolfs im Schafspelz bezeichnen. Denn eigentlich gehört er zu den Friedfischen, hat aber eine stark ausgeprägte räuberische Ader. Wenn es in Flüssen ganz gewaltig an der Oberfläche klatscht, ist die Wahrscheinlichkeit groß, dass ein Rapfen auf Beutezug ist. Wer Rapfen fangen möchte, sollte einen Spinnköder einsetzen, der sich an oder knapp unter der Oberfläche präsentieren lässt. Beim Einholen ist Geschwindigkeit Trumpf. Mit einem schnell geführten Köder hat man gute Chancen, dass es gewaltig in der Rute ruckt.

MERKMALE

Gestreckter, seitlich abgeflachter, spitz zulaufender Körper, weites und leicht oberständiges Maul, Afterflosse eingebuchtet, silberne Färbung, Länge bis 1 Meter

LEBENSRAUM

Meist in größeren Fließgewässern, aber auch in kleineren Flüssen sowie in durchströmten Seen

LEBENSWEISE

Jungfische leben in Rudeln, ältere Tiere sind Einzelgänger, kleinere Exemplare halten sich häufig in den Uferzonen auf, größere Exemplare auch in Strömungsbereichen, Jungtiere ernähren sich von Kleintieren, größere Rapfen jagen Kleinfische und Amphibien

ANGELTECHNIKEN

Oberflächennahes Spinnfischen (Wobbler, Rapfenblei) mit kleinen Büscheln aus Gras oder Wasserpflanzen

Ohne Vorschriften geht in unseren Breiten fast nichts – manchmal lästig, im Falle des Angelns doch durchaus sinnvoll. Schließlich geht man mit lebenden Geschöpfen um. Somit gilt es in Deutschland sowie einigen angrenzenden Ländern, vor dem Angeln eine entsprechende Qualifikation nachzuweisen. Erst dann kann man eine Angelerlaubnis kaufen – gratis angeln ist in den seltensten Fällen drin, höchstens illegal. Aber klar: Von irgendwas müssen die Gewässer auch gepflegt und die Fischbestände erhalten werden.

KAPITEL 11

FISCHEREISCHEIN – DIE LIZENZ ZUM ANGELN

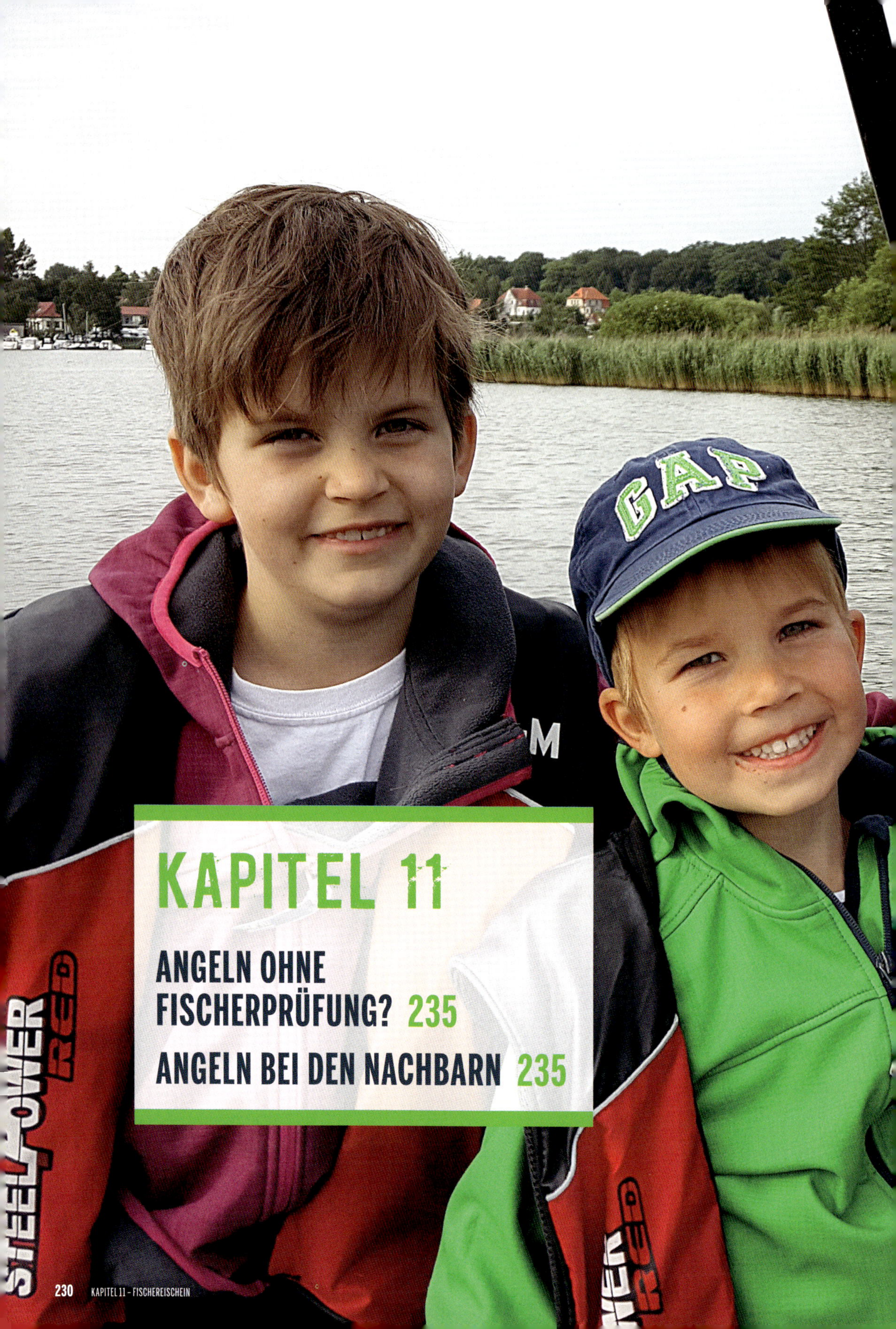

KAPITEL 11

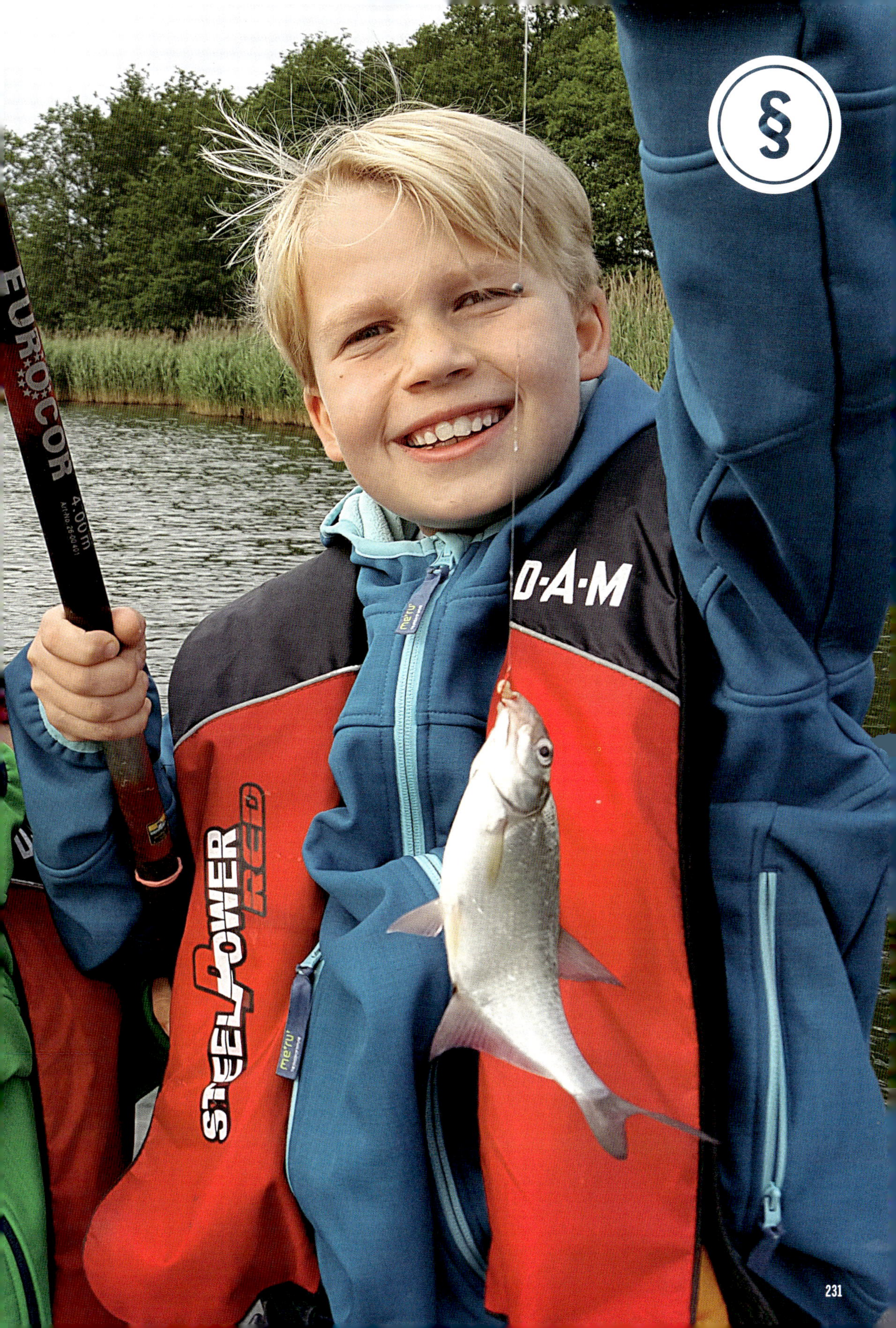
EURO COR
4.00 m
D·A·M
STEEL POWER RED

MIT PAPPE ANS WASSER

Damit man an Gewässern in Deutschland angeln darf, **benötigt der Fischer grundsätzlich einen Sachkunde-Nachweis**. Diese Bescheinigung wird als Fischereischein oder Bundesfischereischein bezeichnet. Voraussetzung dafür ist das Bestehen der Fischerprüfung. Diese wird bei der unteren Fischereibehörde beziehungsweise einem Landessportfischerverband abgelegt. Ausgestellt wird der Schein nach bestandener Prüfung von der Wohngemeinde oder dem zuständigen Bürgerbüro.

Das **Fischereirecht fällt in den Zuständigkeitsbereich der Bundesländer** und es gibt unterschiedliche Regelungen bezüglich der Zugangsvoraussetzungen sowie den Prüfungsanforderungen. So kann beispielsweise in Hamburg die Fischerprüfung im Alter von 12 Jahren abgelegt werden, in Hessen hingegen ist es erst im Alter von 14 Jahren möglich – vorher gibt es dort keinen Fischereischein.

Auch bei den Regelungen für den angelnden Nachwuchs gibt es Unterschiede. So existiert in vielen Bundesländern ein so genannter **Jugendfischereischein**, der ohne Prüfung erhältlich ist, maximal allerdings beispielsweise in Baden-Württemberg bis zum 16. Lebensjahr. Dann gibt es nur noch den »großen« Fischereischein mit Prüfung. Zudem variiert das **Mindestalter** für die Ausstellung des Jugendfischereischeins. In Brandenburg wird er ab einem Alter von 8 Jahren ausgestellt, in Nordrhein-Westfalen kann er ab 10 Jahren ausgestellt werden. Detaillierte Infos erhält man bei der Unteren Fischereibehörde, bei den Gemeinden, in Angelgeschäften und bei Angelvereinen.

Zur Erlangung des Fischereischeins gibt es je nach Bundesland variierende Anforderungen bei der **Fischerprüfung**. Meist gibt es einen theoretischen und einen praktischen Prüfungsteil. Im theoretischen Teil wird Wissen zu Themenbereichen wie Fisch- oder Gewässerkunde abgefragt. Im praktischen Teil geht es beispielsweise um die korrekte Zusammenstellung von waidgerechtem und angemessenem Angelgerät zum Fang verschiedener Fischarten. Je nach Bundesland muss man zusätzlich noch die Fähigkeit unter Beweis stellen, zielgenau auswerfen zu können. Nach bestandener Prüfung erhält man ein Prüfungszeugnis. Nach Vorlage dieses Zeugnisses wird der Fischereischein ausgestellt.

KEIN SCHEIN OHNE PRÜFUNG

Zur Vorbereitung auf die Fischerprüfung werden von Angelvereinen, Fischereiverbänden, Angelgerätehändlern oder privaten Anbietern entsprechende Kurse angeboten, bei denen das benötigte Wissen vermittelt wird. Auch wenn der Vorbereitungskurs nicht immer vorgeschrieben ist, sollte man diese Gelegenheit wahrnehmen, um optimal vorbereitet in die Prüfung zu gehen.

Hat man den Fischereischein in der Tasche, benötigt man für die meisten Gewässer zu-

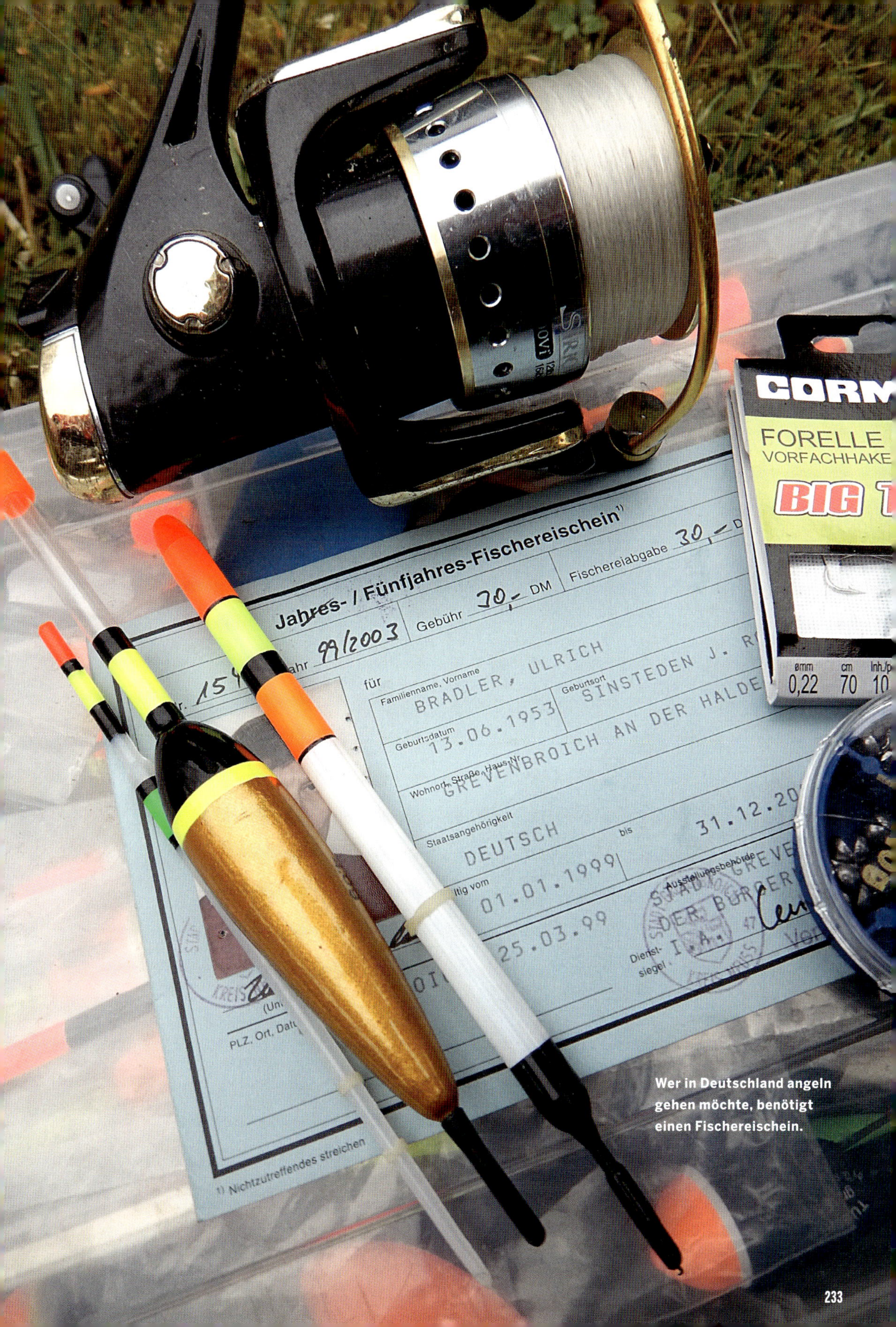

Wer in Deutschland angeln gehen möchte, benötigt einen Fischereischein.

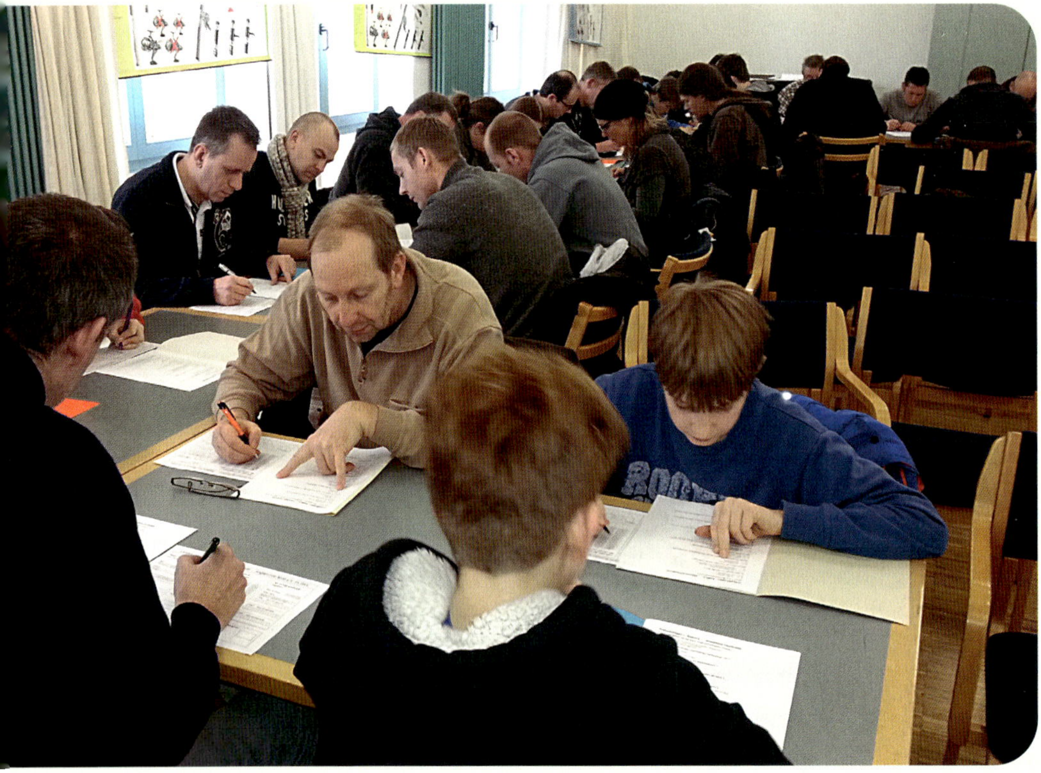

Büffeln fürs Examen: Die Fischerprüfung umfasst unter anderem einen theoretischen Teil, bei dem unterschiedliche Wissensgebiete abgeprüft werden.

In einigen Bundesländern, wie Mecklenburg-Vorpommern, kann man dank Touristenfischereischein auch ohne Prüfung angeln.

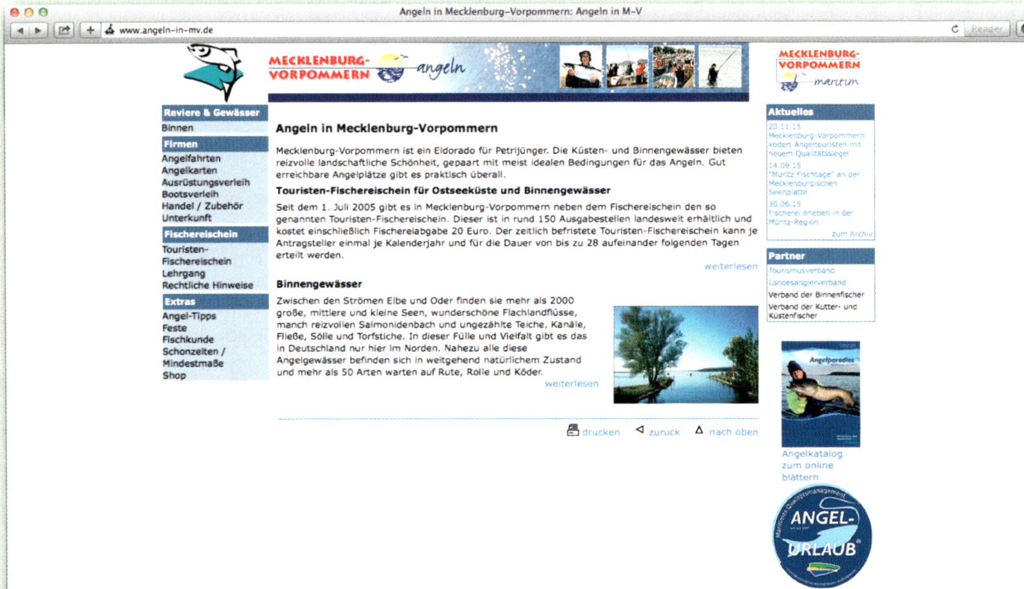

sätzlich eine **Angelerlaubnis**, häufig Gewässerschein, Angelkarte oder Lizenz genannt. Auch hier gibt es je nach Region unterschiedliche Regelungen. Besonders in Ostdeutschland kann man mit einer Verbandskarte bereits sehr viele Gewässer befischen. In anderen Regionen gibt es Angelvereine, welche die Fischereirechte für bestimmte Gewässer besitzen. Entweder tritt man in solch einen Verein ein und erhält so das Recht, einen Teich, See oder einen Flussabschnitt zu befischen.

DER WEG ZUR LIZENZ

Oder man versucht, als so genannter Gastangler einen Tages-, Wochen-, Monats- oder Jahresschein zu erwerben. Das ist allerdings nicht immer möglich, da einige Vereine ihre Gewässer ausschließlich ihren Mitgliedern zur Verfügung stellen oder Gastkarten nur in beschränkter Zahl ausstellen. Gastkarten gibt es meist bei den Geschäftsstellen der Vereine oder bei örtlichen Angelläden. Mittlerweile betreiben viele Angelvereine und Angelfachhändler eigene Websites, auf denen ersichtlich ist, ob und welche Gewässerscheine ausgegeben werden.

Einfacher ist die Situation bei großen Seen oder großen Flüssen wie Rhein oder Elbe. Hier ist es relativ unkompliziert, an einen Erlaubnisschein zu kommen: Bei der zuständigen Fischereigenossenschaft oder den anliegenden Angelgeschäften bekommt man fast immer einen Tages-, Wochen- oder Jahresschein. Um den bekannten Hamburger Hafen vom Ufer befischen zu können, benötigt man lediglich den Fischereischein, eine Gewässerkarte ist nicht erforderlich. An den Put & Take-Gewässern oder Forellenseen kann man auf Vorlage des Fischereischeins Tages- oder Zeitkarten erwerben. Auch für die meisten Küstenregionen benötigt man neben dem Fischereischein eine zusätzliche Gewässerkarte, wie etwa die Küstenschein in Mecklenburg-Vorpommern.

ANGELN OHNE FISCHERPRÜFUNG?

Nicht überall muss man zwingend eine Prüfung ablegen, um angeln zu dürfen. Gerade in **Bundesländern mit touristischer Ausrichtung**, wie Schleswig-Holstein und Mecklenburg-Vorpommern, besteht die Möglichkeit, einen sogenannten Urlaubs- oder Touristenfischereischein zu erwerben, ohne die Fischereiprüfung ablegen zu müssen. Allerdings ist dieser Fischereischein nur für einen relativ kurzen Zeitraum erhältlich, meist etwa einen Monat, und kann auch nicht beliebig verlängert werden.

Erhältlich sind Urlaubs- und Touristenfischereischeine bei Ordnungsbehörden, in Angelfachgeschäften, manchmal auch auf Campingplätzen und bei Kurverwaltungen. Infos zum Urlaubsfischereischein in Schleswig-Holstein gibt es unter www.service.schleswig-holstein.de, Auskünfte über den Touristenfischereischein in Mecklenburg-Vorpommern findet man unter www.angeln-in-mv.de.

ANGELN BEI DEN NACHBARN

Wer in **Österreich** angeln möchte, benötigt je nach Bundesland eine Fischerkarte beziehungsweise eine Fischergastkarte. Wer im Besitz dieser Karte ist, kann Erlaubnisscheine für Gewässer lösen. Weitere Infos gibt es unter www.fischerei-verband.at.

In der **Schweiz** benötigt man einen staatlichen Fischereischein, für den eine Fischereiprüfung abgelegt werden muss. Urlauber oder ausländische Angler können auch ohne staatlichen Fischereischein angeln. Es können für die jeweiligen Gewässer dann allerdings nur Erlaubnisscheine erworben werden, die maximal einen Monat lang gültig sind.

In den **Niederlanden** gestaltet sich der Erwerb einer Angelerlaubnis unkompliziert: Der sogenannte VISpas ermöglicht es, in vielen niederländischen Gewässern die Montage auszuwerfen. Er kann ohne Prüfung erworben werden. Unter www.angeln-in-den-niederlanden.de gibt es ausführliche Informationen.

FISCHEN IST LÄNDERSACHE

In **Frankreich** werden Fischereischeine von den regionalen Angelverbänden ausgegeben (Prüfung nicht erforderlich), sie sind in Angelgeschäften, Sportgeschäften oder in Postämtern erhältlich.

Für das Angeln in **Dänemark** benötigt man einen Staatlichen Dänischen Fischereischein (Ausnahme Put & Take-Seen). Der dänische Angelschein kann in Touristen-Büros, in Angelläden, auf Campingplätzen oder sogar an einigen Kiosks gekauft werden. Eine Prüfung muss nicht abgelegt werden.

Sicherlich gibt es Angler, die keinen Fisch essen. Für die meisten gehört Fisch jedoch auch auf den Teller, selbst wenn verantwortungsvolle Angler dabei Maß halten – schließlich muss man nicht die ganze Nachbarschaft mit Fisch versorgen. Jedenfalls ist Fisch absolut lecker, was nicht nur für fälschlich als »Edelfische« bezeichnete Arten wie Forellen oder Zander gilt. Vielmehr lassen sich auch aus grätenreichen Arten tolle Fischgerichte zaubern. Der Aufwand dafür hält sich in Grenzen und begeistert die ganze Familie.

KAPITEL 12

EINFACH LECKER – DIE FISCHZUBEREITUNG

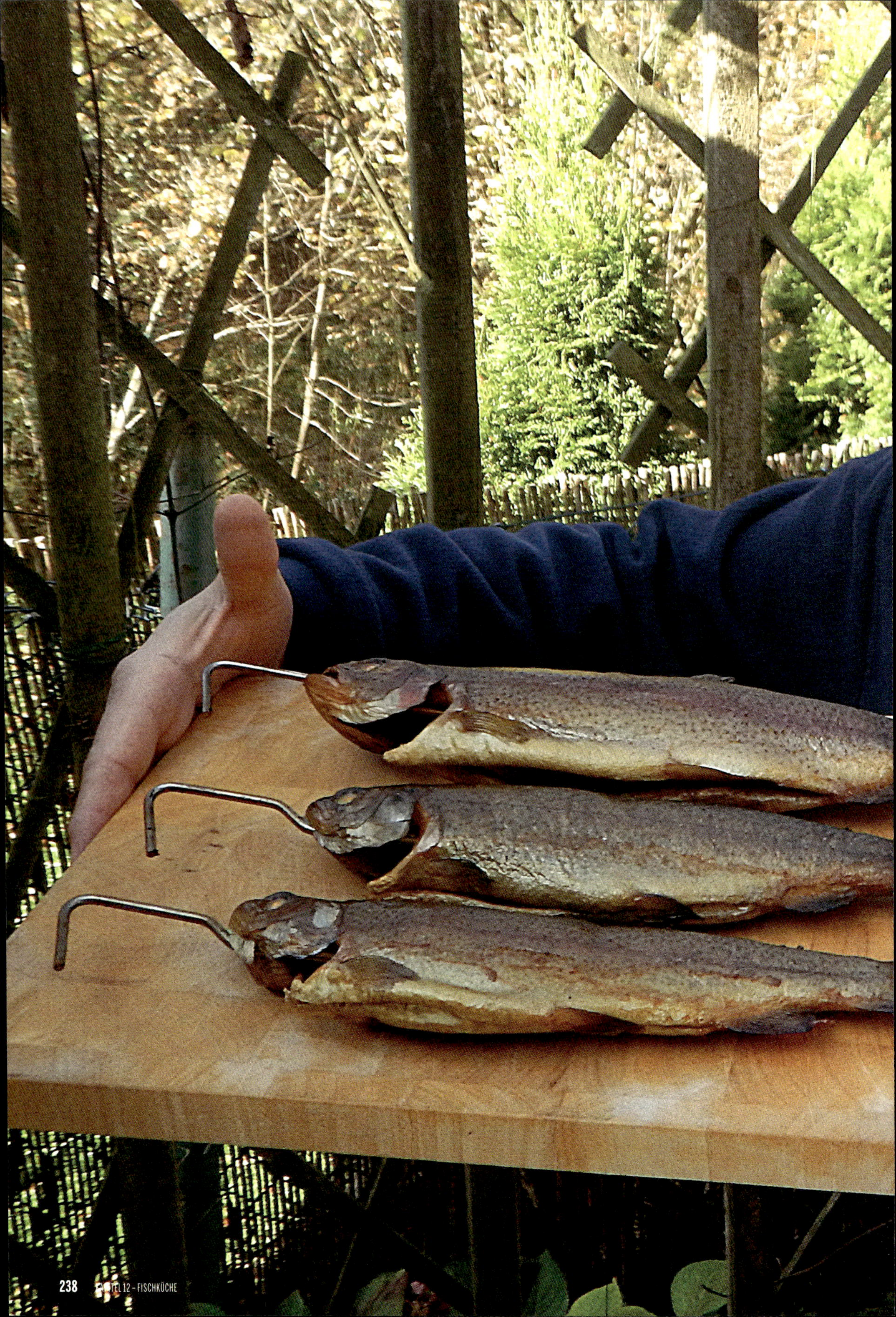

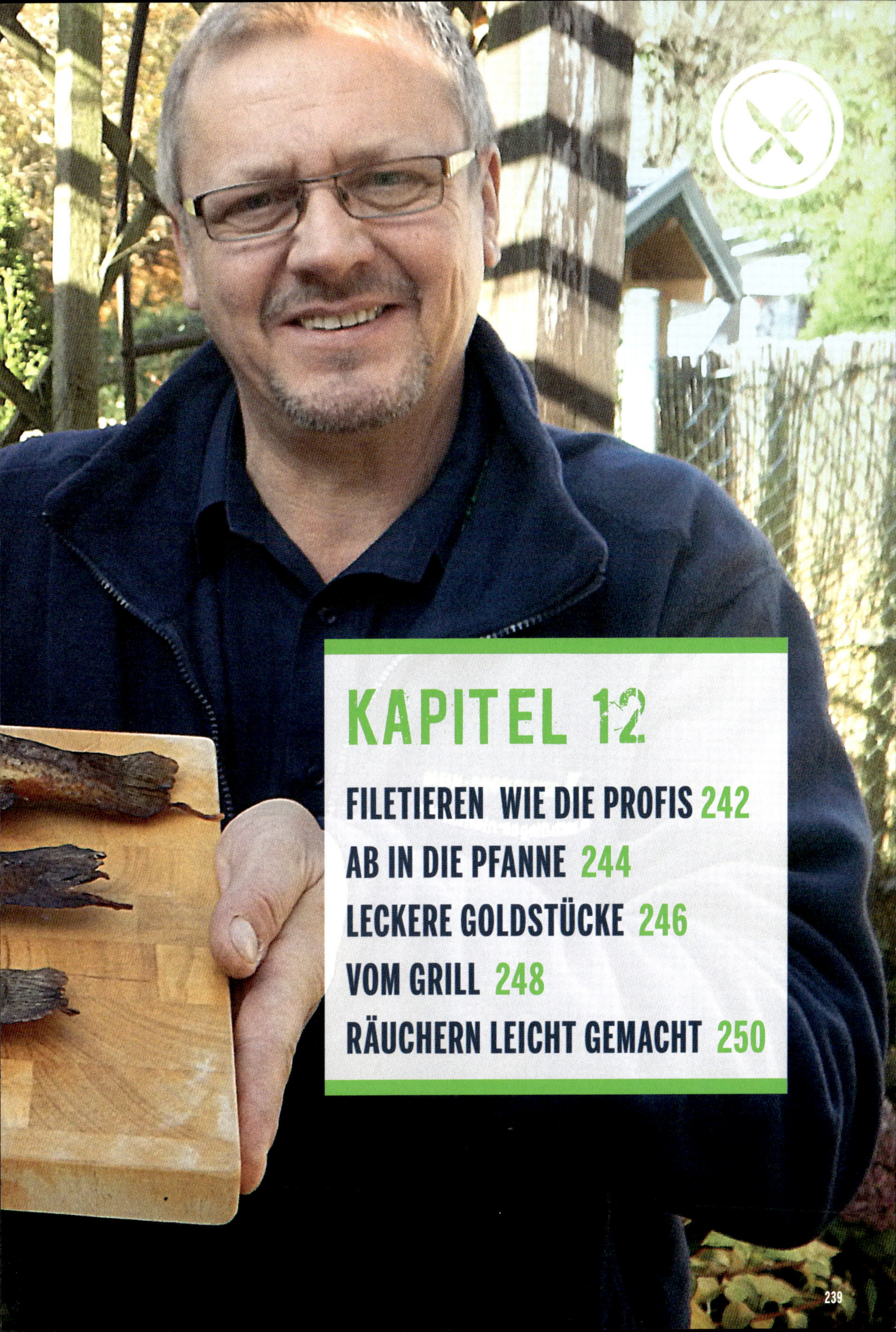

KAPITEL 12

MAHLZEIT!

Fische fangen macht Spaß. Aber zum Angeln gehört auch die leckere Zubereitung des Fanges. Es gibt viele Möglichkeiten, aus Fisch eine leckere Mahlzeit zu zaubern: **Kochen, braten, räuchern oder grillen.** Häufig hört man, dass das Zubereiten von Fisch schwierig wäre. Aber keine Angst, so kompliziert ist es nicht. Hier lernst du Schritt für Schritt einfache und schmackhafte Möglichkeiten kennen, wie du deinen selbst gefangenen Fisch lecker auf den Teller bringst.

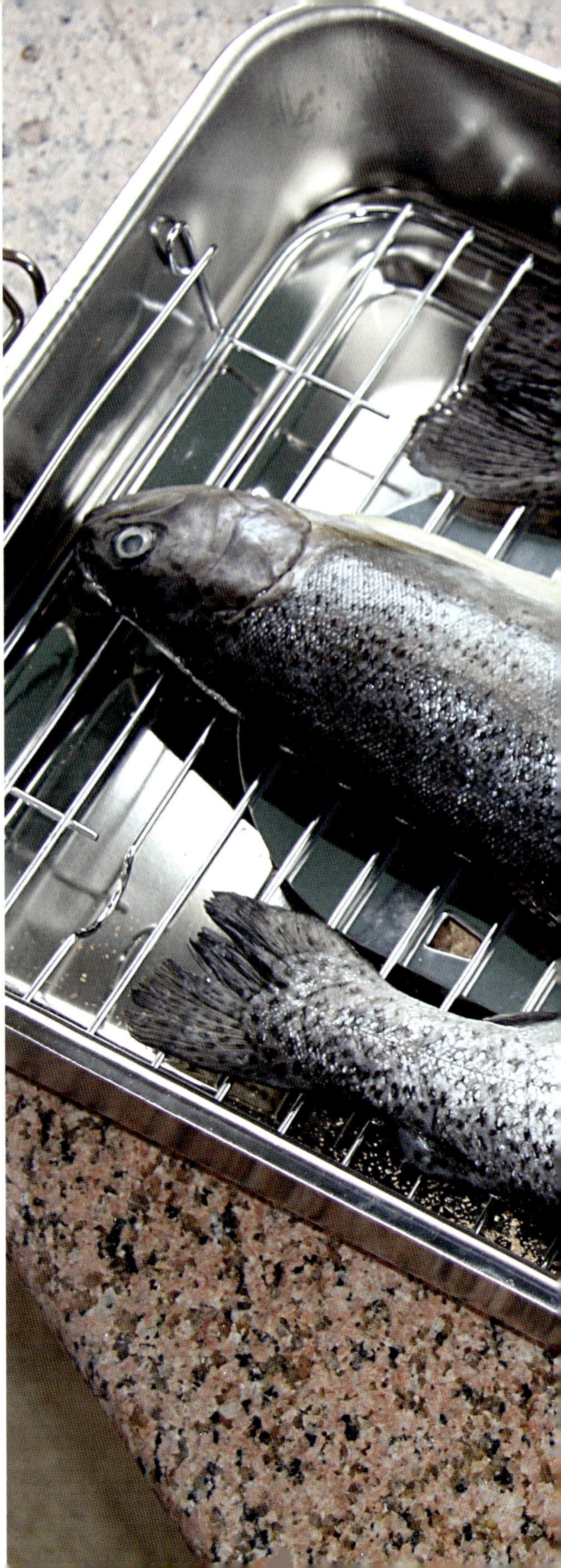

FILETIEREN

Fischfilets sind eine schöne Sache, weil sie meistens (fast) frei von Gräten sind. Aus diesem Grund bilden Filets die Grundlage für viele Fischrezepte und Zubereitungstechniken. Zum Filetieren eines Fischs benötigt man ein scharfes Messer. Ein spezielles **Filetiermesser mit langer, flexibler Klinge** eignet sich am besten für diese Arbeit.

Forellen eignen sich ideal für den Tischräucherofen.

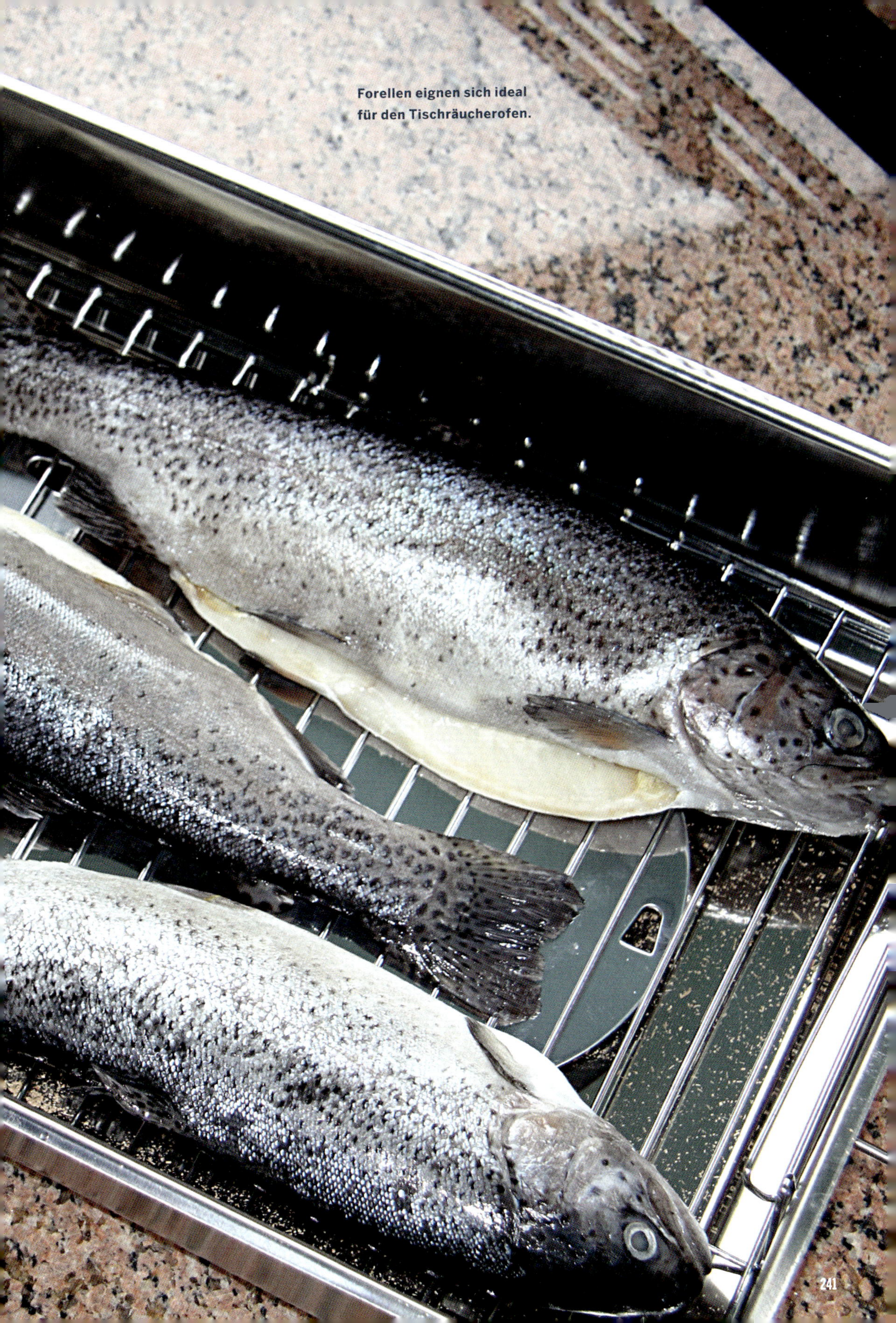

FILETIEREN WIE DIE PROFIS

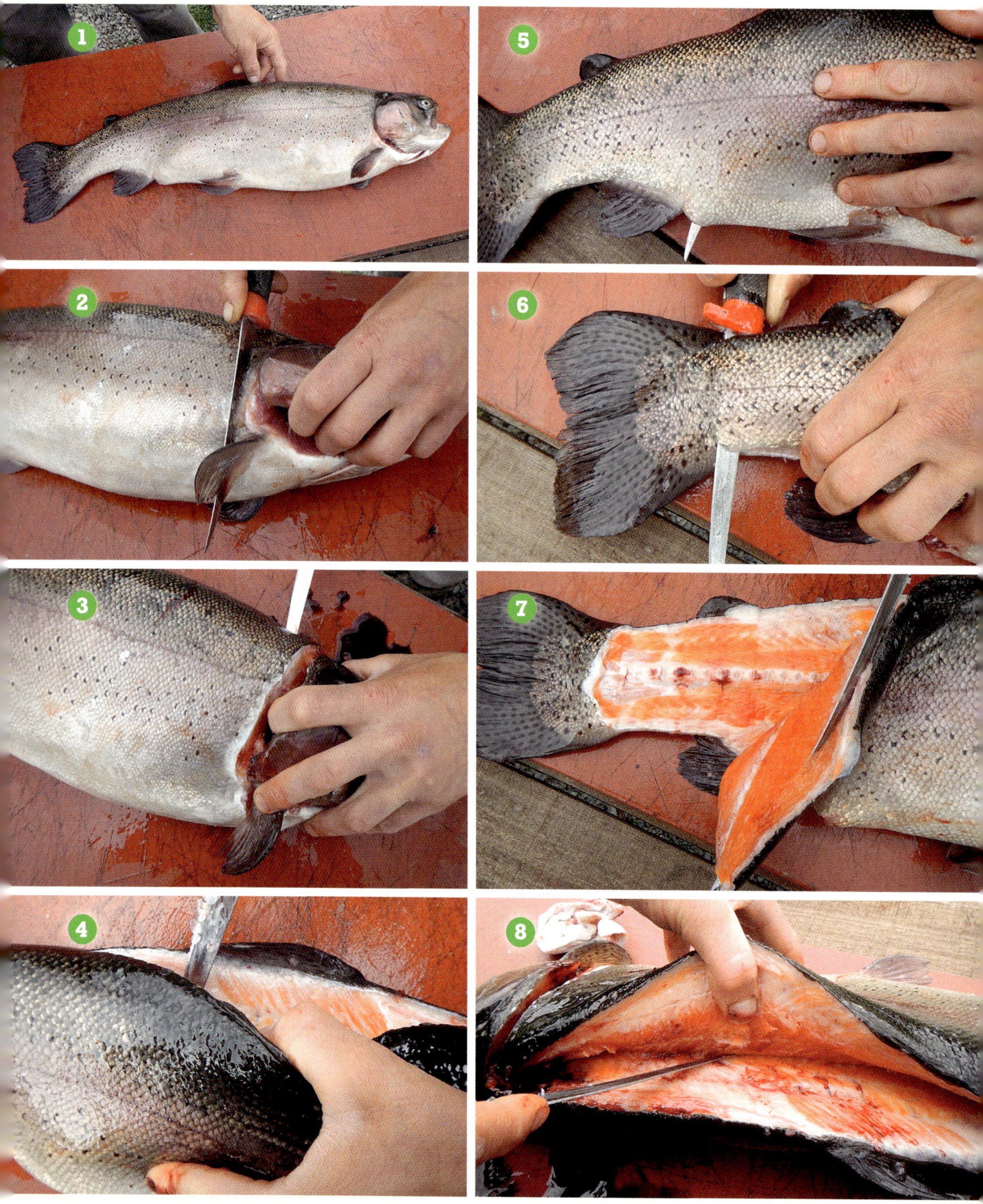

1
Um den nicht ausgenommenen Fisch (hier eine große Forelle) ordentlich filetieren zu können, legt man sie auf eine ebene Fläche oder ein Filetierbrett.

2
Das Filetiermesser wird hinter den Kiemen und der Brustflosse angesetzt. Dann schneidet man bis auf die Mittelgräte (Wirbelsäule) hinunter.

3
An der Schnittstelle am Rücken wird das Messer in den Fisch gestochen.

4
Nun schneidet man an der Mittelgräte entlang bis hinter die Rückenflosse.

5
Danach wird das Messer so durch den Fisch gestochen, dass die Spitze vor der Afterflosse austritt.

6
Jetzt wird das Messer an der Mittelgräte entlang bis zum Schwanz geführt.

7
Das Schwanzende des ersten Filets ist gelöst.

8
Mit Hilfe des Messers kann man vom Rücken her das Filet von den Gräten lösen.

9
Das erste Filet ist fast frei.

10
Und schon liegt das erste Filet vor. Danach wird der Fisch umgedreht und man wiederholt den Vorgang auf der anderen Seite.

11
Hat man das zweite Filet abgetrennt, lässt sich das Gerippe des Fisches abziehen, die so genannte Karkasse.

12
Nun müssen die beiden Filethälften nur noch mit einem sauberen Messerschnitt voneinander getrennt werden.

13
Da läuft einem das Wasser im Munde zusammen: Die beiden Filets sind bereit für Pfanne oder Ofen.

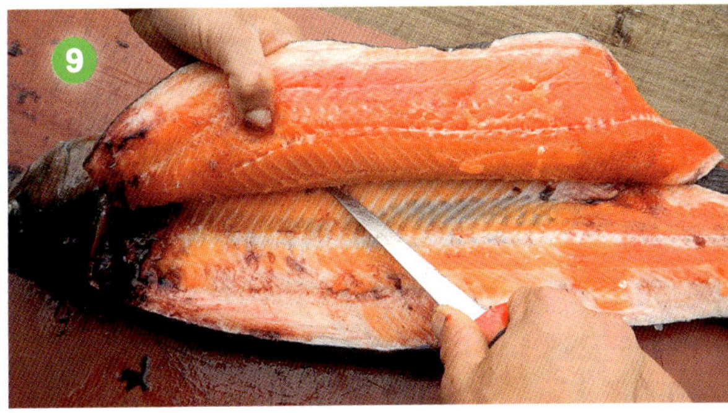

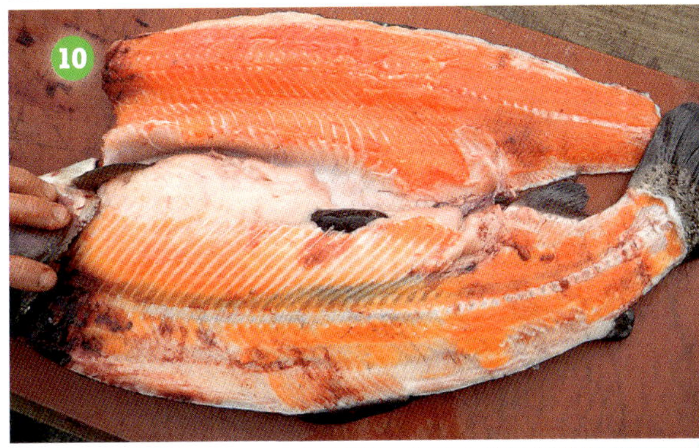

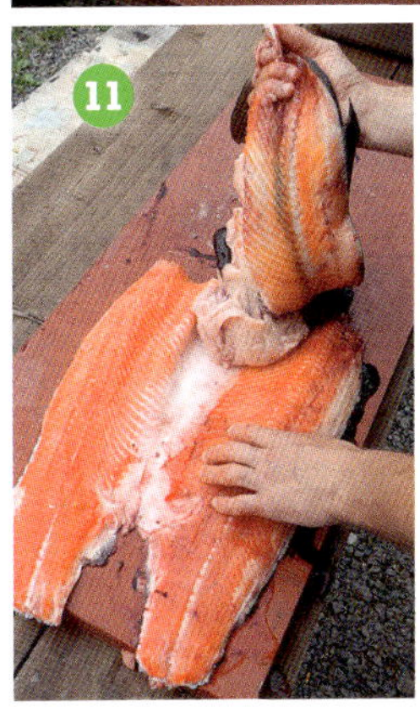

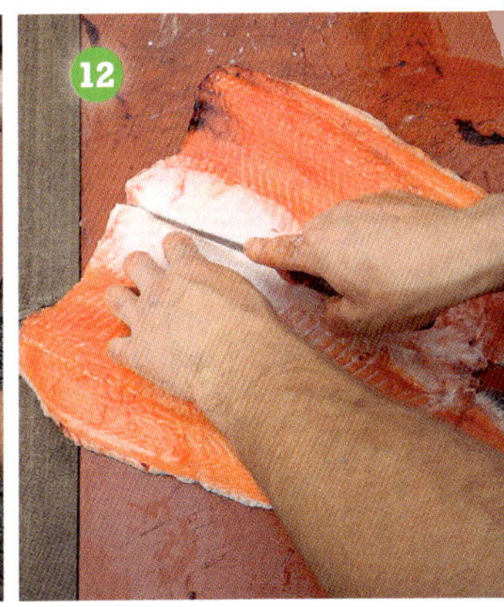

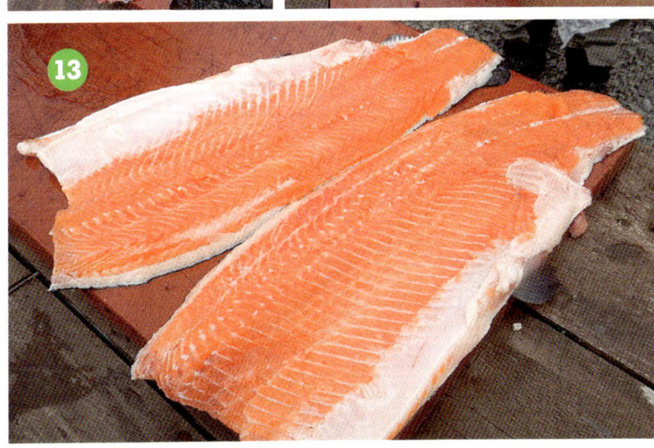

AB IN DIE PFANNE – SO BRÄT MAN FISCHFILETS

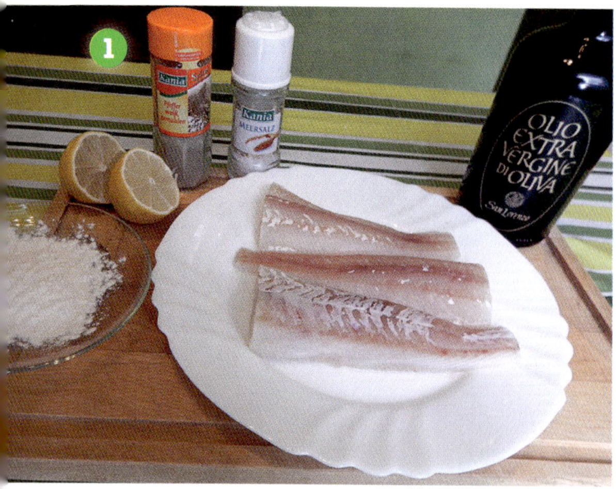

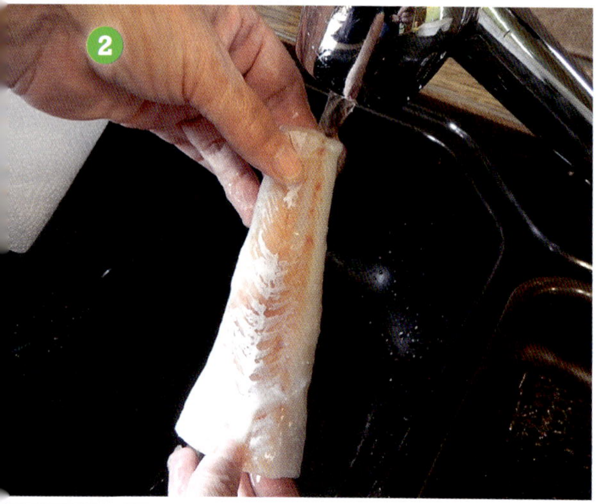

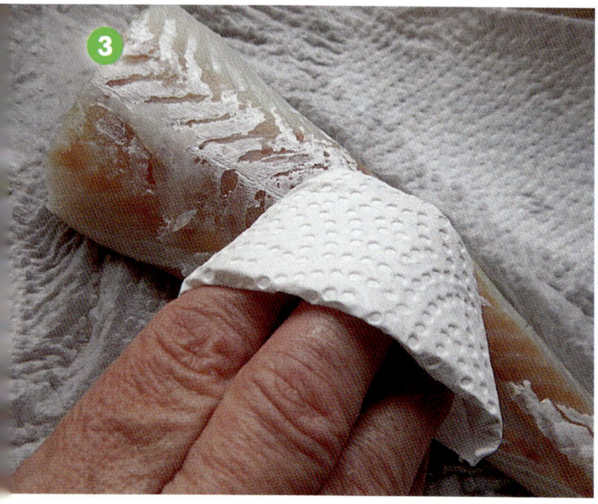

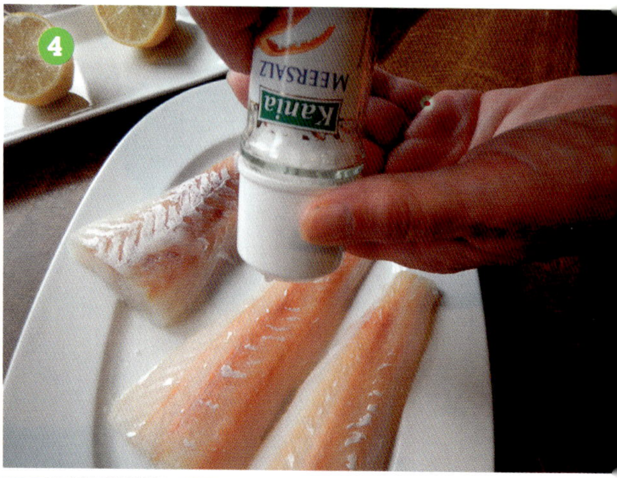

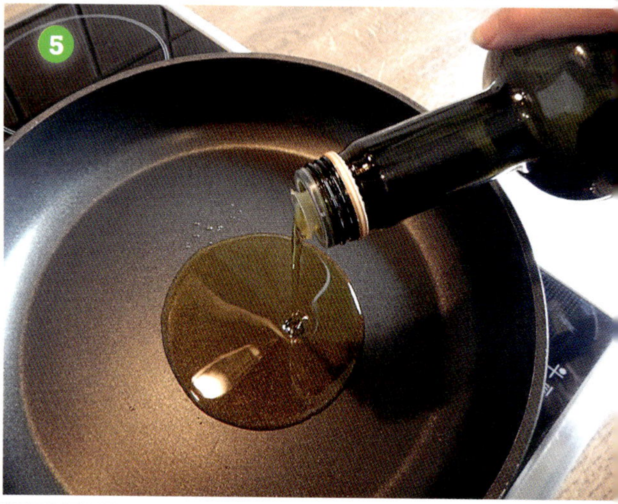

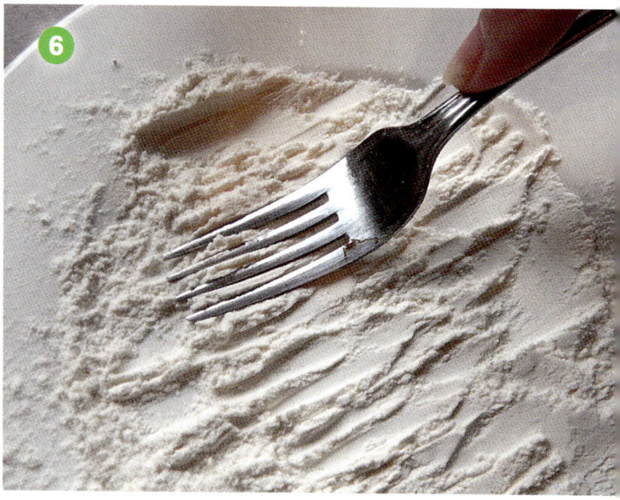

Fischfilets lassen sich mit Hilfe weniger Zutaten **schnell und einfach in der Pfanne** zubereiten. Für diese Form des Bratens eignen sich Fischarten mit weißem Fleisch, wie Dorsch und Seelachs, aber auch Zander, Barsch und Forelle.

1
Das wird benötigt: Fischfilets (hier vom Dorsch), Salz, Pfeffer, Mehl, Zitrone und Olivenöl.

2
Im ersten Schritt werden die Filets unter klarem Wasser abgespült.

3
Dann die Filets mit Küchenpapier abtupfen.

4
Die Filets auf beiden Seiten salzen und beidseitig mit Pfeffer bestreuen.

5
Etwas Olivenöl in die Pfanne geben und auf höchster Stufe erhitzen.

6
Mehl auf einen Teller geben und mit einer Gabel verteilen.

7
Beide Seiten der Filets in Mehl wälzen. Das Mehl verhindert, dass die Filets beim Braten auseinanderfallen.

8
Die Filets in die erhitzte Pfanne geben und zwei Minuten braten. Ist das Filet dick, kann man die Bratzeit etwas verlängern. Nach zwei Minuten werden die Filets gewendet, danach die andere Seite ebenfalls zwei Minuten gebraten. Herdplatte ausschalten und die Filets noch etwa drei Minuten in der Pfanne lassen.

9
Ein paar Spritzer Zitrone hinzugeben – und fertig sind die gebratenen Fischfilets.

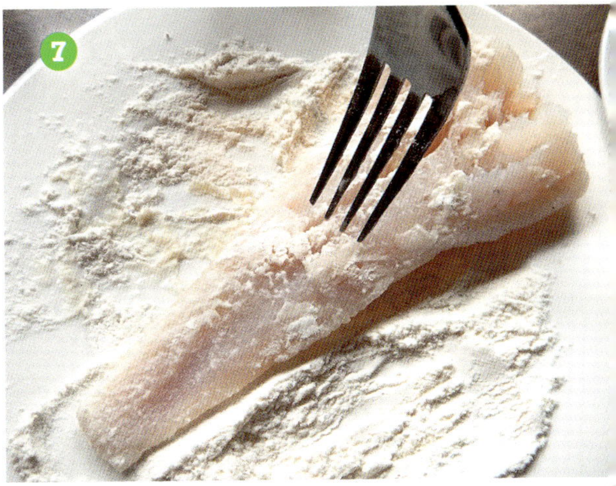

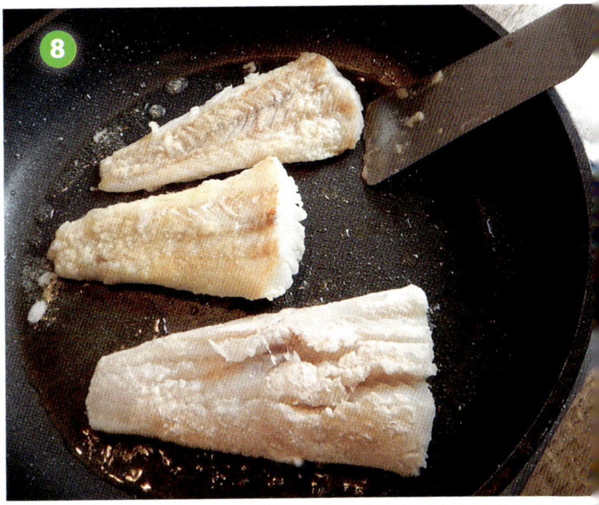

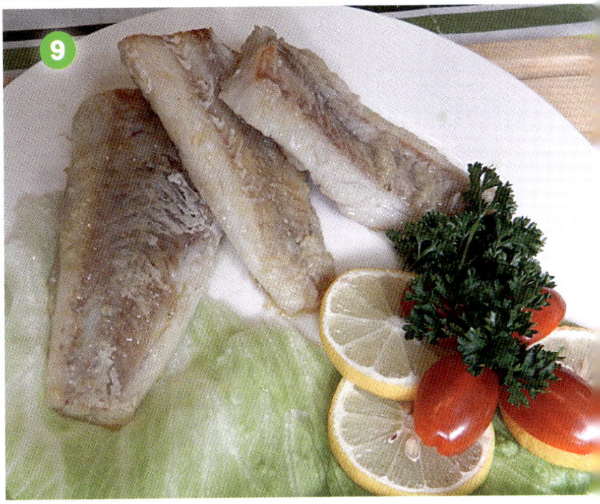

LECKERE GOLDSTÜCKE AUS DER PFANNE

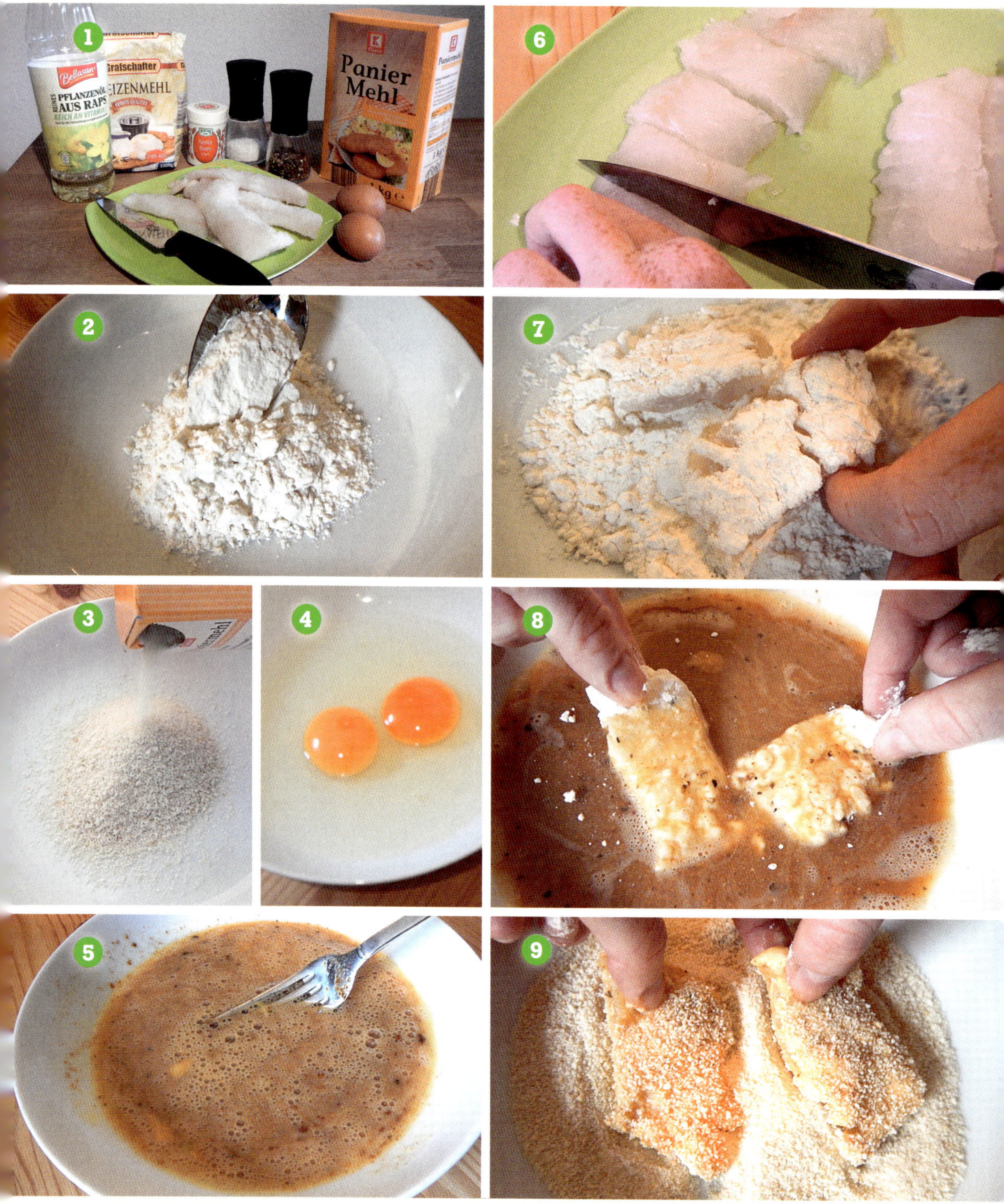

Mit normalem Brat- oder Kochfisch braucht man Kindern meist erst gar nicht zu kommen. Aber bei den Goldstücken aus der Pfanne sieht die Sache anders aus: **Da können auch die wählerischen Kleinen meist nicht widerstehen.**

1
Für die Zubereitung der Goldstücke (3 bis 4 Portionen) benötigt man 600 bis 800 Gramm Fischfilet (Dorsch, Schellfisch, Köhler oder Zander), Mehl, Paniermehl, Salz, Pfeffer, Paprikapulver (edelsüß oder Rosenpaprika), 2 Eier und Öl.

2
4 Esslöffel Mehl auf einen tiefen Teller geben. Falls nötig, entsprechend Mehl nachdosieren.

3
In einen weiteren tiefen Teller gibt man etwa 6 Esslöffel Paniermehl für die Panade.

4
Zwei Eier in einen dritten tiefen Teller aufschlagen.

5
Salz, Pfeffer sowie Paprikapulver zu den Eiern geben und das Ganze mit Hilfe einer Gabel gründlich vermengen.

6
Fischfilets waschen, trockentupfen und in Stücke schneiden. Falls im Filet noch Gräten vorhanden sein sollten, diese mit Hilfe einer Grätenzange oder einer Pinzette entfernen.

7
Fischstücke beidseitig in Mehl wälzen.

8
Danach werden die Stücke in die Eimasse gegeben.

9
Nun wendet man sie mit beiden Seiten im Paniermehl.

10
Ein Teller panierter Fischstücke ist fertig für die Pfanne.

11
In eine Pfanne 2 bis 3 Zentimeter hoch Öl geben und erhitzen. Ist das Öl heiß, werden die Fischstücke in die Pfanne gelegt. Wenn die Unterseite leicht gebräunt aussieht, wendet man die Stücke.

12
Die fertigen Goldstücke auf einen Teller mit Küchenpapier legen, welches das überschüssige Fett aufsaugt.

13
Goldstücke mit einer Portion Pommes Frites und Ketchup angerichtet – da sagt keiner nein.

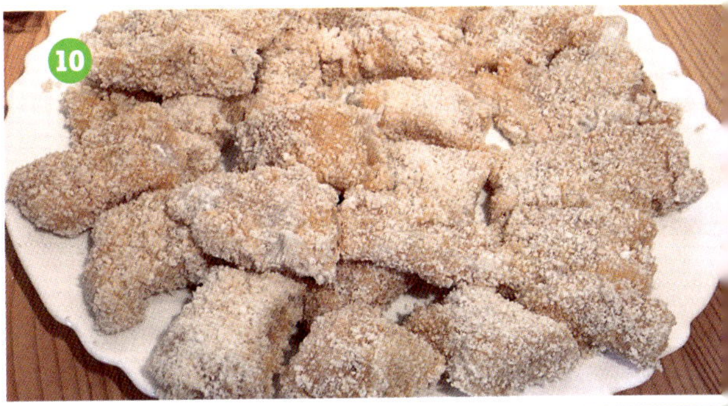

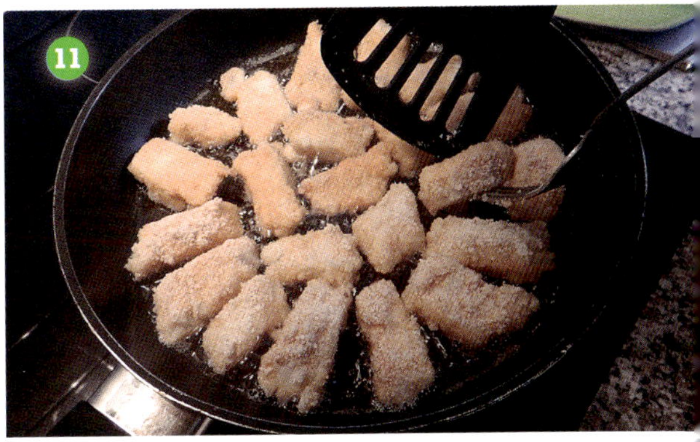

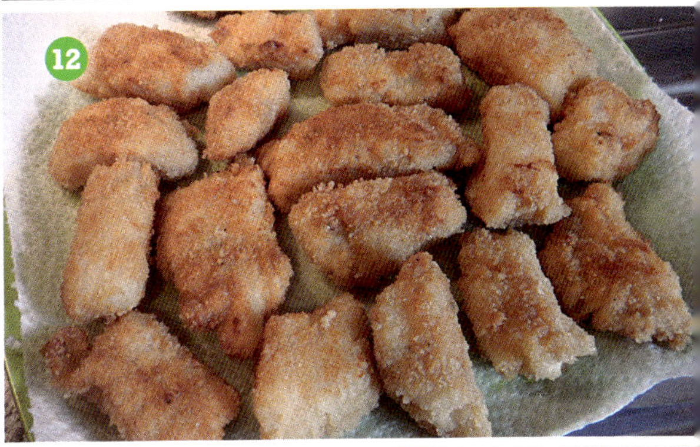

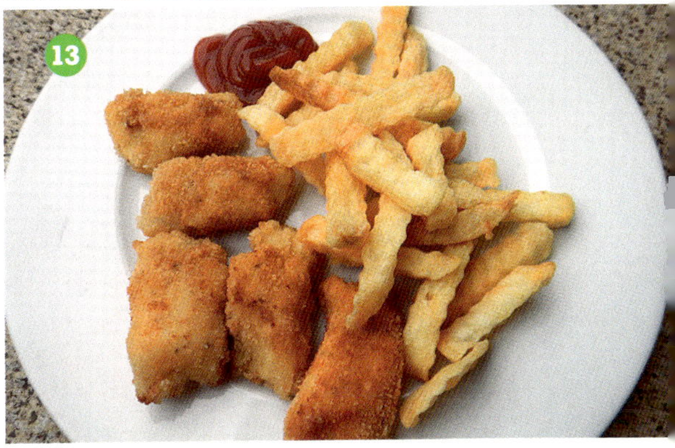

VOM GRILL – STÖRFILETS

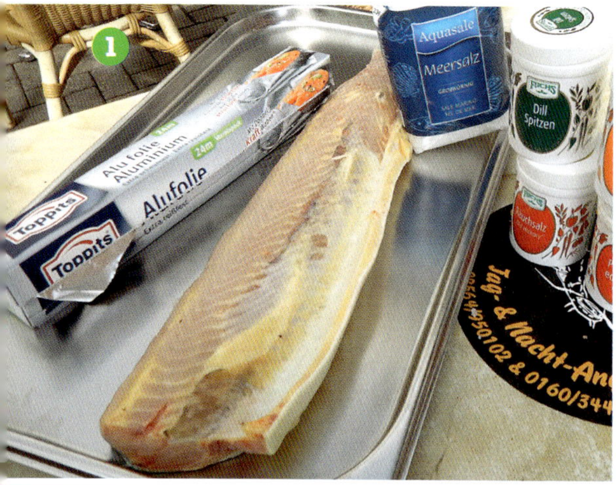

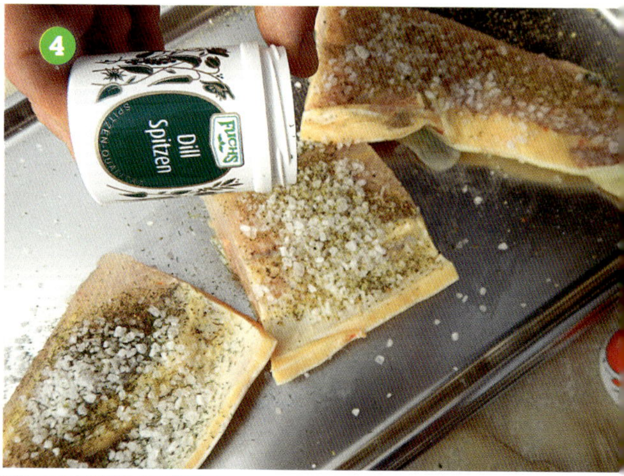

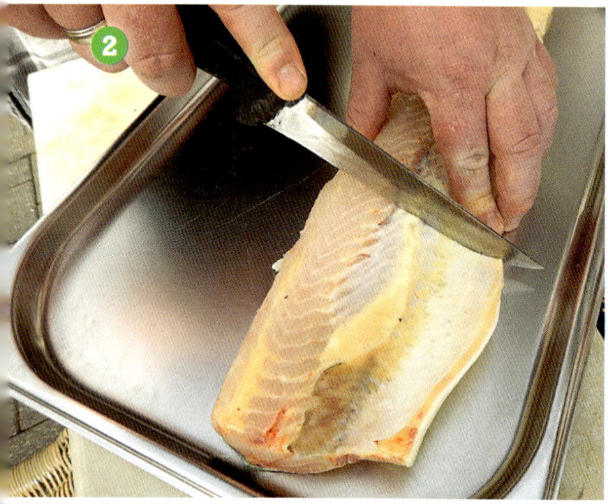

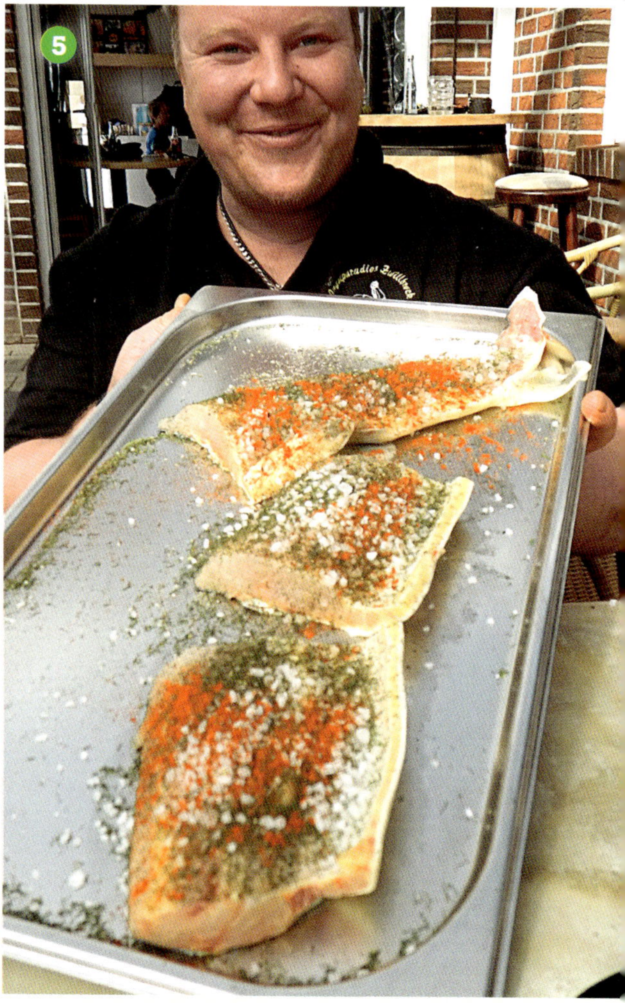

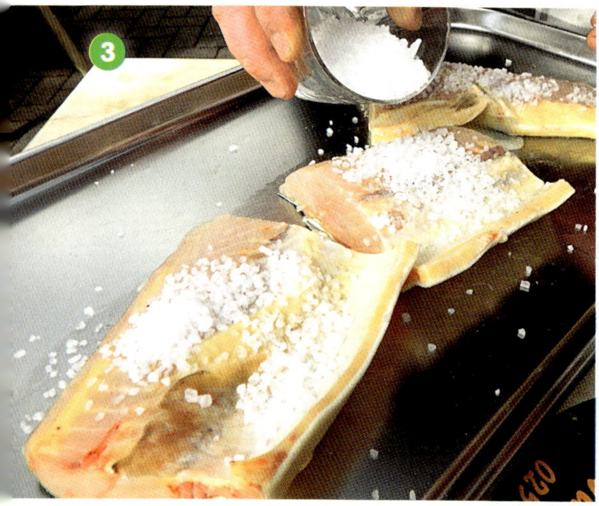

Sommerzeit ist Grillzeit: Was kann es Besseres geben, als mit Freunden und Familie draußen zu sitzen und dabei gegrillten Fisch zu genießen? Eine Fischart, die auch im Sommer gut beißt, ist der Stör. Mit ein paar Gewürzen aufgepeppt, sind gegrillte Störfilets ein wahrer Gaumenschmaus.

◀

1
Das Filet muss fürs Grillen vorbereitet werden. Dazu benötigt man grobes Meersalz, grob geschroteten Pfeffer, Dillspitzen, Zitronenpfeffer, Rauchsalz, Paprika edelsüß und Alu-Folie.

2
Man zerteilt das Filet in mehrere Stücke. Aus einem Filet dieser Größe kann man drei ordentliche Stücke schneiden.

3 *und* **4**
Nun streut man nacheinander Salz und Gewürze (Zitronenpfeffer, Rauchsalz, Dillspitzen und Paprika edelsüß) auf das Filet.

5
Die Filets sind gewürzt und fast bereit für den Grill.

▶

6
Vorher muss man sie in Alufolie verpacken. So können sie auf dem Grill nicht austrocknen.

7
Die verpackten Stücke auf den heißen Grill legen. Nach sieben bis zehn Minuten werden die Pakete gewendet. Danach bleiben sie noch einmal die gleiche Zeit auf dem Grill.

8
Die fertigen Störfilets sind dank der Alufolie schön saftig. Genuss ohne Vorsicht: Da Stör-Filets keine Gräten besitzen, kann man herzhaft zubeißen.

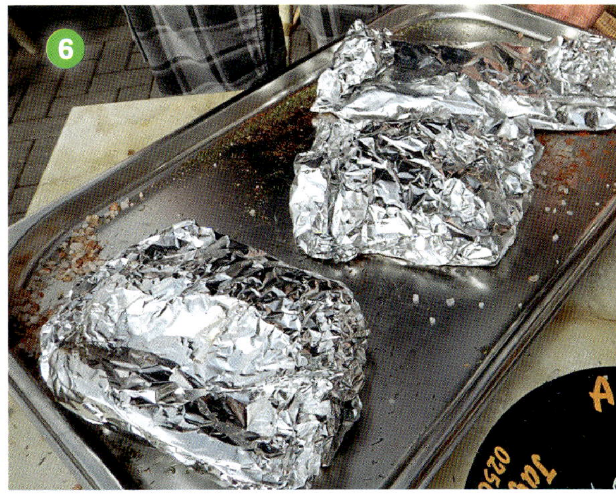

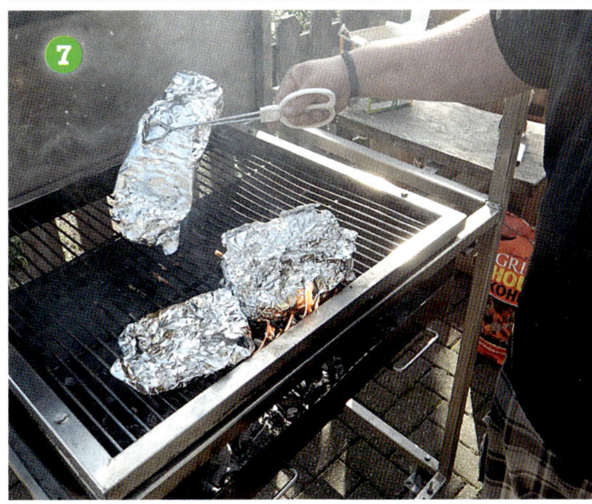

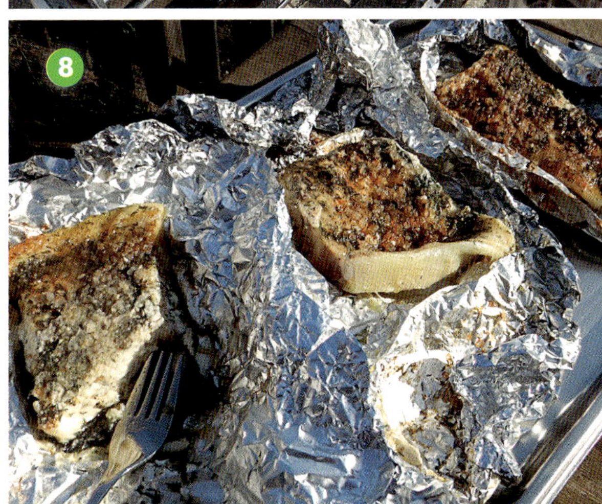

RÄUCHERN LEICHT GEMACHT – DER TISCHRÄUCHEROFEN

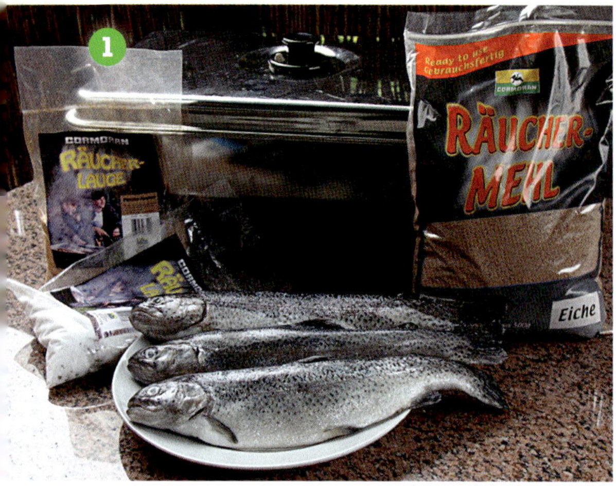

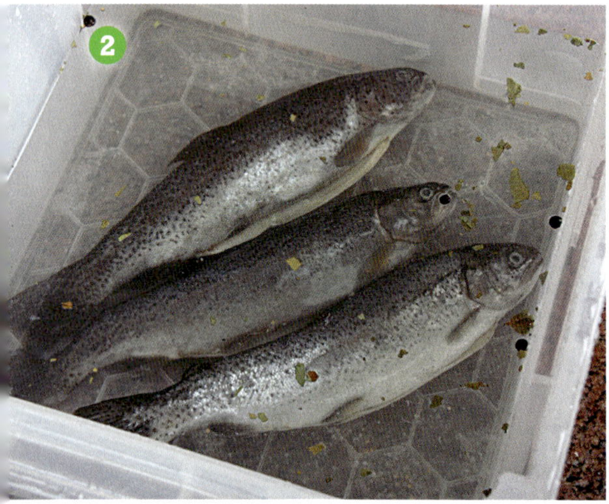

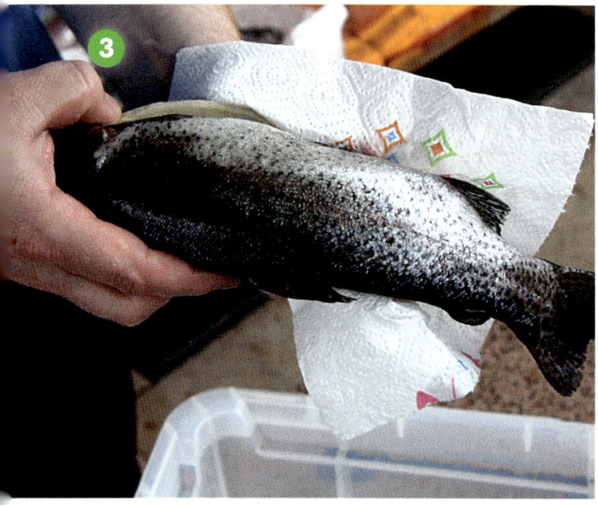

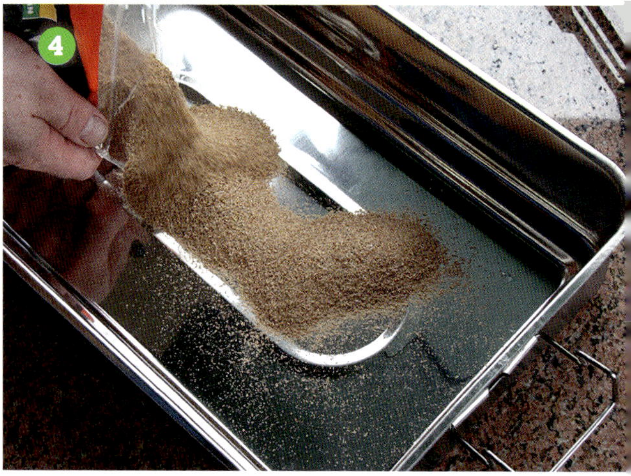

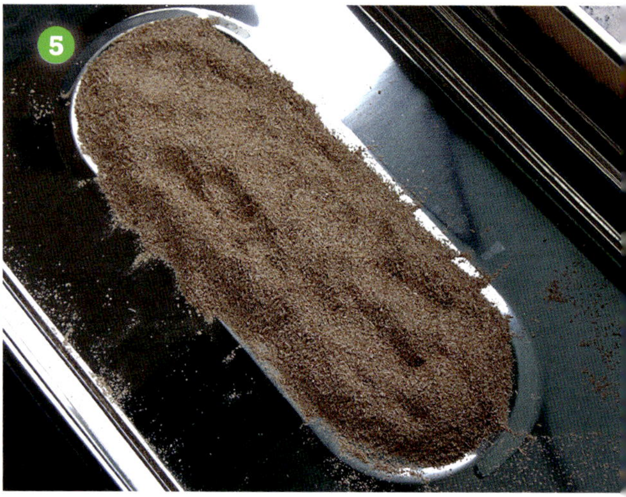

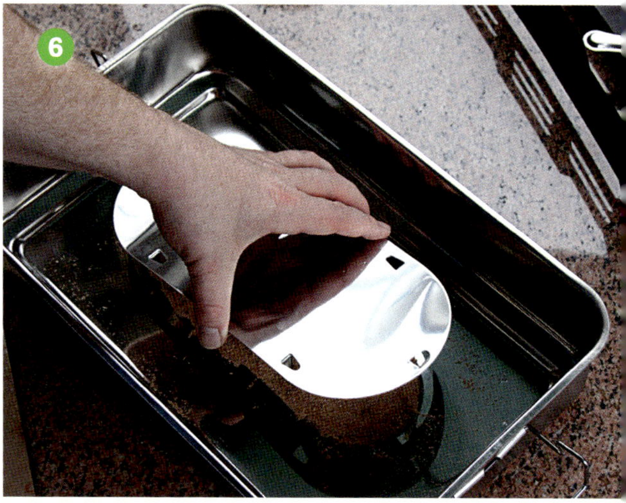

Räuchern ist eine Wissenschaft für sich – dieses Gerücht hält sich unter Anglern ziemlich hartnäckig. Aber es gibt eine Methode, mit man das Gold aus dem Rauch ganz einfach gewinnen kann. Die Rede ist vom **Räuchern mit dem Tischräucherofen.**

1
Fürs schnelle und einfache Räuchern benötigt man einen Tischräucherofen, eine Salzmischung für die Räucherlauge, Räuchermehl und Fisch. Fürs Räuchern mit dem Tischräucherofen bieten sich besonders Forellen in Portionsgröße an.

2
Zuerst befüllt man eine Box oder eine Wanne mit Wasser und gibt die Laugenmischung hinzu. Ein Beutel reicht für etwa zehn Liter Wasser. Das Ganze gründlich vermischen, damit sich das Salz im Wasser löst. Nun die Forellen für etwa 12 Stunden in die Lauge legen.

3
Danach nimmt man die Fische aus der Lauge und tupft sie mit Küchenpapier trocken.

4
Am Boden des Tischräucherofens befindet sich eine Mulde. Dort gibt man das Räuchermehl hinein.

5
Die Mulde ist mit Räuchermehl bedeckt.

6
Danach legt man die mitgelieferte Abdeckung über das Räuchermehl.

7
Auf die Abdeckung kommt der erste Rost. Darauf platziert man drei Forellen. Die Fische dürfen sich nicht berühren.

8
Der zweite Rost wird im Ofen platziert. Auf den zweiten Rost kann man noch einmal drei Fische legen. So lassen sich bis zu sechs Forellen gleichzeitig räuchern.

Weiter geht's auf der nächsten Seite ...

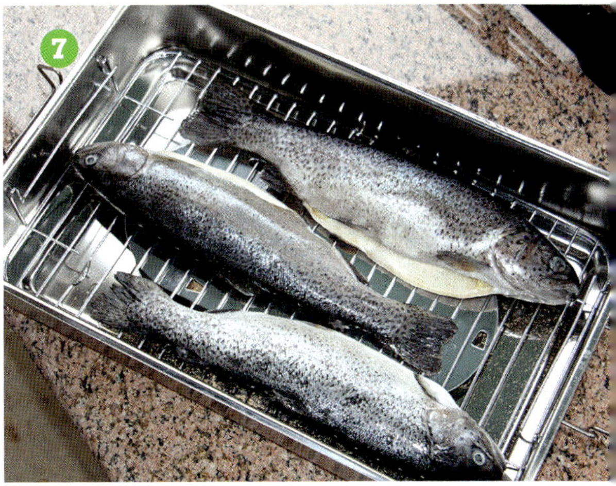

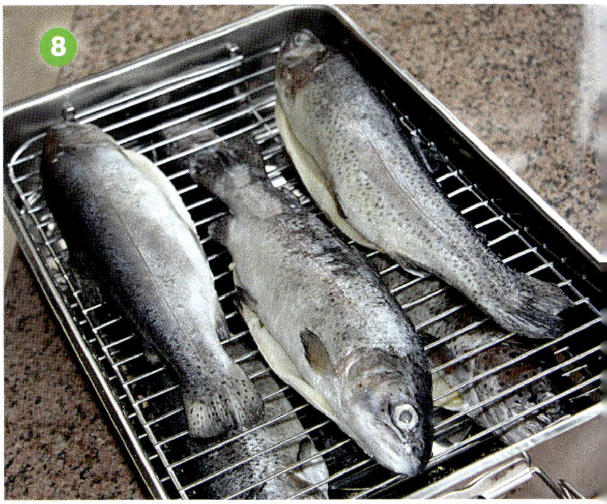

KOPFLOS

Auch einen größeren Fisch kann man im Tischräucherofen zubereiten. Damit er hineinpasst, muss man den Kopf abschneiden.

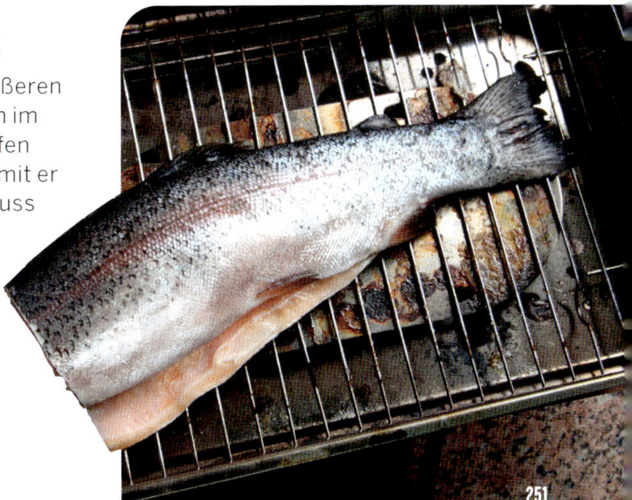

RÄUCHERN LEICHT GEMACHT – DER TISCHRÄUCHEROFEN

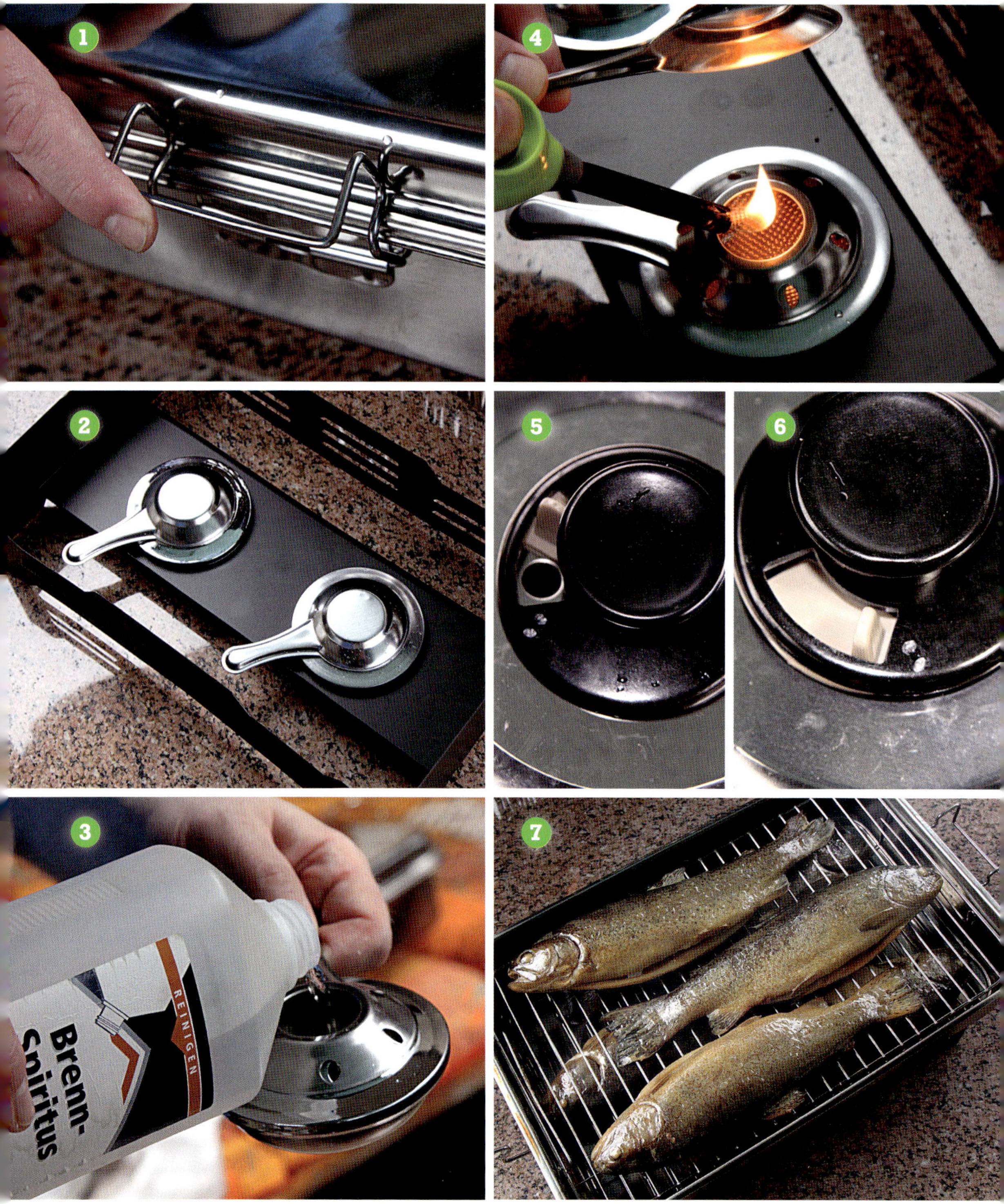

1
Ist der Ofen befüllt, kommt der Deckel drauf und wird an beiden Seiten gesichert.

2
Im Unterbau des Ofens befinden sich zwei mit Deckeln ausgestattete Schalen.

3
Als Brennmaterial dient Spiritus. In den Schalen befindet sich ein Netz. Beide Schalen bis auf Höhe des Netzes mit Spiritus befüllen.

4
Dann stellt man die Schalen ohne Deckel zurück in den Unterbau und entzündet den Brennstoff. Dann den Ofen auf den Unterbau stellen und los geht's.

5
Damit die Feuchtigkeit aus dem Ofen ziehen kann, muss das Loch im Deckel geöffnet sein. Die Forellen müssen etwa 45 Minuten im Ofen bleiben. Dann ist der Spiritus in den Schälchen verbrannt und die Flammen erlöschen von selbst.

6
Ist das im Ofen befindliche Wasser verdampft, wird das Loch im Deckel verschlossen.

7
Nach 15 bis 20 Minuten im Ofen zeigen sich die Forellen schon leicht angebräunt.

8
Nach etwa einer Dreiviertelstunde sind die Fische fertig. Die Forellen müssen nun vorsichtig vom Rost gelöst werden.

9
Die Forellen aus dem Tischräucherofen sind mit einem Spritzer Zitrone, Tomaten und Brot ein echter Hochgenuss.

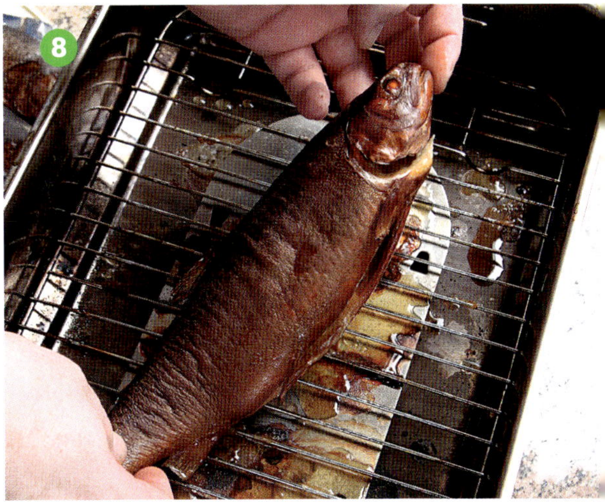

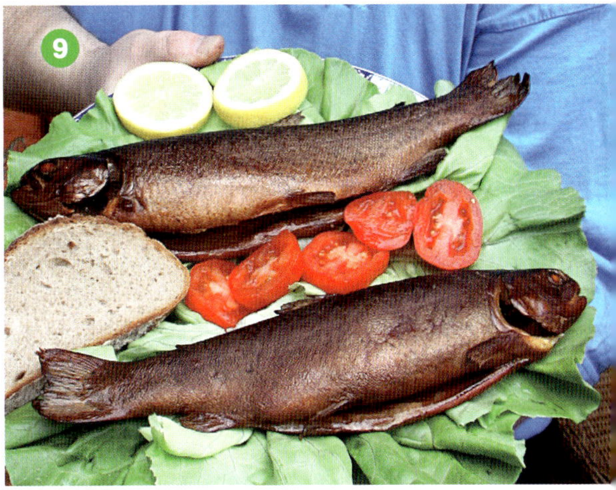

SICHER RÄUCHERN

>>Der Tischräucherofen ist nichts fürs Wohnzimmer: Immer im Freien räuchern!

>>Ofen auf eine feuerfeste Unterlage stellen.

>>Beim Räuchern wird der gesamte Ofen heiß. Also Vorsicht beim Anfassen!

>>Die Flamme in der Schale wird, wenn nötig, nicht mit Wasser, sondern mit Hilfe des Deckels gelöscht.

>>Bei mehreren Räuchergängen das benutzte, heiße Räuchermehl erst ablöschen und dann in den Mülleimer geben – Brandgefahr!

PETRI HEIL!

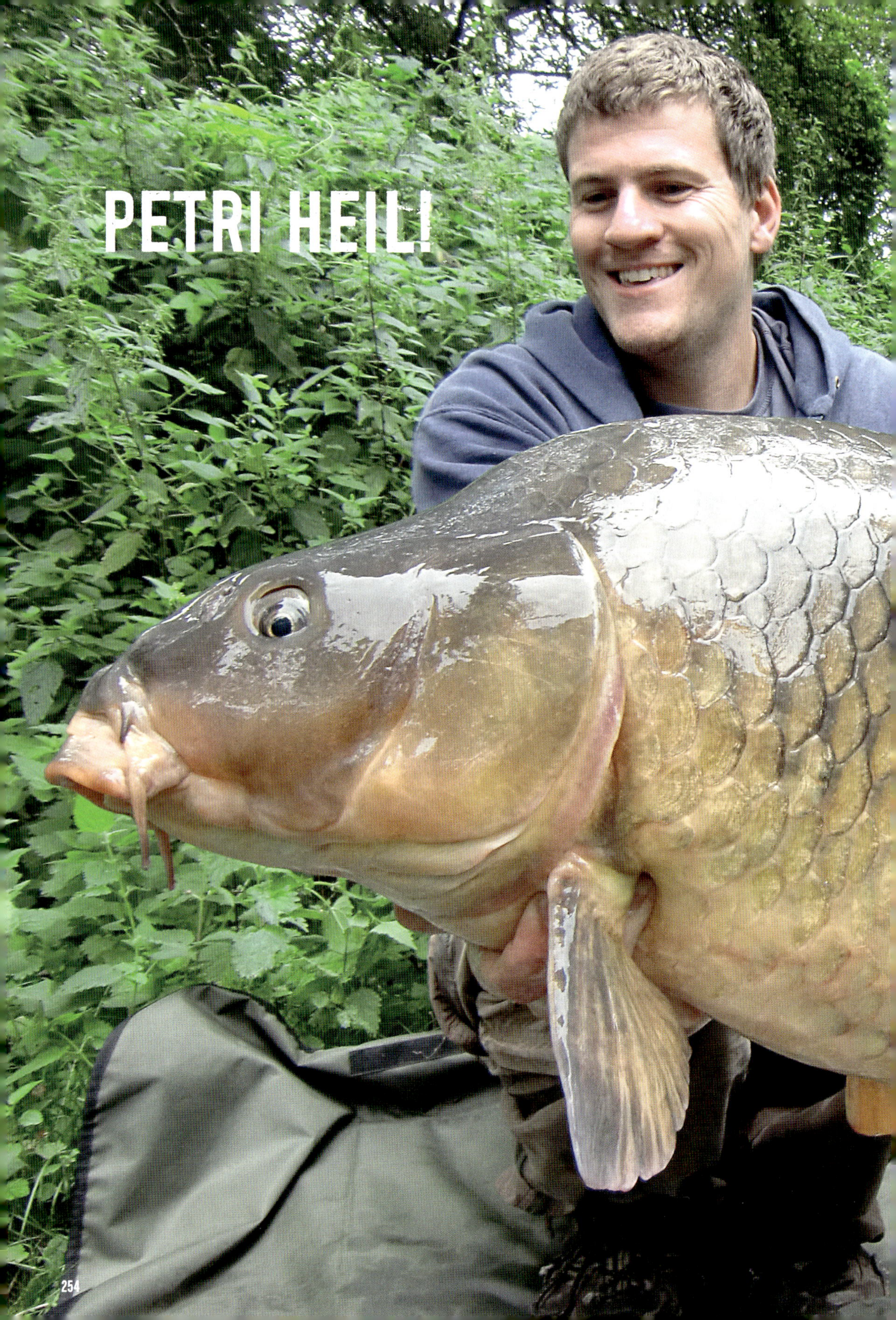

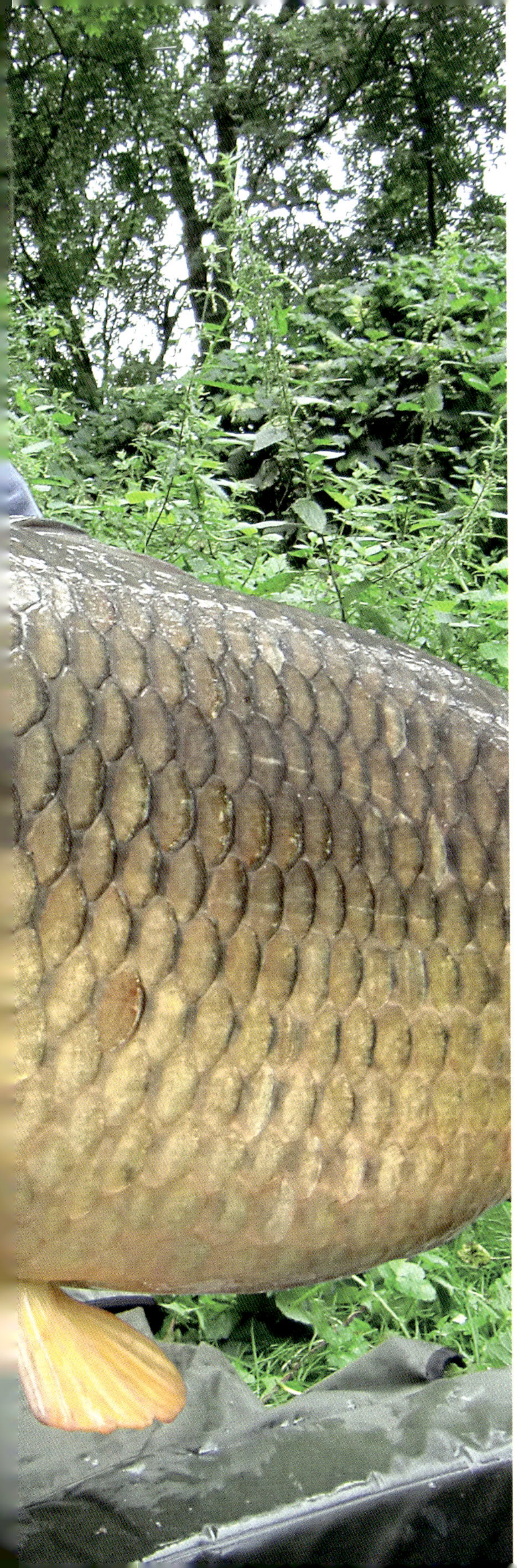

VERZEICHNIS DER FISCHARTEN

Nicht nur für die Fischerprüfung ist es wesentlich, die Fischarten zu kennen. Denn auch für die Praxis am Fischwasser sollte ein Angler als echter Kerl mindestens die für ihn wichtigsten Arten identifizieren können. Und wer weiß, mit welchen Techniken und Ködern er am besten auf sie individuell fischt, wird garantiert besser fangen. Hier sind sie im Buch zu finden:

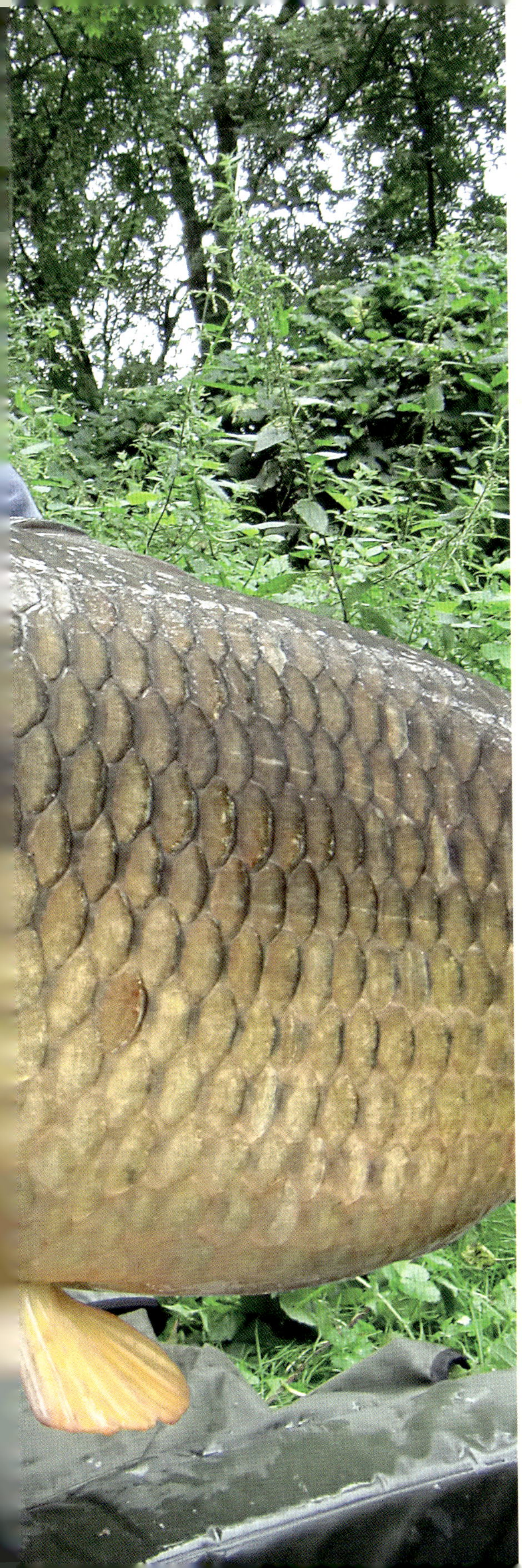

VERZEICHNIS DER FISCHARTEN

Nicht nur für die Fischerprüfung ist es wesentlich, die Fischarten zu kennen. Denn auch für die Praxis am Fischwasser sollte ein Angler als echter Kerl mindestens die für ihn wichtigsten Arten identifizieren können. Und wer weiß, mit welchen Techniken und Ködern er am besten auf sie individuell fischt, wird garantiert besser fangen. Hier sind sie im Buch zu finden:

DANKE!

Viele Bekannte, Kollegen und Freunde haben mich bei der Umsetzung dieses Buches unterstützt. **Mein besonderer Dank gilt:**

Nick Bremer
Redaktion ANGELWOCHE

John Chowns
www.johnny-release.de

Bettina und Florian Hühnken
Quantum-Meeresteam

Steve Kaufmann
Redaktion ESOX

Marco Mariani
Friedfisch-Experte

Benny Oltersdorf
Teamangler Fishing Tackle Max

André Pawlitzki
Redaktion BLINKER

Jan Pusch
www.angelschule-nord.de

Johannes Radtke
Redaktion BLINKER

Christian Rück
Youtube-Channel Big Fish Media

Eva Rüger
www.agrivision.de

Frank Weissert
www.angelbuch.de

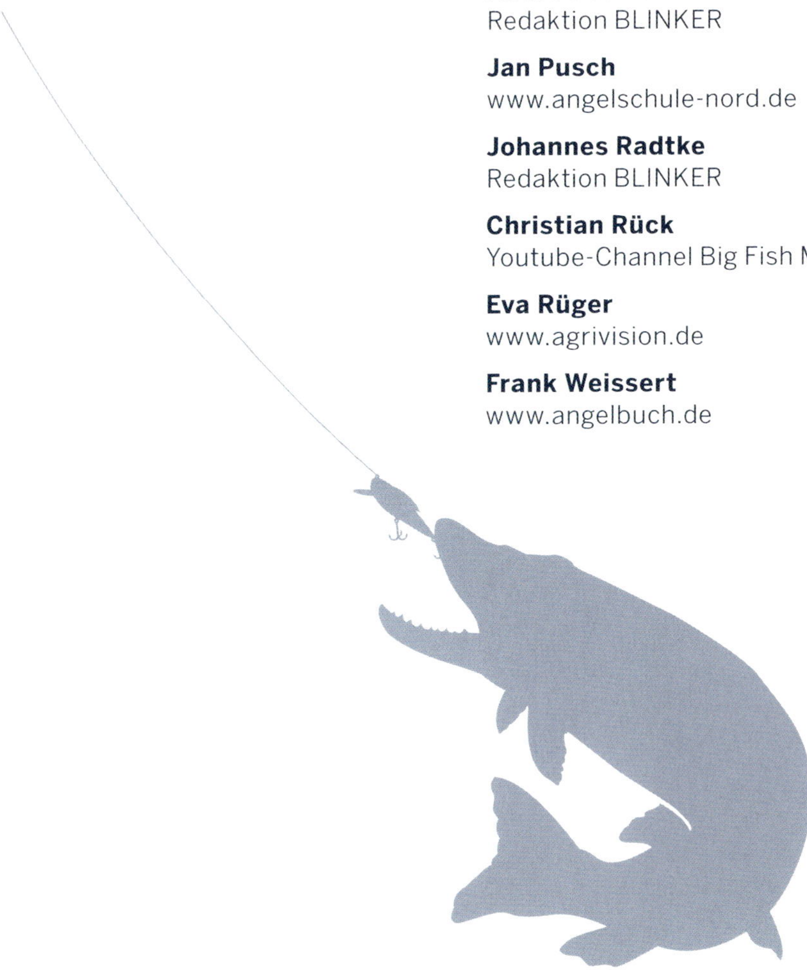

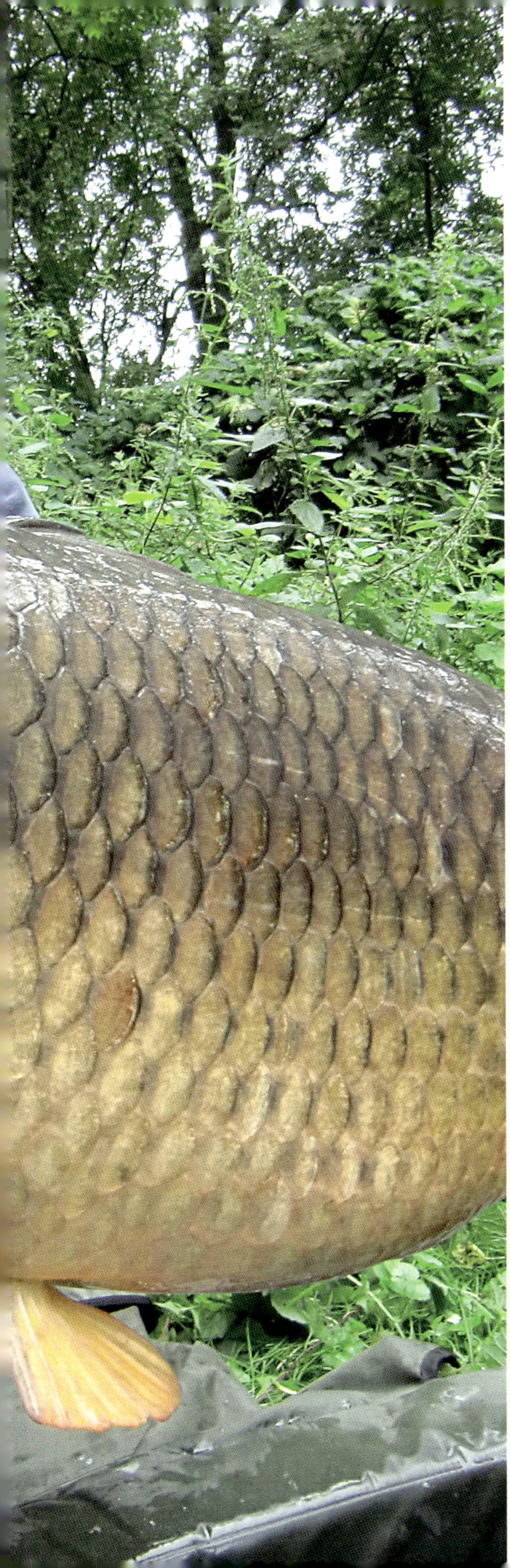

VERZEICHNIS DER FISCHARTEN

Nicht nur für die Fischerprüfung ist es wesentlich, die Fischarten zu kennen. Denn auch für die Praxis am Fischwasser sollte ein Angler als echter Kerl mindestens die für ihn wichtigsten Arten identifizieren können. Und wer weiß, mit welchen Techniken und Ködern er am besten auf sie individuell fischt, wird garantiert besser fangen. Hier sind sie im Buch zu finden:

FRIEDFISCHE

RAUBFISCHE

SALMONIDEN & CO.

MEERESFISCHE

DANKE!

Viele Bekannte, Kollegen und Freunde haben mich bei der Umsetzung dieses Buches unterstützt. **Mein besonderer Dank gilt:**

Nick Bremer
Redaktion ANGELWOCHE

John Chowns
www.johnny-release.de

Bettina und Florian Hühnken
Quantum-Meeresteam

Steve Kaufmann
Redaktion ESOX

Marco Mariani
Friedfisch-Experte

Benny Oltersdorf
Teamangler Fishing Tackle Max

André Pawlitzki
Redaktion BLINKER

Jan Pusch
www.angelschule-nord.de

Johannes Radtke
Redaktion BLINKER

Christian Rück
Youtube-Channel Big Fish Media

Eva Rüger
www.agrivision.de

Frank Weissert
www.angelbuch.de

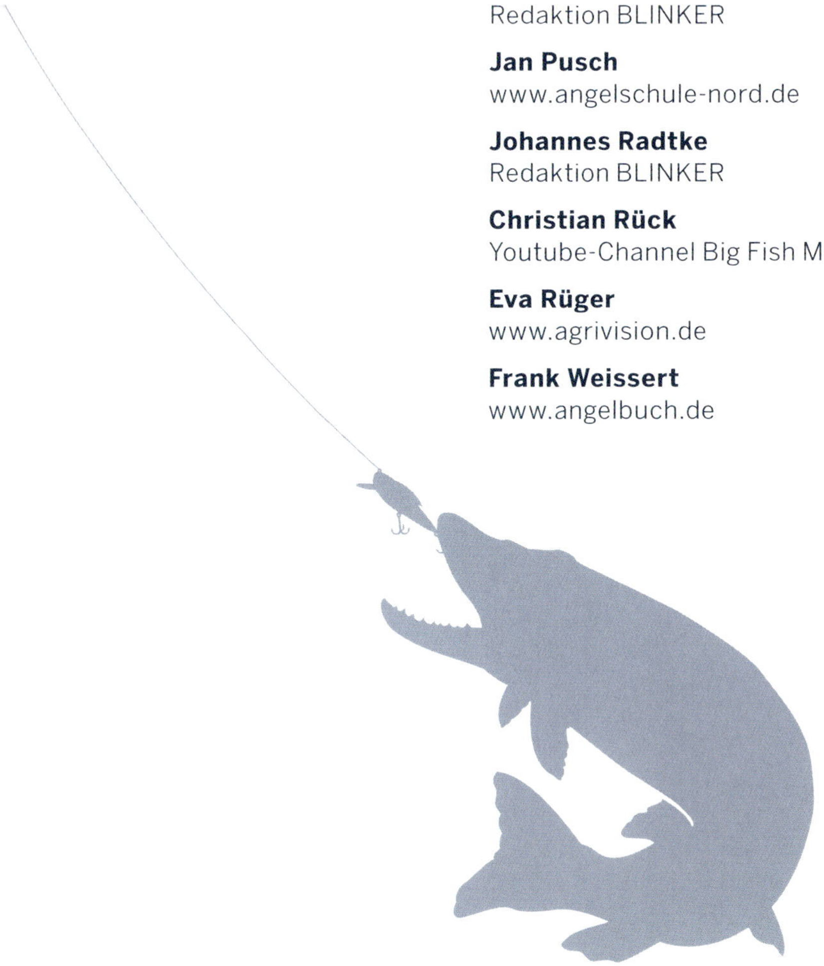

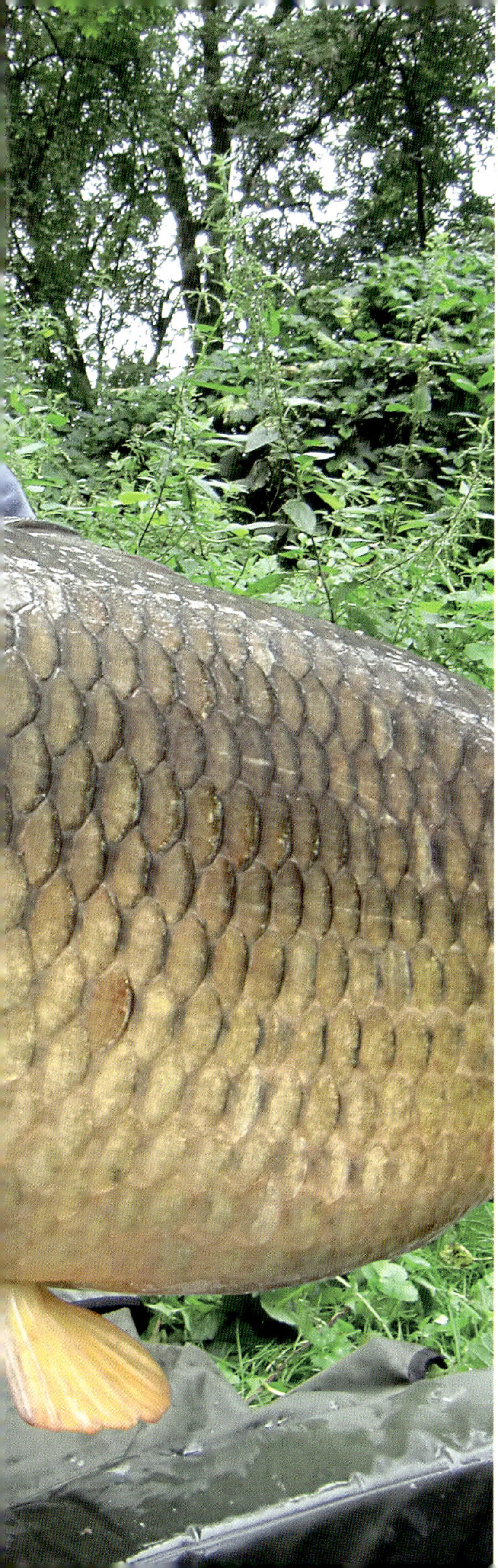

VERZEICHNIS DER FISCHARTEN

Nicht nur für die Fischerprüfung ist es wesentlich, die Fischarten zu kennen. Denn auch für die Praxis am Fischwasser sollte ein Angler als echter Kerl mindestens die für ihn wichtigsten Arten identifizieren können. Und wer weiß, mit welchen Techniken und Ködern er am besten auf sie individuell fischt, wird garantiert besser fangen. Hier sind sie im Buch zu finden:

FRIEDFISCHE

RAUBFISCHE

SALMONIDEN & CO.

MEERESFISCHE

DANKE!

Viele Bekannte, Kollegen und Freunde haben mich bei der Umsetzung dieses Buches unterstützt. **Mein besonderer Dank gilt:**

Nick Bremer
Redaktion ANGELWOCHE

John Chowns
www.johnny-release.de

Bettina und Florian Hühnken
Quantum-Meeresteam

Steve Kaufmann
Redaktion ESOX

Marco Mariani
Friedfisch-Experte

Benny Oltersdorf
Teamangler Fishing Tackle Max

André Pawlitzki
Redaktion BLINKER

Jan Pusch
www.angelschule-nord.de

Johannes Radtke
Redaktion BLINKER

Christian Rück
Youtube-Channel Big Fish Media

Eva Rüger
www.agrivision.de

Frank Weissert
www.angelbuch.de

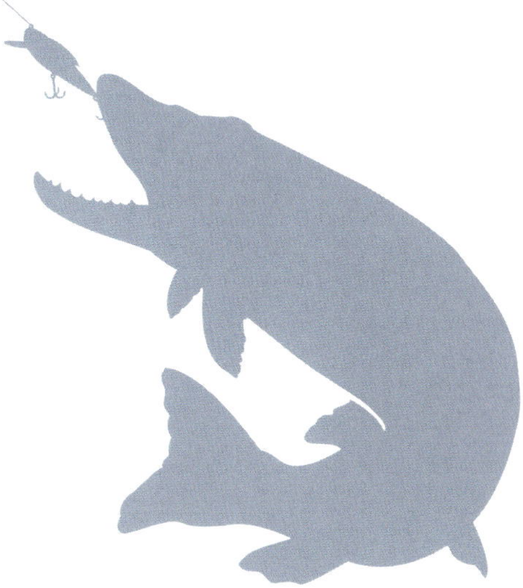